OUVRAGES DU MÊME AUTEUR
EN TRADUCTIONS FRANÇAISES

LE COMPLEXE ANTIROMAIN

hans urs von balthasar

le
complexe
antiromain

essai sur les structures ecclésiales

Traduit de l'allemand par Soeur Willibrorda osb

APOSTOLAT DES ÉDITIONS

ÉDITIONS PAULINES

L'original de ce livre a paru aux *éditions Herder* de Freiburg
im Brisgau sous le titre *Der antirömische Affekt.*

© pour la langue française : *Apostolat des Éditions,* 1976
Tous droits réservés.
Texte revu d'après les indications de l'auteur.

Apostolat des Éditions, 48 rue du Four 75006 PARIS
ISBN 2-7122-0032-2

Éditions Paulines, 3965 est, boulevard Henri-Bourassa,
MONTREAL H1H 1L1, P.Q., Canada
ISBN 0-88840-456-5
Dépôt légal 3ᵉ trimestre 1976
Bibliothèque nationale du Québec
Bibliothèque nationale du Canada

Introduction

Le but de ce livre? Montrer qu'il existe, au sein de l'Église catholique – ce qui se situe à l'extérieur ne nous intéresse pas pour le moment – un profond complexe antiromain; que ce complexe a des fondements sociologiques et historiques, mais qu'il s'appuie aussi sur des bases théologiques. La communauté ecclésiale devra constamment surmonter ce complexe. Nous essaierons de voir objectivement et de prendre au sérieux les doutes émis sur la direction de l'Église telle qu'elle se présente soit dans ses débuts, soit au cours de son développement historique, soit aujourd'hui même, sans perdre de vue le fait qu'au vingtième siècle nous avons été favorisés d'une série de papes désintéressés et tout dévoués aux intérêts du Christ. Cette constatation pourrait nous induire à séparer notre siècle, par une coupe magique, de l'histoire souvent sombre de la papauté et de laisser celle-ci dans l'oubli. Mais nous nous souviendrons aussi des paroles de Montalembert : «Pour juger le passé il aurait fallu le vivre; pour le condamner il faudrait ne rien lui devoir» (1). Nous nous rappellerons également la sagesse de Möhler. A propos des sectes antipapales du XIIe siècle (rêvant d'une Eglise spirituelle et sainte, elles osaient reprocher à l'Eglise de leur temps, qui avait essuyé tant de tempêtes et de révolutions, d'avoir failli à sa mission), il déclare : «Si ces créations de l'imagination et de l'égoïsme – ce pour quoi il convient certes de les tenir, sans pour autant méconnaître le bien qui peut s'y trouver – avaient eu à porter

---

(1) Discours à Malines, 1863.

ce fardeau des âges qui pesait sur l'Eglise catholique, dès le premier instant elles seraient retombées dans le néant d'où elles émergeaient » (2).

Dans notre introduction tâchons d'abord d'établir le fondement théologique du réalisme ecclésiastique qui s'exprime dans ces phrases ; nous jetterons ensuite un premier regard sur la réalité contestée de l'Église et nous indiquerons enfin, en nous souvenant du réalisme théologique, la proposition que nous aurons à développer en détail dans la deuxième et la troisième parties du présent volume.

I – LE PRINCIPE :
LE VERBE S'EST FAIT CHAIR.

Dans cet axiome, saint Jean formule l'essence de la révélation définitive de Dieu telle qu'elle est concrètement décrite dans tous les Évangiles. Le Verbe, le « logos » grec, la « sagesse » des Hébreux, était éternellement auprès de Dieu ; il était aussi le principe divin par lequel Dieu a créé toutes choses, la lumière par laquelle il les illumine sans cesse. LeVerbe est en Dieu l'art de créer et de tout disposer dans une souveraine liberté ; tout-puissant, il n'est lié par rien d'autre que par son propre projet et par sa volonté, hors d'atteinte des ténèbres, des limites et de tout péché, toutes choses incapables de saisir, d'arrêter, de lier sa lumière qui se répand partout (saisir, comprendre une chose, une vérité, signifie la dominer spirituellement et la relier à des catégories qui l'enferment). Cette saisie de l'insaisissable divin trouve une expression concrète dans la loi de l'Ancien Testament. D'abord consigne ouverte et épa-

---

(2) *Symbolik*, § 37.

nouissante sur l'habitation près de nous du mystère de la lumière divine et de la vérité divine, la loi s'est ensuite partiellement durcie jusqu'à devenir une formule presque magique de savoir et d'action, moyennant laquelle les «ténèbres» parviennent à s'emparer des flots de la lumière. A partir de ce moment la situation devient contradictoire et tragique.

Lorsque de lui-même, de par Dieu auprès de qui il est, le Verbe se fait chair, il survient quelque chose de nouveau, d'inouï. La chair, c'est l'homme concret, présent et manifesté dans son individualité corporelle. Certes, «l'homme charnel» est gouverné par une âme ayant son origine dans le souffle de Dieu, ce qui le distingue des plantes et des animaux ; mais pour la Bible, il est malgré tout chair comme ses compagnons créés avec lui. Chair, cela signifie : naître, grandir, être obligé de s'alimenter, avoir le pouvoir d'engendrer, mourir ; c'est faire partie d'une chaîne d'ancêtres qui vous marque et vous détermine de façon mystérieuse ; aussi, deux Évangiles débutent par la généalogie de Jésus. Aucun être charnel ne constitue un pur commencement. Chacun s'insère dans une communauté qui existe depuis longtemps et dans une tradition qui l'éduque. La tradition du Verbe fait chair, c'est l'Ancien Testament dans lequel Jésus s'insère. Et donc aussi la Loi : *factus ex muliere, factus sub lege* (Gal *4,4*), les deux sont liés. Pour un Juif du temps de Jésus, l'Esprit de Dieu souffle là où l'on observe la loi de Moïse, expression de l'alliance que Dieu a voulu conclure avec Israël. Dans la scène de la Présentation, saint Luc répète intentionnellement cinq fois l'expression «la loi du Seigneur», la loi de Moïse (*2,22-29*) : tout «doit» s'accomplir selon cette loi. Et au cœur de la scène, le souffle de l'Esprit Saint vient (trois fois) en Siméon. *Dans* l'obéissance à la loi, la chair de Jésus est circoncise, la chair de Marie «purifiée», l'ancienne Alliance fait place à la nouvelle – dans cet enfant qui sera contesté, occasion de *chute et relèvement pour un grand nombre*; dans la mère dont le cœur sera percé d'un glaive. Chair signifie encore : être déterminé dans ses possibilités humaines par un organisme physique compliqué, déterminé, en grande partie inconnu de celui qui pense et agit. L'acte simple de voir et d'entendre suppose un réseau de relations corporelles et physiologiques innombrables et jamais explorées à fond, relations toujours menacées, toujours susceptibles de faire défaut; il y a des aveugles, des paralysés, des sourds, des malades de tout genre, il y a aussi des prisonniers, des opprimés, des gens sans ressources, des persécutés, des handicapés de toute sorte par l'étroitesse de la réalité corporelle; c'est avant tout pour ceux-là que Jésus apparaît dans la chair: Is *61*,1 ss.; *58*,6 = Luc *4*,18. La chair est livrée sans défense à la chair. Comme Lazare, elle peut rester étendue devant la porte, elle peut être incarcérée et décapitée comme Jean-Baptiste, elle est un «jouet» *(ils ont fait de lui ce qu'ils voulaient:* Marc *9*,13), comme Jésus dans sa passion devient le jouet de tous les partis: chrétiens, juifs, païens qui le rejettent; bien qu'ils se haïssent les uns les autres, ils s'unissent dans la partie qui se joue: il faut que cet homme disparaisse. *Les siens ne l'ont pas reçu* (Jn *1*,11), il faut qu'il soit mis à mort «hors du camp» de l'alliance (Heb *13*,12). La chair ne peut pas s'esquiver, on peut la gifler, cracher sur elle, la flageller, la couronner d'épines, la clouer sur deux poutres jusqu'à ce que mort s'ensuive, la tourner en dérision.

Dans la chair, le passage de l'individu à la communauté est toujours déjà réalisé. L'individu naît comme portion de l'histoire d'un peuple et de l'humanité; il est éduqué par d'autres de manière à s'y intégrer. La multiplicité de ses propres organes et de ses membres (quelques-uns lui manquent de prime abord, d'autres peuvent être amputés) rappelle comme spontanément à l'individu que lui-même n'est qu'un membre de la *polis*, du peuple ou de l'humanité, et le plus souvent un membre nullement indispensable. Ses os et ses muscles ne choisissent pas eux-mêmes leur place dans son corps; ils doivent se juxtaposer et s'emboîter d'une certaine façon et non d'une autre, afin que l'être humain puisse s'exprimer de façon intelligente. De même l'individu ne choisit pas lui-même sa place dans le corps social: on lui assigne le rôle qu'il doit y jouer, tant sur le plan physique que sur le plan politique: il doit s'acquitter d'une fonction, tenir un rôle.

Le Verbe fait chair devra-t-il exercer une influence sociale, il ne peut alors en aucune façon échapper à la dureté réaliste de ce double déterminisme. L'Incarnation du Verbe est à jamais irrévocable : *Touchez-moi et regardez, un esprit n'a ni chair ni os comme vous voyez que j'en ai* (Luc *24*,39). Et l'organisme qui s'appelle son Eglise et qui est son *corps* (Eph *1*,22 ss) – et cela précisément dans le sens de «chair» (1 Cor *6*,13-20) avec ses membres (Rom *12*,4 s) – n'y échappe pas davantage. C'est seulement dans la mesure où les individus s'y trouvent insérés et enclavés à la place que leur assigne le Christ (Eph *4*,11) et «fonctionnent» selon la loi de tout le corps, que ce corps lui-même et ses membres avec lui passent *à l'état d'adulte, à la taille du Christ dans sa plénitude. Nous grandirons à tous égards vers celui qui est la tête, le Christ; et c'est de lui que le corps tout entier, coordonné et bien uni grâce à toutes les articulations qui le servent, selon une activité répartie à la mesure de chacun, réalise sa propre croissance pour se construire lui-même dans l'amour* (Eph *4*,15 s). Quelle image ! Non celle d'une société d'individus libres se rassemblant selon leur bon plaisir par un «contrat social» en vue du bien-être personnel de chacun, mais celle d'une «plénitude», d'une «maturité», d'unc «unité» disposée d'en-haut, préexistante et néanmoins atteinte seulement par la coopération de tous les membres étroitement engagés ensemble.

Alors, que devient la «liberté», tant vantée, «du chrétien»? Demandons-nous d'abord en quoi consiste la liberté du Christ. Fondamentalement elle consiste dans le fait que le Verbe se fait chair. Le Logos entre spontanément, sans y être «poussé» par rien, dans tous les déterminismes de la chair. Toute son existence dans la chair s'ordonne à partir de ce libre vouloir. Or c'est le libre vouloir de celui qui est auprès de Dieu et qui, «envoyé» par Dieu dans la chair, accomplit librement cette volonté de Dieu. *De sacrifice et d'offrande tu n'as pas voulu, mais tu m'as façonné un corps. Alors j'ai dit: me voici, car c'est bien de moi qu'il est écrit dans le rouleau du livre: je suis venu, ô Dieu, pour faire ta volonté* (Ps 40 = Héb *10*,5-7). Tout déterminisme est transformé dans ses profondeurs par cette volonté libre qui le précède. Il s'ensuit que le caractère exposé de la chair face à tous ses membres participe lui aussi à cette liberté. C'est sur ce point que se manifestera la mentalité du « monde » : il ne peut supporter une telle volonté libre d'origine divine ; il la ressent comme une attaque contre toute la « sécurité » fermée des lois cosmiques : aussi décharge-t-il tout son dépit et toute sa haine sur celui qui est soutenu par Dieu seul et livré sans défense au monde. Le Corps du Christ, qui est l'Église, s'insère exactement dans cette situation. A ceux qui le reçoivent est donné le pouvoir de « naître » de la volonté et de l'essence de Dieu antérieures au monde – « *non* du sang, *non* d'un vouloir de chair et *non* d'un vouloir d'homme » (Jn *1*,13) et c'est pourquoi ils se trouvent exposés tout comme Jésus : *Heureux êtes-vous lorsque l'on vous insulte, que l'on vous persécute et que l'on dit faussement contre vous toute sorte de mal à cause de moi* (Mat *5*,11). *S'ils m'ont persécuté, ils vous persécuteront vous aussi* (Jn *15*,11). Telle est la structure de notre liberté chrétienne : ensemble avec Jésus, venus de plus loin que le « monde » (car avec le Fils nous sommes enfants de Dieu), avec lui liés plus profondément aux déterminismes de la chair, davantage exposés sans défense à la contradiction du monde qui ne supporte pas cette liberté et qui en reçoit la démonstration précisément lorsqu'il la contredit. Bien plus – profondeur extrême du mystère du Christ et de l'Eglise – le chrétien participe lui-même à ce don, grâce à l'endurance de Celui qui s'est fait son suppléant.

Mais le Christ ne nous a-t-il pas libérés de la loi (Gal *5*,1) ? *Ainsi donc nous ne sommes pas les enfants d'une esclave mais ceux de la femme libre, de la Jérusalem d'en-haut* (Gal *4*,31-36). Oui, nous sommes libérés de la loi venant de l'extérieur et d'en-haut qui nous a constamment séduits pour que nous tentions de prendre dans les filets de notre sagesse et de nos pratiques Dieu et sa libre lumière ; aussi saint Paul dit-il que nous avons été *libérés de la loi du péché* ou simplement *libérés du péché* (Rom *8*,2 ; *6*,18 ; *6*,21). Mais libérés, nous le sommes par le Verbe-chair. Telle est pour nous *la loi parfaite de liberté* (Jac *1*,25) (3) ; par elle, liés plus profondément par la chair, nous devons être non seulement *auditeurs de la parole* (de la loi), mais «réalisateurs agissants». Par là seulement nous devenons l'Eglise, qui vit de la liberté du Christ dont l'origine est l'obéissance au Père et la fin sa situation exposée sur la croix.

II – LE FAIT : ANTIROMAIN.

A partir de ce que nous venons de rappeler, jetons un regard sur le complexe antiromain à l'intérieur de l'Église : nous pressentons aussitôt qu'il tient sans doute au caractère inévitable d'une Église existant dans la chair et à l'ordonnance étroite de tous ses membres entre eux. Pas plus que l'Église dans son ensemble, sa direction n'est purement spirituelle ; une idée angélique ne peut trouver aucune place dans la structure d'une Église de l'Incarnation. Les membres du corps se heurtent avec violence, leur mouvement fatigue et l'homme peut ressentir, autant que «le besoin de fonctionner», la lassitude inspirée par les limites de ses possibilités d'expression, par l'usure de leur mécanisme. Plus profondément : le corps humain est mû par un principe spirituel qui lui est immanent, le «système homme» possède une certaine autonomie, une certaine harmonie ; le corps ecclésial, lui, est mû par un «chef» qui est au-dessus de lui, «surnaturel» par rapport à lui, et la fonction de diriger l'Église, la papauté surtout, existe pour rappeler constamment cette transcendance et même pour la représenter. Une telle situation met le corps mal à l'aise dans la mesure où il se

---

(3) H. SCHLIER, *Das vollkommene Gesetz der Freiheit*, in : *Die Zeit der Kirche* (Herder, 1956) 193-206. Trad. fr. : *La loi parfaite de la liberté*, dans *Le temps de l'Église* (Casterman 1961) 201-211.

conçoit comme immanent, c'est-à-dire dans une perspective sociologique. Dans les communautés corinthiennes déjà, le phénomène Paul dans son ensemble était en ce sens ressenti comme un malaise et donnait lieu à des contestations. Ce complexe anti-paulinien en quête de toutes sortes de raisons tirées du caractère personnel de l'Apôtre et de sa conduite, de son apparente autocratie – dans son opposition aux vues de la communauté primitive de Jérusalem – ne fut sans doute guère apaisé par les longues apologies développées par Paul. Qui s'excuse, s'accuse.

Paul, en tant que personne, disparaît, mais la charge de Pierre demeure, ainsi que celle des successeurs des apôtres, les évêques. Le complexe anti-paulinien survit comme complexe anti-pétrinien. C'est de ce complexe que traite la présente étude. Nous limitons sensiblement le champ de notre sujet et laissons de côté un nombre considérable de problèmes connexes. Nous ne traitons pas d'une théologie de la papauté, encore moins d'une théologie de l'Église, ni des rapports entre le ministère du pape et celui des évêques, ni de la manière dont le pouvoir épiscopal procède du collège des apôtres, de sa relation aux Douze, de la répartition du ministère ecclésiastique en ses degrés hiérarchiques, ni du sacerdoce commun de tout le peuple de Dieu. Sur ces problèmes il existe une large gamme d'informations. Nous nous interrogeons uniquement sur le phénomène curieusement irrationnel du complexe antiromain, et nous n'effleurerons qu'en passant ce complexe hors de l'Eglise catholique.

La consigne laissée par Luther dans son testament : « Hoc unum me mortuo servate : odium in pontificem Romanum » (4),

---

(4) H. Preuss, *Martin Luther, der Prophet* (Gütersloh 1933) 173. Je suis redevable de cette citation au P. Yves Congar qui a eu la gentillesse de me faire parvenir, quelques jours avant que je n'achève le présent travail, son essai sur « Le complexe antiromain » dont une traduction allemande paraîtra sous peu. Il traite cependant presque exclusivement de l'histoire de ce complexe au cours du Moyen Age et dans les confessions séparées de l'Église catholique, aspects que nous laisserons de côté comme n'intéressant pas directement notre sujet.

14

nous touche moins que ce souhait d'adieu adressé à ses visiteurs par un prêtre anglais de ma connaissance : « Good bye ; keep away from Rome. » Peut-être celui-ci avait-il étudié l'histoire de l'Église et constaté qu'elle offrait plus de raisons pour motiver un complexe anti-pétrinien que les Corinthiens n'en avaient eu pour en entretenir un contre Paul. Il lui aurait du moins fallu se poser une question : après Vatican II qui a rétabli l'équilibre entre la collégialité épiscopale et la primauté du pape, bien plus, qui a déclaré que l'équilibre entre la responsabilité de tout le peuple de Dieu et de ceux qui le dirigent représente l'idéal de l'existence ecclésiale et en offre l'image authentique, sa propre opposition face au ministère directeur ne risque-t-elle pas d'isoler ce dernier de manière à freiner et à retarder inutilement l'intégration désirée ?

Mais, dit-on, impossible de se fier à Rome, elle reste toujours semblable à elle-même : elle veut dominer, elle abuse des pouvoirs dont elle dispose en exigeant une obéissance légaliste et forcée ; on retombe toujours, avec elle, en deçà de la liberté évangélique, dans la religion légaliste et aliénante de l'Ancienne Alliance. Dans une de ses œuvres de jeunesse anglicanes, *Le ministère prophétique dans l'Eglise*, Newman a si vigoureusement exprimé cette méfiance que nous y prêterons l'oreille un instant :

« Le Romanisme avec sa prétention à l'infaillibilité abaisse le niveau et la qualité de l'obéissance à l'Évangile et blesse son caractère de mystère et de sainteté, et cela de multiples manières. Si l'on réduit la religion sous tous ses aspects à un simple système, on court le risque d'accorder aux valeurs terrestres plus d'attention qu'à Dieu. Or Rome classifie nos devoirs et leur récompense, les choses qu'il faut croire, les actes qu'il faut poser, les manières de plaire à Dieu, ce qui mérite punition et ce qui remet les péchés, tout cela avec tant de précision que chacun peut savoir exactement, pour ainsi dire, à quel point il se trouve de son pèlerinage vers le ciel, les progrès qu'il a faits, le chemin qu'il lui reste à parcourir : les valeurs éthiques peuvent se calculer. Il est cependant évident que le service religieux le plus pur est celui qui se réalise sans contrainte, librement, comme un don spontané au Dieu tout-puissant. Certes il existe dans la vie chrétienne des devoirs inévitables, mais leurs limites exactes demeurent ouvertes comme pour éprouver notre foi et notre amour. Par exemple, quel pourcentage de notre fortune devrons-nous dépenser en aumônes ? allons-nous choisir le mariage ou le célibat ? comment expier nos péchés et quels plaisirs pourrons-nous nous permettre ? Ces décisions et les réponses à des questions analogues seront laissées à notre inspiration. Il est certes bon que l'Église conseille et dirige ses enfants, mais à partir d'un certain point l'autorité n'est plus qu'un fardeau. La vraie liberté chrétienne requiert que nous ayons l'occasion, si cela nous plaît, d'obéir à Dieu plus strictement que si nous étions assujettis par une loi formelle. Le Christ met sa complaisance dans un service cordial accompli sans retour sur soi, dans une gratitude surabondante et pleine de respect, sans mesurer l'effort demandé. Les prescriptions minutieuses nous forcent à réfléchir sur nos progrès et à les évaluer ; la vraie foi, elle, voit avant tout ses échecs et non ses pauvres acquisitions quelle qu'en soit la nature. Mais dans le système romain il reste peu de place pour un tel abandon inconscient. Chaque acte y a son prix, chaque mètre carré de la terre promise est exactement porté sur la carte, toutes les routes sont indiquées comme s'il existait une science qui apprend à gagner le ciel. Ainsi la sainteté chrétienne perd sa fraîcheur, sa vigueur, sa beauté, et se fige pour ainsi dire dans certaines attitudes qui ne seraient aimables que dans leur spontanéité inconsciente » (5).

Le jeune Newman ne touche-t-il pas au cœur de toutes les objections formulées par le complexe antiromain contre un « système » qui, se durcissant toujours davantage et de façon de plus en plus rationaliste, se dresse comme une muraille de Chine entre l'âme et Dieu, entre le croyant et le Christ vivant de l'Évangile ? Admettons même qu'il soit possible au chrétien d'y découvrir, comme à travers un chiffre ou un hiéroglyphe, le

---

(5) Repris dans : *Via Media I* (1891) 102-104. (La citation est abrégée).

sens originel et vivant d'une revendication de Dieu : la forme romaine comme telle apparaît gratuitement aliénante, la médiation qu'elle offre semble superflue et suscite la contradiction.

Certes, Newman lui-même se vit détrompé lorsqu'il apprit à connaître les saints catholiques et les Pères de l'Église non séparée. Il y découvrit non de l'aliénation, mais une heureuse demeure-en-soi et près de Dieu, préservée, tant dans la foi que dans la charité, par la force unifiante de l'Église. Le minimum que l'Église requiert des tièdes et des chrétiens moyens est entièrement ouvert vers le haut et destiné à provoquer une libre spontanéité. Alors qu'une exigence évangélique codifiée simplement dans le livre nous laisse assez souvent nous engourdir dans notre paresse humaine, celle qui nous affronte dans l'autorité vivante de l'Église nous dérange et nous réveille tous les jours. Le simple fait de savoir qu'il existe au sein de l'histoire ce point vivant qui exhorte, dirige, stimule, alors même qu'il n'entre pas particulièrement en action, ne nous permet jamais de nous laisser aller totalement au repos ; d'autre part, lorsque nous y prêtons attention, il nous donne la conscience ailée de n'avoir pas complètement dévié du chemin, de n'être pas, à nos propres risques et périls, un chercheur solitaire.

Est-il cependant possible de se fier à une instance qui a si souvent failli dans l'Église ? Failli humainement ; ne s'est-elle pas souvent trompée dans ses consignes générales qui ont agi puissamment sur l'histoire, même si elles n'ont pas prétendu être « infaillibles » dans un sens théologique étroit et technique ? Décider de leur portée n'est sans doute pas laissé à notre bon plaisir, car l'Évangile parle clairement de Pierre et de son ministère. Dans la situation exposée où Jésus lui-même le place, il se trouve livré aux attaques particulières des tentations. *Les portes de l'enfer ne prévaudront pas sur elle* : cela ne signifie pas que l'Église, et l'office de Pierre en elle, ne serait pas attaquée de toutes parts et de préférence, qu'elle ne serait pas vraiment un point d'attraction pour les puissances les plus sombres de l'histoire du monde : *Simon, Simon, Satan vous a réclamés pour vous secouer dans un crible comme on fait pour le blé* (Luc *22*,31). Combien pressant ce nom répété deux fois ! Mais le tentateur et l'homme tenté seront encore davantage rapprochés : *Il dit à Pierre : Retire-toi ! Arrière, Satan, car tes vues ne sont pas celles de Dieu mais celles des hommes* (Marc *8*,33). D'après Vatican I l'infaillibilité n'est pas une qualité personnelle d'une Eglise empirique ni de son représentant ; au milieu des flots de la tentation elle est (selon le mot de Reinhold Schneider) le sommet qui pointe à peine au-dessus de l'écume, grâce à une intervention, à un don divin qui préserve l'Eglise du naufrage. Le scandale n'assaille pas l'Eglise seulement du dehors, il l'assaille non moins du dedans ; ce que l'on appelle « structure », ce qui, grâce à son caractère impersonnel, semble immunisé contre le scandale, peut devenir un foyer privilégié d'infection. Ici le seul recours est dans le discernement des esprits imploré dans la prière, discernement obtenu par les saints pour eux-mêmes et pour tous. Ce n'est pas le squelette du corps ou de la société qui est la partie morte et qu'il faudrait amputer : c'est l'esprit qui, vivifiant le corps, est bon ou mauvais.

Remarquez avec quelle *dureté* Jésus éduque Pierre pour en faire le rocher et celui qui fortifie ses frères. Ni blâme ni humiliation ne lui sont épargnés. Il faut qu'il sache que le Christ en son amour est inflexible tout en étant *doux et humble de cœur*. Il ne suffit pas qu'il le sache, il lui faut aussi l'apprendre pour ceux qui lui sont confiés. Il lui est défendu de se présenter uniquement dans la douceur et l'humilité sans incarner simultanément, au nom de son Maître, l'amour inexorable de Dieu dont les « exigences toujours accrues » apparaissent au tiède comme une loi *« au-dessus »* de lui, bien qu'elle soit effectivement *en* lui. Les saints savaient distinguer entre la représentation de ce « toujours davantage » et la faiblesse du représentant ; bien plus : entre ce qui est trop humain dans la dureté de l'exigence – l'enveloppe – et le cœur auquel s'adresse l'obéissance de la foi et de l'amour. Ceux qui ne sont pas saints préfèrent distinguer entre « la structure pécheresse » contre laquelle il serait permis ou même commandé de se révolter, et un « contenu »

18

qu'ils croient pouvoir puiser directement dans l'Evangile en négligeant toute structure ecclésiale. Par là, ils ont déjà entamé le processus d'idéologisation qui tend à désincarner l'Eglise concrète dans la chair *comme* chair du Christ, à la désagréger en séparant le «Logos» – valant pour moi aujourd'hui – de la «Sarx», de la «structure» à laisser tomber comme superflue. Or ce qui est appelé Pneuma dans le Nouveau Testament ne souffle jamais unilatéralement dans un *Logos* dépouillé de sa *Sarx*. Il sera donc nécessaire, dans ce qui suit, de mettre nous-même en question, à partir du Nouveau Testament, le procédé qui juge les structures ecclésiales problématiques et veut les «changer» par principe et radicalement. Nous verrons alors une Église qui cache dans une enveloppe résistante, durcie par la souffrance, le fruit tendre et doux de l'Esprit, l'Esprit exhalé sur la croix. *De forti egressa est dulcedo.*

En renvoyant ainsi au Nouveau Testament, en vue d'une solution, le fait tout entier de ce complexe antiromain qui se manifeste à travers toute l'histoire et persiste jusqu'à présent, nous arrivons à notre troisième point, notre proposition.

III – LA PROPOSITION : INTÉGRER.

Pascal dit dans ses Pensées : «En considérant l'Église comme unité, le pape qui en est le chef est pareillement tout. Si on la considère comme multitude le pape n'en est qu'une partie. Les Pères l'ont considérée tantôt d'une manière, tantôt de l'autre... mais en faisant ressortir l'une de ces vérités ils n'ont pas exclu l'autre. La multitude qui ne se réduit pas à l'unité est confusion. L'unité qui ne dépend pas de la multitude est tyrannie.» Et il ajoute: «Il n'y a presque plus que la France où il soit permis de dire que le concile est au-dessus du pape» (6).

Dans ce qui suit, il s'agira aussi pour nous d'intégration, d'unité, de multiplicité, et ce faisant nous voudrions essayer de prendre un nouveau chemin. Ce livre n'a pas la prétention de fournir des instructions pratiques de politique ecclésiastique (ce qui le rendra peut-être de prime abord sans intérêt pour maint lecteur). Il a tout au plus l'intention de situer la charge de Pierre *théologiquement* et en se tenant aussi proche que possible de l'Evangile, de montrer – même après Vatican II – sa nécessité absolue ainsi que sa relativité. Le ressentiment antiromain – aujourd'hui plus que dépassé – vient d'une vue étroite des faits basés, pour le regard catholique, sur le Nouveau Testament. Une méditation plus approfondie de ces faits permettra de constater que la charge de Pierre constitue un élément indispensable, parmi plusieurs, de la structure de l'Église; elle permettra ainsi de sortir cette charge de son isolement au sommet de la pyramide auquel elle a consenti – à la fois historiquement et malgré elle (en succédant au modèle de l'Empire Romain) et de son plein gré (par réaction contre les empiètements des empereurs du Moyen Age). Evoquer la tension entre la primauté et la collégialité nous paraît insuffisant lorsqu'il s'agit de décrire le champ des forces de l'Église, et le traduire en catégories de monarchie-démocratie l'est davantage encore. Des tensions plus profondes, plus fondamentales sont en jeu, et en tenir compte – à supposer que le regard des chrétiens veuille bien les *percevoir* – est le seul moyen de désintoxiquer l'atmosphère.

Pour être vraiment efficace, la méditation doit pénétrer jusqu'aux profondeurs théologiques de la réalité ecclésiale. De simples considérations culturelles, philosophiques ou sociologiques sur la papauté en général ou même – avec une pointe de psychologie des profondeurs – sur la personne du pape actuel, ne suffisent pas à clarifier la situation ni à remédier aux

---

(6) *Pensées* (éd. Chevalier) 809.

20

dégâts. Les «révélations» personnelles de ce genre font sensation et sont essentiellement indiscrètes, qu'elles procèdent d'une intention de glorifier le pape, comme les *Dialogues avec Paul VI* de Jean Guitton (7) (l'auteur avoue avoir mis dans la bouche du pape nombre de paroles qui n'ont pas été prononcées textuellement) ou qu'elles se veuillent au service de «l'information critique» comme le livre des deux auteurs qui se désignent ensemble comme «Jérôme» (8); ou encore qu'elles éclairent du haut d'un observatoire historique le destin tragique de la papauté tout en auscultant au stéthoscope professionnel l'âme des trois derniers papes, comme le fait Reinhard Raffalt (9); ou enfin, comme Fritz Leist dans *Le prisonnier du Vatican* (10), qu'elles fouillent les ordures de l'histoire passée des papes pour les faire déboucher dans les eaux purifiées de la papauté actuelle.

Nous avons nommé ces auteurs simplement pour indiquer ce que nous ne voudrions pas faire. Nous nous proposons positivement ceci: susciter l'intelligence théologique de la constellation dont témoigne le Nouveau Testament, constellation dans laquelle chaque pape, sans exclure celui de nos jours, est inséré, qu'il ne peut représenter qu'ensemble avec l'Église universelle, et dont il ne peut se rendre maître que dans l'obéissance au Christ. Nous encourrons probablement le reproche de nous évader dans l'abstrait pour éviter d'aborder les questions

---

(7) Le livre de A. SEEBER, *Paul, Papst im Widerstreit*, est plus sérieux et plus dense. Il cherche à présenter une étude psychologique du pape actuel qui fasse droit à sa personnalité complexe en même temps qu'aux développements d'une situation analysée avec exactitude, situation à la complexité de laquelle il fallait faire face. Aussi, lorsque Seeber fait de prudentes réserves, on a envie de demander : en tenant compte de toutes les circonstances, l'auteur aurait-il trouvé le courage de prendre des décisions différentes ? Dans une situation mondiale comme la nôtre est-il possible qu'un homme, quel qu'il soit, trouve toujours des solutions satisfaisantes et réussisse seul à les mettre à exécution ?

(8) *Vatikan intern* (Dt. Verlagsanstalt, Stuttgart 1973).

(9) Piper-Verlag, München-Zürich 1973.

(10) Kösel-Verlag, Müchen 1971.

de personnes, ardues et dramatiques ; mais la situation fondamentale de tension que nous rappelons et qui exista dès le début nous semble beaucoup plus dramatique que les petites tensions passagères et inévitables entre les personnes et les débats sur leur compétence. Nous-mêmes nous sommes tous inexorablement insérés dans la véritable structure de la « chair » du Christ. Il nous est aussi impossible de secouer notre part de responsabilité que de prendre nos distances à l'égard du passé de l'Église catholique comme s'il s'agissait d'une réalité étrangère qui ne nous concerne pas. Comment nous serait-il permis de nous désolidariser de la « structure » de l'Église, comme le fait par exemple Mme Régine Bohne lorsque, anticipant du regard le jour du jugement, elle ose dire : « Ce jour-là... le système ecclésiastique doit certainement le redouter davantage *que nous*, le troupeau » (11) ? Nous ne nierons pas un passé gênant au cours duquel le gouvernement papal n'a sans doute pas toujours été entendu dans le sens du service évangélique. Mais quel critique de l'Eglise actuelle est sûr de la censurer uniquement dans l'esprit du service évangélique en faveur de l'unité voulue par le Christ ?

Il ne devrait pas être nécessaire de répéter à satiété que dans le Nouveau Testament la notion d'*exousia* signifie service autant que pouvoir, ou plutôt pouvoir accordé en vue d'un service. Finalement tout citoyen, depuis le président jusqu'au dernier des employés, peut très bien comprendre ceci : pour assurer un fonctionnement efficace et convenable du service de la chose publique, la compétence pratique est requise, mais les pouvoirs officiellement transmis et reconnus par la société le sont également. Les catholiques seraient-ils réellement incapables de comprendre la distinction établie par saint Paul pour l'Église : entre les *armes charnelles* qu'il refuse et les *armes spirituelles* à l'aide desquelles il est assurément autorisé à raser tout bastion de l'orgueil qui se dresse contre la vérité de Dieu (2 Cor *10*,4 s) ? L'*exousia* que Jésus accorde aux Douze lors de

---

(11) *Das Katholische System, Kritische Texte,* 11(Benziger 1972)46.

leur élection se traduit en latin uniquement par *potestas*, en allemand par *Vollmacht* (pleins pouvoirs): c'est le moyen par lequel ils sont rendus aptes à «régir» (Mat *19*,28 ; Luc *22*,30). Est-ce incompréhensible ? Apparemment, puisque (toujours selon Mme Bohne) Jésus voulait «une Eglise libre de frères où tout se passerait dans l'anarchie, sans autorité constituée...» (12).

La structure en tension de l'Église, celle-ci étant visible comme était visible l'homme Jésus, présente naturellement un côté extérieur sociologique et psychologique qu'il ne faut pas sous-estimer, étant donné qu'on ne doit jamais séparer adéquatement l'Église visible de l'Église invisible. Néanmoins l'Église est *d'abord* un mystère (de même que Jésus est Fils unique de Dieu d'abord et non ultérieurement); en tant que mystère elle est le corps du Christ et son Épouse. C'est uniquement comme étant ce mystère qu'elle devient le peuple de Dieu, réalité socio-psychologique visible. Aussi, les tensions que nous allons relever renvoient-elles toujours au mystère : elles en sont l'expression nécessaire, loin d'être une déficience affectant l'Église et que l'on pourrait supprimer, par exemple en «changeant ses structures». Le mystère de Dieu ne se laisse pas manipuler ; s'il est permis d'introduire quelques changements dans les contours visibles de la structure de l'Église, c'est uniquement avec un regard de soumission sur la texture du mystère et pour mettre davantage en lumière sa forme, cause de scandale dès les débuts. Pour écarter dans la mesure du possible tout faux scandale, pourrait-on dire, afin que *l'authentique scandale* de l'Église brille d'autant plus dans toute son évidence devant le monde entier. Nous ne sommes pas l'Église, en tant que celle-ci est le don de la plénitude du Christ : elle nous précède, c'est en elle et par elle que nous avons été baptisés. Nous ne sommes pas plus capables de parler et de disposer «de» l'Église que nous ne le sommes de parler et de disposer «de» Dieu. Nous *recevons* la parole et les sacrements, nous ne

---

(12) *Ibid.*9.

les changeons pas, nous ne les augmentons ni ne les diminuons. De même nous recevons la constellation «fondamentale» du Christ dont il sera question dans la deuxième partie de ce travail : elle nous précède, nous ne pouvons ni l'agrandir ni la diminuer, ni la manipuler. Une seule chose est permise : réintégrer dans le contexte du mystère les parties que nous avons isolées de leur ensemble et qui, isolées de la sorte, paraissent abstraites, peu dignes de foi, voire grotesques. L'intégration de la primauté et de la collégialité proclamée par Vatican II est *un* aspect de cette intégration. Il en existe d'autres dont il a été trop peu tenu compte, peut-être parce qu'il est plus difficile d'en donner un résumé permettant de les embrasser d'un rapide coup d'œil. Ne nous occupons pas, pour le moment, de la tension entre le ministère et les charismes, si souvent mentionnée ; elle n'est pas, en effet, adéquatement surmontable puisque dans le Nouveau Testament le ministère lui-même comporte un aspect nettement charismatique. Mais qui donc a jamais pris la peine de considérer la grande sainteté personnelle (ce charisme particulier et gratuit vraiment accepté par une réponse adéquate), d'examiner la tension dans laquelle elle se trouve face au principe du ministère ecclésial, et de l'intégrer de façon constructive, sans déviation polémique, dans l'ensemble de la théologie catholique ? Celui qui répliquerait que c'est là chose impossible devrait du moins admettre que la théologie de l'Église, sous sa forme habituelle, n'arrive à saisir que des aspects partiels de son mystère. Il faut se rendre compte de ce fait, si l'on veut tenter, sans parti-pris, de capter pour en faire briller les reflets les multiples facettes de *l'unique* vérité du Christ : vérité d'une doctrine objective à laquelle correspond une direction non moins objective, vérité d'une vocation personnelle unique, vérité d'une théologie saisie dans une intuition géniale (peut-être en avance en plus d'un point sur la théologie ecclésiastique moyenne et peu conforme à celle-ci), vérité d'une foi simple et obscure qui ne veut pas connaître d'autre vérité que celle du Dieu qui la guide... Il ne convient pas de laisser ces différents aspects côte à côte sans rapports entre eux, comme le fait un «pluralisme» lassé ; il faut, au contraire, se réjouir d'une telle richesse de la perspective ecclésiale, se laisser stimuler à considérer sous trois dimensions ou davantage, cette forme dont on ne considère le plus souvent que la surface.

Cette forme est en effet beaucoup plus riche que ne l'imagine le plus souvent notre sagesse scolaire ; elle constitue l'élément indispensable empêchant de se dégrader, sous un regard superficiel, des « structures » purement extérieures qui seraient dès lors à transformer ou à rejeter. Ni un platonisme spirituel ni un structuralisme desséché ne peuvent en aucune façon se mesurer avec la forme vivante de l'Église. En effet, la lutte contre les structures extérieures est en réalité le dernier stade d'une maladie dont Madeleine Delbrêl a fourni un diagnostic exact : « Un monde qui a été christianisé semble se vider par le dedans, d'abord de Dieu, puis du Fils de Dieu, puis de ce que Celui-ci communique de divin à son Église, et c'est souvent la surface qui s'effondre en dernier » (13).

---

(13) *Nous autres gens des rues* (Seuil) 29.

- On a pensé être utile à plus d'un lecteur en conservant dans les notes les références à des ouvrages allemands qui ne sont pas traduits en français (Note des éditeurs).

PREMIÈRE PARTIE

LE CERCLE SE FERME

1

Le phénomène

I - SOULÈVEMENT DE PAYSANS?

Le complexe antiromain est premièrement vieux comme l'empire romain, ensuite vieux comme la revendication du droit à la primauté de l'évêque de Rome. Il représente l'attitude d'âme normale des Églises séparées de la communion avec Rome : qui s'en étonnerait ? Mais n'est-il pas inquiétant de constater qu'après Vatican II, alors que la prééminence est accordée au peuple de Dieu, alors que le pape est sorti de sa position isolée et replacé au sein de la collégialité épiscopale, ce complexe se renforce, se répand et s'impose dans de vastes sphères du monde catholique ? Qu'il me soit permis d'user pour une fois de la division trop simpliste qui classe l'humanité en partie à droite et en partie à gauche ; la foule de gauche sera constituée par un bloc opposé aux prétentions dites monarchiques, aristocratiques, bureaucratiques et analogues de l'« appareil » central, tandis que la droite paraîtra divisée en elle-même : à côté d'un étroit secteur où s'épanouit encore un reste de papolâtrie, une méfiance toujours croissante s'étend dans des secteurs considérables ; on y redoute l'influence exagérée sur le pape de groupes progressistes, on le considère parfois lui-même comme un homme de gauche qui, aux dépens de l'« Église du silence », tend des fils diplomatiques suspects en direction de Moscou et de Pékin. Naturellement il existe tou-

29

jours un sentiment catholique populaire plein de bon sens, fidèle à Rome, qui ne se dissimule pas les fautes et les faiblesses possibles de la curie ou du pape lui-même, un bon sens qui en tient compte comme allant de soi. Cependant ce fond de catholicisme inaltéré est soumis à l'érosion par les attaques incessantes des moyens de communication sociale, et de nombreuses publications dont les auteurs tiennent à montrer leur qualité de chrétiens adultes en jugeant de haut, voire avec une passion haineuse, tout ce qui vient de Rome, se fait à Rome, ou se dirige vers Rome.

Ce qui vient de Rome est considéré *a priori* comme étant en retard sur la recherche théologique et les acquisitions sociologiques. On peut alors réagir de deux façons : traiter les actes de Rome avec ironie après avoir tout passé au filtre de la critique, en présenter des extraits aussi réduits que tendancieux, ou bien tout ensevelir dans un silence de mort. Heurtés par les attaques massives et sarcastiques venues du dehors contre tout ce qui est de l'Église et surtout de Rome, les catholiques avertis se garderont tout autant de prêter une oreille trop attentive aux méthodes plus insidieuses encore employées dans leur propre camp ; ils éviteront de se laisser prendre à des procédés qui transforment des détails indifférents, démesurément enflés, en événements de premier ordre et en font des cas témoins, alors que maintes réalités importantes sont camouflées, que la vérité est défigurée et mal interprétée. Naturellement tout exercice de l'autorité qui aura omis de donner les raisons déterminantes du moindre détail sera considéré comme «répressif»; les adversaires, de leur côté, pourront présenter librement leurs arguments contraires et instituer un procès littéralement interminable.

On refuse de reconnaître qu'après Vatican II il ne peut être question que de former un tout cohérent entre l'ensemble du *peuple de Dieu* et la direction responsable voulue par le Christ (nous évitons ici le terme «hiérarchie», d'origine tardive et dont le sens échappe au monde actuel) ainsi que d'intégrer la primauté et la collégialité au sein de cette direction. Sans doute un tel effort demandera de part et d'autre beaucoup de patience, de prévenance et de générosité compréhensive. Il est cependant permis – et il convient – de regarder Vatican II comme mettant un terme à des tergiversations séculaires et un point final à la discussion, afin de laisser le champ libre à une suite nouvelle, plus intéressante et plus féconde : dialogues sur la communion ecclésiale, échanges dans la charité chrétienne, entre ce qu'on appelle à tort la « base » et le « sommet », en se servant d'une image qui prête à confusion et qui désignait simplement, dans l'Église primitive, les rapports entre l'apôtre et sa communauté. Apprentissage sans doute difficile, parce que tellement inaccoutumé, peut-être aussi parce qu'une plus large contribution active sera demandée dans l'effort d'intégration ecclésiale non seulement de la part de Rome, mais surtout de la part de la « province ». Pareille contribution sera essentiellement différente d'une « critique idéologique de l'Église » et d'une « désobéissance créative ».

Notons-le une fois pour toutes : rien ne peut nuire davantage à la véritable communion que la confusion, par manque de réflexion ou par mauvaise volonté, entre la réalité transmise comme « pouvoir » par Jésus aux disciples lors de leur vocation, laquelle sera toujours un pur don de l'amour divin à son Église, et toute espèce d'emploi de la force comme on en voit dans l'histoire des grandes puissances, depuis l'Assyrie, les empires d'Alexandrie et de Rome jusqu'aux totalitarismes fascistes et communistes. Nuisible aussi toute opposition à ce qui, de par l'Évangile (où le latin *potestas* traduit exactement *exousia*), en pratique et en théorie, dans la vie chrétienne et le droit ecclésiastique, porte le nom de pouvoir de juridiction. Que signifierait donc le pouvoir de lier et de délier donné à Pierre et ensuite aux Onze ? Et comment imaginer un pasteur – la figure du pasteur et celle de sa charge est prédominante dans la remise des pouvoirs, comme l'admettront ceux-là mêmes qui ne cessent de lutter contre la sacerdotalisation de la fonction de chef dans l'Église – dépourvu de tout pouvoir ? Comment un tel pasteur pourrait-il diriger son troupeau ? Comment pourrait-il protéger le troupeau sans défense contre les loups féroces faisant irruption du dehors, voire contre les *hommes aux paroles perverses qui surgiront de vos propres rangs* (Actes *20*,29)? Lorsque Fritz Leist, dont nous allons parler ci-dessous, refuse par principe au nom de l'Évangile tout pouvoir de juridiction et revendique pour l'évêque de Rome la simple « primauté d'honneur », il ne se doute pas à quel point ce titre-là est aussi peu évangélique que possible, son origine remontant à des diplomates de Cour. En rejetant catégoriquement Vatican I (donc aussi Vatican II) tout en prétendant rester catholique, il se trouve dans la même situation faussée que Döllinger, son témoin de la couronne : toujours assis entre deux chaises. Quiconque connaît l'histoire de l'Église admettra que souvent le pouvoir évangélique et spirituel (pouvoir de juridiction authentique) s'est confondu avec l'emploi de la puissance temporelle : nous reconnaissons le fait tout en le regrettant et en le rejetant pour l'avenir. Certes, un tel mélange fut souvent (non toujours) peu chrétien et parfois coupable ; mais soupçonner *a priori* toute disposition légitime des chefs de l'Église d'être secrètement ou même ouvertement une convoitise du pouvoir, et la condamner comme abus de l'*exousia* confiée à l'Église, n'est pas moins contraire à l'Évangile ni moins scandaleux. Les mêmes personnes qui accusent sans cesse l'Église d'empiéter sur le domaine de la puissance séculière proclament que de nos jours le devoir principal de l'Église (non seulement de quelques chrétiens engagés) est de réaliser par la violence révolutionnaire le changement des structures de notre société.

Les pays qui ont connu le fascisme ainsi que le national-socialisme avec leur principe formaliste d'obéissance sont peut-être les plus exposés à traiter toute obéissance de manque de maturité ou de lâcheté, et à concevoir leur contribution à la vie de l'Église entière dans le sens d'un effort de « démocratisation ». Pour qui connaît l'Évangile, il devrait cependant être évident que le plan de la communauté issue de Jésus ne peut pas s'exprimer en termes de monarchie ni d'oligarchie, d'aristocratie ni de démocratie. Les peuples qui ont gardé une forte tradition d'Église nationale et ceux qui tendent vers cette forme d'organisation ecclésiastique interpréteront spontanément l'intégration recherchée par Vatican II dans le sens d'un épiscopat national prenant ses distances à l'égard de Rome. On insiste alors sur la «réception» gallicane et l'on passe au filtre les consignes venues de Rome, écartant celles qui paraissent trop exigeantes, en réclamant d'autres jugées avantageuses pour la nation. Dans les pays à majorité non catholique on se complaît volontiers dans une «générosité» unilatérale jugée nécessaire aux approches œcuméniques ; estimant témoigner de sa largeur de vues, on sacrifie les «préjugés» rejetés il y a quatre siècles par les Églises de la Réforme et l'on parvient ainsi à peu de frais à un catholicisme d'aplanissement, tout cela en se tenant le plus possible éloigné d'un centre romain suranné. Les pays occidentaux qui sont travaillés par la propagande communiste et attendent tout salut d'une «transformation des structures» (des «structures iniques»), font remonter sans trop de peine le capitalisme à la papauté du Moyen Age. Ils considèrent aisément toute la «hiérarchie» comme une superstructure étrangère au Christ, pratiquement inventée, prétendent certains, par saint Paul ; ils glorifient les saints, ces «non conformistes décidés» au cours de l'histoire, ces «négateurs en puissance»; ils appliquent à la curie romaine et aux évêques qui en dépendent les plaintes élevées par Jésus contre les pharisiens hypocrites ; ils rejettent comme des exigences inadmissibles les obligations imposées aux fidèles à l'égard de décisions dogmatiques vieillies et totalement hors de saison : «Quant au système de l'Église romaine, il faut avouer qu'il s'est dressé radicalement contre les commandements de Dieu et de Jésus-Christ, et qu'il n'a pas encore abandonné cette attitude... Le système de l'Église romaine n'éprouve-t-il aucune pitié pour le Christ?» (1). Les pays qui étaient encore récemment soumis à une théologie rationaliste supranaturelle importée et qui admettaient même les formes contingentes de l'Église comme tout entières sanctionnées par le ciel voient pâlir cette auréole surnaturelle sous l'influence du pragmatisme moderne et de la cybernétique ; il semble maintenant que tout dans l'Eglise et dans ses fonc-

---

(1) Regina Bohne, l.c. 66, 80.

tions soit susceptible d'être «transformé» dans le sens de la société moderne, avant tout la hiérarchie des ministres qui jadis se comportait comme une féodalité sacrée; il n'y aurait donc apparemment pas de raison pour soutenir que la charge de Pierre ne doive pas être changée en un mandat rationnel de présidence à terme. Dès lors il est évident que disparaît tout un aspect de l'obéissance à l'Église fondée sur l'Évangile et saint Paul, aspect considéré comme dépendant du «régime féodal» et donc dépassé. Le prêtre – et bien sûr moins encore le pape – ne peut à la fois représenter l'institution hiérarchique dont les décisions sont encore calquées sur des modèles absolutistes et, d'autre part, se prêter aux désirs individuels et communautaires d'obtenir le droit de co-détermination et la protection de l'individu face aux intérêts de l'institution (2). S'il en était ainsi, le programme du concile, qui a voulu unir primauté et collégialité, obéissance commune et liberté personnelle, serait *contradictoire* en soi. Faire appel à une consultation du *sensus fidelium* pour s'opposer à une direction donnée par un acte faisant autorité, cela reviendrait à prétendre découvrir la vérité par une décision prise à la majorité des voix. Dans ce cas, il y aurait lieu en effet de parler de contradiction. Tout ce qu'on veut appeler «l'édifice hiérarchique féodal» deviendrait caduc, «anachronique» et «fonctionnant mal» (3). «A la place d'une autorité supérieure hiérarchique» s'instaurerait ainsi «l'autorité des experts» (4). On n'obéirait donc raisonnablement à un supérieur que dans la mesure où celui-ci se serait montré compétent, et celui qui doit obéir jugerait sur ce critère de l'étendue et du degré de l'obéissance à lui rendre : ainsi la paroisse face à son curé, ainsi l'ensemble des fidèles dans son rapport au pape. La conséquence spécifique d'une situation comprise de la sorte serait la projection du mystère de la foi sur le plan d'une com-

---

(2) *Reform und Anerkennung kirchlicher Amter, ein Memorandum der Arbeitsgemeinschaft ökumenischer Universitätsinstitute* (Kaiser-Grünewald 1973) 75.

(3) *Ibid.* 79, 80.

(4) *Ibid.* 82.

préhensibilité rationnelle et théologique, et ce serait sur ce même plan qu'il s'agirait de mettre d'accord les avis différents qui opposeraient le prétendu «magistère» de l'Église et le corps des théologiens. Le dilemme étant ainsi formulé, dans le cas où Rome ne se déciderait pas en faveur de la situation sociale créée par l'«histoire» moderne «de la liberté», on l'accuserait nécessairement «d'aveuglement décidé face à toute nouveauté» (5), «de raideur dans la direction de l'Eglise» (6), d'«immobilisme», d'«attitude autoritaire» hors de saison (7) face aux «justes exigences de la démocratisation» (8). Nous serions contraints de constater avec une déception amère que «la centralisation papale, et à sa suite la centralisation épiscopale, augmente plutôt qu'elle ne diminue»; il semblerait alors de plus en plus «que l'institution de l'Eglise, avec sa structure et ses lois, ne rejoint jamais l'exigence moderne du sentiment de la liberté» (9).

La plupart de ces griefs – dans la mesure où ils ne concernent pas des faiblesses personnelles mais se proposent délibérément de critiquer l'ordre qui régit l'Église – relèvent d'un *romantisme* inguérissable. L'expérience deux fois millénaire de l'histoire de l'Église n'entre pas en compte là où l'on ne retient que deux extrémités : d'une part un Évangile auréolé de rose à la manière de Renan, Évangile de la «liberté», de la non-violence et de la «béatitude des pauvres et des opprimés», d'autre part une critique marxiste de là société, qui promet de rétablir ce paradis évangélique moyennant un «changement des structures» (nouveau mot magique et mythique). Fernand Guimet a fait remarquer pertinemment à ces naïfs qui se parent volontiers des dons du Saint-Esprit, qu'au fond ils sont des archéologues : par leurs fouilles

---

(5) *Ibid.* 64.
(6) *Ibid.* 174.
(7) *Ibid.* 15.
(8) *Ibid.* 22.
(9) *Ibid.* 45.

exégétiques ils tendent à revenir en arrière vers un christianisme prépentecostal où les formes des structures à venir paraissent encore incertaines – lisez seulement les interprétations que Fritz Leist donne aux paroles de Pierre : à chaque phrase vous buterez sur un «probablement», «vraisemblablement», «peut-être» – ; sans la médiation du Saint-Esprit qui est l'Esprit de l'Église, ils comptent parvenir à se trouver «contemporains» de l'«événement» du Christ, soit exactement à l'époque où les disciples étaient encore imbus d'esprit judaïque et d'une théologie en partie non chrétienne et politique. Selon Guimet, ces théologiens, «ayant pris dès le départ un retard infini sur la signification actuelle de la foi, ne peuvent que s'épuiser vainement à la poursuivre»; ils seront «toujours en retard sur l'Esprit» (10). Rechercher l'actualité par l'archéologie en faisant un bond par-dessus l'histoire dont on se débarrasse comme d'un fardeau, n'offre pas pour aujourd'hui un authentique message de salut. Les prisonniers enfermés dans cette maison de verre des idéologies modernes rejettent sans discernement le passé de l'Église, lui lancent sans arrêt des pierres et se sentent frustrés devant sa réalité puissante qui se dresse jusque dans le présent. De nos jours où précisément toute pression réelle d'un «Saint-Office» a cessé, ces gens se plaignent et gémissent d'avance – contrairement à la dernière génération de grands théologiens qui l'ont supportée en silence – ; ils sont pareils à des enfants criant avant que le dentiste ait touché à l'une de leurs dents ; ils jurent de «monter sur les barricades» si l'on s'avisait de limiter le moins du monde leur liberté de chrétiens.

Les invectives de Fritz Leist (11) – dont nous ne mettons nullement en doute les intentions justifiées : détruire le tabou d'une papolâtrie populaire encore agissante – sont fausses et pénibles sous trois aspects. En premier lieu elles confondent la

---

(10) *Existence et éternité* (Aubier, Paris 1973) 50-51.
(11) *Der Gefangene im Vatikan. Strukturen päpstlicher Herrschaft* (Kösel-Verlag, München 1971).

primauté de juridiction (12) avec une exigence de puissance séculière ; elles rapportent l'origine de cette prétention aux bases magiques et mythiques de la *Roma aeterna* païenne (13) ; bien plus – comme les papes ont érigé partout des obélisques, symboles phalliques – elles la font remonter aux mythes égyptiens de la fécondité et à leurs images de «sauveurs» royaux (14) ! On se plaint ensuite d'une exaltation exagérée (15) du caractère sacré du pape, de l'idée de «mana» qui s'y rattache, de la sacralisation de tout ce qui l'entoure (16) ; on parle de la transformation de l'État du Vatican en une «monarchie hiérocratique» (17), d'une «christification» du pape, qui aurait de lui-même une fausse idée de médiateur (18), voire de «Père universel» (19). Enfin, en troisième lieu, on formule l'exigence catégorique de rapporter les déclarations de Vatican I comme non conformes à la Bible, dans l'intention de poser au sein de l'Église la base de la collégialité – sans quoi l'Église resterait la «quadrature du cercle» (20), le «cercle infernal» (21) – et d'établir à l'extérieur les fondements de l'œcuménisme. Leist déplore en outre la «peur angoissée» qui pèse sur les pauvres théologiens contraints de travailler, de nos jours encore, face à l'Index (aboli depuis longtemps) et à la Congrégation de la foi

---

(12) Für den «Ehrenprimat», *Ibid.* 300 s.

(13) *Ibid.* 86.

(14) *Ibid.* 106 ss.

(15) *Ibid.* 66, 69, 127.

(16) *Ibid.* 24 ss. «La cour papale, la structure et le comportement de la curie sont les plus grands obstacles à une rencontre œcuménique sans réserve avec Rome» : 30. Cette «cour» est comme une «muraille protectrice autour d'une institution qui se sent profondément menacée parce que le Seigneur en reste éloigné», «une garantie du pouvoir née de l'angoisse non surmontée d'être abandonné sur cette terre» 40.

(17) *Ibid.* 46.

(18) *Ibid.* 53 ss.

(19) *Ibid.* 59 ss., 70 ss.

(20) *Ibid.* 316.

(21) *Ibid.* 320.

(l'Inquisition de jadis!), pourtant pleine de bienveillance. (On est stupéfait de constater avec quel courage ces théologiens savent dissimuler leur secrète angoisse!) La bonne volonté que l'on ne refuse pas à Paul VI demeure impuissante tant que le pape reste «prisonnier du pouvoir de la curie et de l'idéologie romaine» (22), «prisonnier de ces images du saint et du père» (23), prisonnier «des structures d'un droit féodal et d'une royauté sacrée» (24), réduit à concentrer sa pensée en lui-même et sur lui-même (25), à monologuer seulement avec lui-même (26). Enfin Leist ne manque pas de jouer la touche germanique : «Ce système est marqué au front par son origine romane et ne pourra jamais s'imposer dans les pays germaniques» (27).

Qu'il nous soit permis de nous divertir un instant en faisant confirmer cette dernière affirmation par un autre Germain, qui mettra provisoirement un terme à ce regard circulaire non moins provisoire sur l'aire du complexe antiromain.

«Nous autres Européens, nous nous trouvons actuellement face à un monde immense de ruines ; l'une ou l'autre pièce est encore debout, mais bien des choses sont pourries et inquiétantes, la plupart gisent au sol, pittoresques à souhait. A-t-on jamais vu plus belles ruines? L'Église est cette ville détruite : nous voyons la société religieuse du christianisme ébranlée jusque dans ses derniers fondements – la foi en Dieu est renversée, la foi dans l'idéal chrétien et ascétique livre son dernier combat. Et voici le plus curieux : ceux qui ont le plus

---

(22) *Ibid.* 318.
(23) *Ibid.* 79.
(24) *Ibid.* 316.
(25) *Ibid.* 281 ss.
(26) *Ibid.* 139.
(27) *Ibid.* 328. M. Leist nous confesse, pour finir, qu'il n'entrait pas dans sa tâche «d'exposer comment il faut voir aujourd'hui la fonction de Pierre – ou plus exactement (?) le ministère de Pierre» (351). Il en va de même pour la plupart de nos censeurs actuels : comment on devrait agir concrètement, ils l'ignorent.

peiné pour soutenir et maintenir vivant le christianisme sont devenus ses plus habiles démolisseurs : les Allemands. Il semble que les Allemands ne comprennent pas l'essence de l'Église. Ne sont-ils pas assez spirituels ? Certes, l'édifice de l'Église repose sur une liberté, un esprit éclairé propres au midi, ainsi que sur la méfiance méridionale à l'égard de la nature, de l'homme et de l'esprit ; il s'établit sur une connaissance de l'homme, sur une expérience de l'homme qui sont bien différentes de celles des gens du Nord. La réforme de Luther a traduit dans toute son ampleur l'irritation de la simplicité contre la « multiplicité ». Elle était, soit dit avec circonspection, une méprise grossière et loyale. De nos jours on ne se rend pas suffisamment compte que sur toutes les questions principales concernant le pouvoir, Luther avait des vues fatalement courtes, superficielles et manquant de prévoyance. Il excitait, il rassemblait, il abandonnait à tout venant les Livres Saints qui finirent par tomber entre les mains des philologues, c'est-à-dire entre les mains de ceux qui font crouler la foi fondée sur des livres. Il a détruit la notion d'« Église » en refusant la foi dans l'inspiration des conciles. En effet, la notion d'« Église » ne garde sa valeur que lorsque l'esprit qui l'a inspirée est supposé vivre encore en elle, continue à édifier, à bâtir sa maison. Il a rendu au prêtre les rapports sexuels avec la femme, mais le respect dont le peuple et surtout la femme sont capables, repose pour les trois-quarts sur la croyance qu'un homme exceptionnel sur ce point le sera également sur d'autres points – c'est ici que la foi populaire voyant une réalité surhumaine dans l'homme, dans le miracle, un Dieu sauveur dans l'homme, trouve son avoué le plus délié et le plus insidieux. Après lui avoir rendu la femme, Luther était obligé *d'enlever* au prêtre la confession auriculaire, ce qui était psychologiquement dans l'ordre. Mais ce faisant il supprimait au fond le prêtre chrétien lui-même dont la plus profonde utilité avait toujours été celle d'une oreille sainte, un puits de silence, une tombe où ensevelir les secrets. « Chacun son propre prêtre » : cette formule, dans son astuce paysanne, cache chez Luther une haine abyssale de l'homme supérieur, une aversion pour le domaine souverain de l'homme supérieur tel que l'avait conçu l'Église. – Il fracassait un idéal qui lui était inaccessible alors qu'il semblait combattre et avoir en horreur la corruption de ce même idéal. En réalité, lui, le moine impossible, repoussait la domination des *homines religiosi*; il pratiquait ainsi dans l'organisation de la société ecclésiale exactement ce qu'il combattait avec tant d'intolérance dans l'ordre civil : un soulèvement de paysans. Il ne savait pas ce qu'il faisait.» (Nietzsche, *Le Gai savoir*, 358) (28).

II – PROVINCIALISATION.

Interrompons pour un moment l'examen des griefs adressés à Rome pour jeter un rapide regard sur les effets produits. Sans nous occuper des romantiques, de leurs exigences de démythologisation et de leurs prétentions à la liberté évangélique, donnons la parole aux réalistes qui ont tiré les conséquences – justifiées, certes, en principe, – des enseignements de Vatican II sur la collégialité et, par suite, sur la décentralisation de nombreux pouvoirs et compétences cumulés par Rome. Inutile de revenir ici sur les aspects positifs de cette répartition des pouvoirs et sur l'opportunité de mettre en valeur et de stimuler les responsabilités régionales, car c'est chose évidente. Cependant, que s'est-il passé, en fait? Si l'on dresse un bilan général, on constate avec effroi les inconvénients entraînés par la manière dont s'est opérée la

---

(28) Chacun pourra vérifier quelles sont les phrases et tournures que j'ai supprimées sans mettre de points de suspension. Mais on lira aussi avec profit la suite et la fin de l'essai. (On pourra se reporter à la traduction de P. Klossowski, Gallimard, 1967 250-252).

suppression de la centralisation qui régnait à la curie, suppression réclamée bruyamment surtout par le cardinal Suenens. Notons d'abord que le concile s'est occupé de préférence des diocèses particuliers et qu'il a recommandé aussi avec insistance les conférences épiscopales régionales ou nationales. Or les offices et les services compétents, passant de la curie centrale romaine dans les différentes régions, s'y retrouvent doublés sous forme de commissions, d'organes de coordination ou, comme c'est le cas en France, d'un conseil permanent de l'épiscopat auquel sont adjoints de nombreux bureaux. Il en résulte une augmentation disproportionnée de la bureaucratie ecclésiastique, la curie étant multipliée par le nombre des évêchés, multipliée surtout par l'organisation des conférences épiscopales ; l'Église militante, selon l'expression d'un faiseur de mots d'esprit, se transforme en Église polycopiante. Ajoutez, dans certains pays, des synodes où l'ensemble du peuple royal et sacerdotal aura le droit de dire son mot dans toutes les affaires de l'Église, et la paperasserie prendra des proportions incroyables, telles qu'aucun homme normal exerçant une profession ne pourrait la dominer. Le surmenage des évêques est patent, et le risque est de plus en plus grand de voir des comités ou des synodes réellement «manipulés» – le terme est inévitable – de multiples manières. Les conférences épiscopales risquent de se trouver dans une situation analogue, surtout lorsque leurs membres surmenés se voient forcés de laisser à des commissions des tâches importantes, la rédaction de décisions d'une grande portée, la mise au point de manuels religieux, de textes liturgiques, etc. N'oublions pas, d'ailleurs, qu'il est impossible de prévoir la composition de ces commissions avec autant de soin que pour la curie romaine où des personnes compétentes sont choisies dans le monde entier pour remplir les charges les plus importantes et siéger dans les différentes congrégations. On ne peut guère mettre à la charge de l'évêque la publication de telle disposition ou déclaration dont il n'accepterait pas de revendiquer l'initiative. Il arrive également – le fait a été noté dans certaines régions – que le bureau permanent de la conférence épiscopale exerce une pression qui peut aller jusqu'à intimider les évêques eux-mêmes : le pluralisme recherché s'impose alors avec abus sur le plan national plutôt que sur le plan diocésain. Le temps n'est peut-être plus éloigné où maint évêque sera reconnaissant de pouvoir de nouveau en appeler au pape, garant de sa liberté, contre un appareil bureaucratique plus ou moins anonyme.

Il suffira de cette simple constatation pour mettre en lumière l'utilité de la curie romaine, surtout lorsqu'elle travaille avec les qualités éminentes qu'elle possède actuellement. Pareille à toutes les institutions humaines, elle donnera toujours lieu à des critiques ; nul ne peut cependant lui reprocher les graves abus des temps passés. Paul VI a déjà simplifié beaucoup de choses ; il a supprimé aussi maint galon suranné. Sans doute en reste-t-il qui appellent des suppressions plus ou moins volontaires. Ce qu'il peut y avoir encore d'excessif ou d'anachronique dans le domaine des distinctions honorifiques, degrés hiérarchiques ou titres est probablement à la veille de disparaître. L'image même de la papauté telle qu'elle se dessinait dans le cadre de la curie change déjà d'aspect aux yeux du public chrétien et non chrétien. Peut-être faudra-t-il un jour réduire un personnel nombreux et coûteux. La question se pose toutefois si de la part du pape le maintien de cet organisme n'est pas prudence (bien plutôt que besoin de domination), car grâce à des hommes de valeur et en dépit de quelques frictions (29), celui-ci fonctionne admirablement, en cette période de transition où des catholiques, pareils à des jeunes gens à peine sortis de l'adolescence, se donnent des airs d'adultes alors qu'ils le sont si peu. Nous considérerons plus loin la curie sous un autre aspect, en relation avec la manière dont le pape actuel se conçoit lui-même. Pour rendre possibles le sourire, le regard rayonnant de bonté, la main tendue, tous ces gestes extrêmement simples, humains et compréhensibles à

---

(29) Ce n'est pas ici le lieu d'étudier le problème des finances vaticanes. On lira sur ce sujet Corrado Pallenberg: *Die Finanzen des Vatikans* (dtv 1973).

tous, quel appareil indiciblement compliqué de muscles, de nerfs, d'artères et de veines cela ne suppose-t-il pas? Les hommes ne sont pas de purs esprits. Ne l'est pas davantage celui qui, de par sa charge, doit remplir une fonction irremplaçable et qui n'a pas trouvé dans son berceau le charisme et le privilège des saints (de certains d'entre eux du moins) d'être un signe par toute leur existence. Mais revenons aux tentatives entreprises pour multiplier l'organisation sur le plan (inter-) diocésain.

L'histoire des conciles œcuméniques est bien mouvementée : on rencontre dans certains la corruption, ailleurs ce sont les coups de bâtons ou les coups de feu ; les pressions politiques de tout genre y étaient à l'ordre du jour. Malgré tout – *Dei providentia et hominum confusione* – ils ont eu de bons résultats pour la chrétienté, alors que nous attendons encore les effets qui justifient l'usure des santés, les énormes dépenses en argent et en matériel des synodes nationaux. Dans toute cette nouvelle activité un trait s'impose : l'image d'une Église et surtout d'un clergé se référant surtout à soi-même. On lutte maintenant pour son identité (problème clinique), on s'exerce individuellement et en groupe à «contempler son nombril», et plus les voix qui s'élèvent sont nombreuses, moins une Église nationale se rend compte de son être réel. On parle d'orthopraxie et de changement des structures au Brésil, et malgré toute cette vaine programmation on est loin d'atteindre à l'efficacité d'un des grands laïcs du temps du Kulturkampf. Il se pourrait bien qu'on jette un secret regard d'envie sur cette curie romaine outragée, où les affaires sont réglées et expédiées avec beaucoup moins de discussions. Période d'essais de la démocratie chrétienne? Ou bien autothérapie, selon Coué, d'un clergé et d'un laïcat à la recherche anxieuse de leur propre identité? Mais déjà des doutes s'élèvent : ces comités vont-ils prendre l'initiative de grands mouvements de réformes? Ce seront bien plutôt des saints, isolés et solitaires, embrasés du feu divin, qui allumeront autour d'eux un incendie n'ayant rien de commun avec une organisation raffinée. Le temps manque aux saints pour se pencher sur leur propre identité. Peut-être nous faudrait-il apprendre comment un peuple «fabrique» un saint : par la prière, la pénitence, une foi ardente qui passe de la mère à un fils élu..., par une volonté d'unité ecclésiale qui se concrétise soudain dans une unité active et efficace de la chair et du sang.

Un saint est toujours reconnaissable à sa passion des valeurs catholiques. Il se tient pour un membre insignifiant ; s'il exerce une fonction, c'est toujours comme membre d'un *ensemble* vivant et pour lequel il vit. Jamais un saint ne s'accomodera de l'attitude lassée, résignée ou opiniâtrement particulariste qui se présente actuellement comme «pluralisme théologique». Le *pluralisme* au sens rigoureux – une doctrine qui admettrait l'existence au sein de l'Église une et catholique de points humainement parlant inconciliables – serait un provincialisme et une négation du catholicisme. Plus exactement : la négation du caractère concret du principe catholique, de ce principe d'où tirent leur origine et leur sève nourricière tous les membres, avec leurs fonctions et leurs perspectives particulières. Une théologie qui se respecte devrait aujourd'hui avoir l'ambition de «remédier à partir d'un point déterminé» à la divergence des aspects de la vérité chrétienne, de rompre avec les attitudes pratiques et théoriques d'opposition ou d'indifférence, afin d'unir dans une doctrine commune et de passer ensuite à une pratique commune ; elle devrait comprendre qu'il lui faut dépasser toute dialectique stérile, toute antithèse factice, et faire taire toutes les voix qui haussent le ton pour soutenir que certains points de vue (par exemple primauté et collégialité) sont incompatibles entre eux. Il s'agit effectivement d'une décision fondamentale : ou bien relativiser l'unité concrète de la catholicité et la réduire à l'état d'unité abstraite de l'humanité – c'est le but vers lequel tendent forcément les théologiens qui adoptent un pluralisme conséquent avec lui-même ; ou bien maintenir cette unité concrète de la catholicité même dans une situation où elle doit être ouverture illimitée – devant l'œcuménisme avec ses innombrables problèmes, et plus loin devant l'humanité entière, religieuse aussi bien qu'athée. Une telle ouverture ne lui fera jamais renier la loi qui est sienne depuis les débuts, dont elle porte l'empreinte et selon laquelle elle se développe comme un organisme vivant.

Cette ouverture, actuellement plus que jamais indispensable pour assurer la crédibilité du catholicisme, présuppose une conscience paisible de sa propre essence ; de même qu'une femme ne peut se donner et s'ouvrir à l'homme qu'à la condition de se comporter en femme et non en homme ni en ennemie de l'homme. Un regard sur le plus profond des secrets : dans le Dieu *un et trine* la détermination et l'infini ne s'opposent pas ; étant Dieu, les trois Personnes divines ne se limitent pas mutuellement, elles se déterminent l'une par l'autre. Si l'on reste fermé à cet arrière-plan du mystère, on se condamne à comprendre la structure ecclésiale de manière purement sociologique ; on se heurte alors inévitablement à des contradictions et à des incompatibilités. En revanche un chrétien qui vit du mystère fait l'expérience béatifiante que ces tensions – jusqu'aux plus terribles de toutes – sont viables et fécondes, alors que d'autres s'en impatientent ou s'en désintéressent en les traitant de «quadrature du cercle». L'exemple le plus simple consiste à unir une obéissance authentique, sans bornes, à un sens authentique de sa propre responsabilité, tels que les ont vécus tant de saints dans l'état religieux, sans parler des vrais Jésuites. Pour les non-catholiques une telle attitude représente une impossibilité à jamais incompréhensible : en effet elle ne se résout qu'au sein du mystère trinitaire. Les catholiques semi-croyants se réfèrent volontiers aux saints mais trop souvent pour déformer et dénoncer les conflits qui les ont opposés à l'autorité et rappeler les souffrances que cela leur a valu ; leurs propres réclamations ne sont aucunement dans la manière des saints : jamais un saint n'aurait admis que l'on prît parti pour lui contre le ministère de l'Église. Certes, le mystère trinitaire de l'obéissance est toujours exposé, car il est remis à des hommes qui tous, ceux qui commandent comme ceux qui obéissent, doivent agir dans une soumission égale à la parole de Dieu ;

45

mais quel est celui des grands dons divins remis entre les mains des hommes qui ne risque pas d'être employé par eux contrairement aux desseins divins ?

Le *mystère christologique* tel qu'il s'épanouit dans l'Église exige une pluralité à peine concevable, différant du tout au tout d'un pluralisme qui se disloque. Déjà dans saint Paul l'exigence est claire : le chrétien, à la suite du Christ, doit vivre comme étant sans cesse crucifié au monde, livré chaque jour à la mort, mais aussi – ceci n'est pas moins vrai – comme ressuscité avec le Christ, bien plus, comme déjà monté au ciel avec lui. La situation du monde et celle de l'Église, ainsi que les dispositions de la divine Providence, lui fournissent l'occasion de faire l'expérience de l'une et de l'autre réalité, sans être en danger de se livrer à un faux passionisme ou au triomphalisme. De l'extérieur, cela semble également impossible.

Enfin, l'Église considère l'*Écriture Sainte* dans son ensemble comme un livre inspiré qui est son bien. Avec sa diversité troublante et sous tous ses aspects élargis presque à l'infini par l'exégèse moderne, l'Écriture demeure essentiellement une. Elle n'est ni au-dessus ni à côté de l'unité de l'Église, mais lui est inséparablement rapportée : elle est la parole archétype du dialogue, adressée par le Christ (Verbe du Père) dans le Saint-Esprit à l'Église et à laquelle celle-ci répond dans la foi. L'exégèse objective, c'est-à-dire celle qui tient compte de ce lieu d'où elle vient, peut sans entrave et presque indéfiniment découvrir de nouveaux aspects, dégager des couches plus profondes qui font voir le développement de la foi parvenue à sa plénitude ; mais elle perd son objectivité dès lors qu'elle isole des aspects particuliers de ce développement pour les opposer à son ensemble cohérent (telle l'hypothèse gratuite de certaines structures communautaires ébauchées dans la Corinthe de saint Paul que l'on oppose à la structure adulte de l'Église des temps post-apostoliques, structure dont parle cependant l'Écriture et que confirment les témoignages synchroniques immédiatement postérieurs de Clément de Rome, Ignace, etc.). Aucune pluralité n'est à craindre au sein de l'Église. Mais ce n'est pas tant le résultat de recherches menées hors de l'Église

46

qui est à redouter, ni même un pluralisme ouvertement doctrinaire, c'est plutôt l'attitude de certains chercheurs et autres chrétiens qui ne gardent qu'un pied dans la foi de l'Église tandis que l'autre s'appuie sur une neutralité nullement ecclésiale, et qui sacrifient de la sorte à un pluralisme existentiel frisant la schizophrénie.

Celui qui attaque sérieusement et systématiquement cette possibilité pour la foi de vivre du mystère trinitaire, christologique et pneumatologique, et prétend en même temps être un bon catholique, meilleur que le pape peut-être, le magistère pastoral doit le signaler aux fidèles comme égaré sur une fausse piste, exactement comme les Apôtres se sont eux-mêmes acquittés de ce service de la foi dans leurs actes et leurs écrits, recommençant toujours sans rien craindre et sans manquer à la charité (30). Il est sans doute évident que ce service n'a pas été rendu par le feu et le glaive, ni en méprisant les droits de l'homme (ce n'est pas complètement à tort que ce dernier reproche a été adressé à la procédure du Saint-Office avant le concile). Ce n'est pas le lieu ici d'examiner à quel point le respect de ces droits est déjà devenu évident dans tous les détails de la nouvelle procédure. Toutefois refuser au ministère ecclésiastique, sous prétexte de liberté de la recherche et du pluralisme moderne des opinions, toute compétence pour décider si les limites de la foi catholique ont été transgressées, équivaut à mettre en question la constitution même de l'Église telle qu'elle s'édifie à partir du mystère de la révélation.

Le monde s'unifie, surtout extérieurement dans le nivellement technique, et simultanément il se provincialise, attendu qu'il est impossible de l'embrasser d'un coup d'œil dans sa totalité, ce qui fatiguerait le regard en quête d'une connaissance sérieuse. De là vient que chacun se limite à un secteur res-

---

(30) Quelques textes du Nouveau Testament pour cette délimitation des frontières : Mat *18*,15-17 ; Rom *14*,1 s. ; 16-17 ; 1 Cor *5*,5 ; *5*,9 ; 2 Thes *3*, 14 s ; 1 Tim *1*,20 ; Tit *3*,10 s ; Heb *10*,24 s ; 1 Jn *2*,19 s ; Ju 22-23 ; Apoc *22*,15, etc.

treint. Dans la formation, la culture classique est remplacée par une spécialisation hâtive ; les nations suivent une pente qui mène à leur désintégration ; personne n'est plus en mesure d'acquérir une vue d'ensemble des résultats et des méthodes de recherche concernant les sciences «exactes» (et les sciences de l'esprit dites naguère «inexactes» tentent de les rejoindre dans leurs méthodes). Sans doute les congrès de spécialistes se multiplient, ainsi que les efforts pour trouver des bases de comparaison ; mais les «intelligences supérieures» capables de jalonner, dans le style d'un Leibniz, les contours du savoir de l'humanité, se font naturellement de plus en plus rares, d'où le découragement de la philosophie ; d'où, répétons-le, la spécialisation de la théologie, ramifiée à l'instar de provinces. A peine osera-t-on, dans des cas exceptionnels, présenter des études complètes du dogme réalisées en équipe, et dans ces circonstances : *tot capita, tot sensus*. Les traités cèdent la place d'une part à des collections populaires, d'autre part au flot des recherches spécialisées dans l'exégèse, l'histoire de l'Église, le droit canon, etc. ; autant de chapitres disjoints de la dogmatique étudiée autrefois dans une vue d'ensemble. Le manque d'aperçus convaincants entraîne une fuite vers les branches pratiques jugées plus proches de la vie : pédagogie religieuse, dynamique religieuse de groupe, sociologie critique de la religion et de l'Église, théologie de la libération et du tiers-monde. Les contacts théologiques entre les différents pays vont s'amenuisant rapidement (en Allemagne personne ne sait plus ce que produit la théologie en Pologne, bien que la production soit considérable ; personne, ou presque, ne connaît les travaux importants publiés en France, en Espagne, en Italie, sans parler des publications africaines, asiatiques, australiennes ; exceptons tout au plus l'une ou l'autre «théologie de la révolution»).

De plus, à travers les misères du monde, la voix de Dieu ne parle-t-elle pas assez haut et assez net pour rencontrer des oreilles ouvertes et une obéissance prête à aller de l'avant ? Écouter cette même voix lorsqu'elle vient de Rome paraît donc superflu et devient irritant, surtout lorsqu'elle vous sollicite non en faveur des nécessités les plus urgentes, mais bien souvent à propos de choses qui paraissent incompréhensibles ou secondaires. Le monolithe romain, image de l'unité jugée à peu près impossible, fait figure, au milieu de cet éparpillement centré sur la pratique, d'un dilettantisme dépassé, irréel et prétentieux ; ses déclarations ne sont, dit-on, qu'une fausse rhétorique, diplomatie dissimulée, bref elles sont estimées peu dignes de foi. Le « catholicisme critique » y voit l'objet idéal de ses sarcasmes. Il suffit que quelque chose vienne de Rome – même si cela vient d'un comité qui se réunit à Rome par hasard ou qui ne compte pas un seul Romain parmi ses membres (c'est le cas, par exemple, de la commission internationale de théologie), – aussitôt on l'écarte comme sans importance et « dépassé ». Peut-être est-ce pour cela que le « Club de Rome » a trouvé jusqu'à présent si peu d'audience en dépit de ses avertissements apocalyptiques (31).

III – ÊTRE PAPE AUJOURD'HUI.

Les deux « Jérômes », qui ne ménagent pas les sarcasmes à l'adresse de la curie, expriment cependant un avis psychologique très favorable sur Paul VI (32). Insistant sur la comparaison entre lui et le héros espagnol – avant son voyage en Asie et en Australie le pape se demandait non sans humour à qui on allait le comparer : « David et Goliath ? D'autres diront : Don Quichotte » – ils lui refusent toutefois l'attribut

(31) Pour l'ensemble : JOHANNES GROSS, *Die Welt wird Provinz* (FAZ 3-8-1973). ALVIN TOFFLER, *Der Zukunftsschock* (Droemer Knaur, 1974) 4ᵉ partie : Vielfalt, 189-237.

(32) *Vatikan intern* (Deutsche Verlagsanstalt, Stuttgart 1973) 227-281.

de « Hamlet » que Roncalli, alors à Venise, lui avait – dit-on – donné lorsqu'il était archevêque de Milan. Reinhard Raffalt, dans son livre WOHIN STEUERT DER VATIKAN (33) (Vers quoi s'oriente le Vatican ?), attaque la politique générale de Paul VI et s'obstine à user de ce surnom : un long chapitre sur le Saint-Siège s'intitule « Hamlet ». Mais le point sur lequel porte la comparaison n'est guère précisé. L'auteur ne vise sans doute pas le fait que Paul VI ne passerait pas à l'action – pour Raffalt il n'agit que trop, tendu vers un but qui malheureusement se situe à gauche, ce qui contrarie notre auteur – ; il n'est pas probable non plus qu'il veuille dire que sa politique dénote mainte « erreur de pensée » (34) car justement Hamlet n'en commet pas ; peut-être estime-t-il plutôt que tous deux ont un esprit profond, que leurs actes sont complexes et symboliques (théâtre dans le théâtre), que les circonstances les obligent à changer de tactique ? Sur ce point la comparaison est, une fois de plus, inadéquate : Hamlet doit sans cesse retarder l'action décisive, alors que Paul VI agit continuellement et poursuit son but avec persévérance. Dans l'ensemble c'est donc là un parallèle malheureux. En effet s'il consistait simplement à montrer la situation d'un monde « hors de ses gonds » et le fait que Hamlet et Paul VI sont réduits à se

---

(33) PIPER (München-Zürich 1973). Parmi les nombreuses réactions au livre de Raffalt, signalons : JOSEPH SCHMITZ VAN VORST, *Wohin die Ostpolitik Pauls VI steuert* (FAZ 22-12-1973 : Wiedervereinigung mit der Orthodoxie als Ziel); N. BENCKISER, *Got aussparen* (FAZ 2-1-1974, approuve prudemment); Ad. HOLL, *Verwirrt vom Vatikan* (Welt am Sonntag 18-11-1973 : diagnostic exact, mais que ferait Raffalt lui-même ?); HANSJAKOB STEHLE, *Wenn einer rot sieht* (Die Zeit 7-12-1973 : Raffalt fait une caricature de la politique vaticane de l'Est ; celle-ci n'a jamais été orientée vers la coexistence idéologique, mais cherche simplement un *modus vivendi* pour les fidèles qui vivent dans des pays à régime athée); Walter DIRKS, *Römisches Allzurömisches* (Die Welt 3-1-1974 : « C'est comme si l'Église avait commencé avec Constantin » – il est à peine question de l'Évangile); MAX VON BRUCK, *Vom Mut, unmodern zu sein* (SZ 1/2-12-1973 : le schéma de Raffalt « est trop rudimentaire »; G.W. *Wohin steuert der Vatikan ?* (Rhein. Merkur 30-11-1973 : « partial », « constantinien »).

(34) *Ibid.* 140, 218 s. 225, etc.

plaindre d'être «nés pour le remettre en place», cela pourrait convenir à plus d'un héros tragique et à plus d'un pape – par exemple à Grégoire le Grand qui n'avait rien d'un Hamlet.

Contrairement à ce que nous remarquons chez des auteurs tels que Hernegger ou Leist, Raffalt paraît épris de la symbiose entre la Rome antique et la Rome papale : le déni de cette association par Vatican II et surtout la politique ouvertement adoptée par Paul VI l'amènent à prendre une attitude sévèrement antipapale, non dépourvue pourtant d'une certaine dignité. Cette attitude le désigne comme porte-parole qualifié d'une certaine droite ecclésiastique, de ces traditionalistes qui furent terriblement émus lorsque Léon XIII préconisa l'ouverture sociale ; comme eux, lui, en principe si fidèle à Rome, se trouve toujours «assis entre deux chaises» (35). Déjà dans son ouvrage «La fin du principe romain» (ENDE DES RÖMISCHEN PRINZIPS) (36) dont nous nous occuperons ci-dessous, Raffalt estimait que la base païenne romaine d'équité et de piété («Santa Maria sopra Minerva») comme dévotion cosmique, comme sens de l'équilibre entre le ciel et la terre, de la raison et du droit, une fois supprimée, entraîne l'abolition de la situation privilégiée de Pierre : sa barque qui a levé l'ancre est livrée aux flots et va à la dérive. Il ne faut cependant pas rendre le pape responsable de la situation de toute la civilisation moderne, et quand Raffalt estime son attitude «inconséquente» (37) et «dialectique» (non «décidément» schizophrène) (38), on pourrait simplement lui demander quelle route il prendrait lui-même s'il se trouvait dans une conjoncture analogue.

Si nous voulons unir sous un même titre la position de Raffalt et celles qu'il récuse, nous dirons : Raffalt recherche «l'har-

---

(35) *Ibid.* 8.
(36) Voir ci-dessous p. 348.
(37) *Ibid.* 240.
(38) *Ibid.* 247.

monie» (39); dans la Rome antique elle était immanente, dans le monde chrétien elle devint transcendante et se rapporte, pour les croyants, à la vie éternelle, dans la glorification du Christ-Empereur. L'un des reproches que Raffalt adresse à la papauté est d'avoir, en se tournant vers le socialisme, donné à d'innombrables millions de pauvres et d'opprimés *d'aujourd'hui* un espoir de salut pour *demain* et de les avoir frustrés de la «consolation de l'au-delà» qui seule leur permettait de supporter leur misère présente (40). Pour Raffalt, au surplus, des «tensions» insupportables s'opposent à l'harmonie; en effet le concile et ensuite Paul VI «tendent vers de trop nombreux buts à la fois» et veulent concilier de force des aspects pratiquement inconciliables. «Le collège des évêques prend, avec le pape, la succession des apôtres», «le domaine souverain sur l'Église est affaire des évêques ensemble avec le pape» (les formules employées par Raffalt ne sont pas très exactes); les décisions prises sont «la défaite consommée du parti conservateur et un risque immédiat pour le Saint-Siège» (41). Dorénavant «il s'agirait de pratiquer la fraternité sans diminuer la papauté; cette discordance marquerait toute la suite des années du pontificat paulinien d'un caractère tragique» (!) (42). «Il prend une route qui hésite entre le souci de la fraternité et le droit à l'obéissance» (43). Concédons calmement à Raffalt que, rapportée aux catégories de la diplomatie mondaine, cette situation est «contradictoire», et lorsque le pape, fidèle à la bonne tradition de saint Léon, osa dire devant le Conseil œcuménique des Églises à Genève: «Je suis Pierre», le Conseil a «entendu ces paroles sans les comprendre» (44). Par contre,

---

(39) *Ibid.* 75.

(40) *Ibid.* 254. Dans les entretiens de Sagorsk le 15 juin 1973 (bouquet final du livre de Raffalt) «le sens de l'au-delà dans la foi chrétienne fut repoussé en deuxième position»: 286.

(41) *Ibid.* 40-41

(42) *Ibid.* 41.

(43) *Ibid.* 14.

(44) *Ibid.* 49.

lorsque Raffalt déclare au sujet des Jésuites : «Une individualité en pleine maturité et simultanément une soumission totale au principe de l'obéissance, telle est la tension absurde (!) que vivaient tous les membres du corps ignatien» (45), cette affirmation en dit long : le principe même de ce qui est jésuite devient «absurde» pour Raffalt, parce que celui-ci ne le considère pas à la lumière du mystère christologique ; il parvient seulement à le penser sous l'angle de la psychologie et de la sociologie. Des personnalités comme François Xavier ou Canisius sont-elles réellement absurdes, c'est-à-dire schizophrènes ? Allons plus loin : l'exigence du concile, puis de Paul VI, qui demande d'unir le sentiment de la fraternité à une obéissance totale au pape – considérée à la lumière du Nouveau Testament – est-elle effectivement absurde et irréalisable pour les croyants ? La «discussion» est-elle radicalement incompatible avec «l'autorité», le «service» l'est-il avec le «pouvoir» (46) ? Certes, il est demandé *davantage* aux chrétiens qu'à des personnes se réclamant d'un simple système, soit absolu, soit libéral ; mais ne convient-il pas de leur proposer cette exigence plus grande précisément au nom de l'Évangile et des mystères du Christ et de la Trinité ?

Raffalt rassemble beaucoup d'informations inquiétantes dont il tire des conséquences apocalyptiques : les «racines» de la tradition sont «coupées», de sorte que rien ne peut plus fleurir (47). Par l'«internationalisation de la curie», la constitution d'un «sénat permanent de l'épiscopat» devient possible (48), la limite d'âge imposée aux cardinaux pour l'exercice du droit de vote transforme la charge en simple fonction et s'attaque au principe même de la hiérarchie (49)

(45.) *Ibid.* 233.
(46) *Ibid.* 37.
(47) *Ibid.* 97.
(48) *Ibid.* 40.
(49) *Ibid.* 113.

qui se trouve «démocratisée» (50). Les théories extrémistes de Balducci ne sont plus des utopies (51). Le projet de nouvelles dispositions concernant le conclave désagrège l'institution du cardinalat (et le lien qui l'attache au siège de Rome), bien plus, il «change la papauté» : «Un évêque de l'Église universelle élu par l'épiscopat ne doit plus être *nécessairement* aussi évêque de Rome» (52), la succession devra donc être réinterprétée, et la voie est ouverte vers «une sorte de présidence de l'Église» (53). C'est s'alarmer bien vite sur de pures hypothèses. Répondons au moins par deux simples remarques : le peuple des chrétiens, le *véritable Israël*, n'est pas comme l'ancien peuple *selon la chair* lié à un pays et à une *ville sainte*, Rome ne prend pas la suite de Jérusalem ; au fond elle n'est pas plus sainte que le reste du monde sauvé par le Christ ; le christianisme est encore moins fondé sur des tombes, seraient-elles les sépultures des apôtres (54) ; il est

---

(50) *Ibid.* 259 ss.

(51) *Ibid.* 71 ss.

(52) *Ibid.* 271. Nous nous trouvons ici devant une question de portée théologique. Dans l'esprit du Nouveau Testament, le lien entre le ministère de Pierre et Rome peut-il être du même ordre ou d'un ordre similaire à celui qui, dans l'Ancien Testament, reliait Israël à la «Terre sainte» ou au temple de Jérusalem ? Après la résurrection de Jésus peut-on d'ailleurs qualifier de saint un site ou une ville de préférence à d'autres ? A l'avenir, tout pays n'est-il pas pareillement saint et pareillement profane ? Ce faisant, on ne doit pas mettre en question par là le fait que la succession (théologiquement nécessaire) de la primauté de Pierre ait été effectivement assumée par les évêques de Rome – ce qui est incontestable – mais il s'agit de savoir si Rome doit nécessairement être le siège de la papauté. Ce serait retourner à la pensée de l'Ancien Testament d'admettre que «l'exil» d'un pape à Avignon, Savone ou Gaète a un caractère théologiquement comparable à l'exil d'Israël à Babylone ou dans une quelconque diaspora.

(53) *Ibid.* 273.

(54) Prendre pour fondement des sièges patriarcaux l'existence du tombeau d'un apôtre est, comme on sait, non moins contestable que la motivation romaine, laquelle peut du moins prétendre avec la plus grande probabilité que les deux princes des apôtres ont séjourné et subi le martyre en ce lieu. En outre, pour ces sièges se retrouve la problématique déjà signalée (note n° 52) pour le siège de Rome. Il n'est pas impensable que le lien géo-

fondé sur le fait de la résurrection de Jésus dont le tombeau vide était le signe. Même en poussant plus loin l'internationalisation du cardinalat, et même en lui donnant des formes différentes, on peut raisonnablement y rester attaché : quel que soit le mode adopté pour le conclave, l'intention de choisir le successeur de Pierre qui a toujours été jusqu'à présent évêque de Rome, demeure décisive. Il y a possibilité d'abdiquer, le cas du pape Célestin V le prouve ; Paul VI a fait un pèlerinage à son tombeau. Le christianisme est la religion des derniers temps ; il attend le retour du Seigneur non dans la nonchalance, mais tendu vers lui : *Maranatha!, Viens, Seigneur Jésus.* Comment alors pourrait-il s'accrocher à des lieux terrestres, voire à des traditions féodales ?

Le reproche le plus sérieux de Raffalt s'adresse à l'orientation sociale et politique de la nouvelle papauté, qui se fait jour à partir de Léon XIII. Depuis *Quadragesimo anno* et *Pacem in terris*, observe-t-il, elle entre toujours davantage en dialogue avec le socialisme et même avec la doctrine de la Troisième Rome. A la place de l'empereur dans la «deuxième Rome», Byzance, à la place du Tzar, c'est à présent un ministre soviétique «des affaires ecclésiastiques» qui est le vrai chef de l'Église orthodoxe russe (avec cent millions d'adeptes) alors qu'un pour cent seulement demeure sous l'obédience d'Athénagoras. Or déjà dans sa jeunesse Montini avait été un antifasciste fougueux ; étudiant, il avait fondé avec ses amis la revue polémique *La Fionda* (Le front du combat). Plus tard, il fut aumônier des étudiants de la FUCI, cette union antifasciste des étudiants catholiques ; il fallut la laisser tomber (55) lors du concordat conclu avec Mussolini (auquel Montini devait à

---

graphique des plus anciens sièges patriarcaux devienne un jour impossible et que ces sièges soient obligés de se transférer ailleurs s'ils attachent du prix à la succession.

(55) Cf. à ce sujet «Hieronymus». l.c. 230 ss. L'assertion de Raffalt selon laquelle Montini n'aurait pas exercé de ministère pastoral n'est donc pas exacte.

la même époque collaborer à la Secrétairerie d'État). Lorsque, dans un conclave qui dura deux jours, il fut élu comme successeur de Jean XXIII et continuateur du concile, les cardinaux savaient qu'ils avaient élu un pape progressiste (56). L'horizon qui se déployait sous son regard intérieur était conforme à ses idées sur la catholicité, donc strictement universel. Dans un premier cercle plus étroit il introduisait l'œcuménisme comme allant de soi, mais déjà le centre de gravité, marqué par le voyage à Jérusalem, indiquait de plus vastes perspectives : les paroles qui y furent prononcées – à la suite des pensées célèbres de Louis Massignon – montrent qu'Abraham est le point de convergence des trois grandes religions monothéistes : judaïsme, christianisme, Islam. Il était logique d'éviter des rapports unilatéraux avec le nouvel État d'Israël et de toujours tenir compte du monde arabe (57). L'ouverture serait restée incomplète si Moscou et Pékin étaient laissés de côté : infatigablement le Saint-Siège cherche à établir des relations avec ces puissances – embarrassé quelquefois de savoir à qui donner la préférence (58) lorsque les deux super-grands luttent pour l'hégémonie – ceci pas seulement parce que Moscou décide du sort des chrétiens orthodoxes et que Pékin décide du sort d'une Église catholique (préconciliaire et actuellement coupée de Rome) de trois millions (?) de fidèles. En effet, le communisme comme tel avec ses prétentions «catholiques», c'est-à-dire totales, n'est-il pas pour Rome un partenaire de dialogue digne et même nécessaire ? A cause de ces relations aux apparences utopiques, Paul VI a dû, en plusieurs lieux du monde de l'Est, prendre ses distances à l'égard de la résistance radicalement antisoviétique de certaines personnes et de certains groupes ; il a même été jusqu'à laisser tomber des Églises entières de l'Est fidèles à Rome – c'est le plus grave reproche de Raffalt à la suite des plaintes amères du grand archevêque des Ukrainiens. Il y a des

---

(56) Raffalt, 23.
(57) *Ibid.* 156, 184, 191, 195 s, 201 ss. Sur l'arrière-plan politique de la rencontre avec le chef des Coptes : 214 ss.
(58) *Ibid.* 177 ; cf. 160.

situations douloureuses en Hongrie, en Tchécoslovaquie, en Lithuanie, en Russie, en Chine, à Taïwan... On ignore les protestations de Soljénitsyne, mais on enregistre des succès diplomatiques insignifiants, qui en définitive n'engagent à rien. Les «Goliath» avec lesquels traite «David» seront-ils touchés par ces preuves de bonne volonté? Paul VI serait-il donc ce qu'il dit de lui-même : un Don Quichotte, et d'une manière dangereuse pour toute la chrétienté? Raffalt n'omet pas de faire allusion à un autre partenaire du dialogue, partenaire du moins souhaité par Paul VI : l'ONU (59). Leur but est le même : la paix dans le monde. Sa forme même tend à une catholicité de l'humanité. Paul VI dit à l'ONU : «Vous faites le pont entre les peuples... Nous serions tenté de dire que votre caractère particulier dans l'ordre temporel reflète dans une certaine mesure ce que notre Église catholique veut être dans l'ordre spirituel : unique et universelle.» «Il s'agissait donc», poursuit Raffalt, «de faire de l'Église un organisme qui serait comme un «reflet» des Nations-Unies... Finalement l'Église devrait se transformer en cette organisation mondiale, souple, universellement utile dont l'offre de collaboration ne pourrait plus être refusée par les Nations-Unies» (60). Ainsi revient encore la pensée de «fonctionnariser» la «hiérarchie». Voilà pour Raffalt.

Nous avons dit que nous ne voulions pas présenter la conception personnelle de Paul VI comme infaillible, mais seulement expliquer rapidement une attitude qui ne peut résulter d'un travail psychologique subconscient, et ne doit dépendre que d'une insertion dans le cadre théologique. Nous laissons ouverte la question de savoir si cette conception s'intègre sans heurt dans le système de coordonnées qui sera exposé dans les deuxième et troisième parties du présent travail, ou si peut-être elle laisserait percer quelque prétention totalitaire, même très spiritualisée, dépassant la place assignée au ministère pastoral. Nous ne voudrions pas prétendre donner à cette question une réponse définitive, qu'elle soit positive ou négative. L'histoire

---

(59) *Ibid.* 60 s, 111 s.
(60) *Ibid.* 111-112.

de la papauté actuelle n'est pas terminée et son dernier mot n'est pas dit.

Notre brève réponse aux accusations figure ici simplement comme un épisode anticipé. Le sujet de cette première partie est le complexe antiromain (actuel) au sein de l'Église catholique. Il se manifeste avec plus d'acuité ou du moins aussi fortement qu'au siècle dernier. La nouveauté consiste en ce que l'attaque vient à la fois des deux côtés, progressiste et conservateur. Jamais le cercle ne fut aussi complètement fermé. Dans les pages qui suivent nous examinerons plus à fond la curieuse unité de ce refus et nous exposerons notre propre thèse.

Un mot à ce sujet. Nous n'allons pas tenter de déterminer de manière infaillible le concept spirituel d'un pape : en effet, comparées à l'universalité du royaume du Christ, toutes les vues possibles demeurent limitées par les contingences terrestres et sont donc contestables, que ce soit le concept de Léon Ier ou de Grégoire Ier, d'Hildebrand ou d'Innocent III, ou celui des derniers papes souverains des États pontificaux. Aucun pape n'a été capable de gouverner sans sagesse politique réaliste, aucun non plus ne pouvait exercer cette charge sans s'établir sur le fondement de la foi victorieuse du monde (1 Jn 5,4). Considérée uniquement du point de vue d'une politique réaliste, cette foi paraîtra toujours utopique, *insensée* (1 Cor *1*,18, 21, 23, 25, 27), Don Quichottiste. Finalement, Don Quichotte n'est-il pas, au-delà des valeurs symboliques temporaires – à côté de l'«Idiot» de Dostoïevski – le symbole le plus frappant du Christ dans la littérature mondiale ? Ces deux personnages échouent finalement : Jésus n'a-t-il pas terminé par un échec ? Le succès a-t-il jamais été la règle selon laquelle doive s'apprécier une façon d'agir chrétienne ? Qui dira d'ailleurs si tout ce réseau de coordination que Paul VI essaie de tisser n'apparaîtra pas demain comme valable ?

On tourne le pape en dérision en lui reprochant d'être un maître consommé dans l'emploi des gestes symboliques – le but de chacun de ses voyages étant un trait, une image de nature à s'imprimer dans la mémoire des masses ; ces symboles demeurent, dit-on, esthétiques, sans résultats, d'une sentimentalité dépassée dans le monde actuel, froid et technique. Cette critique est injuste. D'une part, il est bon que la plus haute forme d'expression de l'Église, impuissante au point de vue du monde, ne se présente pas comme « la politique vaticane » mais soit une parole personnelle, avec des images intelligibles à tous ; de plus, il est absurde d'attendre un comportement sec et froid de celui qui expose aux regards l'attitude de l'Église. Être chrétien n'est pas facile : un chrétien ne peut pas imiter le Christ qui est unique, il doit néanmoins le suivre. De là vient son assurance de réaliser les paradoxes de l'esprit d'enfance joint à la maturité, du « sens de sa mission et de l'humilité » (61), voire de la paternité et de la fraternité (62), réalisations que Raffalt tient pour « absurdes » alors que toutes les biographies de saints les décrivent comme des faits accomplis et que les chrétiens doivent s'efforcer de les obtenir avec l'aide de la grâce. Évidemment, devant un vrai chrétien et surtout devant un pape comme celui-ci, un psychanalyste se trouve comme devant une énigme. Nous l'avons déjà dit : la clé se trouve prondément enfouie dans le mystère de la Trinité et de l'Incarnation. Il est toujours possible de critiquer Paul VI de côtés opposés. Son « credo » paraît traditionaliste, on sourit de son romantisme de père : comment un homme peut-il se sentir « le père de toute la famille humaine » ? « Même si les enfants ne le connaissent pas, il reste malgré tout leur père. La conscience de cette paternité l'attache à chaque personne, fait de chaque personne un monde même si on ne la rencontre qu'une fois, même s'il s'agit d'un enfant. Je pense que la conscience d'être père est essentielle pour un pape » (63). La

---

(61) *Ibid.* 18.

(62) *Ibid.* 14, 40.

(63) *Ibid.* 24. Pensée analogue dans Vl. SOLOVIEV. *La Russie et l'Église universelle.* Stock, éd. de 1922, 118. D'autres textes importants dans *Dialogue avec Paul VI* de GUITTON, Fayard 1967. Quelques citations en sont faites par Leist, 1.c. 70-82, avec un commentaire perfide. L'œuvre de Marcel Légaut (voir ci-dessous) donne sur l'essence de la paternité humaine et chrétienne de nouveaux aperçus positifs.

contrepartie s'en trouve dans sa piété mariale et sa conscience du caractère maternel de l'Église. Ces deux attitudes sont à l'origine de l'importance qu'il accorde au célibat et permettent de comprendre sa pensée sur l'obéissance dans l'Église, de comprendre peut-être aussi l'origine de cette générosité du cœur grâce à laquelle, par exemple, toute une Église dissidente telle que l'Église de Chine peut continuer à vivre sans être expulsée de la maison paternelle. D'autre part, sa politique paraît progressiste, dans un sens très peu romantique, capable de compter apparemment sans émotion avec la souffrance humaine, les déceptions, les pertes. « Reflet de l'ONU », telle serait son idée de l'Église : le terme, qui semble n'être pas mal choisi, inverse pourtant la comparaison, omet de tenir compte du caractère de mystère que revêt le catholicisme, caractère qui se reflète partout dans la tentative de représenter l'humanité universelle, et sans lui porter atteinte, au-delà de toutes les différences des peuples. Il y a loin de là à soutenir que le pape veut faire de l'Église une ONU spirituelle – les distances qu'il garde par rapport au Conseil œcuménique des Églises en sont un signe évident – il s'agit seulement de constater que les intentions de ces deux « catholicités » – chacune dans son domaine propre – les concernent l'une et l'autre très sérieusement. Ce sont là également les intentions de la constitution pastorale *Gaudium et spes, luctus et angor*. Une dernière remarque : à Jérusalem Paul VI a parlé de la trahison de Pierre, il a confessé les fautes de la chrétienté et celles de la papauté en particulier ; il a conscience du fardeau du passé. S'il ne lui est pas permis de renier tout simplement l'horizon de la catholicité tel que l'envisageaient par exemple les papes de Grégoire VII à Boniface VIII, tributaires d'une époque à jamais révolue, il ne peut davantage réduire cet horizon à un provincialisme pusillanime. Il a sublimé la « suprema potestas » de ses grands ancêtres du Moyen Age et l'a haussée à l'idée de la « paternité aimante » purement spirituelle. Pour cette raison il ose – ce que Raffalt trouve pénible – rechercher l'amour de ses enfants, bien que ce soit avec peu de succès (64).

---

(64)   Une fois de plus : ce livre n'entend pas discuter la politique vaticane,

Nous avons dit que nous ne voulions pas présenter la conception personnelle de Paul VI comme infaillible, mais seulement expliquer rapidement une attitude qui ne peut résulter d'un travail psychologique subconscient, mais doit être comprise d'après son insertion dans le cadre théologique. Nous laissons ouverte la question de savoir si cette conception s'intègre sans heurt dans le système de coordonnées qui sera exposé dans les deuxième et troisième parties du présent travail, ou si peut-être elle laisserait percer quelque prétention, même très spiritualisée, dépassant la place assignée au minis-

---

encore moins la justifier dans ses entreprises concrètes. Sur l'ensemble de cette politique, voir W. A. Purdy, *Die Politik des katholischen Kirche* (Sigbert Mohn Verlag, 1967 ; l'original anglais 1966 traite de Pie XII et de Jean XXIII) ; Peter Nichols, *Die Politik des Vatikan* (Gustav Lübbe Verlag, Bergisch Gladbach 1969, original anglais 1968). Rattachons cependant ici une brève réflexion sur cette politique, surtout en ce qui concerne le bloc de l'Est. Paul VI pense avec force non seulement à la manière de Pierre, mais aussi à la manière paulinienne, missionnaire et universaliste («On peut supposer que dans cette union des principes de Pierre et de Paul se trouve la clé essentielle pour la compréhension de son pontificat» : Seeber, l.c. 40-41).

Sa pensée, comme il a été rappelé, est finalement mariale et l'on peut se demander si elle n'a pas reçu de fortes impulsions à Fatima où, apparemment, des révélations privées faisaient état d'une «conversion de la Russie». Si tel était le cas, la pensée mariale telle que nous l'exposons ci-après, serait fortement limitée et pourrait conduire à de durs conflits dans la diplomatie qui est l'une des fonctions («paulinienne» ?) du chef de l'Église. Comment d'ailleurs mettre la «politique» au service de la «mystique» – deux catégories qui, pour Péguy, caractérisent deux comportements inconciliables ? Concrètement : comment pouvoir exercer la paternité «mystique» si en même temps, par une largeur de vues envisageant le bien éventuel de générations, on doit faire abstraction des larmes de sang des peuples catholiques et de leurs prêtres torturés, qui se sentent alors orphelins et condamnés à chercher recours en Dieu seul et dans «l'Eglise des saints» ? Peut-être ne faut-il voir là qu'un moment de la tragédie toujours nouvelle du ministère pétrinien, sur laquelle Reinhold Schneider sait tant de choses, ses limites internes ainsi que la nécessité de l'insérer dans la constellation christologique, comme nous le montrerons. Sans vouloir enlever au ministère catholique (à la suite de Paul : 1 Cor *4*,15 ; Gal *4*,19) son caractère paternel, reconnaissons que celui-ci doit finalement s'humilier sous la parole puissante du Seigneur : «Que personne ne vous nomme père sur cette terre ; car vous n'avez qu'un seul père : le Père qui est aux cieux» (Mat *23*,9).

tère pastoral. Nous ne voudrions pas prétendre donner à cette question une réponse définitive. L'histoire de la papauté actuelle n'est pas terminée et son dernier mot n'est pas encore dit.

Notre brève réponse aux accusations de Raffalt figure ici simplement comme un épisode anticipé. Le sujet de cette première partie est le complexe antiromain (actuel) au sein de l'Église catholique. Celui-ci se manifeste avec plus d'acuité ou du moins aussi fortement qu'au siècle dernier ; la nouveauté consiste en ce que l'attaque vient à la fois des deux côtés, progressiste et conservateur. Jamais le cercle ne fut aussi complètement fermé. Dans les pages qui suivent nous examinerons plus à fond la curieuse unité de ce refus et nous exposerons notre propre thèse.

2

Le refus

I - LE CHEMIN DU RETOUR EN ARRIÈRE.

A partir de Vatican I au plus tard, l'histoire de l'Église peut sembler engagée dans une impasse. En un temps qui se considère de plus en plus comme une «histoire de la libération de l'homme», il paraît intolérable à beaucoup de mettre en évidence, sans ménagements, l'autorité du pape sans accompagner cette affirmation de quelque notion libératrice qui la définisse, l'enveloppe et la protège. De plus, voyons par quelles méthodes cette autorité s'exerce (méthodes qui ont peu changé du Moyen Age à nos jours); considérons l'affaire du modernisme, le triomphe du thomisme, les vexations endurées par la prétendue nouvelle théologie, les événements qui avaient précédé Vatican I ou ceux qui ont accompagné son triomphe : le chemin parcouru n'est-il pas comme un crescendo ininterrompu? Il paraît difficile de préciser à quel moment l'auditeur forcé d'en écouter le récit s'écrie : en voilà assez !

Il est curieux cependant non seulement qu'il soit impossible de fixer historiquement ce moment précis, mais encore qu'il se soit toujours trouvé dans le passé quelqu'un pour pousser ce même cri. Cela ne montre-t-il pas à l'évidence qu'il ne se rapporte pas à un certain degré d'intensité, mais correspond au fond du problème que la réalité même de la papauté pose aux croyants ? (De toute façon, ceux qui, de l'extérieur, jugent selon l'histoire comparée des religions n'y comprendront rien). Nous devrons passer sous silence les raisons psychologiques qui excusent partiellement celui qui trouve la prétention du pape insupportable, quelle qu'en soit l'importance du point de vue humain et chrétien. Ces raisons ont trait à la *manière* dont s'exerce l'autorité. Il y aurait beaucoup à dire sur ce chapitre, et il ne serait probablement pas facile d'arriver à s'entendre à son sujet ; en effet, la manière d'exercer une autorité divine et divinement transmise peut et doit, dans les cas limites, être inexorable, d'une exigence surhumaine apparemment cruelle. Nous omettrons ici la recherche importante sur la manière dont Dieu lui-même commande aux patriarches, à Moïse, aux Juges, aux rois, aux prophètes ; comment, de leur côté, les prophètes et Jean-Baptiste décident et jugent au nom de Dieu, comment le Serviteur de Dieu Jésus reçoit des ordres tranchants et commande lui-même sans tenir compte de rien, avec quelle rudesse mordante Paul donne ses consignes, de quelle façon définitive et catégorique Jean lui-même tranche par oui ou par non, établit une gauche et une droite. Chacun sait comment Jésus traite Pierre ; si l'on n'y voulait voir qu'un simple exercice pédagogique destiné à former rapidement un pécheur à des exigences toutes nouvelles pour lui, qu'on médite la conduite de Jésus à l'égard de sa mère, qui n'était pas une pécheresse. On dirait que partout il importe de vaincre la désobéissance irrespectueuse d'Adam et d'Ève par une obéissance également intransigeante. Peu importe que l'être humain éclate en cris ou reste sans voix, qu'il se torde (comme Élie qui n'en peut plus, comme Jérémie qui se cabre, comme Jésus au mont des Oliviers), peu importe qu'il doive s'arracher à lui-même un acquiescement à Dieu empreint non de force mais d'une faiblesse extrême comme dans un dernier souffle, par la seule pointe de l'âme, quand tout en lui veut crier non...

On pourrait objecter que de tels ordres, une telle obéissance se trouvent seulement dans la Bible ; ou bien, si ces cas se présentent plus tard, que tout doit se passer entre Dieu et l'âme, sans l'intervention d'une autorité humaine ; ou bien encore, si – dans un cas extrême – un homme était habilité à commander de façon absolue au nom de Dieu, qu'il doit le faire sur des preuves suffisantes, telles que peut en fournir un *pater pneumaticos* dans la chrétienté orientale (à commencer par les Pères du désert, en passant par les moines byzantins jusqu'aux startsi) à qui son disciple se confie librement. On est alors en présence de rapports personnels justifiés du point de vue humain et toujours susceptibles d'être surveillés, jugés, ratifiés ou dénoncés par celui qui obéit. Celui-ci inclut de façon décisive son jugement personnel dans son obéissance (par exemple il est libre de se chercher un *pater pneumaticos* tant qu'il n'en a pas trouvé qui lui convienne) : il obéit donc en partie à soi-même, même s'il reçoit des ordres difficiles et imprévus.

Les pouvoirs remis par le Christ à Pierre dans le groupe des Douze dépassent les rapports dont nous venons de parler. Premièrement ils ne sont pas personnels mais ont un caractère social et universel, ils concernent le troupeau tout entier confié au pasteur. Ceci n'exclut pas le cas où le berger laisse là le troupeau pour aller personnellement à la recherche d'une brebis égarée qui bêle dans la nuit. Mais « laisser là le troupeau » n'est pas le service normal du berger. Au sein de l'Église que Pierre doit paître comme ultime responsable, chacun doit l'obéissance non seulement en tant que personne privée mais aussi comme membre plus ou moins anonyme du troupeau. De plus, il est question de lier et de délier, d'ouvrir et de fermer, fonctions objectives qui ne dépendent en rien de la qualité particulière humaine ou chrétienne de celui qui détient les clés. Dans la perspective de l'histoire de l'Église, nous nous trouvons là devant le pas décisif au-delà du donatisme, tel que saint Augustin a osé le faire : certes, il est désirable que celui qui détient le pouvoir dans l'Église soit un saint rempli de l'Esprit de Dieu ; pourtant ce n'est pas Pierre qui baptise, c'est le Christ. L'affirmation ne vaut pas seulement pour les actions sacramentelles ; à l'intérieur du domaine remis à Pierre, elle vaut également pour les actes de juridiction : les clés, l'action de lier et de délier, y font clairement allusion. Il faut suivre tout simplement parce que Pierre l'ordonne ou précède : *Pierre leur*

dit : je vais à la pêche, les autres dirent : nous allons avec toi
(Jn *21*,3). La difficulté vient ici du fait que, dans la Bible,
l'autorité peut et souvent doit produire des preuves personnelles. Cependant il y a aussi des ordres tout court ; non seulement des ordres de Dieu demandant des actes apparemment
absurdes, inhumains (Os *1*,2 ss ; Ez *4*,1 ss ; *5*,1 ss ; *12*,1 ss ;
24,15 ss) ; mais aussi des ordres donnés au nom de Dieu, sans
autre légitimation que la mission reçue ; la plupart des
missions prophétiques sont de ce genre. Que signifie : fournir
des preuves personnelles ? Celui qui s'exprime avec une
conviction profonde, qui est revêtu d'une peau de chèvre ou se
nourrit de sauterelles a-t-il fourni par là des preuves personnelles ?

Dans la personne de Pierre – le chef des Douze, en qui leur
autorité actuelle est portée à toute son intensité – l'autorité
concrète de la Bible vient s'adresser aux croyants de tous les
temps. Cette prétention, qui se manifeste alors que «par la
mort du dernier des Apôtres» le temps de la révélation biblique
est censé «terminé», apparaît déconcertante, invraisemblable
et inouïe quand elle touche à la vie. N'est-ce pas violer le
domaine de la liberté personnelle, quitter les habitudes de l'enfant de Dieu pour retourner aux contraintes du serviteur de
Dieu ? Rappelons-nous les griefs de Newman encore anglican
contre l'esprit romain. Le croyant du Nouveau Testament est
donatiste de naissance : à celui qui se présente avec des exigences qu'il ne peut comprendre il demandera sur-le-champ ses
papiers ; et quel triomphe de pouvoir alors renvoyer à l'histoire
des papes, farcie de scandales, une histoire qui enlève *a priori*
toute validité aux exigences que la papauté pourrait formuler
de nos jours encore ! Ne devrait-elle pas faire pénitence au
moins pendant un ou deux siècles avant d'oser se présenter
avec de nouvelles exigences au nom du Christ ? Quelques mots
d'excuse murmurés tout bas sont loin de suffire. La chrétienté
n'est-elle pas autorisée à réclamer de percevoir au moins quelque
reflet de l'autorité personnelle du Christ dans celui qui impose des
obligations ? N'a-t-elle pas été pendant des siècles forcée de se
voiler la face pour ne pas voir de qui venaient les ordres et

comment se passaient les choses dans cette sainte capitale d'où partaient non pas d'abord de saintes injonctions, mais des ordres de bannissement, des interdits souvent motivés par des intérêts matériels, et des exactions inouïes?

Cette Rome mondanisée qui persiste à exercer d'une manière mondaine son autorité spirituelle, bien plus, qui a joint aux légitimes *armes spirituelles* le maniement d'armes *charnelles* défendues (2 Cor *10*,4), qui a réussi, au moyen d'altérations toujours nouvelles, à s'assurer la légitimité de ces dernières (jusqu'à la théorie des deux glaives), suscite des réactions qui vont des graves soucis de la part des meilleurs concernant les moyens de réformer la «tête», en passant par la révolte d'un grand nombre, jusqu'au simple refus d'obéissance, et cela tout bonnement au nom de l'Évangile. L'histoire de l'Église est remplie de ce thème : l'appel «Séparez-vous de Rome» *(Los von Rom)* retentit sur des tons variés mais toujours très nets à tous les tournants, au point de devenir un vrai *theologumenon,* un vrai terme spécifique de la théologie. A travers ces clameurs on ne peut s'empêcher de discerner l'écho d'une autre parole : *Nous ne voulons pas que celui-ci règne sur nous* (Luc *19*,14). «Celui-ci», qui se confond ouvertement – nous connaissons bien l'Écriture et la «forme» de notre Dieu – avec Dieu lui-même : *Que dis-tu de toi-même?* (Jean *8*,53).

Nous n'exposerons pas ici, à aucun point de vue, l'histoire de ce tumulte; il nous faudrait examiner chaque siècle, analyser chaque phase de l'histoire de l'Église catholique. Ce qui nous intéresse ici est simplement la curieuse unanimité des voix venues des directions les plus diverses : sur ce point elles se trouvent d'accord. Quoi de plus opposé, par exemple, que l'esprit janséniste et celui de l'*Aufklärung*? L'un et l'autre s'allient dans le fébronianisme et au concile de Pistoie dans leur «non» commun à Rome. Les voix se confondent au point qu'il est difficile de les distinguer entre elles : entre les protestations et prétentions contraires les limites restent floues. La classification que nous proposons ici n'est qu'un pis-aller.

Le principal motif qui reparaît toujours est celui-ci : on veut fixer les limites en-deçà desquelles l'exercice du pouvoir romain était légitime ou du moins supportable, et au-delà desquelles la conscience obligeait à dire non. Le jeu a commencé dès les premiers papes : vers 250 Artémon (1) affirme que jusqu'à Victor la papauté était intègre ; elle a changé depuis Zéphyrin ; les montanistes, y compris Tertullien, pensent selon le même schéma ; Hippolyte aussi, et même, en un certain sens, Cyprien. Le complexe antiromain affecte de préférence un caractère traditionaliste (2). On croit toujours que jadis tout était différent : il s'agirait seulement de pratiquer la coupure au bon endroit. Marcion n'hésite pas à la faire passer par le milieu même du Nouveau Testament : il accepte de le suivre jusqu'à saint Paul, mais seulement jusqu'à un saint Paul authentique que lui, Marcion, se dit en mesure de dégager des surcharges.

a) Un pape, mais pas celui-ci

Le plus souvent les protestations débutent en accusant non la personne du pape, mais son entourage : les cardinaux, la curie ont tous les torts. Dès que celle-ci s'organise et forme un organe important de l'administration, des plaintes se font entendre. Le Moyen Age en est rempli : l'Église, dégagée du pouvoir impérial par la querelle des investitures, se serait soumise à une servitude plus dure encore, celle de la curie romaine. Vers le milieu du XIIe siècle toute une littérature spirituelle et profane s'irrite contre elle : théologiens, historiens, poètes, «en règle générale, n'attaquent pas le pouvoir ni les droits du pape, mais se répandent en propos tranchants, en plaintes douloureuses sur le clergé dégénéré sous l'influence de la curie, sur la simonie d'une cour ecclésiastique où chaque trait de plume et chaque acte formulé se paient au poids de l'or, où l'on acquiert comme des denrées chez un marchand, des prébendes,

---

(1) Auteur inconnu cité par EUSEBE : *Histoire ecclésiastique* V, 28,3.
(2) Cf. G. BARDY, *La théologie de l'Église, de saint Irénée au concile de Nicée* (Cerf 1947) chap. I.

des dispenses, des autorisations, des absolutions, des indulgences, des privilèges » (3). Döllinger, l'auteur de la phrase citée, ajoute les prédictions et les menaces effrayantes de sainte Hildegarde et de sainte Brigitte contre les abus romains ; plus loin, il rappelle la parole de Catherine à Grégoire XI : la sainte affirme qu'elle trouve dans la curie romaine l'odeur infecte de vices infernaux, et comme le pape lui répond qu'elle est arrivée depuis à peine quelques jours, elle réplique : « J'ose dire que dans ma ville natale j'ai senti plus fortement la puanteur des péchés que commet la curie que ne la sentent ceux qui les commettent tous les jours » (4). Les conciles réformateurs de Constance et de Bâle avaient surtout en vue la réforme de la curie, mais sous Martin V, élu après la fin du grand schisme, les abus reprirent aussitôt. A peine trouverait-on un seul des papes les plus zélés qui n'ait essayé de réformer la curie ; aucun n'a pleinement atteint le but. La curie, qui est encore de nos jours un organisme important et même indispensable pour le maintien d'un gouvernement central de l'Église, ne prête plus le flanc à des accusations d'abus comme jadis ; elle ne peut pas cependant, comme telle, posséder dans son ensemble le charisme de la sainteté ou de l'infaillibilité ; simple partie de l'« ecclesia mixta », seuls des naïfs pourront la considérer comme devant être le modèle d'une « Église pure ». Lamennais se rangeait parmi ces naïfs lorsqu'il écrivait en 1832 que le pape était assez bien, mais son entourage insupportable ; un peu plus tard il lui parut évident que sortir le pape de son entourage était impossible ; alors il se mit à distinguer entre l'homme Grégoire (que Metternich pouvait séduire) et le pape Grégoire (infaillible) ; la tentative se révélant irréalisable, il finit par déclarer que toutes les prétentions de Rome étaient

_____

(3) Doellinger, *Das papsttum, neue Bearbeitung durch J. Friedrich,* 1892 von : Janus : *Der Papst und das Konzil,* 105. Concernant le développement de la curie, cf. C. Bauer, *Die Epochen der Papstfinanz* in Hist. Ztschr. 138 (1928) 457-503 ; K. Jordan, *Die Entstehung der römischen Kurie, in Ztschr. der Savignystiftung f. Rechtsgesch. Kan. Abt. 28 (1939) 97-152.*
(4) *Ibid.* 179.

injustifiées (5). Tel était déjà le point de vue de l'Aufklärung, et dans THE CHURCH AND THE FUTURE (1903) Tyrrell ne s'exprimera pas autrement.

« La papauté, mais non ce pape-ci » : cette réflexion nous fait avancer d'un pas dans la même direction. Depuis Gerson, le gallicanisme essayait, certainement dans les meilleures intentions théologiques, d'établir une distinction entre la *Sedes* et le *Sedens*, entreprise pratiquement irréalisable comme le fait remarquer Joseph de Maistre (6). Dans le discours de clôture de Vatican I, Gasser souligne que l'infaillibilité n'est pas la prérogative d'une papauté *abstraite* mais précisément du pape régnant (7). Même Bossuet, qui tout en étant d'Église

---

(5) « Le pape est pieux et voudrait le bien ; mais, étranger au monde, il ignore complètement et l'état de l'Église et l'état du monde et l'état de la société ; immobile dans les ténèbres qu'on épaissit autour de lui, il pleure et prie. » A la comtesse de Senfft 10-2-1832. Correspondance générale, éd. Louis Le Guillou (A. Colin) t. 5, 1974, 87. Cf. Louis LE GUILLOU, *L'évolution de la pensée religieuse de Félicité de Lamennais* (A. Colin 1966) 157 et 178-179. Sous prétexte que le pape n'a de pouvoir que sur le spirituel et non sur le temporel, Lamennais renonce au sacerdoce pour se consacrer à la politique : là le pape n'a plus à s'en mêler. Dans la même lettre il écrit : « Encore vingt ans d'un pareil état et le catholicisme sera mort ; Dieu le sauvera par les peuples : que m'importe le reste ? Ma politique, c'est le triomphe du Christ ; ma légitimité, c'est la loi ; ma patrie, c'est le genre humain qu'il a racheté par son sang. »

(6) *Du Pape*, in : *Oeuvres complètes* (1884) II, 82, 85, 87.

(7) J. P. TORRELL, *L'Infaillibilité pontificale est-elle un privilège « personnel » ?*, in : Rev. Sc. Phil. Théol. (1961) 229-245. Citons comme exemple frappant de l'anticurialisme le Servite Paolo Sarpi (1552-1623), grand conseiller de la République de Venise, dans sa lutte contre le pape et la curie. Il ne se soucia pas plus de sa citation à Rome et de l'excommunication encourue pour n'avoir pas comparu, que la Sérénissime de l'interdit qui la frappait. Une tentative de meurtre, organisée sans doute par des ressortissants des États de l'Église et à laquelle il échappa, ne fit qu'accroître son prestige ; ses funérailles furent un triomphe. Sa correspondance avec Bellarmin au sujet des droits de la papauté le montre inflexible ; mais il est décidé à rester catholique pour aider à miner le système curial et papal. Certes, il sympathise avec les protestants, mais non pour leur système dogmatique ; il voit une chance d'une réforme de l'Église telle que l'avaient désirée les tenants de l'idée conciliaire et nombre d'humanistes.

reste éternellement hésitant dans son attitude par rapport à la papauté et use de « deux poids et de deux mesures » (8), recourt à cette distinction inutile qui, à la fois, prête et refuse l'obéissance. Faut-il rappeler la problématique gallicane de l'« acceptation » (« toujours des énigmes » déclare Maistre (9)) qui joue sur l'ambiguïté entre « unanimité » dans l'esprit de la communion ecclésiale et obéissance toute simple aux indications du supérieur ? Y. Congar a traité de ce qui, dans ces exigences, est de droit et de ce qui ne l'est pas (10). Les réserves du gallicanisme ne concernent pas d'abord la communion, elles visent la possibilité de mettre entre parenthèses toute décision du pape, soit par un appel au concile, soit par la clause précisant que les injonctions devront être acceptées par l'Église (évêque et peuple) pour être valides. Les jansénistes usent d'un autre genre de parenthèse : ils prennent entièrement parti pour l'autorité papale pourvu qu'elle ne contredise pas une instance supérieure, par exemple saint Augustin, l'interprète authentique de la doctrine de saint Paul sur la justification. La querelle interminable autour de la bulle *Unigenitus*, de sa portée et de son interprétation, les distinctions antérieures entre le « fait » et le « droit » (le pape a condamné des thèses « jansénistes », mais a-t-il condamné les termes mêmes de Jansénius et le sens qu'il leur donnait ? Il aurait alors dépassé les limites de sa compétence) : autant de tentatives pour échapper à une décision en dernière instance de l'autorité concrète du pape. Certes, pour chacun la dernière instance est sa conscience qui décide de la qualité morale de ses actes ; toutefois lorsqu'au sein de l'Église catholique une communauté en appelle à sa conscience collective contre une déclaration concluante du pape, il est probable qu'elle a déjà perdu le sens de l'Église ; certains groupes intégristes devraient de nos jours en prendre note. Nous avons déjà noté que de soi-disant partis de droite

---

(8) A.G. MARTIMORT, *Le Gallicanisme de Bossuet* (Cerf 1953) 588 ss.

(9) *Loc. cit.* 142.

(10) *La réception comme réalité ecclésiologique*, in : Concilium 8 (1972) 51-72.

pourraient s'unir à la gauche : ce fut le cas du jansénisme qui fit bloc avec la philosophie des lumières du joséphisme pour constituer ensemble un front antiromain.

L'affirmation de la papauté jointe à la négation du pape ne paraît sans doute nulle part aussi prononcée que dans « *l'Église d'Utrecht* » (11) sortie des troubles jansénistes. Le clergé hollandais, formé à Paris et à Louvain, l'avait été dans un esprit surtout augustinien ; beaucoup de jansénistes s'étaient réfugiés en Hollande pour n'avoir pas à faire violence à leur conscience en signant la condamnation de Jansénius. L'archevêque d'Utrecht, Codde, accusé à Rome de jansénisme, refusa, soutenu par Quesnel, de signer le formulaire antijanséniste d'Alexandre VII ; il fut déposé. Alors le chapitre d'Utrecht, se faisant lui-même justice, élut un évêque que sacra l'évêque missionnaire Dominique Varlet, lui aussi de tendances jansénistes. Naturellement Rome refusa de le reconnaître. Dans le désir d'éviter la rupture, un concile provincial fut organisé en 1763 ; on lit dans les déclarations de ce concile que « le Seigneur a remis à saint Pierre la primauté sur les autres apôtres. L'évêque de Rome, son digne successeur, exerce de droit divin la primauté sur les autres évêques. Cette primauté n'est pas une primauté d'honneur mais aussi une primauté de pouvoir et d'autorité », c'est au pape qu'est confié « le soin de toute l'Église ». On insistait sur le caractère schismatique des Églises d'Orient séparées de Rome. C'était une tentative pour renouer avec Rome ; des intrigues la firent échouer et Clément XIII déclara nul le concile d'Utrecht. Après Vatican I, le premier évêque des Vieux Catholiques, J.H. Reinkens, fut sacré à Utrecht en 1873 et l'Église du lieu fut attirée dans le mouvement plus vaste des Vieux Catholiques ; en 1889, les Églises occidentales détachées de Rome se sont groupées dans l'« Union d'Utrecht » ; la vieille Église d'Utrecht est restée la plus conservatrice de toutes.

---

(11) Précis bref et clair dans V. Conzemius, *Katholizismus ohne Rom* (Benziger 1969) 45-55.

La séparation de l'Église d'Utrecht se fit à une époque où l'ecclésiologie sur la direction centrale de l'Église était fixée pratiquement depuis longtemps, mais l'«infaillibilité» de celle-ci n'avait pas encore été définie. L'Église des Vieux Catholiques, au contraire, est issue d'un non délibéré à Vatican I. Sa situation théologique est donc un peu différente. Elle constitue un point de départ vers une conception dont nous traiterons au paragraphe suivant. Elle doit et elle veut parvenir à équilibrer deux attitudes : tenir en principe à une primauté fondée par le Christ, mais refuser le caractère légitime de son développement plus récent. Döllinger, qui a fait démarrer l'Église des Vieux Catholiques, a toujours refusé d'en faire partie ; en 1869 (il avait atteint un âge moyen), il fixait les limites du développement normal de la papauté au IXe siècle ; «après quoi s'est poursuivi un perfectionnement artificiel et maladif plutôt que sain et normal de la primauté du pape, transformation plutôt que développement, qui eut comme suite la division de l'Église unie en trois grands corps ecclésiaux hostiles et séparés» (12). Nous arrivons ainsi au modèle de la «théorie des branches» (Branch-Theorie) ou du prétendu «classicisme» ecclésiologique (13).

---

(12) *Das Papsttum, loc. cit.* Vorwort XIII.

(13) On pourrait ici retracer une longue histoire d'oppositions concrètes à des ordonnances papales à l'intérieur d'une obéissance accordée en principe , en passant par d'autres manifestement hésitantes parce qu'elles concernaient des dispositions des papes reposant notoirement sur des titres purement temporels. On retrouverait alors quelque peu le célèbre «filialiter et oboedienter non oboedio, contradico et rebello» de Robert Grosseteste qui fut un zélé défenseur de l'autorité papale, mais ne vit pas, dans ce cas précis très particulier, la garantie qui forme la base de tous les messages papaux, leur conformité à «la doctrine des apôtres et de Notre-Seigneur Jésus-Christ» (lettre 128, éditée par H.R. Luard, Roll Series 1861, 436-437) ; pour aboutir finalement à la lettre insultante de Firmilien de Césarée qualifiant le pape Étienne d'«effronté», «présomptueux», «scélérat», «puéril» ; les vues du pape sur le baptême des hérétiques sont considérées comme absurdes, il est notoirement dément. (Texte dans BARDY, *loc. cit.* 205-206).

b) Une papauté comme celle d'autrefois

Dès qu'on situe dans le passé, au temps de l'unité sans faille, le modèle idéal de l'Église, on supprime du même coup la possibilité de rendre une parfaite obéissance à une autorité actuelle; en effet, l'autorité épiscopale encore en place se gardera de réclamer la forme d'autorité reprochée à Rome. Ni l'Église d'Orient, ni l'anglicanisme, ni les Vieux Catholiques ne l'ont tenté; Calvin ne pouvait pas avoir de successeur dans sa manière personnelle de diriger l'Église. Une telle succession ne paraissait d'ailleurs pas nécessaire : à l'époque dite « classique » les grands conciles œcuméniques, convoqués par l'empereur et non par le pape, avaient fixé les normes de l'orthodoxie, et la confirmation par Rome ne pouvait être considérée que comme signe final et sceau de l'unité, non comme condition indispensable à la validité des décisions. Poussant la simplification jusqu'à la limite de l'erreur, il est possible, en comparant cette période aux âges postérieurs, d'opposer, avec Friedrich Heiler, « l'autonomie de l'Église primitive à la centralisation papale » (14). Malgré tout, Heiler maintient le fondement évangélique d'une « primauté de direction autoritaire » (15), considérée toutefois comme simple primauté d'honneur, de magistère, de contrôle et de direction, sans être « une primauté universelle de juridiction au sens propre ». Celle-ci ne s'est développée, selon lui, que durant les troubles de la migration des peuples; tout le système juridique centralisé plus récent, issu en grande partie d'un développement des temps classiques et de bon nombre de formes dégénérées, pourrait se légitimer seulement *jure humano*. Avec Joachim de Flore, Heiler croit toujours possible une « transformation complète de l'institution papale » : il attend un *Papa angelicus*. On ne donnera pas complètement tort à Heiler lorsqu'il veut mesurer au paradoxe du Christ la manière dont ce pape usera de ses pouvoirs : son autorité s'exercera dans l'humilité. Il suffit de

---

(14) Titre du livre qui forme la première partie du tome 2 (*Die katholische Kirche des Ostens und Westens*) Reinhardt, München 1941.
(15) *Ibid.* 374.

considérer que l'humilité n'est pas une abdication de l'autorité (comme ce fut le cas de Célestin V qui a fui le poids de la responsabilité).

Inutile d'examiner en détail les différentes formes de «classicisme ecclésiologique». Retenons seulement que la règle de l'orthodoxie concernant la décision à prendre n'est pas ici le fait d'une personne mais d'un consensus général représenté par les cinq premiers conciles où – dit-on – tout l'essentiel a été fixé d'avance. L'Église *d'Orient*, qui n'avait jamais explicitement reconnu la primauté de juridiction de Rome, a marqué avec Photius un trait de séparation qui était esquissé depuis longtemps dans la vie, lorsqu'il a refusé non la primauté de Rome comme telle, mais sa prétention à être plus qu'une instance supérieure à laquelle on faisait appel dans certains cas, plus qu'un arbitre auquel on avait recours, c'est-à-dire à être la plus haute autorité dans l'Église, ayant le droit d'intervenir dans les affaires disciplinaires ou juridiques d'autres patriarcats (16). Lorsque l'on considère cette différence, peu considérable au fond, sans s'arrêter aux hostilités émotionnelles accumulées avant et après, il semble facile d'envisager un dialogue œcuménique. Cependant le point décisif pour nous n'est pas là : nous pensons surtout à l'absence d'une instance supérieure qui permette de concrétiser sérieusement l'obéissance christologique.

Celle-ci fait également défaut dans l'*anglicanisme*. Toutes les luttes de Newman se rapportent à cette carence. Les théologiens de l'époque des Carolins, surtout John Pearson, avaient reconnu comme faisant seul autorité pour l'Église anglicane le *consensus* des Pères des premiers conciles, interprétation valable de la révélation contenue dans les Écritures précisé-

---

(16) ENDRE v. IVANKA, *Rhomäerreich und Gottesvolk* (Alber 1968) 80. Plus de précision dans François DVORNIK, *Le Schisme de Photius, Histoire et Légende* (Cerf 1968). Sur la situation actuelle : AFANASSIEFF, KOULOMZINE, MEYENDORFF, SCHMEMANN, *La primauté de Pierre dans l'Église orthodoxe* (Neuchatel 1960).

ment pour la raison qu'alors l'Église était encore une; l'unité de la foi et de la charité coïncidaient. L'évêque George Bull donna à cette doctrine une interprétation systématique; c'est de cette dernière que partit le jeune Newman. L'impossibilité de dégager d'une époque aussi reculée des critères valables pour des décisions du présent fait éclater le caractère romantique d'une telle ecclésiologie et favorise le développement de la Low-Church ainsi que tous les mouvements congrégationistes et «latitudinaristes» (libéraux).

La théologie des slavophiles, et en tête celle de Khomiakov, examinée au grand jour, ne paraît pas moins romantique : elle tend à prendre comme critère une union dans la foi et les sentiments (Sobornost) là où règnent en fait la division entre les Églises nationales et un manque absolu d'autorité dans les patriarcats : c'est de ce point que partira la critique de Soloviev.

Les tentatives des *protestants* qui essaient de fixer une ligne de démarcation historique entre une direction légitime et une direction dégénérée de l'Église ne sont pas plus valables : la distinction présentée par Sohm entre une direction charismatique et sacramentelle d'une part, une direction juridique d'autre part (celle-ci ayant prédominé à partir du second millénaire), s'est révélée arbitraire. Les luttes acharnées concernant la primauté de Rome, primauté dont témoigne Irénée et à laquelle Ignace d'Antioche fait allusion à propos du ministère épiscopal si nettement attesté par lui-même et déjà par Clément de Rome, tous ces témoignages obligent à reporter jusqu'au premier siècle le «catholicisme primitif». Les Épîtres pastorales en sont déjà «contaminées» et même une grande partie des épîtres pauliniennes, de sorte que l'on se voit forcé d'établir un «canon dans le canon» tellement arbitraire que tout «classicisme», si réduit soit-il, se détruit lui-même. On aboutit de la sorte au dualisme de Bultmann, irréalisable aujourd'hui dans une Église concrète : l'obéissance de la foi pourrait s'adresser à Dieu (comme dans l'Islam), sans impliquer essentiellement l'événement Jésus, et moins encore, par conséquent, un ministère ecclésial. L'orthodoxie et l'anglicanisme se référaient du moins à un point situé dans le passé, bien qu'il n'y fût saisissable à leurs yeux que sous l'aspect du *consensus* social ; le protestantisme, dans son développement radical, ne se réfère plus à nul autre qu'à Dieu seul : à l'Esprit-Saint, âme d'une Église qui ne s'incarne dans aucune institution.

Il serait unilatéral et injuste de terminer ce rapide tour d'horizon « destructeur » à travers l'histoire de l'Église sans jeter un regard sur la nostalgie de tant de catholiques qui regrettent la forme de l'unité de l'Église primitive – non point perdue sans doute mais fortement réduite dans le système centralisé du siècle dernier. Au XVIIIᵉ siècle on voit apparaître le mot d'« ultramontanisme », d'abord comme une insulte ; passé ensuite dans le cercle de Lamennais, il devient une devise antinationaliste, puis retrouve son premier sens péjoratif surtout dans le Kulturkampf allemand. Dans l'atmosphère échauffée jusqu'à l'hystérie au cours des années qui précédèrent et suivirent immédiatement Vatican I, une prise de position objective sur les obligations d'un catholique à l'égard du pape était rarement possible (17). Des catholiques allemands isolés sentaient le danger de fonder une théologie ou même une ligne de conduite unilatéralement sur le dernier concile, sans qu'on puisse de ce fait les accuser le moins du monde de modernisme ; parmi eux se trouvaient des hommes aussi différents l'un de l'autre que le « catholique libéral » Albert Erhard et le « catholique religieux » antipolitique François Xavier Kraus. Certes, ce dernier était affligé du même « complexe antiromain » ou de la même folie de la persécution que certains « modernistes » (avec plus de raison) ; ses jugements sont unilatéraux et (en ce qui concerne, par exemple, Léon XIII) simplement faux. Prêtons cependant un instant l'oreille à ses essais de définition de l'ultramontanisme : 1) Est ultramontain celui qui place la notion d'Église au-dessus de celle de la religion. 2) Ultramontain, celui qui confond le pape avec l'Église. 3) Ultramontain, celui qui croit que le Royaume de Dieu est de ce monde et que,

---

(17) Cf. K. Buchheim : *Ultramontanismus un Democratie. Der Weg der deutschen Katholiken im 19. Jahrhundert* (München 1963).

selon l'opinion du curialisme médiéval, la juridiction civile sur les princes et les peuples est comprise dans le pouvoir des clés de Pierre. 4) Ultramontain, celui qui croit que les convictions religieuses peuvent s'imposer par la force matérielle ou être réduites par ce moyen. 5) Ultramontain, celui qui est toujours prêt à sacrifier une injonction claire de sa propre conscience aux sentences d'une autorité étrangère (18). Qui ne consentirait de tout cœur au jugement porté sur chacune de ces propositions, surtout si l'on veut conserver son sens plénier au mot (autorité) «*étrangère*»? Newman ne pensait pas autrement, Guardini non plus, lui qui se référait volontiers à Kraus. De nos jours l'«ultramontanisme» tel qu'il est décrit ci-dessus se retrouve tout au plus dans de minuscules corps de dissidents; Vatican II a en principe comblé les désirs et la nostalgie vers l'intégration du centre dans la périphérie, et l'union entre le sommet et la base. En principe; il se peut qu'il reste un long chemin à parcourir avant que cette intégration soit accomplie et, réalisée dans la vie, devienne une seconde nature.

c) Pierre, mais pas de pape

Le troisième degré du refus vient d'une interprétation du Nouveau Testament selon laquelle le pouvoir des apôtres – le charisme des fondateurs – demeure historiquement unique, les presbytres et les épiscopes établis par eux restant loin au-dessous d'eux en rang et en autorité. Le point déterminant de l'orientation n'est plus alors l'autorité des successeurs des apôtres, les évêques, et parmi eux le successeur de Pierre, mais une fois de plus, de manière beaucoup plus tranchante, l'autorité des apôtres auxquels le Christ a remis ses pouvoirs. C'est la thèse moyenne des protestants. Elle est susceptible de nuances très diverses : on peut même aller jusqu'à mettre en doute la remise du pouvoir par Jésus au groupe des douze ou – avec les

---

(18) F. X. KRAUS, *Tagebücher* hrsg. von H. Schiel (Köln 1957) XVIII. Cf. H. RAAB, *Zur Geschichte und Bedeutung des Schlagwortes «ultramontan» im 18 und 19. Jahrundert*, in : Hist. Jahrb. 81 (1962) 159-173.

partisans de tendances radicalement eschatologiques – jusqu'à dire que Jésus a formé ce groupe uniquement pour le royaume apocalyptique sur le point de s'instaurer, donc sans avoir en vue de successeur (19); la transformation faite par Luc des «temps de la fin» aurait dans ce cas rendu actuelle la continuation de la structure ecclésiale avec son problème (20). On peut en ce cas partager l'avis que O. Cullmann émettait en 1952 : «celui qui, sans préventions, part de l'exégèse... ne peut pas sérieusement avoir l'idée qu'ici (dans la scène de la remise des clés racontée par Matthieu) Jésus avait en vue des successeurs de Pierre»; en effet «la fonction d'apôtre mentionnée dans tout le Nouveau Testament est toujours une mission unique, christologique, qui était possible seulement au commencement de l'édification» (21). La conclusion catholique envisageant une succession viendrait donc d'une méprise sur l'orientation fondamentale de la pensée de tout le Nouveau Testament : «La pensée de Jésus, comme toute la pensée biblique, est, contrairement à l'hellénisme, caractérisée par l'enracinement de ce qui demeure dans ce qui est unique» (22). Cela est vrai, en effet, mais non dans un sens unilatéral au point que ce qui demeure (selon l'expression de Hegel) perde toujours plus de son actualité à mesure que le regard porté en arrière se pose sur un passé plus éloigné; et moins encore le rôle d'une personne vivante qui prend des décisions sera-t-il valablement tenu par les écrits qu'ont laissés les fondateurs. Le fait de remplacer de la sorte une autorité vivante par la *Scriptura Sola* prend son origine dans l'opposition violente déchaînée au Moyen Age contre la façon concrète dont s'exerçait l'autorité papale : on rencontre déjà cette tendance dans les mouvements des «pauvres» et, sous une forme plus modérée, jusque dans des

---

(19) Overbeck, Loisy, A. Schweitzer et son école.

(20) H. Conzelmann, *Die Mitte der Zeit* ([5]1964): «L'Eschatologie comme attente prochaine n'est pas en soi susceptible d'être transmise».

(21) *Petrus, Jünger, Apostel, Martyrer* ([2] 1952) 238 s. 240. (Trad. fr. : *Saint Pierre, disciple, apôtre, martyr*, 1952).

(22) *Ibid.* 243. La position actuelle de l'auteur sur le sujet n'est plus tout à fait la même et sa difficulté, à partir des textes du N.T., concerne plutôt le mode de transmission.

mouvements de réforme catholique; ceux-ci opposaient la « vita apostolica » comme un reproche à la vie indigne des clercs de leur temps. Nous sommes donc en présence d'une thèse d'origine secondaire, issue de la polémique. Limiter la portée de la parole dite à Pierre, en Luc : *Mais toi, après ta conversion fortifie tes frères* (*22*,32) à la situation des apôtres dans les heures qui suivirent la résurrection, semble passablement exagéré (23). Thomas d'Aquin se trouve déjà amené à réduire à rien la pensée qu'il s'agissait d'une remise d'autorité purement personnelle en faisant remarquer que Jésus voulait pourvoir d'une structure durable (et non d'un simple fondement) une Église destinée à durer jusqu'à la fin des temps (24). Il répond ainsi à Joachim de Flore et par avance aux extrémistes spirituels qui regardent toute structure – sauf la structure monastique – comme dépassée par l'Église de l'Esprit attendue. Jean-Jacques von Allmen, méditant sur Luc 22, découvre que Jésus prononce cette parole à l'adresse de Pierre « dans le cadre de l'Eucharistie », c'est-à-dire « de cela même que Jésus voulait voir durer jusqu'à son retour ». Il reconnaît les conséquences de cette manière de voir : l'unité des Églises entre elles doit s'entendre sur le modèle de l'unité des apôtres entre eux, et ainsi la primauté de l'Église de Rome apparaît « bibliquement forte ». « Peut-être bien, poursuit von Allmen, que l'espèce d'effroi qui nous saisit tous, théologiens réformés, quand nous voyons que nous n'arrivons pas à éluder le problème de la succession apostolique, vient du fait que, consciemment ou non, nous sentons que s'il y a succession apostolique, il y a sans doute, dans cette succession apostolique, aussi une

---

(23) « Il est évident que ces paroles... se réfèrent au seul Pierre. » DOELLINGER, *Das Papsttum, loc. cit.* 14. Ce serait le pape Agathon – la chose est bien possible – qui aurait le premier revendiqué la primauté pour lui. Nous savons que des papes appliquent Mat *16*,18 à la primauté seulement à partir du IIIᵉ siècle. Nous dirions volontiers : tant mieux, si elle pouvait exister en fait et se développer organiquement sans avoir besoin de faire appel à des textes scripturaires théologiques.

(24) *Contra Gentes,* 4,76.

succession spécifiquement pétrinienne» (25). C'est pourquoi la primauté de Pierre demeure, pour tous ceux qui restent attachés à une véritable succession (sacramentelle), une écharde qui pique et qu'il faut lécher sans cesse. Le subterfuge affirmant qu'il s'agit seulement d'une «primauté d'honneur» est étranger à la pensée d'une Église qui ne connaît d'autre honneur que celui de la «dernière place», du service payé d'ingratitude ; l'expression a son origine dans les manières de penser de l'empire byzantin. (Nous avons noté ci-dessus que Photius lui-même concevait la «prééminence» romaine comme une instance juridique qui réagissait, non spontanément sans doute, mais en réponse à un appel déterminé.) S'il existe réellement une primauté, elle se présente selon le modèle de la primauté de Pierre dans le collège des apôtres ; même s'il était possible de prouver que la succession des apôtres ait été assurée par douze sièges patriarcaux, cela ne changerait rien à la question. La seule question véritable qu'on puisse poser concerne la *manière* dont la primauté (de juridiction) s'exerce existentiellement dans le christianisme. Sur ce point, l'Église d'Orient peut formuler des critiques, cependant elle n'oubliera pas que l'exhortation adressée par le pape Clément aux Corinthiens lors de son intervention, exhortation animée d'un véritable amour de l'Église, ne voulait être que le doux rappel d'un commandement du Christ : être chargé de l'ordre requiert de l'autorité dans l'exercice de la charité ecclésiale et celle-ci comprend aussi l'obéissance.

---

(25)   In : *Irénikon* (1970) 532, 529, cit. d'après H. de LUBAC, *Les Églises particulières* (Aubier 1971) 106-107. Il convient d'ajouter un point de vue important : pour Jésus le moment de la parousie est *proche* dans un sens unique, et dans la conscience des disciples ce sens s'est exprimé dans une connaissance intime analogue mais non identique à l'impossibilité de disposer de l'avenir. Cf. mon essai *Zuerst Gottes Reich. Zwei Skizzen zur biblischen Naherwartung* (Benziger 1966); trad. fr. : *La foi du Christ* (Aubier 1968). Si l'on prenait cette constatation au sérieux, il devrait apparaître normal que Jésus annonce l'attente de la fin prochaine (dans le sens analogique mentionné) et à la fois prend cependant ses dispositions concernant la succession apostolique.

Il n'y a pas de position intermédiaire possible. Le protestantisme radical, au siècle dernier, l'a parfaitement compris lorsqu'il a repoussé les revendications du pape comme « antichrétiennes » et s'est lancé dans l'agitation du « *Los von Rom* » (séparation de Rome). Ce mouvement était d'abord, dans son sens restreint, une réponse au conflit politico-religieux (Kulturkampf). Il fut soutenu surtout par l'Union Évangélique et l'Association Gustave Adolphe en Autriche et en Allemagne du sud ; ces organismes employaient des moyens de propagande et des fonds considérables pour inciter les catholiques à la défection (26) et à l'abandon de Rome, n'enregistrant toutefois jamais que de médiocres succès. Plus tard, la propagande nazie antiromaine prit le relais (de Chamberlain à Rosenberg et Ludendorff).

Dans notre dessein il importe de noter que le refus catégorique opposé aux prétentions romaines à la suprématie, refus qui, se fondant sur des raisons théologiques, est l'attitude normale du protestantisme, diffère finalement très peu de la polémique de telles Églises qui, tout en étant d'accord avec Rome sur la plupart des données théologiques, s'acharnent d'autant plus obstinément contre le point en litige ; il ne se distingue guère non plus des attaques venues de certains cercles catholiques qui, acceptant la prééminence de Rome, s'élèvent avec d'autant plus de violence contre la *manière* dont s'exerce le pouvoir du successeur de Pierre. Sur les uns comme sur les autres le ministère de Pierre produit une sorte de fascination à rebours.

II – L'UNANIMITÉ DANS LA NÉGATION

Qu'y a-t-il finalement de commun entre les Églises qui, séparées de Rome, tendent à s'écarter les unes des autres, sinon

(26) Bibliographie dans : L. Th. K. ^{2}VI (Algermissen) cf. *Evangelischer Bund,* in : RGG^3 11, 789 ss.

le refus du centre qui, en revendiquant à tort ou à raison le pouvoir donné par Dieu, maintient vivace et exacerbé le *non* de ceux qui s'en sont écartés ? Pascal avait dit : « Le pape est premier. Quel autre est connu de tous ? Quel autre est reconnu de tous, ayant pouvoir d'agir sur tout le corps parce qu'il tient la maîtresse branche qui s'insinue partout ? Comme il était aisé de faire dégénérer cela en tyrannie. C'est pourquoi Jésus-Christ leur a donné ce précepte : *Vos autem non sic* » (27). Lamennais, irrité à l'excès de cette pénétration romaine, s'écrie : « Je signe tout, non seulement ce que l'on me demande mais tout ce que l'on veut encore, même la déclaration que le pape est Dieu, le grand Dieu du ciel et de la terre qu'on doit seul adorer » (28). Le centre qu'on abandonne ne se confond jamais avec les choses indifférentes laissées en arrière ; si l'on prétend demeurer chrétien, il constitue le scandale qui empêche d'être chrétien, l'antichrétien. Luther n'est pas le premier, loin de là, qui ait décerné cet attribut au pape. Des Grecs l'avaient fait longtemps avant lui, de même les Albigeois au Moyen Age, sans parler de Frédéric II et de plusieurs de ces lointains disciples de Joachim qui à tort se réclamaient de lui ; il y eut finalement, répandue en 1351, cette lettre de Lucifer au pape d'Avignon, son vicaire sur terre, dans laquelle le prince des ténèbres le remercie lui, ses cardinaux et ses prélats, pour tout ce qu'il a entrepris dans le combat contre le Christ. Le prétendu anonyme d'York (vers 1100) avait déjà poussé l'audace à l'extrême en faisant la distinction entre la pure Église du Christ et l'Église romaine qui est du diable, et en exhortant à obéir à la première et à s'opposer à la seconde.

Ce qui nous importe ici (29) n'est pas la multiplicité des invectives antiromaines, c'est l'élément qui rassemble et unit les négations. Ce facteur a souvent été mis en lumière par les apo-

---

(27) *Pensées* (Chevalier) n° 810.
(28) A Montalembert 1-1-1834.
(29) Joseph BENZIGER, *Invectiva in Romam, Romkritik in Mittelalter vom 9. bis zum 12. Jahrhundert* (Diss. München, in : *Historische Studien*,

logistes et les théologiens catholiques, le plus fortement par Maistre et Soloviev. Le premier écrit : « C'est une vérité fondamentale dans toutes les questions de religion que toute Église qui n'est pas catholique est protestante. C'est en vain qu'on a voulu mettre une distinction entre les Églises schismatiques et hérétiques. Je sais bien ce qu'on veut dire ; mais dans le fond, toute la différence ne tient qu'aux mots, et tout chrétien qui rejette la communion du Saint-Père est protestant ou le sera bientôt. C'est un homme qui proteste, il peut être plus ou moins protestant, mais toujours il proteste » (30). Ce qui les unit tous, c'est la haine commune du principe unifiant. « Cette haine est le lien unique, mais universel, de toutes les Églises séparées » (31). Entre eux ils sont tolérants : « A-t-on jamais vu des protestants s'amuser à écrire des livres contre les Églises grecque, nestorienne, syriaque, etc., qui professent des dogmes que le protestantisme déteste ? Ils s'en gardent bien. Ils protègent, au contraire, ces Églises, prêts à s'unir à elles, tenant constamment pour véritable allié tout ennemi du Saint-Siège » (32). « L'Église russe professe comme la nôtre la présence réelle, la nécessité de la confession et de l'absolution sacerdotale, le même nombre de sacrements, la réalité du sacrifice eucharistique, l'invocation des saints, le culte des images, etc. ; le protestantisme, au contraire, fait profession de rejeter et même d'abhorrer ces dogmes et ces usages ; néanmoins, s'il les rencontre dans une Église

---

Heft 404, 1968). H. Preuss, *Die Vorstellungen vom Antichrist im späteren Mittelalter und in der konfessionellen Polemik*, Leipzig 1906. G. Blochwitz, *Die antirömischen deutschen Flugschriften der frühen Reformationzeit* in : *Archiv für Reformationsgeschichte* 27 (1936).

(30) *Du pape*, 445. Inutile de dire que si nous citons ce livre, grandiose en son genre, mais monolithique et peu apprécié par Pie VII, notre esquisse n'a rien de commun avec sa thèse fondamentale (monarchie temporelle et spirituelle absolue).

(31) *Ibid.* 448. Jos. Bernhart dit au sujet des « luttes dogmatiques des IVe et Ve siècles » : « Au fond il en allait, malgré la prétention des partis de défendre les intérêts du Christ, de la vie et de la mort de la nouvelle religion. Ce qui était commun aux camps divisés était l'attitude d'opposition à Rome... » *Der Vatikan als Welmacht* (List. München, Ausg. 1949) 51.

(32) *Ibid.* Préliminaire, XXXVI.

séparée de Rome, il n'en est plus choqué. Le culte des images surtout, si solennellement déclaré idolâtrique, perd tout son venin... Le Russe est séparé du Saint-Siège : c'en est assez pour qu'il ne voie plus en lui qu'un frère, qu'un autre protestant » (33). Il est vrai qu'aucune de ces Églises qui ont pris toutes sortes de noms n'a osé rayer du Credo le mot «catholique» qui est le nom propre de l'Église romaine (34) ; mais finalement ce qui les unit «catholiquement» n'est autre que le *non* à Rome : «Tous les ennemis de Rome sont amis» (35). Maistre note aussi que l'«Aufklärung» athée a concentré toute la violence de ses attaques sur l'Église romaine. – *Soloviev,* moins suspect de fanatisme que le comte belliqueux, dit pratiquement la même chose. Il constate que les trois principales différences doctrinales par lesquelles l'Église d'Orient se distingue de l'Église latine «ne renferment aucun facteur positif» : l'Esprit ne procède *pas* du Fils, Marie n'était *pas* immaculée dès le premier instant de sa conception, la primauté de juridiction ne revient *pas* au pape. «La pseudo-orthodoxie de notre école théologique» consiste en «négations polémiques». «Toute votre *orthodoxie* et toute votre *idée russe* ne sont pas autre chose au fond qu'une protestation nationale élevée contre le pouvoir universel du pape» (36).

En se séparant de Rome, chaque Église prétend entreprendre une «réforme» en direction des origines et réaliser l'authenticité chrétienne ; alors on abandonne Rome, apparemment déchue de cette origine et obstacle initial à l'unité (les «nouveautés romaines» ont causé les difficultés les plus persistantes

---

(33) *Ibid.* 448

(34) *Ibid.* 472-473 ; cf. 467 s.

(35) *Loc. cit.* 531-532. Maistre cite des témoignages protestants intéressants, entre autres Pufendorf : «La suppression de l'autorité du pape a jeté dans le monde des germes infinis de discorde, car n'y ayant plus d'autorité souveraine pour terminer les disputes, on a vu les protestants se diviser entre eux et de leurs propres mains déchirer leurs entrailles.» *De mon. Pont. Rom. cit.* p. 64.

(36) *La Russie et l'Église universelle* Paris, éd. de 1922, Stock, 18-20.

à Newman). On transfère dans les Églises émigrées la pensée de l'unité dans la charité, de l'accord des cœurs «sans juridisme» (Sobornost), de sorte qu'à Rome ne reste en apparence que le squelette *abstrait*, délavé, le fantôme de l'«institution», dépouillé de toute chair vivante. En réalité, l'indifférence affectée pour ce qu'on dit avoir abandonné à juste titre montre combien l'on se sent continuellement troublé par ce fait; tout montre du doigt la place restée vide, et c'est en ce sens (mais en celui-là seulement) que l'on peut finalement dire en vérité : «La suprématie du pape est le dogme capital sans lequel le christianisme ne peut subsister; toutes les Églises qui rejettent ce dogme dont elles se cachent l'importance, sont d'accord, même sans le savoir» (37).

III – L'UNITÉ COMME ABSTRACTION.

La négation a créé une unité purement formelle, mais cette unité issue de la négation, au sein de chacune des Églises non catholiques et aussi entre elles – demeure *abstraite*, sans contenu, du fait que le facteur le plus concret de l'unité en a été éliminé. Thomas d'Aquin avait démontré de multiples façons la nécessité de cette unité concrète : à partir de l'unité du peuple chrétien, de la foi chrétienne, de la nécessité d'un chef appelé à décider en dernière instance dans des questions litigieuses concernant la foi; étant donné la convenance qu'il y a à ce que l'unique Époux de l'Église soit corporellement représenté au cours des temps; étant donné les nombreux textes de l'Écriture traitant du ministère de Pierre nécessairement trans-

---

(37) Maistre, *loc. cit.* 476.

missible en tant que service du chef (38). En quoi peut consister l'unité de l'Église si ce point de relation vient à manquer ? Döllinger dans ses débuts cite un théologien protestant : « Il est faux et troublant de parler d'unité là où cette unité n'est jamais que cherchée, présente dans les idées sans que l'on soit capable de rien montrer qui permette de voir numériquement réalisée cette soi-disant unité » (39). Möhler, de son côté, dit dans L'UNITÉ DANS L'ÉGLISE : « Appeler notion empirique de l'Église la manifestation extérieure de son unité intérieure et demander de la remplacer par sa notion *idéale* équivaut à remplacer la *vie* par une *abstraction,* par une idée creuse, par la mort » (40). En quoi consistera cette forme idéale, demanderons-nous, si elle n'est pas aussi la réalité concrète de l'unité ? Voilà pourquoi Newman, encore anglican, se plaint de ce que l'unité présente de l'Église d'Angleterre est *abstraite* ; en réalité, dit-il, il faudrait parler d'Églises (au pluriel) (41). De son côté, Soloviev écrit : « Si l'Église russe et l'Église grecque ne manifestent leur solidarité par aucune action vivante » (et selon Soloviev elles ne le peuvent pas, étant Églises nationales

---

(38) *Contra Gentes*, 4,76.

(39) *Die Kirche und die Kirchen* (München 1861). L'auteur cité est LECHLER, *Lehre vom heiligen Amte* (1857) 139.

(40) *Die Einheit in der Kirche,* hrsg. von J.R. Geiselmann (Hegner 1956) 213 s. Traduction française par A. de Lilienfeld, avec introduction de Pierre Chaillet (coll. Unam sanctam, 2, Cerf 1938) : *L'unité dans l'Église, ou le principe du catholicisme d'après l'esprit des Pères des trois premiers siècles.* (Nous maintenons la référence à l'édition critique allemande, postérieure, de Geiselmann.)

(41) *Via Media I* (1891) 201, note 9. « There is no one *visible* Church. Church is an abstract word, signifying *one body.* Anglicans like Independents should talk of "the churches" ». Cf. Maistre, *loc. cit.* 450 s : « Une fois le lien d'unité rompu, il n'y a plus de tribunal commun, ni par conséquent de règle de foi invariable. Tout se réduit au jugement particulier et à la suprématie civile. » Pareillement Bonald : « Il n'existe plus, parmi les protestants, d'Église au sens propre si l'on entend par le mot "Église" une communauté de chrétiens unis par une même foi, les mêmes principes religieux, les mêmes moyens de salut ; ils ne sont plus qu'une masse d'hommes dont les plus cultivés et les plus instruits ont pour la plupart cessé toute relation avec Luther, Calvin, etc. » *Démonstration philosophique* (Oeuvres 1840) 229, note 1.

il leur est impossible de tenir un concile universel) « il s'ensuit que leur *unité dans la foi* n'est qu'une formule *abstraite* qui ne réalise rien et n'engage à rien » (42).

Nous avons déjà constaté comment un retour en arrière jusqu'à un canon obligatoire et unifiant, et finalement jusqu'à un canon au sein du canon, morcelle le dernier principe d'unité possible, le Nouveau Testament et les Évangiles ; comment, « sous le vent brûlant de la science », de l'exégèse, toutes les formes d'unité ecclésiale, sauf une seule, se dissolvent (43). L'Écriture seule, sans la tradition ni la doctrine de l'Église appuyées sur une autorité que soutient l'Écriture elle-même, ne parvient pas, de l'aveu même des protestants, à l'emporter sur le monopole de l'exégèse « historico-critique » pratiquement posé en principe. Dans sa SYMBOLIQUE, Möhler a écrit quelques pages énergiques, plus actuelles que jamais, sur la séparation entre la piété et l'exégèse dans les Églises protestantes, séparation poussée jusqu'à la folie et à la schizophrénie : « Sans doute, si l'Église était une société d'histoire ancienne, si elle n'avait pas eu dès l'antiquité la notion d'elle-même, de sa fondation, de son essence et de sa tâche », elle devrait, avec les exégètes, aller à la recherche de son être propre dans les Écritures : « elle ressemblerait à celui qui, en fouillant les papiers rédigés par lui-même, prétendrait vouloir découvrir s'il existe vraiment » (44). Au cours des siècles chaque interprète (les scientifiques et aussi les gens pieux) tirera de la lettre un sens nouveau ; le principe de la *Sola Scriptura* conduit nécessairement à ceci : d'une part chacun doit être prêt à changer sa foi personnelle pour l'adapter aux plus récentes lumières – mais : « Celui qui dit "telle est précisément ma foi", n'a pas de foi. La foi, l'unité de la foi, l'universalité de la foi, sont une seule et même chose » (45).

----

(42) *Loc. cit.* 228.
(43) Maistre, *loc. cit.* 452, 455.
(44) *Symbolik*, hrsg. von J.R. Geiselmann (Hegner 1958) I, 422, 438.
(45) *Loc. cit.* 423.

D'autre part, cet homme doit admettre qu'une parole de l'Écriture canonique est susceptible d'interprétations contradictoires, donc que « la Sainte Écriture, en prenant tous les sens, n'en a plus aucun », que l'Église catholique « a été insensée de supposer qu'elle n'a qu'un sens bien défini » (46). On le voit, « *abstraction* faite de la tradition et de l'Église » (47) qui existaient déjà avant l'Écriture, qui en ont défini le canon et qui possèdent une science originale de son sens plénier, l'Écriture Sainte est incapable de produire ultérieurement et d'elle-même une Église. Möhler fait encore des remarques excellentes « sur le rapport entre l'interprétation ecclésiale de l'Écriture Sainte et les commentaires savants et scientifiques » (48) : ce n'est pas l'exégèse, dit-il, qui communique à l'Église cette intelligence d'ensemble de la révélation « qu'elle a reçue des lèvres du Christ et des apôtres » et que « la puissance de l'Esprit-Saint a gravée dans sa conscience ou, selon l'expression d'Irénée, dans son cœur, d'une manière ineffaçable. Si l'Église devait seulement acquérir son dogme au moyen d'un examen savant, elle se mettrait en contradiction avec elle-même de la façon la plus absurde et s'anéantirait elle-même ; puisque dans cet examen, elle serait supposée exister mais simultanément ne pas exister, du fait qu'elle devrait chercher son être propre en scrutant dans les livres la vérité divine. » L'*a priori* de l'intelligence ecclésiale est aussi pour le penseur celui de sa recherche ; il ne peut pas être à la fois croyant comme chrétien et neutre comme savant, « un individu ne peut nullement à la fois croire et ne pas croire une certaine thèse » (49) ; celui qui rejette comme des lunettes déformantes cet *a priori* de la foi de toute l'Église, devra faire en sorte de réussir à lire sans lunettes l'Écriture dans la prétendue *objectivité abstraite* de la « pure science historique ». « D'ailleurs, tu auras toujours besoin de lunettes, mais prends

---

(46) *Loc. cit.* 432.
(47) *Loc. cit.* 424.
(48) Titre du § 42, *loc. cit.* 436.
(49) *Loc. cit.* 437-439.

garde de ne pas laisser le premier venu les tailler pour toi et les ajuster sur ton nez » (50). (On objecte à Möhler que simplifier le contraste et ne pas s'expliquer sur les écrits des confessions protestantes est possible mais non décisif : quelle autorité possèdent ces écrits ? D'où leur vient-elle et qui la fait valoir ?) (51)

Au début de notre siècle se place un échange de lettres entre *Blondel* et *Loisy*. Blondel tente de convaincre son correspondant, champion de l'objectivité historique abstraite, qu'il lui serait toujours impossible de risquer, à partir de cette base, le saut dans le mystère de la conscience que le Christ avait de lui-même, d'où est issue la foi de l'Église. Ce sont des lettres tragiques, parce que l'heure était passée et que Loisy avait déjà en secret pris sa décision. Blondel lui prouve qu'il y a chez lui une schizophrénie entre le Jésus historique et le Jésus selon la foi – celle même que nous avons observée chez Bultmann – et que sa théologie souffre de relativisme historique – comme Bultmann encore – si dans sa recherche il met entre parenthèses la science médiatrice de l'Église existant depuis toujours (52).

Vingt ans plus tard se situe un autre échange de lettres, entre *Erik Peterson* et *A. von Harnack* (contre lequel était dirigé l'ouvrage de Loisy critiqué par Blondel). Tous les deux sont d'accord sur l'impossibilité de revenir avec Karl Barth au principe de l'Écriture, mais alors que reste-t-il de l'Église ? Peterson : « L'Église cesse d'être une grandeur

---

(50) *Loc. cit.* 427.

(51) Cf. les développements de Geiselmann dans le tome complémentaire : II (1960) 626 ss.

(52) René MARLÉ, *Au cœur de la crise moderniste. Le dossier inédit d'une controverse* (Aubier, Paris, 1960) 87 : « Notre foi, de forme encore médiévale, perdra son vêtement actuel... le pieux roman de la théologie classique n'est qu'un échaffaudage destiné à disparaître pour laisser place à d'autres constructions (car il faudra toujours des enveloppes matérielles) où s'abritera l'esprit de l'Évangile éternel » : voilà comment Blondel résume la pensée profonde de Loisy. Lui-même réclame « des prolégomènes à toute exégèse future » (90). 70-113.

publique si elle renonce à prendre position à l'égard du dogme.» Harnack : «Il faut que le protestantisme confesse tout net qu'il ne veut et ne peut être une Église comme l'Église catholique, qu'il refuse toutes les autorités formelles.» Peterson : Alors il ne reste que des conventicules, il faut supprimer les facultés de théologie, en tout cas l'histoire des dogmes... Harnack le concède : «Sans l'infaillibilité, un dogme n'a aucun sens. Je ne sais pas ce que deviendront les Églises Évangéliques mais, comme vous le supposez bien, je ne peux que me réjouir d'un développement qui va dans le sens de l'indépendance, d'une pure communauté de sentiments, – je n'ai pas honte de le dire – du quakérisme et du congrégationalisme. Comment nous maintiendrons-nous, quel effet ferons-nous à côté du catholicisme, de l'américanisme, des Russes, etc., je ne m'en soucie pas. Nous finirons bien par trouver une voie et des formes dépouillées de l'absolutisme *ecclésiastique*» (53).

L'insouciance de Harnack est devenue, depuis lors, un sujet de profonds soucis pour le Conseil Œcuménique des Églises Évangéliques ; nous en parlerons plus tard. Selon Heinrich Schlier qui a pris le chemin solitaire de Newman et de Peterson, «ce même mouvement montre non seulement dans ses motivations théoriques mais aussi dans son évolution réelle, qu'il ne s'ouvre pas sans préventions à l'unité unifiante ; qu'il s'écarte des prétentions absolues de celle-ci – allant ainsi vers la quadrature du cercle» (54). Schlier, dans son ouvrage aussi calme que décidé KURZE RENCHENSHAFT, a pénétré l'abstraction désespérée du principe protestant : celui-ci n'a jamais pris au sérieux l'Incarnation du Logos entré «dans la substance historique du monde», ni la décision réelle et définitive de Dieu en faveur du monde au point que «le provisoire (du monde) cache au fond de son caractère tout

---

(53) In : *Theologische Traktate* (Kösel 1951) 292-322. Sur l'ecclésiologie de Harnack : *« Tertium genus Ecclesiae »*, thèse de Karl H. NEUFELD, à paraître prochainement (München).

(54) *Kurze Rechenschaft*, in : *Bekenntnis zur katholischen Kirche*, hrsg. von Karl Hard (Echter, Würzburg 1955) 169-192.

provisoire une réalité définitive». Voilà pourquoi l'Église et la tradition sont présentes déjà au milieu du Nouveau Testament, voilà pourquoi la «foi se fixe dans des proportions concrètes», voilà pourquoi il y a des ministères et des pouvoirs, un célibat et un monachisme... «Imaginer un exégète isolé, libre de toute prévention, qui pour la première fois jetterait un regard sur une Bible ouverte, est une simple construction, une *abstraction*». La Bible ne se comprend qu'au sein de l'Église une (55), dont Schlier a, mieux qu'aucun autre théologien allemand, su exposer le ministère à partir des origines (56). Cette Église ne peut pas être une «branche» d'une unité qui aurait perdu son existence historique, elle concrétise la volonté d'amour de Dieu qui embrasse le monde entier dans sa réalité terrestre et céleste.

Actuellement les conversions, surtout les conversions éclatantes, sont devenues rares. Vu le courant œcuménique et une prétendue «intelligence nouvelle de l'Église», il y a même des prêtres catholiques qui les déconseillent : celui qui se convertit déserte, paraît-il sa propre Église pour se ranger parmi les *beati possidentes*; la tendance commune, la «convergence» vers une unité que l'on croit entrevoir semble plus essentielle que le fait de l'avoir trouvée en particulier. Certaines ouvertures de Rome à l'égard du C.O.E., certains dialogues dont les succès sont grandement estimés éveillent ici

---

(55) Voir aussi l'article-programme *Die Einheit der Kirche* qui ne se trouve pas dans la collection des essais; in : *Hochland* 44 (1952) 289-300. (*L'unité de l'Église d'après le N.T.*, dans *Essais sur le Nouveau Testament*, trad. A. Liefooghe, Cerf 1968, 205-223.) Un autre essai de même nature et qui part des idées du «Rechenschaft» : *Das bleibend Katholische. Ein Versuch über das Prinzip des Katholischen* publié dans : *Das Ende der Zeit* (Herder 1971) 297, 320.

(56) Cf. sa contribution à *Schreiben der deutschen Bischöfe über das priesterliche Amt* (1969) et les études qui s'y rattachent : *Grundelemente des priesterlichen Dienstes im Neuen Testament*, in *Theologie und Philosophie* 44 (1969) 161-180; *Der priesterliche Dienst I. Ursprung und Frühgeschichte. Questiones disputatæ* 46 (1970) 81-114. Repris sous le titre : *Neutestamentliche Grundelemente des Priesteramtes*, in : *Catholica* 27 (1973) 209-233.

et là l'impression que l'Église romaine se trouverait enfin prête à sortir de son « splendide isolement », à renoncer à sa prétention d'être seule légitime, à entrer dans une unité chrétienne qui embrasserait toutes les confessions se réclamant du Christ d'une façon ou d'une autre, donc dans une unité supérieure dont il convient à présent de scruter le caractère.

3

Formes d'une unité abstraite

Dans les pages qui suivent nous allons juxtaposer trois formes d'unité abstraite. Néanmoins il s'agira toujours au fond d'une même réalité : de l'unité que l'on peut décrire comme *sociologique*, résidu fatal de l'incompréhension ou du refus de l'unité théologique et concrète de l'Eglise catholique, Corps du Christ (à partir de l'Eucharistie) et peuple de Dieu (à raison de l'élection et des pouvoirs accordés aux Douze).

Il se peut que cette unité sociologique soit une conséquence immédiate de l'importance excessive accordée dans certains milieux à la structure de l'Eglise catholique comme telle, ainsi que Robert Spaemann l'a montré de façon décisive dans son ouvrage *Der Ursprung der Soziologie aus dem Geiste der Restauration; Studien über L.G.A. de Bonald* (München 1959) («La source de la sociologie dans l'esprit de la Restauration, Études sur L.G.A. de Bonald»), de même qu'Alexandre Dru dans *Erneuerung und Reaktion; die Restauration in Frankreich 1800-1830* (München 1967) («Rénovation et réaction, la Restauration en France»). Au début du XIXᵉ siècle, Napoléon veut mettre en place une structure ecclésiastique nouvelle qu'il estime nécessaire à la solidité de son empire, à côté de la législation, de l'enseignement et de la construction des routes; Consalvi, secrétaire d'Etat de Pie VII, est prêt, pour relever l'Eglise de ses ruines, à lui fournir cette

95

structure ; Bonald et Maistre y contribueront à leur manière en fournissant une idéologie issue des traditions sociales et des principes de l'Ancien Régime, tandis que de grands seigneurs verseront de fortes sommes pour acheter la charge épiscopale. Lorsque ce genre de création ne correspond que très partiellement aux vraies forces spirituelles de la foi, on se trouve en présence d'une « forme » ou d'une « structure » qui, dans ses éléments positifs, peut se justifier tout au plus comme tradition populaire. Saint-Simon, mais aussi Comte et beaucoup plus tard Maurras, qui fit la connaissance de Bonald grâce aux deux précédents, ont trouvé là un point de départ. Des mouvements opposés à la Restauration et anti-chrétiens eurent tôt fait d'en démasquer les aspects négatifs : simple façade, diront-ils, « idéologie » sans racines vivantes (soit dans le peuple, soit dans une philosophie convaincante à laquelle Bonald estimait pouvoir renoncer). C'est d'après ce schéma que, depuis plus d'un siècle, le marxisme a essayé d'interpréter sociologiquement non seulement le catholicisme de la Restauration, mais le catholicisme sous toutes ses formes afin d'en finir avec ses revendications d'unicité.

La réaction contre de telles formes sociologiques peut tomber dans l'extrême opposé et chercher l'unité au-delà, au-dessus ou au-dessous de la forme de l'Eglise voulue par Jésus-Christ. Il existe des manières presque innombrables de la relativiser, et elles se mêlent en des combinaisons toujours nouvelles. Distinguons-en schématiquement trois espèces.

C'est d'abord un formalisme qui a tous les traits du cléricalisme – Napoléon voulait de « bons prêtres » mais qui soient gallicans et gardent leurs distances à l'égard de Rome – ; ce cléricalisme peut être à la fois emprunté à Rome et exploité contre elle ; tout en le pratiquant, on ne manquera pas d'en faire reproche à Rome.

A l'extrême opposé, c'est une série de comportements anti-romains par essence, parce qu'ils se substituent à l'unité et aux relations hiérarchiques essentielles à l'Eglise ; ce sont toutes les formes de pneumatisme, depuis le montanisme primitif, en passant par le messalianisme, les «Spirituels» et Fraticelles du Moyen Age, les Rose-Croix, toutes les variétés de partisans d'un troisième âge, dit de l'Evangile éternel, jusqu'à certains des mouvements pentecôtistes actuels qui se font jour dans toutes les confessions.

Un troisième groupe encore se présente plutôt comme une sorte d'humanisme chrétien plus ou moins enthousiaste, rêvant d'une religion chrétienne universelle ; ou pourrait y comprendre certaines utopies, comme le concile céleste de Nicolas de Cuse ; mais le type en est fourni plutôt par l'Aufklärung, par les Loges chrétiennes, particulièrement bien représentées au Congrès de Vienne (voilà pourquoi les princes chrétiens gardèrent rancune au pape d'avoir interdit l'admission des francs-maçons (1), enfin par le catholicisme de Lamennais, qui était à ses yeux la religion de la vérité universelle, d'abord avec le pape au sommet et ensuite sans le pape. Le «modernisme» aux multiples visages prend la relève, toujours occupé à extraire du domaine de la «structure» les éléments qui doivent persister au cours de l'évolution, pour en arriver (comme par exemple Sabatier, Tyrrell, même von Hügel) à situer le christianisme dans la sphère du besoin religieux, de l'expérience mystique, de la rencontre néo-platonicienne avec le divin sans forme ou au-delà des formes.

De chacune de ces tentatives procèdent de non moins nombreux prolongements qui, dans leur diversité, offrent tous un caractère commun : tous placent l'unité de la véritable Eglise (dans la mesure où le terme est encore employé) dans des formes pneumatologiques, ou rationnelles, ou mystiques, très loin de la papauté et de tout ministère. On ne s'étonnera pas que tous ces courants tendent à utiliser aujourd'hui la critique procédant des idéologies marxiste ou structuraliste pour attaquer le gouvernement de Pierre dans l'Eglise et tout ce qui en dépend. A l'heure actuelle, ce mélange de pneumatisme et de

---

(1) J. Schmidlin, *Papstgeschichte der neueren Zeit* I (1933) 140.

criticisme met dans tout son jour l'unanimité renforcée dans l'opposition.

Un catholicisme fondé sur ce genre de traditions spirituelles ou leur faisant un accueil trop facile sera finalement enclin à entrer, comme partenaire, sans préparation suffisante mais plein de confiance en soi, dans le dialogue œcuménique. Il y apporte comme une forme qui lui est propre et déjà familière, l'habitude de chercher en des «unions» plus ou moins vagues l'unité possible des confessions. Ainsi s'établit, sans malice et comme allant de soi, une tendance à insister sur ce qui est commun aux confessions, à le majorer et à reléguer en marge, comme *cura posterior*, les excédents catholiques irréductibles, parmi lesquels surtout la papauté. «Quand tout le reste sera réglé, se dit-on, il y aura certainement moyen de parvenir plus ou moins bien à redresser cette poutre mise en travers du chemin.» Un tel œcuménisme n'aboutit qu'à la formation d'une unité abstraite (bien qu'elle s'estime très concrète) : en effet, l'élément concret qu'est l'institution du service de Pierre en est soit totalement exclu, soit relégué à la dernière place dans la liste des questions à traiter. Cette manière de procéder paraît d'autant plus légitime, plus urgente même, que la chrétienté – le sens du mot diffère ici complètement de celui qu'il avait au Moyen Age (2) – doit à tout prix donner au monde, après tant de guerres de religion, tant d'accusations réciproques d'hérésie, une preuve de son esprit conciliant, réaliser un front unique contre l'incroyance, voire montrer son unité intérieure : unité des sentiments, qui se rapproche de la deuxième de nos catégories d'unité abstraite ; et, comme il s'agit finalement aussi d'unions, de concordats, de contestations de toutes sortes, unité proche également de notre première catégorie d'unité abstraite. L'esprit œcuménique ainsi compris tente d'imprimer à l'Église catholique une impulsion puissante pour la faire progresser dans la voie des deux premières tentatives d'unité abstraite – la première, expressément sociologique ; la

---

(2) Bernard LANDRY, *L'idée chrétienne chez les scolastiques du XIIIe siècle* (Presses univ. de France, 1929).

seconde, d'abord psychologique mais en fin de compte sociologique également – pour assurer à ces modèles la prédominance sur le seul principe concret, toujours différé ou même définitivement écarté comme inopportun.

Ces choses sont tellement actuelles qu'il nous faut les considérer de plus près, bien que rapidement encore, en les illustrant par quelques exemples.

I – A LA REMORQUE DU LANGAGE.

A l'époque de l'Empire ou de la Restauration, il peut sembler exact de désigner l'Eglise uniquement comme une « institution », si, négligeant son aspect de communion, l'on se borne à voir en elle uniquement l'effort humain qui la réorganise comme une partie de l'Etat, ou sur le modèle de l'Etat, ou en la liant irréductiblement à un Etat (Byzance, Moscou, l'Anglicanisme). Mais s'arrêter à cette vue serait laisser de côté, entre autres choses, le fait qu'à cette même époque il existait un contre-courant romantique tout aussi puissant. Dans notre siècle, étranger à l'esprit de la Restauration, sauf en quelques cercles intégristes, nous citerons cependant deux hommes, très différents l'un de l'autre, représentatifs encore d'un certain aspect de cette époque : Maurras et *Reinhold Schneider*. Le premier, athée, voyait seulement dans l'Eglise l'enveloppe ou la forme de la culture méditerranéenne qu'il fallait conserver à tout prix ; nous ne nous arrêterons pas à ce qui ne serait guère qu'un vain divertissement à propos d'un cadavre. Schneider – surtout le Schneider de l'Escurial (et de Potsdam) et même aussi de « Winter in Wien » – doit être pris bien davantage au sérieux. La «forme» est chez lui une forme catholique ; c'est le fruit d'exigences extrêmes, de la violence faite au noble cœur des rois auquel est imposé un service absolu. Pour Schneider, cette obligation démesurée et tragique, dont la grande forme catholique est issue, n'a rien à voir avec un légitimisme : « Le secret d'un tel phénomène ne se situe pas dans le sang, il se situe bien davantage dans l'exigence. » Telle est la véritable noblesse des rois. Plus on exige d'eux, plus les réalisations sont riches, à une condition toutefois : « que cette exigence soit pleinement comprise et qu'elle soit saisie comme vie nouvelle » (3). En tant qu'enclume, la vie des rois devient marteau, comme rouée elle devient roue, comme pensée elle devient forme (4). Sans aucun doute, Schneider a de la vie une conception orientée vers le tragique : « L'existence apparaît dans une terrible contradiction avec elle-même : la vie se voit imposer des ordres qui la contredisent ; malgré tout, ceux qui exécutent ces ordres sont environnés d'une lumière qui seule donne tout son prix à leur vie » (5). Schneider se place ainsi dans un crépuscule entre le véritable esprit chrétien qui appartient certainement aussi à la forme de l'Eglise (il a jeté un regard profond dans le cœur des papes pour y découvrir ce mystère) et une métaphysique empruntée à Schopenhauer, Nietzsche et Simmel, qui durcit le mystère de la croix, mystère de l'amour éternel, et le transforme en une loi impersonnelle de l'existence. C'est là son côté faible. Sa pensée, comme fascinée, tourne sans cesse autour du problème de la légitimité d'une puissance souveraine. Toute forme enveloppe une vie sans défense, toute forme est du sang coagulé. Pierre ne « règne » jamais qu'à partir de son crucifiement.

Cependant Schneider reste une exception parmi les catholiques modernes ; voilà pourquoi il est incompris dans la mesure où il exprime des valeurs catholiques ; en revanche, lorsqu'il touche au tragique de la vie, on lui fait une propagande qui le

---

(3) *Die Hohenzollern. Tragik und Königtum* (Hegner 1933) 10-11.
(4) Cf. mon livre : *Reinhold Schneider, Sein Weg un sein Werk* (Hegner 1953) 46.
(5) *Corneilles Ethos* (Insel 1939) 26 s.

déforme en exaltant son côté non catholique et on le canonise (comme mystique de la nuit).

D'ordinaire la réalité est toute différente. La critique marxiste – unie à celles de Freud et de Nietzsche – attaque la forme catholique, forme qui n'est pas une restauration artificielle et politique, mais l'expression immédiate de la vie. Cette critique a créé tout un vocabulaire qui, répandu par la presse et les moyens de communication sociale, a été accepté comme allant de soi, souvent même par les catholiques, sans examen préalable. Ils parlent des langues étrangères, se regardent eux-mêmes avec des yeux étrangers et, comme on le leur répète sans arrêt, ils se considèrent comme «aliénés». Et ce qu'ils croient devoir apprendre du dehors, ils le possèdent depuis longtemps dans leur for intérieur ; ils l'ont seulement oublié et maintenant le déforment parce qu'ils croient ce qu'on leur insinue : que l'unité de l'Eglise n'est pas l'unité concrète du Corps du Christ (dans laquelle chaque membre a reçu l'onction et connaît déjà tout «une fois pour toutes», Jud 3) mais est une unité sociologique abstraite. Alors ils apprennent de Marx à préférer l'«orthopraxie» à l'orthodoxie, comme si la foi du chrétien ne consistait pas à affirmer et à accepter l'action de Dieu en faveur du monde, assurément pour la faire sienne et l'assimiler en l'accueillant par un acte décisif d'abandon de soi à Dieu et aux hommes. Enlevez le primat de l'action de Dieu, la foi tombe et seule demeure l'autocréation marxiste de l'homme (6). Suivant la même tendance, la vérité se changera en véracité (en France on dit de préférence *authenticité*), un nouveau devoir fondamental que le chrétien devra découvrir. Toute assertion préalable avancée encourra le soupçon d'idéologie (c'est sans doute Rudolf Hernegger qui en Allemagne a introduit de force ce terme dans la foi catholique et dans la théologie) (7). La méfiance s'exprime par des finales en

---

(6) Léon XIII avait condamné une attitude semblable (moins radicale) sous un nom différent («américanisme») DSch 3344.

(7) *Ideologie und Glaube, eine christliche Ideologiekritik*, Bd. I ; *Volkskirche oder Kirche der Gläubigen* (Nürnberg 1959) ; *Macht ohne Auftrag* (Olten 1963).

«isme»; le suffixe peut disparaître, la méfiance reste attachée au mot : en tant qu'idéologie, l'autorité devient l'*autoritarisme,* la paternité devient du *paternalisme,* la tradition devient du *traditionalisme,* et celui qui réagit devient *réactionnaire.* Ces déformations sont d'autant plus graves qu'il s'agit en l'occurrence de termes qui sont à la racine de la Révélation biblique ; minés de la sorte par la critique, ils finissent par être vidés de leur substance. Le Dieu de Jésus-Christ est essentiellement *Père, mon Père et votre Père* tout ensemble (Jn *20,*17), celui *d'où tire son nom toute paternité au ciel et sur la terre* (Eph *3,*15) ; il y a aussi, par exemple, une paternité de Paul à l'égard de la communauté (1 Cor *4,*15). Si la sociologie, constatant que nous vivons actuellement dans une « société sans père » (Mitscherlich), ou même en émettant l'hypothèse plus que prétentieuse que la civilisation a débuté par « le meurtre du père » (Freud), venait à mettre en question la valeur de la notion chrétienne et ecclésiale de père au point de la rendre incompréhensible, si elle venait à affirmer que son maintien équivaut à un « paternalisme » antisocial et idéologique, alors l'idée de tout ce qui est chrétien serait sabotée dans sa profondeur à tous les degrés : depuis la Trinité jusqu'à la christologie et à l'ecclésiologie, jusqu'à l'attitude du fidèle à l'égard d'un prêtre, voire d'un directeur spirituel (« Père » est le titre que l'on donne habituellement en France lorsqu'on s'adresse à un prêtre, comme celui de « Father » en Angleterre).

Au moyen de termes péjoratifs empruntés à la sociologie, l'autorité est démasquée comme une idéologie nuisible à la société : c'est de la *répression,* c'est-à-dire une limitation illicite de la liberté qui provoque nécessairement une frustration chez le sujet violenté et en fait un client des psychothérapeutes. Cette erreur repose sur une certaine idée sociologique très superficielle de la liberté, qui n'a plus rien de commun avec l'idée chrétienne selon laquelle on atteint la liberté nécessairement par le renoncement à soi-même et on s'y exerce par le moyen de la discipline ecclésiastique (Gal *5,*1-26). L'autorité doit s'exercer dans l'esprit de la paternité et même de la maternité chrétienne : nous reviendrons sur ce point. Supposer que toute autorité s'établit selon le modèle coercitif de l'Etat est faux déjà sur le plan humain et certainement sur le plan chrétien. Il est impossible d'exprimer dans ces catégories purement sociologiques le mystère de la communion des saints qui permet l'épanouissement des deux parties : la valeur de chaque personnalité dans sa relation directe avec Dieu et la réciprocité de tous dont pas un seul ne doit manquer pour le *nombre complet des élus* et *l'âge de la plénitude du Christ*. La relation directe avec Dieu qui donne seule à chacun son prix chrétien dans la communauté, paraît une *particularisation* (alors que dans le Corps mystique du Christ rien n'est particulier) et la réciprocité de tous semble de la démocratie ecclésiastique, alors que pareille désignation appliquée à l'Eglise est absolument inadéquate. Elle signifierait, en effet, que la puissance *(cratos)* souveraine réside dans le peuple fidèle *(demos)* alors que le gouvernement de l'Eglise appartient au Christ seul, au nom du Dieu un et trine, qui délègue le pouvoir spirituel aux Douze et à leurs successeurs (Marc 3,14), en accordant cependant à tous d'y participer (par exemple, remettre les péchés les uns aux autres : Mt 6,12 etc.) Si l'on voulait à tout prix exprimer la constitution de l'Eglise en termes sociologiques, il faudrait dire avec Lord Acton que rien n'est plus dissemblable de la notion politique de la monarchie que l'autorité du pape, qu'on peut moins encore parler de la présence d'un élément aristocratique, car l'aristocratie se distingue par la possession de privilèges personnels héréditaires ; et encore moins de démocratie qui transfère toute autorité à la masse des individus (8). Après avoir formulé ces définitions négatives, il serait permis d'affirmer positivement que l'Eglise participe analogiquement aux trois formes, ce qui dès l'antiquité était considéré comme la meilleure constitution possible (9).

---

(8) Rambler IV, cité d'après U. NOACK, *Katholizität und Geistesfreiheit* (Frankfurt a. M. 1962) 325-326.

(9) PLATON, *Les Lois* 691-692 (appliqué à Sparte), Polybe, Cicéron. Sur le problème de la démocratie dans l'Église cf. Joseph RATZINGER et Hans MAIER, *Demokratie in der Kirche, Möglichkeiten, Grenzen,*

Mais voici que la critique de l'Eglise, à la remorque d'une terminologie étrangère au christianisme, se trouve au pied du mur et même se contredit. Elle a stigmatisé l'organisme vivant de l'Eglise qu'il faut comprendre à partir de la grâce du Christ, en le traitant d'*organisation* sclérosée, d'*institution,* d'*Establishment.* La voici placée devant la question décisive : dans la réorganisation de l'Eglise, que ferons-nous de cette *institution*? S'agira-t-il d'opérer un *changement* des *structures* comme le demande le slogan, par exemple de remplacer une structure prétendue monarchique par des structures soi-disant démocratiques ou parlementaires? Dans ce cas, il y aurait de nouveau des structures, une nouvelle forme d'establishment (ce mot est actuellement sur toutes les lèvres, une infime minorité en connaît le sens premier : un arrangement entre le roi d'Angleterre et l'Église anglicane) (10), qui aurait probablement besoin d'un appareil bureaucratique beaucoup plus encombrant que celui de la curie romaine (cf. les montagnes de papiers des synodes nationaux et diocésains actuels). Ou bien, selon un autre slogan, chaque institution équivaudrait-elle à une *manipulation* de la masse qu'elle touche? Il faudrait donc l'orienter, par la démolition de toute structure, vers une «fraternité» informe dont l'histoire de l'Église montre suffisamment le caractère sectaire, et qui cependant inclut du moins, selon une remarque pertinente de J. Ratzinger, la notion de la paternité de Dieu (11). Peut-être échapperait-on alors à cette *transformation* si redoutée de l'Église en *ghetto* – peu importe ce qu'on entend par là : le scandale d'une Église qui se distingue par une structure autre que celle du monde, avec ses propres moyens, ou bien qui ne pratique pas suffisamment l'«ou-

Gefahren (Limburg 1970), trad. française : *Démocratisation dans l'Église* (Apostolat des Éditions, 1972), ainsi que l'ouvrage fondamental de Hans MAIER : *Revolution und Kirche, zur Frühgeschichte der christlichen Demokratie* (München ³1973).

(10) Maistre, *loc. cit.* 516, dit de la constitution de l'Église anglicane : «c'est un établissement civil et local, diamétralement opposé à l'universalité, signe exclusif de la vérité.»

(11) *Loc. cit.* (note 9) 24.

verture au monde» que lui permet sa structure particulière. L'unanimité dans l'usage des slogans étrangers, tous péjoratifs, et le manque absolu d'unanimité lorsqu'il s'agit de définir la réalité visée par ces slogans, tout cela prouve à quel point le catholicisme prétendu critique témoigne d'un manque total de réflexion.

Il serait peut-être bon d'apprendre à discerner malgré tout, au fond de cette critique idéologique, une notion centrale positive : celle du caractère universel de l'Eglise et de sa mission au sein de l'humanité. L'humanité étant une grandeur sociologique, la mission de l'Eglise à son égard, son caractère d'unité en puissance et en progrès, devraient d'une manière ou d'une autre être susceptibles d'une interprétation sociologique. Nous avons parlé ci-dessus du langage aliéné : ne serait-il pas, quant à son contenu, tendu vers un but avéré ?

II – SOUS LE CHARME D'UNE MYSTIQUE HUMANITAIRE.

Celui qui tente de remonter à l'origine des aspirations de cette nature les découvrira, cachées mais réellement présentes, dans l'œuvre de l'abbé Joachim de Flore (12) qui fut loué et encouragé par sept papes consécutifs. La pensée qui sous-tend son image trinaire de l'histoire est d'une clarté irréfutable : Ancien Testament (le Père) et Nouveau Testament (le Fils) se correspondent comme typiques ; le troisième âge, celui du Saint-Esprit, procède des deux précédents : déjà contenu en

---

(12) Nos remarques sur Joachim de Flore se basent sur l'étude consciencieuse, appuyée par des textes, de Henri de Lubac dans : *Exégèse médiévale* III (Aubier 1961) 437-538 (et non sur le travail moins sérieux de Ernst Benz : *Ecclesia spiritualis* 1934).

germe dans l'âge de l'Eglise cléricale, Eglise du Fils, il paraîtra (prochainement!) au grand jour comme l'âge des hommes spirituels, moines et contemplatifs (l'âge du Père, l'Ancien Testament, était celui des laïcs et des gens mariés). Le passage du deuxième au troisième âge *(tertius status)* est celui de Pierre à Jean (13). Alors l'Evangile éternel se révèle, il est «spirituel et il est impossible de le limiter pour l'enfermer dans un gros livre» (14). La doctrine du Christ, simple introduction, est dépassée *(relicto præceptorum Christi inchoationis sermone)* (15) pour rejoindre la perfection et – point important pour nous – la *liberté* (16). Il ne s'agit pas, pour Joachim, d'une réforme de l'Eglise dans le sens d'un retour aux origines, mais d'un dépassement en avant, vers l'avenir. Si donc, selon lui, l'ordre de l'Eglise fondé sur Pierre sera dépassé, ce n'est pas parce qu'il aurait été inexistant au début de l'histoire de l'Eglise – c'est là une idée moderne et absolument inconcevable pour Joachim – mais parce que l'élément de crainte attaché à ce régime sera laissé en arrière dans l'avance vers la liberté de l'amour (17). «A présent Pierre est ceint et conduit là où il ne veut pas pour achever rapidement sa carrière» (18). Cependant Joachim était très éloigné d'un quelconque complexe antiromain (on le lui a souvent prêté); il ne prétendait pas non plus, on le voit, passer de l'Eglise à l'humanité, il voulait aller de la contrainte à la liberté (19) et du Christ à l'Esprit (20).

----

(13) *Liber introd.* 19 (fol. 17-19), *Expos. in Apoc.* 9 4, c.14 (fol. 170,1), *Tract. super 4 Evang.* (éd. Buonaiuti 1920) 121.

(14) *Super 4 Evang.* 275.

(15) *Expos. in Apoc.* prol. (fol. 1,4).

(16) *Ibid.* fol. 175, 3-4; *Vita S. Benedicti* c. 15.

(17) H. de Lubac, *loc. cit.* 462 ss.

(18) *Liber figurarum* (ed. E. Tondelli 1940); il est possible que ce livre soit l'œuvre d'un disciple; pour de Lubac le passage cité semble être un indice dans ce sens.

(19) «A l'Ancienne Alliance correspondent la crainte et l'esprit servile, au Nouveau Testament le service filial, au troisième âge la liberté. Au premier âge la vieillesse, au deuxième le milieu de la vie, au troisième l'enfance» : *Concordia lib.* 5 c 84 (fol. 112,2).

(20) L'âge de l'enfance sera «déposé entre les bras du pape vieillissant de

C'était suffisant pour inspirer à la Commission d'enquête d'Anagni en 1255 le jugement suivant : « En dernière analyse cette doctrine tend à supprimer le clergé, c'est-à-dire l'Eglise romaine et l'obéissance qui lui est due » (21). Objectivement la sentence est juste ; nous sommes en présence d'une notion nouvelle qui doit remplacer la notion traditionnelle de la catholicité et de l'autorité, c'est une notion déjà implicitement sociologique ; elle se dévoilera définitivement dans le schéma de la métaphysique idéaliste posant la réalisation progressive de l'Esprit, comme interprétation de la Trinité (Schelling, Hegel). Le sujet (S) domine du regard l'absolu (trinitaire) et en fixant l'autorité christologique et ecclésiastique en un point déterminé (A) il la relativise par le fait même.

Au lieu de :

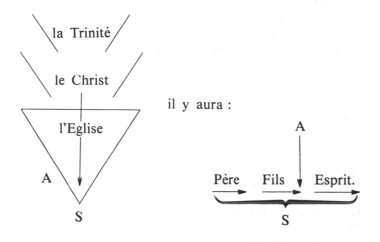

Rome comme l'enfant Jésus entre les bras de Siméon. « Cum talis puer manifestatus fuerit in Ecclesia Dei, qui sit utique contemplativus, justus, sapiens, spiritalis et qui ita possit succedere episcoporum ordini... quomodo Regi David successit Salomon, quomodo Petri principi apostolorum Johannes evangelista, quin potius quomodo ipse Christus Johanni baptistae. » *Tract. super 4 Evang.*, 87.

(21) Denifle, *Archiv. f. Lit. u. Kirchengeschichte des M.A.* I (1885) 102, 120.

Dès que la notion de «chrétienté» cessa de coïncider avec celle d' «humanité», le dépassement joachimite de l'Eglise fondée sur Pierre devait spontanément faire coïncider l' «universalité catholique» avec l' «humanité». Le cheminement de cette idée s'observe depuis le protestantisme à ses origines (Sébastien Franck) jusqu'à l'Aufklärung, en Angleterre, en France et en Allemagne, et il s'est exprimé dans ses catéchismes. Il nous semble plus important de noter qu'il se poursuit sans faille depuis l' «Aufklärung» dans l'universalisme «progressiste» catholique du romantisme – rappelons *Die Christenheit oder Europa* (La chrétienté ou l'Europe) de Novalis, Fr. Schlegel et (à un moindre degré) les essais de théologie de l'histoire de Drey. On voit alors la totalité, contenue en germe dans l'Église, s'ouvrir sur l'humanité universelle.

C'est exactement là que se situe Félicité de *Lamennais* : finalement son *non* dit à la papauté (entre 1832 et 1834) demeure sans doute l'événement le plus tragique de l'histoire de l'Eglise au XIXᵉ siècle (22). Le revirement qui le mène d'un triomphalisme papal (23) (1818, *Essai sur l'indifférence* jusqu'à *l'Avenir*, 1830) au total détachement de Rome est facile à comprendre et apparaît logique si l'on connaît son point de départ : «Le christianisme depuis Jésus-Christ, développement naturel de l'intelligence, est la raison générale manifestée par le témoignage de l'Eglise» (24). En effet, il n'existe

---

(22) A moins d'indication contraire on renvoie à : *Oeuvres complètes,* 12 vol. (1836-37). L'ouvrage le plus important sur son développement et qui contient de nombreuses lettres et documents inédits : Louis le GUILLOU, *L'évolution de la pensée religieuse de F. de Lamennais* (Thèse, Paris 1966).

(23) Vol. 2, LXVIII. Louis BOUYER, *La décomposition du catholicisme* (Aubier 1968) a très clairement présenté (P. 80 ss.) la logique de ce revirement et démontré par là sa thèse : l'intégrisme et le progressisme ne sont que deux faces d'une même réalité.

(24) Comme Maistre, à qui il doit beaucoup (cf. la recension du livre vol. 8, p. 101 ss, et l'article «Le pape» dans *l'Avenir* 1830, vol. 10,206 ss.). Dans *De la religion* il analyse au 6ᵉ chapitre le principe de Maistre («Plus de pape, plus de souveraineté; plus de souveraineté, plus d'unité; plus d'unité, plus d'autorité; plus d'autorité, plus de foi», lettre du 8 février 1810)

qu'*une* seule vérité totale (catholique) ; celle-ci, Dieu (selon la thèse traditionaliste de Bonald) en a fait don à la race humaine dès son origine ; c'est elle qui détient l'autorité divine (25), et comme l'humanité tend à se particulariser, l'Eglise du Christ doit la défendre contre l'opposition de l'égoïsme avec *cette même* autorité totale et divine. C'est elle aussi qui correspond au sens commun de l'humanité – plus tard Lamennais dira : du peuple – et voilà pourquoi, lorsque la papauté abandonne cette idée et agit contrairement au progrès dans la liberté (l'*Évangile éternel* de Joachim de Flore) – en condamnant *l'Avenir* et les idées de Lamennais – il est permis de passer ɔutre. On pouvait, avec autant de bon droit, déclarer que « l'obéissance est l'essence même du christianisme» (26), bien plus on pouvait jurer fidélité éternelle au pape, guide de l'humanité (27) et célébrer le christianisme comme la montée de l'humainté de la servitude à la liberté, puisqu'on était parvenu « à découvrir dans le dogme chrétien les lois universelles de la création et à les en extraire en quelque sorte» (28). Lamennais, mauvais théologien mais

---

et en fait les titres des divers paragraphes : 1. Point de pape, point d'Église ; 2. Point d'Église, point de christianisme ; 3. Point de christianisme, point de religion (au moins pour tout le peuple qui fut chrétien) et par conséquent point de société : vol. 8, 107-147. Dans une lettre inédite à Bonald, Lamennais lui dit son plein accord surtout en ce qui concerne la révélation primitive, dans laquelle la «foi» est la base de la raison qui accepte la révélation de la raison absolue et y consent. Il parle de l'«infaillibilité de la raison humaine» (Le Guillou, 39). Ainsi la voix de l'histoire devient l'écho de la foi personnelle. Maistre n'avait pas pensé autrement : «Il n'y a pas de dogme dans l'Église catholique... qui n'ait ses racines dans les dernières profondeurs de la nature humaine, et par conséquent dans quelque opinion universelle plus ou moins altérée çà et là, mais commune cependant, dans son principe, à tous les peuples de tous les temps.» *Du Pape*, 348.

(25) «Qu'est-ce, en effet, que l'autorité à laquelle tous les esprits doivent obéir ? Est-ce la force ? Ce serait absurde. Est-ce l'autorité de quelques hommes ? Non, mais la raison générale manifestée par le témoignage de la parole.» Vol. 2, LXVII.

(26) *Entretiens sur la vie spirituelle* Le Guillou 100, note 13.

(27) Lamennais souscrit sans condition aux exigences du pape en décembre 1833.

(28) Vol. 10, 342.

sans doute guère pire que la plupart des théologiens de l'Aufklärung et du romantisme, n'a jamais été capable de distinguer
entre la nature et la grâce ; sous ce rapport il avait des prédé-
desseurs sur lesquels il prend appui : Huet, qui a tenté de faire
découler de la révélation biblique toute la sagesse et toutes les
religions des peuples (29), et surtout Bergier, qui voit tout au
long de l'histoire de l'humanité une révélation unique et progressive et soutient l'opinion que « l'incroyant qui croit les dogmes de la religion universelle et cherche loyalement la vérité
partage en fait la foi des chrétiens. Ce n'est pas la foi qui lui
manque, mais seulement une instruction plus exacte ; il sera
sauvé dans et par le christianisme, et dans ce sens universel il
n'existe vraiment pas de salut hors de l'Église » (30). Pour
Lamennais qui accueille ces doctrines, obéir au pape ou obéir
à sa propre raison peut signifier sous un double aspect une
même chose.

Tout ce qui concerne la rencontre personnelle de Lamennais avec la papauté demeure très pénible. Les trois pèlerins de
Rome, Montalembert, Lacordaire et Lamennais y furent humi-
liés sans aucun égard et vraiment de façon absurde. Lamennais
n'y reconnaît pas son idéal élevé de la papauté : « Rome,
Rome, où donc es-tu ? Qu'est devenue ta voix qui soutenait les
faibles, réveillait les endormis ?... A présent, on ne sait que
dire : cédez !... Priez, priez pour l'Église ! Sans doute, elle ne
périra pas... Mais pourquoi faut-il qu'on soit obligé de se redire
cela si souvent, si amèrement ? » (31). Après la rupture avec
Rome, Lamennais sera brisé, « vieux, pauvre, usé par la fatigue
et le chagrin, sans parti, sans aucun appui sauf Dieu et sa
conscience » (32). Le résultat objectif de la tragédie est clair :
chez Lamennais, la notion du catholicisme qui lui paraît
évidente l'emporte, celle qu'il peut embrasser du regard

---

(29) Le Guillou, 26.
(30) *Loc. cit.* 31.
(31) A la comtesse de Senfft, 2 octobre 1828. *Corresp. gén.*, 4, 48-49.
(32) A Benoît d'Azy, 12 mai 1834.

(comme Joachim) est pour lui la forme concrète de l'Église, tandis qu'il laisse de côté l'Église cléricale, curiale, comme une sorte de résidu défiguré, mûr pour la ruine (33). Une direction déterminée est ainsi fixée jusqu'à la fin du siècle et au-delà, pratiquement jusqu'à Péguy ou plutôt Bernanos (34). Le progressisme s'oppose à l'intégrisme clérical. N'oublions pas cependant que les deux tendances sont issues d'un même monisme romantique.

Les conséquences en apparurent sans limites; le dernier article de Sainte-Beuve sur Lamennais, désenchanté, y jette comme un éclair : « Permettez-moi de vous dire qu'il n'y a rien de pire que d'éveiller la foi dans d'autres âmes, de déserter ensuite sans crier gare et de les laisser là échouées... Que d'âmes de ma connaissance vous avez emportées avec vous dans votre besace de pèlerin et qui, la besace déposée, sont restées abandonnées au bord du chemin. L'opinion publique, la voix des flatteurs, des hommes nouveaux qui se sentent toujours attirés par de grands talents vous consoleront sans doute, vous aideront à oublier. Mais je mettrai au pilori votre manque de mémoire, dût mon cri vous sembler une plainte » (35).

Il convient de jeter un regard rapide sur une autre tragédie. A l'époque du modernisme, si riche en tragédies humaines (36), celle-ci se distingue par le fait que l'amour profond et croyant porté à l'Eglise catholique par un converti est finalement dévié vers une Eglise de l'avenir, à l'écart de Rome.

---

(33) *Affaires de Rome.*

(34) La véritable réconciliation se réalise dans les figures sacerdotales de Bernanos, dont l'esquisse contraste fortement avec la «souplesse» d'un Henri Bremond.

(35) Cité d'après A. Dru, *loc. cit.* 134.

(36) A côté de Tyrrell, il faudrait citer d'autres tragédies, d'ailleurs fort différentes : celles de Laberthonnière et de Blondel, tandis que chez Loisy, très tôt tourné vers l'incroyance, et chez Bremond à l'attitude équivoque devant la foi (c'est Tyrrell qui le décida à rester prêtre), le problème se déroule sur un plan tout personnel.

George Tyrrell (37), Dublinois plein d'esprit, intérieurement instable et enclin à des accès de haine, thomiste presque fanatique comme jésuite, apprend par le fatal baron von Hügel à connaître Loisy et la philosophie allemande ; en raison de ses succès, il a une haute opinion de lui-même. En fin de compte, estime-t-il, même dans une « Eglise du peuple », dans la mesure où elle refuse d'être une Eglise des foules mais veut représenter vraiment le *consensus fidelium*, le ferment sera toujours constitué par une minorité (38), et si le catholicisme doit survivre il ne faut donc compter que sur un petit groupe d'hommes spirituels qui sont à présent une « faible minorité opprimée » (39) composée peut-être en partie d'excommuniés – mais Jésus n'a-t-il pas été excommunié par les Juifs ? (40) Ils pourraient survivre à « l'Église qui dépérit rapidement » (41) et la mener à une vraie catholicité ouverte. Tyrrell, privé des sacrements, est aussi loin que Döllinger de la pensée de quitter l'Eglise catholique, malgré les offres faites par les Anglicans et d'autres encore : « Why should the Modernist leave his church ? » (42) Ce serait une erreur de « quitter une maison confortable parce que les poëles fument », car sans tarder, à cause du froid, « on la regrette, oubliant les poëles qui

---

(37) Bibliographie : Mich. LOOME, in : *The Heythrop Journal*, Juli 1969, 280-314. Dans *De Charybde à Scylla, ancienne et nouvelle théologie*, Tyrrell a rassemblé en 1907 ses articles les plus représentatifs ; (trad. allemande, 1909 = SCh.). De ses nombreux écrits nous citons encore la dernière collection posthume, *Christianity at the Cross-Roads* (1909) (traduction française par Jacques Arnavon, *Le christianisme à la croisée des chemins*, Nourry 1910 ; trad. allemande, 1959 = CR). Cf. la correspondance entre Tyrrell et Bremond, éditée avec soin et pourvue d'une introduction brève mais équilibrée de Maurice Nédoncelle, *Études bremondiennes 3* (Aubier 1971).

(38) DR 318

(39) SCh 21, cf. 73 : « Cette minorité... qui exprime avec plus de pureté l'esprit de la totalité ».

(40) CR 227.

(41) CR 280.

(42) CR 281.

fument» (43). Et Tyrrell de raconter la légende indienne d'un homme aussi incapable de vivre avec sa femme querelleuse que de se passer d'elle.

Quant à son objet, le problème de Tyrrell diffère de celui de Lamennais. Alors que ce dernier, laissant derrière lui l'Église concrète hiérarchique, tend vers une Église de l'humanité dans laquelle l'autorité repose sur le discernement de la révélation primitive et vers une unité «abstraite», Tyrrell reste centré sur le Christ; il est attaché à l'Église fondée par le Christ, comme à sa plénitude catholique et à son Corps mystique. Dans ce cas comme en bon nombre d'autres, l'arrière-fond intellectuel et philosophique est décisif : le monisme romantique s'était transformé, à la fin du siècle, en une philosophie de la vie (44), parvenue à son expression la plus nette avec les catégories de Bergson sur l'intuition expérimentale (qui saisit exactement la réalité vivante) et le mécanisme de la réflexion abstraite (mode nécessaire mais déficient d'appréhender la première). Sertillanges a tenté d'harmoniser ce système avec le thomisme, mais toute une génération l'a aussitôt utilisé comme expression de sa religiosité (chrétienne); appliqué à l'Eglise en un sens adéquat, il implique la compréhension intuitive, quasi mystique, immédiate de la réalité révélée; en un sens impropre, une réduction réfléchie, rationalisante mais toujours insuffisante des mystères en notions et en propositions : théologie («infaillible») ou organisation du Corps mystique du Christ en une «institution» ou une autorité hiérarchique. Notons que chez Tyrrell la dépréciation philosophique et critique des éléments rationnels et institutionnels n'est pas influencée par la critique marxiste; celle-ci ne rejoindra que plus tard ce même courant.

---

(43) SCh 961.

(44) Nous disons «transformé» parce que le dualisme philosophique était déjà latent dans l'idéalisme allemand et ouvertement présent en bien des endroits : ainsi chez Fichte sur le tard et chez Schopenhauer à qui Nietzsche l'emprunte. Nous avons tenté de décrire cet enchaînement dans notre ouvrage *Apokalypse der deutschen Seele* (1937-1939) comme le passage du principe de Prométhée au principe de Dionysos.

L'opposition entre l'intuition religieuse (« Lex orandi ») et la réflexion qui l'analyse (« Lex credendi ») domine toute la pensée de Tyrrell au point qu'un système différent de catégories, celui de la philosophie religieuse psycho-sociologique dont il fait usage à plusieurs reprises (45) et qui tend à faire dévier sa pensée dans le sens de l'univocité de l'expérience religieuse dans toutes les religions mondiales, voire vers un « esprit universel » (au sens de Lamennais) ne parvient pas à s'imposer (46). Dans cette perspective, le Christ se présenterait seulement comme le « réformateur » de la « religion divino-naturelle » (47) de l'humanité (48), du courant de la tradition universelle (49); l'autorité reviendrait « à l'intelligence totale, à la volonté totale, au sentiment total de la communauté », et l'intelligence de chacun devrait s'y soumettre (50). Mais ce schéma p|lilosophico- et historico-religieux reste marginal chez Tyrrell qui s'en sert seulement comme d'un argument apologétique dans son dernier et magistral essai *Christianity and Religion* , où sont exposées les prétentions de toutes les grandes religions humaines à la catholicité (c'est-à-dire leurs prétentions à donner un sens définitif à l'existence et à en satisfaire tous les besoins). Aussi refuse-t-il, en la déclarant « stérile » (51), l'idée de l'Aufklärung et de Rousseau, à savoir l'idée d'une religion universelle ou religion naturelle élaborée par la raison. La synthèse ne peut pas résulter d'un nivellement ni d'une suppression des arêtes. La science

---

(45) Cf. SCh 218, 331 ss.

(46) *Loc. cit.* 282.

(47) *Loc. cit.* 90.

(48) *Loc. cit.* 34, 44, 52.

(49) *Loc. cit.* 255, Cf. CR 252 : « Never can be a new religion, any more than a new language. Each is a bifurcation of some branch that is itself a bifurcation ; and all can trace their origin to a common stem that has grown out of root-idea – the idea of religion. » Ces paroles sont entendues dans le sens du romantisme chrétien (Herder, Hamann) et catholique (Drey, F. Schlegel) et finalement dans le sens de la doctrine du Logos chez les Pères de l'Église.

(50) *Loc. cit.* 68 ; cf. 48.

(51) CR 231-244.

peut s'essayer à ce genre de synthèse de notions différentes, mais cela est impossible à la religion (52). Dans le concours mondial des religions, Tyrrell se décide hardiment à faire triompher le catholicisme de l'Eglise romaine.

Ainsi tout dépend de la polarité philosophique et de l'interprétation qu'on en donne. C'est de cette polarité qu'il s'agit effectivement : une notion spécifiquement catholique du catholicisme exige que toutes les facultés corporelles et spirituelles de l'être humain soient prises en considération (53). Il est impossible de négliger un seul des pôles. Or, en fait, on constate invariablement chez Tyrrell un écart des niveaux : seule est primordiale pour lui au point de vue religieux l'intuition, ce point de contact expérimental avec le divin, ou, pour parler en chrétien, l'accueil « passif » de la révélation. On constate aussi, invariablement, bien que sous-tendu par des motifs différents, un abîme entre la sphère de la révélation et la réflexion théologique. Tyrrell lie si intimement la réflexion au *langage* que l'un et l'autre sont en opposition avec la révélation qui est ineffable et ne peut s'exprimer en paroles ; son sentiment est en contradiction avec celui que Schlier défendra obstinément : que le Verbe de Dieu, en s'incarnant, entre dans le langage humain dans l'acte même de la révélation. Cette opposition bien tranchée contraste chez Tyrrell avec une autre qu'il évoque souvent : entre une religion populaire relativement irraisonnée, évoluant très peu (y compris le « dogme ») et une théologie hautement rationnelle qui, dans ses formulations particulières, porte l'empreinte de différents courants spirituels d'une époque, passe avec ceux-ci et se trouve sans cesse affrontée à l'exigence d'une double réflexion critique sur elle-

---

(52) CR 250.

(53) Cf. l'article du Month, désigné par Tyrrell lui-même comme article-programme et plusieurs fois réimprimé sur « Les rapports de la théologie avec la piété » dans SCh sous le titre « Lex orandi lex credendi », p.100-124 ; plusieurs essais postérieurs éclairant de nouvelles nuances se suivent dans SCh. Sur le catholicisme qui doit tenir compte de tous les aspects du problème humain, y compris le côté corporel et sensible, l'influence des habitudes, etc. cf. SCh 24-98.

même. D'une part elle redresse (54), mais d'autre part elle demeure un simple «squelette» (55), une forme extérieure (56); les notions y sont seulement symboliques, donc de valeur variable (57); en rationalisant les réalités religieuses elle tue l'esprit prophétique dans l'Eglise (58); ses propositions ne peuvent pas prétendre à l'infaillibilité; en effet, la théologie comme telle ne saurait revendiquer une autorité divine (59). En général, il convient de préférer à ces abstractions les vigoureux anthropomorphismes bibliques. Il faut avant tout séparer les deux sphères entrelacées (60); seule la sphère secondaire est susceptible de «développement» (au sens de Newman). A ce point, le complexe antiromain de Tyrrell jaillit de plus en plus violent : il découvre «dans la papauté le grand mensonge» et le «quartier général du diable» (62). Auparavant, il était devenu de plus en plus étranger à la Compagnie de Jésus et à son fondateur (63); les supérieurs, disait-il, sont «figés», «répressifs» (64); les membres qui obtiennent quelque succès sont ceux qui «ne se sont pas laissé écraser». «D'ailleurs je n'éprouve pas de sympathie particulière pour S.P.N. (saint Ignace)» (65). Après la sortie de la Compagnie et les sanctions ecclésiastiques, le ton devient parfois celui d'un pamphlet.

Tout cela représente seulement une face de la polarité, celle qui met en évidence le gouffre, le caractère inadéquat du

---

(54) SCh 112, cf. 12.

(55) *Loc. cit.* 252.

(56) *Loc. cit.* 13, 89.

(57) *Loc. cit.* 268, 283 ss.

(58) *Loc. cit.* 260-261.

(59) *Loc. cit.* 257.

(60) *Loc. cit.* 15, 278.

(61) *Loc. cit.* 247.

(62) Lettre n° 86 à Bremond (Correspondance p. 237 s.).

(63) Tyrrell, qui a commenté avec chaleur les Exercices, voit en saint Ignace avant tout le «mystique» (lettre 3) et «l'art de l'adaptation», la «souplesse» (lettre 4) et la «flexibilité» (lettre 6).

(64) Lettre 6 (p. 54).

(65) Lettre 8 (p. 60).

second pôle, son éloignement du centre, son besoin continuel d'être critiqué. L'autre face n'est pas moins fortement mise en relief. Les pôles sont inséparables ; pas de panique ! Il ne s'agit pas de jeter par-dessus bord la théologie et l'institution (66). « Une révélation à laquelle manque le contrepoids de la théologie qui parle une langue morte..., une théologie qui est privée du contrepoids de la révélation, qui méconnaît le renoncement à soi pour Dieu, toujours plus grand, dans la vie religieuse des hommes... sont l'une et l'autre pareillement stériles. » L'une ne doit pas entraver le libre développement de l'autre, « ce qui se produit lorsque la révélation prétend être une théologie divinement confirmée et présente ses énigmes prophétiques comme des vérités scientifiques, ou lorsque la théologie, de son côté, voudrait forcer la révélation à se mouvoir dans la direction, selon la méthode et au pas du développement de la théologie ; lorsqu'elle met des entraves à l'expérience religieuse qui est son objet propre et se coupe à elle-même la nourriture » (67). Le fait de cette dépendance mutuelle (fondée sur l'absence de langage de la révélation) revalorise la théologie ainsi que l'institution : la révélation a besoin d'être interprétée non seulement en tant que prophétie libre et charismatique, mais aussi comme dogme, comme sacrement qui implique le sacerdoce, comme une autorité indiquant que personne n'en dispose à son gré, en un mot comme une institution.

Si l'on essaie de faire droit aux deux aspects que la polarité présente dans la pensée de Tyrrell, on en cherchera le schéma avant tout chez Plotin : au-dessus de tout il y a l' « Un », ineffable, qui en s'extériorisant devient le « Tout » (la catholicité) ; et *au-dessous* il y a le *Nous*, l'esprit qui se pense et qui, reçu par l'Un dans l'intuition de l'extase, reste en lui-même dans l'inquiétude éternelle d'une réflexion toujours incapable de rejoindre son objet. Cette orientation d'esprit de Tyrrell vers Plotin l'emporte sur une orientation vers une catholicité

_____

(66) SCh 325.
(67) SCh 291.

sociologique (abstraite) toujours possible mais demeurant latente. Les deux tendances auront de l'avenir et parfois se combineront.

Finalement : à proprement parler, du moment que l'«Un» dont tout dépend reste sans langage, la vérité ne peut se présenter que dans l'attitude existentielle de la «véracité»; Tyrrell, longtemps avant Hans Küng et de concert avec d'autres modernistes, l'a exaltée comme l'une des vertus capitales du catholicisme et l'a érigée face aux ruses, aux astuces et aux cachotteries romaines (68). Il est seulement regrettable que lui-même, usant de détours et manquant de sincérité dans sa politique à l'égard de son Ordre et de l'Eglise, ait si peu vécu selon cet idéal.

Plutôt que de nous occuper du tournant purement sociologique à la mode aujourd'hui mais sans importance au point de vue théologique, nous choisirons un troisième exemple qui traite de cette unité abstraite (et donc sociologique) de l'Église dans un cadre théologique sérieux : l'esquisse de *Marcel Légaut* qui cherche à relier le temps d'entre les deux guerres à notre époque post-conciliaire actuelle (69). Professeur de mathématiques à Rennes, Légaut s'était fait remarquer comme guide charismatique de groupes

---

(68) Quelques textes : SCh X, XIV, XVI, 94, 274-275, 276-377 ; CR 248, 243. A propos des abus du principe d'infaillibilité : *External Religion, Its Use and Abuse* (4 1960) 128 ss.

(69) Oeuvres principales : *Prières d'un Croyant* (Grasset 1935); *La Communauté humaine* (Aubier 1938); *Travail de la foi* (= T) (Seuil 1962); *L'homme à la recherche de son humanité* (= R), première partie de l'ouvrage principal (Aubier 1971); *Introduction à l'intelligence du passé et de l'avenir du christianisme* (= A) deuxième partie de l'ouvrage principal (Aubier 1970) (les deux en allemand chez Herder 1972/1973); M. Légaut/Fr. Varillon : *Débat sur la foi* (= LV) (Centre catholique des intellectuels français, Desclée de Brouwer, 1972); *Pour entrevoir l'Église de Demain* (= E) in : Lumen vitæ (éd. française) mars 1972, 9-40. Je considère *Travail de la foi* comme l'œuvre la plus centrale et la plus accessible de Légaut ; toutes les intentions et toutes les thèses des volumes considérables de dates plus récentes s'y trouvent sous une forme non encore durcie tandis que vers la fin elles sont figées en une quasi infaillibilité.

spirituels français qui faisaient pendant aux mouvements de jeunesse allemands (Guardini, Burg, Rothenfels); pendant la guerre il se retira et devint un paysan montagnard silencieux. En 1970/71, il fit sensation en présentant un programme complet de doctrine pour une intelligence actuelle de l'Église et sa réforme en profondeur. On y rencontre des thèses dures, par exemple : «la dégradation de la foi en croyances s'accéléra avec l'extension du christianisme» (70); ou : «les religions d'autorité sont condamnées à disparaître» (71). Toutefois ces thèses sont chaque fois suivies d'un contrepoids, par exemple : «La coexistence d'une religion d'autorité et de la religion d'appel est caractéristique du christianisme. La contradiction qu'implique cette coexistence est au cœur de la vie de Jésus» (72). On pressent dès lors que pour Légaut l'unité de l'Église peut se comprendre de façon à la fois abstraite (sociologique) et concrète (christologique). Comment cela ?

Le point de départ est double. Il y a d'abord l'habitude du savant qui met une distinction nette entre les connaissances ramenées à l'état de concepts et le mystère vers lequel tend une foi sans cesse en recherche; cette foi, «les théologiens et les docteurs» lui appliquent de fausses étiquettes rationalistes (73). Ce n'est pas en vain que le jeune Légaut conserve certaines attaches avec le modernisme (nous avons ici un prolongement du système de penser de Tyrrell). S'il est parfois proche de Teilhard de Chardin, il est surtout marqué d'une manière décisive par les catégories de Bergson : la réalité de la «vie» (chez Légaut : de l' «existence») est dans l'effort d'une marche ascendante (tendue vers l'être-soi unique et concret) et dans une détente, une retombée (qui s'abandonne aux généralités, à l'abstrait); les deux mouvements constituent dans leur «simultanéité paradoxale» la «lutte très générale et

_____

(70) A 73.
(71) A 220.
(72) A 240, 242.
(73) LV 17.

sans fin» de l'existence humaine (74). Pour saisir cette transposition des schémas bergsoniens il faut prendre en considération un deuxième facteur que nous avons mentionné ci-dessus : la relation qui existe entre la personnalité charismatique du guide et ses disciples (Légaut la décrit toujours à l'aide des catégories de paternité spirituelle et de filiation) ; l'initiation du disciple à l' «authenticité» de son être soi-même, à la solitude absolue qui s'ensuit et dans laquelle il lui faut être abandonné par le «père», son initiateur. Si le mouvement ascensionnel vers le moi spirituel venait à faire défaut, ce serait alors la rechute dans l'impersonnel, le sociologique, le grégaire, le quotidien, le juridique, les dehors autoritaires et le traditionnel. La foi est alors remplacée par les «croyances» et le «souvenir» actif par l' «automatisme de la mémoire» (75) (encore selon Bergson). Mettre en évidence la parenté qui existe entre les éléments de ce système et les deux notions du «transcendental» et du «catégoriel» dont use Karl Rahner serait très éclairant pour l'un et l'autre, bien que Rahner emprunte ses notions à l'idéalisme et Légaut à la philosophie de la vie. Mais le chemin de Fichte à Bergson n'est pas long. Dans les deux cas, les valeurs formelles, bien définies, dogmatiques ou relevant d'une autorité impersonnelle, sont rangées dans la sphère des catégories ou de l'apparence ; dans les deux cas aussi nous sommes avertis que les deux sphères sont toujours nécessaires à la vie – Tyrrell lui aussi aboutissait à cette conclusion – et par là nous sommes mis en garde contre une simple relativisation et une dévaluation de l'Église qui serait réduite à n'être qu'une organisation, une institution, un magistère, une gardienne de la tradition, etc.

Mais chez Légaut ce ne sont pas deux sphères spirituelles qui s'opposent, c'est la même existence qui lutte entre sa

_____

(74) A 240. Cf. R 114 : «Ces deux mouvements s'étreignent sans fin, luttant l'un contre l'autre sans que jamais... l'un réussisse à terrasser définitivement l'autre.»

(75) A 27 note.

tendance à la « montée » et celle à la « retombée » ; la « grandeur de l'homme » exige cette « opposition immanente » comme « lutte du nécessaire et de l'impossible », cette « contradiction fondamentale » de deux éléments « complémentaires par nécessité et incompatibles en fait » (76) pour que demeure un mouvement vivant. Au simple point de vue anthropologique l'homme a besoin de la société qui l'a engendré mais qui à chaque instant le réclame et devient aussi « son tombeau » (77). Elle est en tout cas la grande « épreuve » par la « pression » qu'elle exerce sur la personne, voire par sa « presque légitime cruauté » (78), afin que sa recherche (un terme fondamental) continuelle de son individualité reste toujours alerte. Pas de synthèses floues – entre « vitalité » et « forme », entre communion et institution – telles que Yves Congar en a proposé sa vie durant (79) ! « Cette coexistence est rarement pacifique. Pour l'autorité qui est à la tête de l'institution elle est toujours inquiétante, toujours douloureuse pour ceux qui entendent l'appel de la communion et le suivent... Pour moi, il en va de l'affrontement des deux » (80).

Le double mouvement de l'existence est anthropologique avant de devenir chrétien. L'anthropologie existentielle comme montée (81) vers son être propre, comme incessante inquiétude devant la question insoluble d'en-bas : « Qui suis-je ? » (82) et son articulation avec les questions de l'amour, de la paternité et de la mort remplacent chez Légaut (nécessairement) la théologie fondamentale. Dans la « recherche » et la « lutte » (83)

---

(76) A 240. Cf. T 145. La vision originelle de l'esprit plane sur les eaux. Deux éléments, l'un lourd, massif, en proie aux déterminismes, soumis aux inerties ; l'autre insaisissable, léger, aérien, vivant et libre.

(77) T 96.

(78) T 146, 150.

(79) T 23, LV 34, 35.

(80) LV 35, 36.

(81) T 37.

(82) T 49-50.

(83) T 20, 47 ; A 15, 29, 71 et suivant.

pour son être propre et la présence à soi-même (84), celui qui ne s'avance pas jusqu'aux limites d'une question ouverte, et cela en totale «sincérité» (authenticité, intégrité, lucidité, fidélité, honnêteté, droiture, rectitude, etc.) ne trouve pas accès à Jésus-Christ, à son intériorité, mais s'arrête dans le vestibule de l'Église autoritaire et doctrinaire; il y demeure dans une attitude de «pratique» conventionnelle, dans l'«aliénation» ecclésiastique (85). L'homme parvenu à sa maturité est inévitablement affronté à un choix s'il veut trouver un sens à son existence : ou bien se comprendre lui-même comme une partie de l'unité cosmique englobante (et en ce cas il renonce à son unicité), ou bien affirmer «dans la foi à soi-même» (86) son caractère unique et, à partir de là, reconnaître la valeur des choses (87). En raison de la dureté de cette alternative, tout ce qui ne peut pas se justifier à partir de ce «moi-même» et de sa recherche est sans merci traité d'«idéologie» (88) et jugé sans valeur, y compris tout ce qui dans la révélation chrétienne paraît inassimilable au sujet et à sa «véracité». Ici Légaut devient très actuel : il en va de l'aspect de la foi «proprement dite», opposée à ses formes ecclésiastiques décadentes. Il recommande, il est vrai, une parfaite identification avec la foi authentique des premiers disciples et de ces chrétiens qui le sont au sens plénier du mot. Par contre, il admet une identification seulement partielle avec ce qui, dans l'Église, n'est que croyance et par conséquent idéologie. Comme pour Tyrrell et le modernisme, toute réalité dans l'Église que le sujet ne peut pas rejoindre directement par une méthode d'immanence est «objectiviste» et fait partie pour lui de la sphère inévitable mais toujours à combattre de l'«habitude», et doit sans cesse être mise en question par une attitude contestataire.

---

(84) T 66.
(85) R 114.
(86) R 11-31.
(87) R 117-123.

Bien qu'il ne soit ni théologien ni exégète, Légaut ose aborder les origines bibliques, et il y jette l'ancre. La situation du chrétien dans l'Église prend la suite de la situation de Jésus au milieu d'Israël son peuple. Jésus n'essaie même pas de traiter avec les chefs qui représentent la loi et la tradition (89) ; dès l'abord il se tourne vers les pauvres et les petits chez lesquels existe, à partir de l'Ancienne Alliance, une ouverture anthropologique à son programme des «Béatitudes». Ses disciples, pris dans l'idéologie messianique dont ils ne se débarrassent jamais complètement et à laquelle ils retourneront forcément, doivent, dans les moments d'exaltation, parvenir à la foi authentique en sa personnalité insaisissable et comblante au-delà de toute attente ; mais déjà, dans la rédaction des Évangiles et dans la catéchèse apostolique, par exemple dans les récits de la résurrection, la «foi» et la «croyance» se confondent, ainsi que l'annonce et son vêtement idéologique ; par conséquent nous – nous surtout qui, de nos jours sommes nantis des moyens exégétiques dc discernement – devons continuellement, à travers «l'ambiguïté» (90) de la lettre, l'horizon restreint et sociologiquement conditionné des documents, à travers leurs commentaires tout aussi bornés, millénaires et traditionnels, faire la percée jusqu'à la rencontre de notre moi en recherche avec l'être unique et comblant de Jésus. Sa propre attitude «subversive», «indépendante», devant le judaïsme officiel, sa conduite «si tranchante, qui condamne et même provoque» (91) permet aussi au chrétien de s'opposer à l'«éternel judaïsme» (92), au «judaïsme de tous les temps» (93) dans l'Église. Nous pouvons ainsi en arriver au mémorable face à face de Jésus et de Caïphe, «affrontement

---

(88) R 125-144.
(89) T 135.
(90) A 25. Le mot et ses équivalents reviennent fréquemment.
(91) T 133, 135.
(92) T 137.
(93) T 139.

crucial de deux autorités» : celle de Caïphe «légale, séculaire, entée sur une tradition merveilleuse qui se voit toute pétrie de la présence amicale et vengeresse d'un Dieu fidèle et jaloux» (94) et celle du Christ.

On a accusé Légaut de marcionisme, voire de manichéisme (95), apparence que suscite seulement (bien que nécessairement) l'ontologie sur laquelle il fonde uniformément toute la réalité historique. Légaut insistera sur l'élément positif de l'appel de Dieu *in Christo* dans le Nouveau Testament (religion d'appel) beaucoup plus que sur l'Ancien Testament (qu'il interprète de préférence et non sans excès manifeste (96) comme une pure religion d'autorité). Cependant l'Église conserve nécessairement sa base sociologique et autoritaire ; de plus, l'individu y garde la même liberté que dans l'Ancienne Alliance, et en dehors de la Bible (97) peut répondre véritablement à l'appel de Dieu ou interpréter faussement celui-ci dans le sens d'une simple «pratique». L'existence même de Jésus susceptible d'être comprise d'après le sens du messianisme juif (ses miracles !) et plus encore le caractère didactique de la prédication ecclésiale (98), les aspects idéologiques de son Credo (99), l'exemple de tant de chrétiens routiniers, leur conformisme social, le caractère d'établissement de l'Église (100), son adaptation trop facile au paganisme environnant, sans mutation profonde (101),

---

(94) T 134.

(95) LV 33, 61.

(96) Lui-même en convient : LV 63.

(97) A 45, T 149. Ici se situe un facteur important pour une théologie possible de la mission : remplacer chez d'autres peuples la préparation de l'Ancien Testament qui leur manque par une anthropologie religieuse les amenant de quelque manière, par des expériences semblables de la «carence d'être», à l'attente d'un salut accompli.

(98) A 35, 60

(99) A 62, 77, 158.

(100) A 29.

(101) A 72, 275.

l'invitation continuelle à une «obéissance sacralisée» (102), la forme dégénérée de la fidélité personnelle au Christ (103), les «exhortations» paternalistes d'un clergé (104) qui ignore les secrets de l'authentique paternité personnelle : voilà pour le chrétien bien des tentations à se laisser aller à un christianisme qui, de nos jours plus que jamais, a perdu sa raison d'être. Pour Légaut, l'exemple typique sera le juridisme des «conseils évangéliques» qui remplacent la fidélité personnelle et le don du chrétien au Christ, qui les réduisent à une institution, dans un «état religieux» juridiquement constitué jouissant d'une «super-foi facultative» (106).

En 1933, Légaut avait dédié ses PRIÈRES D'UN CROYANT à la «Matri Ecclesiæ» et les avait préfacées par un dialogue avec l'Église : «Mère, tu ne m'as pas trompé. Loué soit celui qui t'a envoyée parmi les hommes pour le continuer. Grâce à toi j'ai vu et j'ai cru.» En 1970, parler ainsi ne lui serait plus guère possible. A présent seule compte la rencontre d'un homme absolument solitaire (107) dans son échec (108), avec le Christ absolument unique – dans une opposition exclusive entre le général et l'universel (109) – tandis que tout dans l'Église reste ambigü : salutaire comme «appel», elle est séductrice comme «autorité» juridique. De plus, il faut toujours retenir que, pour Légaut, cette ambiguïté est irréductible, car elle est la structure de tout ce qui est au monde et la condition permettant de s'affirmer dans la lutte. Mais si l'opposition entre l'élément christologique et les valeurs sociologiques est constitutive dans

---

(102) A 36.
(103) R 113.
(104) T 27.
(105) T 147.
(106) A 238, en détail A 339, ss., également T 147 s.
(107) A 43 note : «L'homme, dans sa réalité fondamentale, est un solitaire, même s'il ne connaît pas l'isolement.» Il est frappant comme ceci est proche de Ionesco.
(108) Un mot-clé (T 82-102) comme chez Jaspers.
(109) T 22, 155 ss.

l'Église (110), cela ne signifie nullement qu'il convienne de conserver les formes actuelles de la répartition des pouvoirs hiérarchiques, et moins encore que la manière objectiviste et paternaliste dont s'exerce l'autorité soit légitime.

Dans son esquisse d'une Église de l'avenir, Légaut prévoit donc – on serait tenté de dire : avec une naïveté qui rappelle Rousseau – un changement qualitatif de l'autorité : autant que possible l'autorité personnelle, c'est-à-dire la compétence pneumatique (111) devra seule être valable, à l'imitation de Jésus qui n'avait d'autorité authentique que grâce à la puissance de sa personnalité rayonnante. Notre temps ne comprendrait et ne supporterait plus (112) d'autre autorité que celle de l'appel ; la réaction contre l'autorité juridique est un signe de vitalité (113). Aujourd'hui c'est le tour des membres de l'Église de rayonner une autorité personnelle (114). Il faudrait que se produise une «décentralisation extrême» (115), de sorte que chaque évêque puisse réellement devenir un père et guide spirituel qui sache personnellement conduire chacun des siens et les éduquer à une responsabilité chrétienne. Au cours des âges, les pouvoirs du pape ont été indûment amplifiés, ses interventions multipliées sans raison ; dorénavant le pape ne devrait apparaître que subsidiairement. De même les diocèses, dont il faudrait augmenter le nombre, seraient à désencombrer de la multiplicité de leurs commissions dont l'activité fonctionne à vide au point de vue spirituel (116). Si l'on attachait plus d'importance aux qualités pneumatiques il y aurait de nouvelles vocations et, cette fois, de *bons* candidats au sacerdoce. L'Ordre religieux qui convient

---

(110) A 240.
(111) A 235.
(112) A 209 ss.
(113) A 223.
(114) E 16.
(115) E 21.
(116) E 39. La petite cellule comme la seule vraie Église d'aujourd'hui : A 28, 378 ss.

à l'heure actuelle de l'Église n'a pas encore fait son apparition. L'identité de l'Église dépend de la nouvelle foi de chaque nouvelle époque, une foi qui s'affirme toujours conforme à celle des premiers disciples – dans les difficultés de la première heure, dans le dépassement de tout le traditionnel – dans leur première rencontre avec le Seigneur.

En présence de cette critique radicale de tous les aspects de l'Église purement sociologiques ou supposés tels, ne perdons pas de vue que Légaut a basé son anthropologie fondamentale sur des points d'attache essentiels : l'amour et surtout la paternité dont il a parlé avec beaucoup de cœur et de profondeur ; il se dresse ainsi contre tout le verbiage sur notre société privée de père et sur le meurtre du père comme fondement de la communauté fraternelle. Il estime que, sous l'influence des mouvements de jeunesse et du milieu rural, la foi chrétienne s'enracine ici. Ces racines sont-elles assez vigoureuses pour assurer son développement ? Il est permis d'en douter. La méfiance de principe et pré-théologique inhérente à toute philosophie de la vie à l'égard de la forme et des structures (considérées comme de la vie figée, bien que toute vie possède une forme organique) et aussi une méfiance, également de principe, du mouvement de jeunesse envers toute autorité autre que pneumatique (ce qui logiquement doit mener au donatisme) nous ramènent, objectivement parlant – l'intégrité personnelle de Légaut restant hors de cause – aux idées modernistes, sans les dépasser effectivement de l'intérieur. La mise à l'écart presque totale de la papauté n'en est que la conséquence significative ; l'unité *concrète* de l'Église se situe, pour Légaut, uniquement dans l'inexprimable et même invisible «authenticité» d'une foi solitaire dans sa relation au Christ. Le grand nombre de ces croyants solitaires peut bien former une «authentique» cellule d'Église, mais sa visibilité est seulement accidentelle. Tout élément visible qui entre dans sa constitution : sacrements hiérarchiquement administrés, prédication officielle, hiérarchie, entre dans la sphère sociologique et peut être soupçonné d'idéologie.

Ainsi, derrière l'idée que Légaut se fait de l'Église, nous

voyons resurgir l'esprit de Plotin, aujourd'hui plus vivant que jamais ; il est en effet l'esprit de cette religiosité qui considère comme indicible et au-delà de toute conception la réalité dernière, ce qui rend précaire la foi au Verbe divin incarné. On rencontre partout ce Plotinisme dans la pensée catholique actuelle, chez des esprits d'élite comme Stanislas Breton (FOI ET RAISON LOGIQUE, Seuil 1971) ou Pierre Hadot, connu d'autre part pour ses recherches sur Marius Victorinus (PLOTIN OU LA SIMPLICITÉ DU REGARD, ²1973). Légaut a sans doute hérité cet esprit d'une génération qui tendait, avec Augustin dans sa jeunesse, le Newman des premières années et Kierkegaard, à fixer le foyer de la religion dans «Dieu et moi-même», en oubliant à quel point l'Église est devenue objectivement en soi, pour Augustin et pour Newman, un intermédiaire non équivoque, cela malgré les critiques auxquelles l'un et l'autre n'ont cessé de soumettre sa forme empirique. Le solipsisme plotinien (et bouddhiste) fait déchoir l'Église – malgré toutes les protestations de Légaut – et la réduit à cette unité *abstraite* de l'ordre de l'apparence qui la sépare de l'unique et concret Jésus-Christ.

III – L'ATTRACTION DE L'ŒCUMÉNISME.

L'exposé précédent permet de constater que les efforts œcuméniques en vue de l'union des confessions chrétiennes, efforts nécessaires et théologiquement inévitables, l'ont d'avance grevée et presque inévitablement : l'unité négative des confessions non catholiques n'est nulle part plus évidente, leur unanimité nulle part plus complète que dans le refus des pré-tentions romaines. Spontanément, tout programme renverra donc à la fin ce point douloureux pour s'occuper de sujets sur lesquels l'unité, réelle ou apparente, entière ou partielle, existe déjà. On accorde ainsi à ces sujets une priorité non seulement temporelle, mais aussi essentielle : n'est-il pas infiniment plus important de se mettre d'accord sur la nature de la révélation aimante de Dieu dans le Christ, sur la Rédemption du monde, la filiation divine de Jésus, la foi, l'espérance et la charité, ou même sur l'Église peuple de Dieu et éventuellement sur le ministère ecclésiastique, que sur ce cas épineux du ministère de Pierre et des privilèges que lui reconnaît l'Église catholique ?

Qui ne se réjouirait des nouvelles présentations de la doctrine catholique telles que le CATÉCHISME HOLLANDAIS, qui facilitent aux non-catholiques l'accès à la foi de l'Église (117) ou de cet événement inouï : DAS NEUE GLAUBENSBUCH (118), le «nouveau manuel de la foi», qui expose la «foi ecclésiale commune»? Dans celui-ci, quatre parties traitent de la communauté de la foi, et la cinquième partie seulement aborde les questions pendantes entre les Églises ; le reste est présenté de façon tellement irénique que l'on voit ouvert de toutes parts le chemin vers l'entente. Le premier des deux ouvrages traite en détail du «sacerdoce du peuple de Dieu» et consacre treize chapitres au ministère épiscopal ; un seul chapitre surajouté lui suffit pour parler de «l'unité par le successeur de Pierre»; les deux chapitres suivants reviennent, en terminant, à l'unité du sacerdoce du peuple dans son ensemble ; le thème de Pierre est devenu quantité négligeable. Dans le deuxième ouvrage on voit sans étonnement ce thème (traité d'ailleurs de façon magistrale par Karl Lehmann) renvoyé au tout dernier moment (119). Un tel procédé suggère que sur les grands thèmes de la foi traités d'abord il existe déjà des interprétations univoques ou qu'on y parviendra facilement.

---

(117) *Glaubensverkündigung für Erwachsene.* (Édition allemande du catéchisme hollandais). (Nijmegen-Utrecht, avec imprimatur du Cardinal Alfrink, 1968).

(118) *Neues Glaubensbuch. Der gemeinsame Glaube,* hrsg. von J. Feiner und L. Vischer (Herder u. Theolog. Verlag, Zürich 6 1973).

(119) *Ibid.* 631-643.

L'accord est à peine mis en question par les problèmes encore pendants qui comprennent, outre la papauté et la mariologie, l'Écriture Sainte et la tradition, la grâce et les œuvres, le nombre des sacrements. Pour la solution de ces derniers, on indique des chemins accessibles. Il paraît donc permis de reléguer parmi les questions marginales l'article gênant sur le pape, d'autant plus aisément que depuis Vatican II l'intercommunion peut exister entre l'Église catholique romaine et l'Église orthodoxe, bien que cette dernière ne reconnaisse pas la primauté de juridiction de Rome. Ainsi un projet synodal suisse conclut apparemment avec raison : « La primauté et l'infaillibilité du pape font *donc* partie de ces doctrines dont le refus formel n'exclut pas une intercommunion réciproque... Ce qui est exigé, c'est l'accord sur le contenu *central* de la foi » (120). Le mémoire du groupe d'études des universités œcuméniques (d'Allemagne), « la réforme et la reconnaissance des ministères ecclésiastiques » peut (dans le n° 5) (121) ramasser la question qui nous occupe en une parenthèse : « La reconnaissance mutuelle des ministères ecclésiastiques (peut) se réaliser dès maintenant... ; les particularités persistantes des structures ministérielles n'auraient plus alors de caractère séparant les Églises. Ainsi se présente – abstraction faite de la question non réglée du ministère de direction universelle de la papauté – cette chance, importante pour les deux confessions, de pouvoir développer de concert la structure et la forme futures du ministère ecclésiastique » (122). Ici, comme en divers autres documents œcuméniques – par exemple dans les accords si importants

---

(120) Projet présenté par la 5ᵉ sous-commission, II Nr. 4, 5, 4, in : Schweiz. Kirchenzeitung 31/2 (1973).

(121) Kaiser – Grünewald (1973).

(122) *Ibid.* 6. La place de la parenthèse dans la structure grammaticale de la phrase ne permet pas d'en fixer clairement le sens. Signifie-t-elle : Les confessions *ont* la chance de déterminer ensemble la forme du ministère, si elles font *abstraction* de la question non résolue ? Ou bien : *auraient*-elles la chance si la question non éclaircie était résolue ?

quoique privés, du «Groupe des Dombes» (123) – on parle toujours avec une parfaite aisance de «l'Église», comme si la grandeur dont parlent catholiques et protestants était la même (sans équivoque), comme si, de même, l'Eucharistie au sujet de laquelle on élabore des thèses dont on assume en commun la responsabilité, avait une signification identique pour les uns et pour les autres. La question de savoir qui devra statuer en dernière instance sur le contenu de cette notion est mise entre parenthèses ou tacitement supposée résolue, en ce sens que le groupe de théologiens qui délibèrent ensemble, sentant – comme on le dit souvent dans des dialogues œcuméniques – que ce qui les unit est plus fort que ce qui les divise encore, s'arroge la compétence de présenter comme une résolution non équivoque l'unanimité cherchée. Les textes du «Groupe des Dombes», usant d'un langage plus circonspect que le mémoire mentionné ci-dessus, laissent ouvert le problème concernant le sens de la succession apostolique ; ils en arrivent néanmoins à proposer l'intercommunion entre catholiques et protestants sur la base «d'une commune foi eucharistique» (124) dont on constate l'existence sans préciser qui devra en décider en dernière instance. Il ne s'agit pas ici d'étudier la difficile question de l'intercommunion ; elle nous fournit simplement l'occasion de signaler la structure presque inévitable des dialogues œcuméniques qui renvoient à la fin la question de la papauté, suprême concentration des ministères, alors que c'est elle seule qui pourrait dépouiller tous les autres accords de leur caractère abstrait et leur donner un véritable caractère d'ecclésiologie concrète.

Insistons encore sur le fait que les dialogues œcuméniques ne perdent rien de leur urgence, et que l'ordre adopté pour les thèmes à traiter n'est pas à rejeter a priori. Il est sans doute

---

(123) *Vers une même foi eucharistique ? Accord entre catholiques et protestants* (Les Presses de Taizé 1972). – *Pour une réconciliation des ministères. Éléments d'accords entre catholiques et protestants* (Les Presses de Taizé 1973).

(124) *Vers une même foi*, etc... 27-28.

nécessaire au point de vue psychologique, il est défendable sous l'angle théologique, si ce que l'on met pour le moment entre parenthèses n'est pas dévalué et considéré comme une bagatelle. Cela n'est d'ailleurs pas possible dans le dialogue avec les Orthodoxes, où les autres difficultés dogmatiques ne sont en grande partie que des prétextes destinés à différer l'affrontement sur le point névralgique. Ce dernier a le caractère d'une « differentia specifica » qui affecte tout le « genus » dont il est question, et d'autant plus sensiblement qu'on tente de la « minimiser » en essayant de mettre le pape à la « dernière place » où, comme Paul et les apôtres, il attire positivement le regard « du monde, des anges et des hommes » (1 Cor *4*,9).

Il resterait à parler de certains essais catholiques (par exemple au cercle de Bensberg) qui prétendent édifier une Église à partir d'un consentement minimun de groupes de base qui, en principe, n'attendent plus rien de Rome ni, très probablement, d'aucune institution. Ces « communautés ouvertes », stimulées à se réunir en « communauté de coopération » pour former une « Église ouverte », finissent inévitablement dans un parfait chaos ; les seuls facteurs constants qui les maintiendront – pour un temps – sont un criticisme sociologique (qui nécessite toujours un objet) et un enthousiasme pneumaticiste : l'un et l'autre n'ont plus rien de commun avec la foi chrétienne et moins encore avec la foi catholique.

De quelque côté que se tourne le catholique, il ne peut pas retourner en arrière en laissant de côté Vatican I solennellement confirmé par Vatican II (*Lumen Gentium* 22). Comme après toutes les définitions, une seule voie reste ouverte : l'intégration dans une réalité totale plus grande et englobante. Cette réalité est prête depuis longtemps : c'est l'indéfectibilité de toute l'Église fidèle dont l'indéfectibilité de la charge de Pierre n'est qu'un aspect particulier destiné à donner la certitude théologique et à inculquer l'existence concrète et unifiante de l'Esprit-Saint. Disons que sur ce point Vatican I a verrouillé une porte avec un art tel que personne ne l'ouvrira sans faire écrouler toute la paroi, toute la structure catholique. Supposer que cette porte va s'ouvrir comme en jouant est manquer de véracité. De même, les efforts obstinés pour éviter le terme biblique de «pouvoir» *(exousia)* et le remplacer par le seul mot de «ministère» sont vains, car tout pouvoir biblique ne peut exister que pour servir; bien plus, il n'est possible de servir utilement le peuple de Dieu que lorsque le «pouvoir» authentique de prêcher, diriger, administrer les sacrements existe effectivement. Creuser un abîme entre pouvoir et ministère est donc un autre manque de véracité. Aujourd'hui, la nécessité absolue d'une instance qui garantisse l'unité d'interprétation de la révélation est d'autant plus urgente que l'ancienne intégrité naïve du texte biblique a été détruite par l'exégèse et que les interprétations divergentes tendent dans tous les sens. A moins de rencontrer une unité concrète – celle de tous les ministères : les évêques ensemble avec le pape – qui puisse indiquer, dans la confusion générale des opinions et des hypothèses, non seulement un chemin qui soit praticable mais authentiquement le bon chemin. Ni le texte biblique, ni les formules des Confessions du XVIe siècle ou des siècles postérieurs, ne peuvent remplacer cette autorité.

La réserve du pape lorsqu'il s'agit d'intégrer l'Église catholique dans l'unité abstraite – quelque large qu'elle soit – d'un Conseil œcuménique des Églises devient non seulement compréhensible mais inévitable parce qu'il importe de ne pas donner lieu à une confusion. D'ailleurs un authentique dialogue œcuménique ne dépend pas de cette subordination, et cela d'autant moins qu'une telle unité se conçoit elle-même comme peu cohérente et surtout orientée vers l'avenir. L'Église catholique devra aussi éviter la tentation de confondre son caractère de grandeur empirique partielle avec celui d'une grandeur théologique partielle, c'est-à-dire d'interpréter l'idée d'une complémentarité possible dans le domaine purement humain avec d'autres confessions ou d'autres civilisations, comme un manque théologique de catholicité, laquelle ne pourrait être atteinte que par la convergence, en une synthèse, de toutes les dénominations chrétiennes. Rien, pas même les fautes nombreuses et souvent visibles que l'Église, composée de pécheurs et dirigée par des hommes faillibles, a commises tout au long de son cheminement à travers l'histoire, fautes dont elle doit demander pardon et faire une satisfaction sentie, ne devra jamais l'empêcher de croire à l'infaillibilité qui lui a été promise – à aucune autre, bien entendu.

Comment cela sera-t-il possible sans qu'elle devienne la risée du monde qui-lui met sans cesse sous les yeux tout le registre de ses péchés ? En d'autres termes : comment, sans renoncer à ce qu'il est, le ministère de Pierre pourra-t-il descendre de ce sommet où on le considère le plus souvent, où il s'est trop longtemps vu lui-même ; et comment parvenir à l'intégrer dans toute la vie concrète de l'Église dont il garantit l'unité concrète ? Les chapitres suivants vont essayer de le montrer.

DEUXIÈME PARTIE

DU MYSTÈRE
DE L'ÉGLISE

4

*Le Christ concret
au centre de sa constellation*

Dans notre première partie nous avons montré les progrès du complexe antiromain, complexe qui a réussi à confiner Rome dans une unité sociologique et œcuménique abstraite. Cette escalade était rendue possible par l'isolement du «principe romain» trop retiré de l'unité englobante où il se situe, pour laquelle il est disposé, dans laquelle il s'intègre et qui lui permet seule de fonctionner et d'être interprété avec exactitude. Où se situe le lieu de son intégration ? Deux réponses possibles sont à éliminer comme insuffisantes. Intégrez-le dans l'Église universelle, la conséquence saute aux yeux : « Le pouvoir est donné par Dieu à toute l'Église, afin que celle-ci le transmette aux pasteurs qui sont à son service pour le salut des âmes » (1) ; dans ce cas, entendez que le pouvoir du ministère et de la direction de l'Église est remis aux pasteurs par la communauté des fidèles : l'Église universelle apparaît alors comme une dernière instance, dont on ne perçoit plus comment elle se rattache à l'événement de salut du Christ. Essayez, comme l'a l'a fait Lamennais, d'insérer le principe romain dans un ensemble

_____

(1) Cette phrase du concile de Pistoie a été condamnée comme «hérétique» par Pie VI : DSch 2602, cf. 2603.

encore plus vaste, à savoir la révélation totale de Dieu dans l'histoire de l'humanité : dans ce cas la papauté ne représente plus que l'autorité divine déposée dans la loi naturelle ; les contours de l'histoire biblique et ceux de l'Église s'estompent dans les généralités, et la conscience sociale de l'humanité l'emporte sur l'autorité pontificale (ce qui devient évident chez Lamennais). Comme dans le premier cas, celle-ci fait figure de simple exposant d'une instance qui l'englobe.

Ces deux tentatives d'insertion passent à côté de celle que suggère seule l'histoire des origines chrétiennes : faire procéder le ministère de Pierre des rapports concrets de celui-ci avec Jésus-Christ. Cette relation prend un relief particulier et très différencié dans le processus de formation de l'Église. Dans les discussions sur le ministère elle est considérée souvent comme isolable et traitée comme telle. Méthode pratique en apparence, mais dont les résultats sont funestes au point de vue théologique. En effet, dans le mystère de l'Église qui doit s'interpréter à partir du mystère du Christ, une grandeur isolée de la sorte ne pourra jamais être comprise. Si, malgré tout, des tentatives d'isoler ainsi la primauté romaine ont été faites, et dans une certaine mesure jusqu'au sein de l'Église catholique, elles ont toutes mené à une abstraction, quoique par des voies différentes. Celles-ci s'expriment dans une dichotomie (difficile parfois à saisir en tant que système et cependant partout perceptible) entre une image de l'Église comme *societas perfecta* et une autre comme Corps mystique, ou entre une théologie officiellement cléricale et une «spiritualité» plus ou moins privée (dans laquelle il faut peut-être ranger le culte de Marie et des saints).

Nous tenterons de réunir à partir de l'origine tout ce qui se désagrège ; la fonction de la primauté ne peut être saisie dans sa signification vivante qu'à la condition de rester insérée dans un tout. Dans le mystère de l'Église il est impossible d'isoler adéquatement un seul membre et de le sortir de l'organisme vivant – les dissections anatomiques ne se pratiquent que sur des cadavres. En lui, tout se tient. Cela ne signifie pas que la fonction d'un membre – de l'œil, de la langue, du rein – *au sein* de la totalité ne puisse être décrite avec précision et reconnue indispensable. La figure centrale de Jésus-Christ nous permet déjà de déchiffrer cette « loi », car on ne peut la dissocier de ses attaches trinitaires ni de son contexte historique et ecclésial.

I - LE CHRIST, CONCRÉTISATION DU DIEU UN ET TRINE.

Jésus-Christ n'est pas un « principe » ni un « programme », mais premièrement un homme de chair et de sang qui a vécu en Galilée, a été sur la croix percé par une lance romaine, a été vu par ses disciples ressuscité et portant les marques de ses plaies. Cependant il n'est aucun document du Nouveau Testament – ni les épîtres de saint Paul, ni les évangiles synoptiques et moins encore les écrits de saint Jean – qui ne montre que l'existence de ce Jésus de Nazareth est inintelligible autrement que comme l'accomplissement de toutes les promesses de Dieu – désigné par lui-même comme son Père – dans l'attente et le début de l'effusion de l'Esprit-Saint aux croyants. Ceux-ci dorénavant n'ont plus la loi au-dessus d'eux, ils la portent dans leur cœur ; d'esclaves ils sont devenus libres et fils. Jésus n'annonce pas seulement une doctrine de vérité comme un autre prophète ou un philosophe ; il *est* la Vérité divine qui se révèle. Sa naissance est déjà vérité : le Verbe de Dieu se fait *chair* et passe du côté des hommes ; sa mort l'est davantage encore, ainsi que sa descente aux enfers et sa résurrection. Tout cela n'est pas seulement un symbole éloquent qui nous renseigne sur la nature des dispositions de Dieu à l'égard du monde ; c'est en substance cette intention elle-même qui n'est pas simple sentiment, mais acte, opération, engagement. Selon la doctrine catholique, les sacrements « contiennent et communi-

139

quent la grâce qu'ils signifient symboliquement » (2) ; Jésus-Christ, dans son Incarnation, sa vie cachée et publique, sa mort sur la croix et sa résurrection, est le sacrement originel ; celui qui le donne est Dieu (le Père) et la grâce de salut conférée par le sacrement est le Saint Esprit de Dieu.

Dans l'homme concret Jésus de Nazareth, Dieu lui-même devient définitivement concret pour l'humanité : grâce au caractère unique de cette existence, grâce à son destin transcendant dans la résurrection, non seulement nous savons qui est Dieu et comment il est : nous devenons participants de lui dans notre propre existence, nous recevons son Esprit qui seul scrute les profondeurs de la divinité ; il ne nous présente pas seulement le spectacle de son amour éternel, il nous fait entrer dans le jeu puisque, selon Paul, par son Esprit sa charité est répandue dans nos cœurs et que, selon Jean, personne ne peut dire qu'il connaît Dieu s'il n'a en lui l'amour et ne vit par lui. Dans Jésus, Dieu devenu concret pour nous ne nous permet pas seulement de constater sans confusion possible les « contours » de sa vie trinitaire : « C'est ainsi qu'il est, et lui seul » ; cette révélation nous affecte aussi nous-mêmes, elle nous fait déjà partager dans la foi l'« expérience » de la substance intime de cette forme de Dieu, selon la parole de Jésus : *Si vous demeurez dans ma parole... vous connaîtrez la vérité, et la vérité fera de vous des hommes libres* (Jean 8,31 s).

Il est donc absolument impossible, selon la parole de Jésus lui-même, de connaître la vérité sur Jésus sinon par cette mystérieuse « demeure » dans la parole, « demeurer » signifiant tout ensemble une foi qui accueille et une action décisive, la « Parole » étant en même temps la parole que Jésus dit de lui-même et la Parole prononcée par le Père et interprétée par le Saint-Esprit. *Voilà* le fait objectif, à la fois historique et au-delà de l'histoire, qui, dans l'homme Jésus, fait rayonner mystérieusement le Dieu véritable. Le Dieu réel qui se rend ici présent est

(2) DSch 1606.

nécessairement le Dieu toujours plus grand qui renferme tout : le Père qui émet le Verbe incarné est le créateur de l'univers, la source de tout ce qui existe, l'auteur de tout le dessein de salut (Eph *1*,1-10); l'Esprit qui expose au monde cette Parole du Père est celui qui révèle la plénitude eschatologique, centre d'attraction de tous les efforts et de toutes les réalisations des hommes ; la personne concrète de Jésus embrasse tout, jusqu'aux limites extrêmes de l'alpha et de l'oméga, elle s'étend de l'un à l'autre, et comme le monde a été créé en lui et que tout jugement lui a été remis, il *est* lui-même l'alpha et l'oméga (3). Dans l'ampleur de cette emprise, se situant comme un exemple au sein de l'histoire, il concrétise également tout ce que Dieu a fait, tout le dessein qu'il s'est proposé dans son histoire avec Israël (et, sous ce voile, avec l'humanité entière). C'est seulement sur l'arrière-plan de ce qu'on a coutume d'appeler depuis Jésus l'*Ancienne Alliance* et qu'on appellerait peut-être avec plus de raison l'«Alliance temporaire» – portant en soi la promesse d'être éternelle (Hebr *13*,20 ; cf. Is *55*,3 ; *61*,8 ; Jér *32*,40 ; *50*,5 ; Ez *16*,30 ; *37*,26) – que l'Alliance est conclue, apportant le salut définitif à travers le jugement de Dieu qui rejette, se détourne et abandonne. Tout ce destin ébauché dans les situations extrêmes qu'expriment les Lamentations, Job et le Serviteur de Yahweh, devient en Jésus réalité accessible aux sens : il n'*est* rien d'autre que le sommet de l'histoire de Dieu avec sa création.

Ce fait éclaire les deux aspects de la conduite de Jésus. En lui le Dieu un et trine devient pour nous concret. Jésus s'avance et s'efface à la fois ; il s'avance avec toute l'autorité attestée du Dieu un et trine qu'il rend accessible aux sens ; il ne renvoie pas seulement à Dieu (comme le Baptiste renvoyait à Jésus), il *est* le «pouvoir» (Jean *5*,27 ; *10*,18 ; *17*,2), la souveraineté personnifiée de ce Dieu. *En* s'avançant, ce n'est pas lui-même qu'il met en évidence : *Pourquoi m'appelles-tu bon ? Unique est celui qui est bon* (Mat *19*,17) ; *Nul n'est bon que Dieu seul*

(3) Cf. *Die drei Gestalten der Hoffnung* in : *Die Wahrheit ist symphonisch* (Johannesverlag Einsiedeln 1972) 147 ss.

(Luc *18*,19). C'est précisément dans le fait de renvoyer au-delà de soi au *Père plus grand* (Jean *14*,28), en cédant la place au Père que se montre, avec son humilité d'être humain, sa vérité divine : il est celui qui est venu *au nom de mon Père* (Jean *5*,43) ; Fils de Dieu, il ne cherche pas sa propre gloire ni sa propre volonté, mais *la volonté de celui qui m'a envoyé* (Jean *6*,39). Ce n'est pas comme Dieu qu'il est *votre Seigneur et maître*, et comme homme qu'il s'abaisse jusqu'à laver les pieds de ses disciples (Jean *13*,14) : il est, comme Dieu, le Seigneur qui s'humilie et, comme homme, celui que, dans la honte et l'abaissement de la Passion, la sublimité de Dieu enveloppe. C'est à partir de ce mystère – dans le respect qui distancie du Maître unique : *Vous êtes tous frères* (Mat *23*,8) – et comme procédant de lui qu'il faut tout interpréter dans l'Église.

II - LA CONSTELLATION CHRISTOLOGIQUE.

Tout homme fait partie d'une constellation humaine. Un individu isolé serait une contradiction en soi ; il est même impossible de l'imaginer, puisque être humain c'est être avec. En cela l'Homme-Dieu Jésus ne fait pas exception : comme Dieu *et comme homme* il n'existe que dans sa relation au Père dans l'unité du Saint Esprit de Dieu.

Voilà pourquoi sa qualité de prochain ne peut pas se limiter à sa nature humaine. Son être total et inséparable le situe dans une constellation humaine. Cette constellation le définit intérieurement, elle est importante au point de vue de son caractère humano-divin ; par rapport à son être et à son œuvre, elle n'est nullement secondaire mais originelle ; il est impossible de détacher Jésus de ce groupe humain qui forme un tout avec lui. Néanmoins constater cela ne porte aucune atteinte à sa position souveraine. Dès qu'on le considère isolément (lui et la doctrine qui le concerne), sa figure devient désespérément *abstraite*, même si son contexte trinitaire subsiste. Le fait est évident dans la christologie protestante, mais le danger existe aussi, quoique moins apparent, dans la christologie catholique ; en effet, des figures qui se rattachent essentiellement à lui sont réparties dans des traités théologiques séparés, si tant est qu'on leur ait trouvé une place dans la dogmatique.

Commençons par citer les personnes principales qui font partie de cette constellation dans l'horizon du Nouveau Testament. Il n'est pas facile de se limiter ; au-delà de celles que nous allons énumérer il faudrait tenir compte de certaines autres qui occupent des situations et des charges théologiquement importantes, par exemple Joseph le père nourricier, Marie-Madeleine témoin de la résurrection, Marthe et Marie de Béthanie les deux « amies » de Jésus, les juifs Siméon, Nicodème, Joseph d'Arimathie ses partisans, et surtout Judas qu'il a choisi, pleinement conscient que ce serait la trahison de l'Iscariote qui mettrait un terme à sa carrière à lui. Dans la transfiguration de Jésus se dessinent, derrière le Baptiste, les principaux représentants de l'Ancienne Alliance : Moïse et Élie, qui jouent encore un rôle capital dans les discussions de Jésus avec les Juifs et sans doute aussi dans la manière dont lui-même entend sa mission. Mais les plus proches par leur signification théologique sont certainement les suivants :

Le Baptiste – la Mère – les Douze, y compris d'une part *Pierre*, d'autre part *Jean* – et enfin *Paul* l'« avorton ». (Nous citerons plus tard Jacques, frère du Seigneur, dans un autre contexte.) Ces figures au moins font partie de la constellation de Jésus et sont, par suite, partie intégrante de la christologie. La dogmatique habituelle, en parlant à peine de la position théologique du Baptiste, du disciple préféré et de l'Apôtre *katexochen*, en traitant de la mariologie dans un ouvrage séparé, et des Douze avec Pierre à leur tête uniquement à l'occasion de la doctrine sur l'Église (jadis il y était presque exclusivement question de Pierre), fait mal comprendre ces rapports. Certes, on ne peut parler de tout à la fois, la répartition en traités est un pis-aller inévitable, mais avant de faire cette répartition, il conviendrait d'exposer la connexion première, c'est-à-dire les constellations que nous avons relevées et qui seules rendent intelligibles les personnages et leur importance. La remarque vaut pleinement pour Jésus lui-même. Ses rapports avec chacun des personnages principaux se basent sur le dessein fondamental de salut du Père, non seulement «objectivement» (il n'existe rien de tel dans ce domaine) mais comme des relations personnelles; leur intimité ne nous est humainement accessible que grâce à des allusions, mais il est possible de l'approfondir en méditant les indications de l'Écriture. Ce n'est pas ici le lieu de tenter de les exposer, puisque nous considérons seulement ce qui se rapporte à notre sujet, la relation de Jésus à Pierre (naturellement dans le contexte immédiat des «Douze»). De prime abord il est clair que cette relation est bien déterminée et éminente, mais elle ne doit pas être traitée de façon exclusive.

La suite chronologique n'est pas sans importance au point de vue théologique. A l'origine, en plein dans l'événement de l'Incarnation, se tient *Marie*, la servante accomplie qui consent à entrer physiquement et spirituellement dans des rapports maternels avec la personne et aussi avec toute l'œuvre de son Fils; ces rapports pourront tout au plus changer à mesure que Jésus mûrira et développera sa personnalité indépendante, ils ne seront jamais effacés. Le choix des Douze avec Pierre à leur tête ne peut être isolé des relations qui l'ont précédé et entouré, elles en sont la localisation propre. Entre les deux événements se situe encore la relation mystérieuse entre Jésus et le Baptiste; à peine saisissable sur le plan humain, elle est théologiquement très significative. Les Évangiles et les Actes des Apôtres n'en permettent l'approche qu'à travers des récits fragmentaires, difficiles à harmoniser pleinement; toutefois ces textes s'accordent à lui reconnaître une signification décisive dans la situation historique de la mission de Jésus. L'appel eschatologique du Baptiste à la pénitence et son baptême de pénitence, ainsi que le baptême donné par lui à Jésus sont sans aucun doute des faits historiques. Jean indique clairement celui qui doit venir après lui, même s'il ne sait pas d'avance si Jésus est celui qui doit venir et même si, plus tard, l'incertitude le reprend. Le remplacement de la mission de l'un par celle de l'autre est un fait certain, de même le passage de certains disciples du Baptiste à Jésus, la déclaration de Jésus au sujet du personnage extraordinaire du Baptiste, ainsi que le rôle de celui-ci qui clôt l'Ancienne Alliance. Jésus est probablement resté quelque temps dans une certaine situation de disciple par rapport au Baptiste, ce qui permit à sa propre mission de parvenir à sa maturité humaine. La relation intime et personnelle des deux nous est inaccessible, nous y distinguons seulement le caractère objectif du rapport entre l'*Ancienne Alliance*, ramassée dans la personne du Baptiste, tendue au-delà de lui, et le *Règne de Dieu* tout proche et déjà commencé avec Jésus. Entre les chargés de mission qui représentent en toute objectivité leur mission, il existe aussi des relations humaines subjectives. Dans le cas présent, ces relations sont d'une délicatesse qui nous dépasse. Objectivement, respectueusement, l'un renvoie à l'autre. Ils sont les deux anneaux décisifs soudés l'un dans l'autre qui rendent infrangible la chaîne du dessein divin historique du salut. Aussi Jean, le disciple qui a sans doute rejoint Jésus sur la demande du Baptiste (Jean *1*,35 ss) met-il sur les lèvres de celui-ci l'expression spontanée d'*ami de l'époux* (Jean *3*,29), appellation qu'aucun des Douze n'aurait osé revendiquer pour soi ; en effet, c'est seulement à l'heure de l'Eucharistie que Jésus la leur adressera lui-même (Jean *15*,14 s). Aussi, au Moyen Age, certaines représentations du Jugement placent aux côtés du Seigneur, comme intercesseurs et médiateurs principaux, non Marie et Pierre mais Marie et le Baptiste. Cette vue est théologiquement exacte ; en effet, ce dernier personnifie la plénitude de l'*Ancienne Alliance*, commencement du salut préparé par le Père ; après Marie, il est le plus proche quant aux missions dans leur enchaînement et quant à l'intimité personnelle. Lors de la visite des «parents» de Jésus (Marc *3*,31 ss) Marie, qui ouvre la Nouvelle Alliance, est renvoyée avec les «frères» dans l'Ancienne Alliance délaissée, qu'il faut à présent dépasser ; Jean, arrêté sur le seuil de la Nouvelle

Alliance (Mat *11*,11), est porté au-delà des frontières de l'Ancienne jusque dans la Nouvelle comme *Élie qui doit venir*, comme *plus qu'un prophète*, comme le plus *grand de ceux qui sont nés d'une femme* (Mat *11*,15,9,11) et comme celui qui donne, dans son sacrifice, le signal pour le départ de Jésus vers son propre sacrifice. Dans l'œuvre que Jésus fondera, un tel homme n'est ni laissé en arrière ni oublié, il y entre comme celui qui a déclenché la mission de Jésus. Jusqu'à une date récente, sa fête, précédée d'une vigile, se célébrait peu avant celle de Pierre et Paul. Mais il est oublié dans la théologie de l'Église.

Ensuite seulement se place l'élection des Douze qui est, selon Marc, un des premiers actes de la vie publique de Jésus et orienté certainement d'abord vers l'avenir : c'est la fondation symbolique et solennelle du Nouvel Israël ; mais il est tout autant tourné vers l'arrière, que personnifie le Baptiste : les douze tribus, réalité brisée depuis longtemps et qui ne subsiste que grâce à une fiction (4), retrouvent une nouvelle présence concrète. La rédaction (pré) lucanienne de la remise du royaume – *Je dispose pour vous le Royaume comme mon Père en a disposé pour moi ; ainsi vous mangerez et boirez à ma table dans mon royaume et vous siégerez sur des trônes pour juger les douze tribus d'Israël* (Luc 22,28-30) – est une promesse qui ne concerne pas seulement le jugement final. «Dans Luc, régner est un fait juridique que le Christ ordonne dans un acte unique et déjà actuel» ; «si cette remise doit rester réelle, il ne peut s'agir que d'une remise juridique.» Il s'agit «d'un exercice réel et futur du pouvoir qui est déjà adjugé dans le présent» ; Jésus, en renvoyant à son propre pouvoir reçu du Père, indique «aussi l'origine juridique du pouvoir délégué qu'il exerce» (5). Dans la rédaction de Luc,

---

(4) Ainsi dans le *Testament des douze Patriarches*, écrit juif tardif avec des interpolations chrétiennes, très lu et datant du Ier siècle avant Jésus-Christ.

(5) Heinz SCHUERMANN, *Jesu Abschiedsrede Luc 22, 21-38*. III Teil in : *Ntl. Abhandlungen* 20,5 (Aschendorff 1957) 41-43.

cette remise présente et future des pouvoirs du Royaume est jointe aux thèmes du banquet eucharistique, de la trahison, du service comme marque distinctive du rang, de la prière particulière pour Pierre : dans la suite tout le passage a été interprété exactement lorsqu'on a considéré cette fonction juridique comme valant pour le temps de l'Église, et les «trônes» ou «sièges» comme les chaires occupées par les Douze et par leurs successeurs (6). La conscience de sa royauté que Jésus possédait déjà sur la terre (7) s'exprime dans cet acte de «léguer» le Royaume que Dieu lui a remis et apparaît finalement comme un acte «testamentaire». Par l'appel souverain adressé à ceux «qu'il voulait», Jésus a constitué «les Douze» (Marc *3*,14,16) pour être avec lui ; il les forme et les envoie en mission, munis de «pouvoirs» (*Ibid.* v. 15). Un regard sur le Maître suffit pour comprendre que chez lui le «pouvoir» unit , sans problème et comme allant de soi, la dignité que donne la conscience de sa mission et l'humilité du «service» jusqu'au don de sa propre vie pour ceux qu'il vient

---

(6) Clément de Rome traite de l'«institution» (des successeurs) 44, 2-3. Tertullien (*De præscriptione* 3, 1) précise : «...Parcourez les églises apostoliques où président encore et aux mêmes places les chaires des apôtres ; où, lorsque vous entendrez la lecture de leurs lettres originales, vous pourrez percevoir le son de leur voix et les sentir eux-mêmes présents (repraesentantes).» Au IVe siècle, l'usage s'établit de désigner les différentes Églises comme «siège apostolique», surtout l'Église romaine (Basile à Ambroise, lettre 97,1 : «Le Seigneur lui-même t'a pris au milieu des juges terrestres pour te placer sur le siège des apôtres»). Pacien de Barcelone dit que les évêques qui «occupent les sièges apostoliques» (PL 13, 1057 BC) peuvent être eux-mêmes désignés comme apôtres. Pour Jérôme (lettre 15, 1) Rome est «le siège (cathedra) de l'apôtre Pierre». Même les trônes placés dans l'Apocalypse (*20*,4) pour le jugement sont, à partir d'Augustin, compris comme devant servir aux successeurs des apôtres qui exercent leur fonction de juges au temps de l'Église : «Et je vis des trônes, et sur eux des hommes assis et le jugement leur fut donné. » «Ne croyons pas qu'il soit ici question du dernier jugement ; il faut voir là les sièges des dignitaires et les dignitaires eux-mêmes qui gouvernent maintenant l'Église» (*De civ. Dei* 20, 9). J.-M. Garrigues et M.-J. Le Guillou, *Statut eschatologique et caractère ontologique de la succession apostolique*, citent de nombreux textes qui confirment cette interprétation : Revue thomiste, 1975, 395-417.

(7) H. Schuermann, *loc. cit.* 44, note 159.

servir (cf. Marc *10*,42-45 ; Luc *22*,25-30 ; Jean *13*,13-17). Dans la formation qu'il donne aux Douze – noyau du groupe plus considérable des disciples qui l'entourent, – il tend sans se lasser à leur faire comprendre son *essence* non seulement à travers son enseignement sur lui-même mais par des actes qu'ils puissent imiter. C'est ce qu'implique la première raison donnée par Marc de l'appel des Douze : *pour qu'ils soient avec lui*. Avoir part à ses sentiments, à sa mission, à son pouvoir, à son zèle, à son don de soi et enfin, au Cénacle, à sa chair et à son sang, puis, dans les discours d'adieu, à son amour trinitaire : tout cela ne fait qu'un. Voilà pourquoi la mission de prêcher (Marc *3*,14 ; *6*,12) et le pouvoir d'agir (c'est-à-dire *chasser les démons* Marc *3*,15 ; 6, 7, 12, et *guérir les malades* *6*,13 ; cf. Mat *10*,1 ; Luc *9*,1-26) ne font qu'un : le pouvoir peut aussi bien se rapporter à la prédication, la mission à l'activité, car en Jésus le Verbe fait chair, enseignant et agissant, les deux sont une même chose ; il décrit sa mission, selon les paroles prophétiques Is. *61*,1-2 ; *58*,6 (= Luc *4*,18 ss), comme une prédication aux pauvres, aux prisonniers, aux aveugles, aux opprimés, et comme leur libération active : les deux ensemble forment l'*evangelisasthaï*, l'annonce de la *bonne nouvelle* et de *l'année de grâce du Seigneur*. Lorsque Marc au début de l'évangile (*1*,1-14) et Paul dans les Actes parlent de l'*Évangile* et du *service de l'Évangile*, (Rom *1*,9), ils ont toujours en vue ce tout indivisible.

Au sein de cette communauté de vie, de mission et de pouvoir des Douze avec Jésus, se détachent Pierre et Jean. En ce qui concerne Pierre, il est impossible, dans les quatre évangiles, de ne pas entendre ces textes, et quiconque en appelle au «pur Évangile» doit bon gré mal gré avaler aussi l'hameçon qui s'y trouve. Nous y reviendrons. Pour le moment deux indications suffiront. Premièrement, Pierre participe d'une façon particulière au pouvoir et à la responsabilité de Jésus, et de ce fait il devra participer aussi de façon particulière à son esprit de service et à sa disponibilité devant la souffrance : Mat *16*,23-25 ; Jean *13*,6 ss ; *13*,36 ; *21*,18. Ensuite, l'Évangile du disciple bien-aimé qui réalise la mission particulière de celui-ci et décrit l'amour que lui témoigne le Seigneur ainsi que l'amour qu'il éprouve pour lui, place tout au début la primauté de Pierre (Jean *1*,42 ; cf. Marc *3*,16) et l'œuvre entière aboutit à une doctrine symbolique de l'Église, composée avec art et finesse (*20*,1-10 ; *21*,1-15) où la charge du «ministère» (Pierre) et la mission de l'«amour» (Jean) s'entrelacent si intimement que c'est à Pierre qu'il est demandé «d'aimer plus» (*21*,15). L'amour plus grand passe ainsi de Jean à Pierre, cependant que Jean, celui qui «reste et ne passe pas», demeure malgré tout, selon la volonté souveraine du Seigneur, aux côtés de Pierre (qui unit en sa personne le ministère et l'amour). La question perplexe de Pierre demandant comment résoudre ce problème est repoussée, tandis que l'ordre de suivre Jésus lui est réitéré : *Si je veux... que t'importe ? Toi, suis-moi* (*21*,22). Plus que jamais il devient évident que dans le mystère de l'Église les membres aux articulations bien nettes sont néanmoins inséparables. Pierre a besoin de l'amour johannique pour répondre au Seigneur selon son désir et conformément au ministère qui lui est confié, et cet amour lui est donné ; l'amour de Jean a dorénavant sa place en Pierre, mais leurs missions respectives ne cessent pas : Jean – selon le profond mystère du bon plaisir de Jésus – conserve la sienne, distincte de celle de Pierre. Il est aussi impossible d'affirmer que l'amour s'épuise dans le ministère, ou que le ministère s'est réservé l'amour, que de prétendre que ministère et amour s'opposent comme deux structures adéquatement séparables. En notant cela nous ne tombons pas dans l'hérésie donatiste qui tient pour invalide un acte du ministère accompli hors de la charité (en état de péché mortel). Nous constatons simplement que la structure de la constellation qui apparaît autour de Jésus ne peut nullement être traitée selon un modèle «structuraliste» : la raison en est que non seulement cette constellation a toujours un côté personnel (8), mais que la personne autour de laquelle ces

---

(8) Le réseau structuraliste dans *La pensée sauvage* de Claude Lévi-Strauss a également ce caractère.

relations se cristallisent est unique (parce que divine) et dépasse toute loi générale. Le caractère de l'amour johannique est inaccessible à toute approche anthropologique, c'est un amour unique, l'amour humano-divin de Jésus au sein de l'Église. De même le caractère spécifique du ministère de Pierre est inaccessible à toute évaluation sociologique : il est une participation aux droits humano-divins du Christ dans l'Église.

Dans la constellation qui gravite autour de Jésus l'éclatement de toutes les structures que notre regard peut embrasser plonge la raison humaine dans une totale perplexité devant l'apparente contradiction. Celle-ci devient incontestable dans l'appel de *Paul* à un apostolat de même rang que celui des Douze. Ce rang est pour lui un sujet de combat, d'autant plus que la vue du Ressuscité qui l'égale, lui et sa mission, aux premiers témoins, est d'une nature toute différente (9). Resté en surnombre parce que sa place est déjà prise par l'élection de Mathias, Paul est cependant légitime, même à côté des *superapôtres, même si je ne suis rien* (2 Cor *12*,11). *Rien*, à tel point que la Jérusalem céleste reste édifiée sur les douze pierres fondamentales et qu'il n'y a pas de treizième porte prévue (Apoc *21*,14). Malgré tout, à Paul revient la part du lion dans l'apostolat et dans l'intelligence théologique du mystère du Christ. Luc et Marc sont en sa compagnie, ses exploits forment la plus grande partie des Actes des Apôtres. Il représente les *souffrances du Christ* devant les communautés et pour elles, de sorte qu'il faut le regarder comme un *modèle*, tout comme lui-même se conforme au *modèle* qu'est le Christ. C'est l'inauguration d'une médiation existentielle, inouïe : l'ouverture des grandes missions des saints dans l'histoire de l'Église ; c'est aussi une élucidation inouïe du sens du ministère et de l'autorité dans l'Église. Les deux aspects sont inséparables. L'enseignement de Paul ne comprend pas seulement la partie que Luther en a dégagée à son usage

---

(9) E. KAESEMANN. *Die Legitimität des Apostels,* in : ZNW 41, 1942.

comme «doctrine» dans les Épîtres aux Romains et aux Galates; il renferme aussi cette autre partie qui traite du gouvernement de l'Église dans les Épîtres aux Corinthiens, où s'affirme une autorité allant certainement au-delà de celle qu'aucun successeur de Pierre n'eût osé revendiquer (combien plus suaves les accents de l'épître de Clément!) Pour l'Église de l'avenir l'importance de l'enseignement paulinien dépasse évidemment l'intérêt dû à son ancienneté. C'est *ainsi* qu'est gouvernée pratiquement l'Église «charismatique» de Corinthe, avec l'assistance du Saint-Esprit! L'autorité dans l'Église, dont Paul a fait ici en sa personne une analyse théologique et pastorale des plus minutieuses – valable pour tous les temps de l'Église – porte de façon unique l'empreinte de l'événement unique, le Christ, comme précédemment la «structure» Pierre-Jean : cette autorité cherche à procéder toujours de concert avec la communauté, en mettant en œuvre tous les moyens de l'amour, d'un amour cordial mais aussi proposé en vue du ministère. Paul invite la communauté à s'interroger elle-même, il fait appel à l'Esprit du Christ immanent dans les fidèles (2 Cor *13*,5), il tend à établir la communion et il se borne à menacer d'user de l'autorité «toute nue» seulement dans un cas limite; il en userait à regret mais de façon légitime, s'il ne pouvait plus espérer trouver dans la communauté l'obéissance convenable, l'obéissance de la foi et de l'amour (2 Cor *12*,20; *13*,10).

Pierre s'appuie sur Jean comme Jean est uni à Pierre (et à côté de lui); ainsi le caractère de Pierre ne se manifeste nulle part plus purement que dans Paul, comme, d'autre part, l'aspect paulinien est évident dans les Épîtres de Pierre (10), alors que celles-ci transmettent ou sont censées transmettre une tradition qui remonte clairement à Pierre. Une fois de plus nous voyons deux figures remarquables en périchorèse; loin de se confondre, elles gardent chacune leurs affinités respectives théologiques et ecclésiologiques. Il n'en pourrait être

---

(10) K.H. Schelkle, *Die Petrusbriefe, der Judasbrief* (Herder 1961) 5 ss. Cf. Stichwort, «Paulusbriefe» im Register.

autrement dans le «Corps vivant du Christ» et entre ses membres.

Toutefois chacun des membres ne communie pas à tous de la même façon. Au sein de la structure que nous venons d'exposer (nous y avons souligné l'absence de limites précises) des fils très déliés sont tendus de l'un à l'autre. Les plus faciles à discerner passent par Luc et Jean. Luc établit des rapports de parenté entre Marie et le Baptiste, et comme compagnon de Paul il unit discrètement ce dernier à la tradition évangélique. De concert avec lui, Jean révèle les profondeurs encore cachées de la mariologie. Dans l'épisode au pied de la croix qu'il est seul à raconter, lui que les débuts des Actes des Apôtres montrent toujours aux côtés de Pierre, devient «fils» et gardien de la mère : par là, il est établi comme un médiateur discret mais indispensable (entre Pierre et Marie, l'Église du ministère masculin et l'Église de la féminité) et montre, chacune à sa place et dans leurs proportions relatives, les deux dimensions du mystère de l'Église. Il convient de considérer ces proportions à la lumière de la foi, dans la méditation de la révélation concrète. Alors seulement il sera possible de parler utilement de la charge de Pierre dans l'Église, charge qu'il ne faut pas plus isoler que les autres en sortant Pierre de sa situation au milieu du collège des Douze, car chacun de ces derniers a été, lui aussi, appelé par son nom.

III – PIERRE DANS LA STRUCTURE.

a) Impossibilité de l'isoler.

De prime abord il est évident que la communion de l'Église catholique n'est pas exclusivement marquée par le rôle de Pierre et ne peut de ce seul fait être opposée à d'autres communions ou communautés chrétiennes. Nous ne cherchons pas ici à établir dans quelle mesure l'intelligence que la papauté a eue d'elle-même au cours de l'histoire a motivé l'emploi de cette désignation caractéristique unilatérale ; la réfutation s'impose, cela suffit. Pierre est un élément – essentiel, certes – de la structure qui vient d'être décrite, élément aux contours très nets, mais sa figure n'a de sens qu'au sein de cette structure. Reconnaît-on cette situation, alors toute tentative d'opposer entre elles des Églises « de Pierre » (catholique), « de Paul » (protestante), « de Jean » (qui désignerait soit l'Église orthodoxe soit une Église de synthèse dans l'avenir) est vouée à l'échec. Au terme d'une longue préhistoire (11), *Schelling* surtout a développé ce schéma dans ses deux premiers cours sur la philosophie de la révélation, non sans une pointe anticatholique, parce qu'il devait se défendre du soupçon de pencher vers le catholicisme (12). Dans ce schéma, les principes que symbolisent Pierre, Paul et Jean ne procèdent pas concrètement – et ceci est typique – du symbolisme de leur personne réelle, ils sont considérés dans l'abstrait selon des aspects soi-disant opposés. Écoutons plutôt le raisonnement de Schelling : « L'intention évidente du Christ était que toute (!) l'autorité revienne à Pierre et découle de lui. Ceci implique une contradiction avec la vocation extraordinaire de Paul qui tient son ministère apostolique directement du Seigneur et qui est, de ce fait, indépendant de Pierre (!). Paul se garde ostensiblement de toute dépendance à l'égard de Pierre ; cela montre clairement qu'il avait conscience de représenter un principe non soumis à

---

(11) Pour la retracer il faudrait remonter à Joachim de Flore (à qui Schelling lui-même renvoie ainsi qu'à ses successeurs : Schwenkfeld, Sébastien Franck, Lessing, Herder, Quinet), voire jusqu'à Tertullien ; elle est aussi entretenue par la tension entre primauté et collégialité, obéissance et liberté, visibilité et invisibilité, etc., tension qu'aucune ecclésiologie équilibrée ne pourra résorber. L'influence de Schelling s'étend sur Schleiermacher, Marheinecke, Drey et sur les philosophes de la religion et les théosophes russes. Sur le sujet : J.R. GEISELMANN, *Einführung in Möhlers Symbolik* (Darmstadt 1958) ; du même : *Johann Adam Möhler. Die Einheit in der Kirche und die Wiedervereinigung der Konfessionen* (Wien 1940).

(12) *Sämtliche Werke*, 2. Abt. 4. Band (1858) 324.

Pierre, une autorité indépendante de lui » (13). L'«opposition»
ici établie n'a aucun caractère historique, elle déprécie intentionnellement la «main donnée» (Gal 2,9) à Jérusalem, exploite
deux «autorités» l'une contre l'autre, passe outre à l'autorité
réelle de Paul dans les communautés et fait de lui le principe
abstrait de la «liberté» (de la Réforme) à l'égard du «juridisme
sévère» que Pierre incarne et par lequel «tout devait
commencer» – ce qui est une fois de plus historiquement faux :
en effet, le principe pétrinien interprété comme «juridisme
sévère» ne caractérise certainement pas les débuts de l'histoire
de l'Église. Mais Schelling vise à autre chose : il recherche,
opposée à l'Église dotée d'un ministère, «cette véritable Église
universelle (si Église est encore le terme adéquat) qu'il faut
édifier dans l'Esprit et qui ne peut exister que dans
l'intelligence parfaite du christianisme, dans sa fusion effective
avec les sciences et la connaissance en général» (14), donc une
Église de l'humanité où la foi est réduite au savoir ; par rapport
à celle-ci «le protestantisme est *seulement* un passage, un
intermédiaire», une antithèse. «Cette Église est en effet toujours
encore à venir» : c'est l'Église johannique qui sera «seulement
la véritable Église universelle» (15). De plus, cette Église est
utopique : Église «de cette seconde, nouvelle Jérusalem» que
Jean a vu descendre du ciel, «elle comprend en elle et le paganisme et le judaïsme, subsiste en elle-même sans contrainte qui
la limite, sans autorité extérieure de quelque nature qu'elle soit,
parce que chacun s'y adjoint librement» ; «seule religion
vraiment *publique*..., religion de la race humaine qui possède
en elle le plus éminent savoir». Profondément convaincu de
l'irréversibilité de la Réforme réalisée, Schelling ajoute : «Le
christianisme ne peut plus être allemand sous un autre aspect.
Après la Réforme nous ne pouvons le considérer comme nôtre
que sous ces traits, sinon nous devrons le rejeter» (16). On ne

---

(13) *Loc. cit.* 314.
(14) *Ibid.* 321.
(15) *Ibid.* 327.
(16) *Ibid.* 328.

voit guère comment le principe de Pierre survivrait dans cette synthèse, si ce n'est comme un passé *surmonté*; d'ailleurs Pierre, comme Moïse, fonde le passé, Paul et Élie déterminent le présent, Jean et le Baptiste annoncent l'avenir (17); néanmoins on ajoute : « Même Paul ne serait rien sans Pierre » (18).

La vision de l'histoire de l'Église exposée par Schelling reste au fond une vision esthétique; elle n'engage à rien, surtout par rapport au principe d'autorité incarné en Pierre. Quant aux relations inaltérables entre Pierre et Jean, que nous avons relevées dans le chapitre final de l'évangile de Jean, elles passent complètement inaperçues, tout comme chez Joachim de Flore.

b) Réalités symboliques.

L'histoire racontée dans le Nouveau Testament est en soi spirituelle et théologique; cela signifie qu'elle dépasse de beaucoup le plan moral et édifiant. L'essentiel des relations entre Dieu et le monde – concrétisé désormais dans les rapports entre le Christ et l'Église – est représenté dans des épisodes concrets, incarnés, offerts de manière expressive à la contemplation de la foi. La théologie ultérieure en tirera des thèses valables; celles-ci ne devront pourtant jamais s'écarter trop de leur origine évangélique, sous peine de devenir abstraites et sans valeur théologique. Comme le Christ lui-même, Marie, Pierre, Paul, Jean ne sont pas tant des «modèles» (comment le reniement de Pierre serait-il un modèle !) que des types (*typos,* Phil *3,*17, ensuite *synmimètaï,* imitateurs; cf. 1 Cor *11,*1) marquant de leur empreinte la forme de l'Église au cours de l'histoire. Il est clair que cette remarque vaut également pour la différence entre le comportement imparfait des disciples avant Pâques alors qu'ils n'avaient pas encore reçu le Saint-Esprit, et l'attitude qui est depuis Pâques celle des

---

(17) *Loc. cit.* 302-305

(18) *Loc. cit.* 305. Soloviev reprendra l'image du fondement, en en changeant le sens : celui qui persistera.

chrétiens remplis de l'Esprit du Christ ressuscité. Les fautes commises par Pierre avant Pâques, les exhortations et les réprimandes qu'elles lui attirent serviront toujours, au cours de l'histoire du ministère ecclésiastique, à montrer le chemin grâce à leur caractère particulier. Schelling observe, non sans raison : «Tout ce qu'on a reproché à l'Église romaine est préfiguré dans les fautes de Pierre, que l'histoire évangélique ne tait pas, surtout l'évangile de Marc (19).» Les épisodes qui, dans le cas de Pierre en particulier, pourraient donner prise à la critique de son ministère sont trop connus pour qu'il soit nécessaire d'en traiter en détail. Constatons seulement, et non sans regret, que la dogmatique en tant que «science» tarde toujours à les intégrer, laissant à la prédication et à la méditation le soin de les contempler. Leur assigner leur place et leur importance précises demande un sens catholique qui sache garder l'équilibre difficile entre la promesse faite par Jésus à Pierre : en vertu de sa charge (dans le cadre du ministère des Douze) *rien ne prévaudra contre elle* (Mat *16*,18) – et, pour ses successeurs, les tentations très réelles qui découlent de cette charge. Ce problème ne sera jamais définitivement résolu ; c'est le lieu où se tiennent le Christ et l'Église : avant ou après la croix, en route vers la croix (Jean *21*,18 s.) ou venant de là (Actes *1*,3 etc.), pèlerins de l'ancien éon et malgré tout déjà d'avance entourés du nouveau.

Avec son double nom (*tu es Simon fils de Jean, tu t'appelleras Céphas, c'est-à-dire Pierre*, Jean *1*,42) Pierre est dès l'abord un double personnage vivant dans le transitoire. Ce n'est qu'après la résurrection qu'il parvient à l'être-Pierre, et même alors il peut encore commettre des fautes qui autorisent Paul à *lui résister en face* (Gal *2*,11-14). Cependant la conscience de sa responsabilité vit déjà en lui auparavant : ainsi lorsque dans un mouvement de foi vivante, mais non

_____

(19) SCHELLING *loc. cit.* 311. Il cite comme exemples seulement le mot de «Satan», le crescendo des trois reniements, le Seigneur se retournant pour regarder Pierre.

suffisante, il sort de la barque pour être près de Jésus, ou lorsqu'il veut se faire remarquer comme celui qui ne trahira pas son Maître, ou lorsqu'à la Cène il pense devoir connaître qui est le traître, ou lorsqu'il a le courage, devant la meute armée, de tirer le glaive pour défendre son Maître, lorsque enfin il entre dans la cour du prétoire pour être au courant du sort de son Seigneur. Toutes ces interventions, dont l'issue est négative, lui sont sans doute inspirées par sa prérogative ; peu importent le temps et la forme dans lesquels le Seigneur la lui a conférée avant les événements de Pâques. Même la parole d'avertissement qu'il adresse au Seigneur avant la Passion dont il voudrait le préserver, parole qui lui vaut le reproche le plus sévère, d'être un tentateur et un adversaire, a pu lui être dictée par un sentiment mal compris de ses responsabilités. Généralement les reproches du Seigneur sont faits avec douceur et patience : Jésus voit et simultanément ferme l'œil sur le désaccord présentement inévitable entre les intentions de Pierre et ses possibilités. Il tient compte de sa trahison, inévitable ; mais son regard porte plus loin : *Simon, Simon, Satan a réclamé de vous secouer dans un crible comme on fait pour le blé, mais moi j'ai prié pour* TOI *afin que ta foi ne chancelle pas. Et toi, quand tu seras converti, affermis tes frères.* Pierre lui dit : *Seigneur, avec toi je suis prêt à aller en prison et même à la mort.* Jésus dit : *Je te le déclare, Pierre, aujourd'hui avant que le coq chante, tu m'auras renié trois fois* (Luc 22,31-34). Qu'elle est étrange, cette prière du Seigneur pour «Simon», pour sa personne menacée! Ensuite, lorsqu'il annonce son reniement, il appelle «Pierre» celui qui va faillir dans sa charge. Ce même regard qui voit et regarde plus loin se retrouve en Jean *13,36 : Simon-Pierre lui dit : «Seigneur, où vas-tu?» Jésus lui répondit : «Là où je vais tu ne* PEUX *me suivre maintenant, mais tu me* SUIVRAS *plus tard».* Dans le texte de Jean, parallèle à la confession de Pierre, c'est le même demi-jour, sauf que Pierre ne proclame pas seulement personnellement sa foi, il le fait en profonde union avec le collège des Douze. Jésus leur demande : *Et* VOUS, *n'avez-vous pas l'intention de partir?* tout comme il posait en Marc *8,29* (par.) la question aux «disciples» : *Pour* VOUS, *qui suis-je?*

Pierre (qui, dans Jean, jouit déjà de la lumière post-pascale) répond ici encore au nom de tous : *Seigneur, à qui irions-nous ? Tu as les paroles de la vie éternelle. Nous avons cru et nous avons connu que tu es le Saint de Dieu.* Jean ne rapporte pas ensuite, comme le font les Synoptiques, la réprimande adressée à Pierre qui veut empêcher la Passion ; il raconte l'allusion à Judas qui est pour l'Église un sujet de honte encore plus profonde : *Ne vous ai-je pas choisis, vous, les Douze ? Or l'un de vous est un démon* (Jean 6,67-69). Le «nous» de Pierre indique qu'il répond comme responsable dans la collégialité, et nous comprenons qu'il y a là une allusion à celui qui va déserter le collège et que ne concernent plus les déclarations de Pierre. Le dialogue entre Jésus et Pierre au lavement des pieds est, lui aussi, introduit par une allusion à Judas (Jean *13*,2) et se termine de même (*13*,11). Pierre s'effraie et demande : *Seigneur, tu veux me laver les pieds ?* Et comme Jésus lui répond qu'il ne comprend pas à présent mais qu'il comprendra plus tard, il s'écrie : *Jamais tu ne me laveras les pieds*, exclamation qui procède moins de la conscience de sa situation de disciple que de l'étonnement, de l'épouvante (cf. Luc *5*,8 : *Seigneur, retire-toi de moi, car je suis un pécheur*) de se voir pris dans cet énorme bouleversement de toutes les règles. (La parole de Pierre au sujet des trois tentes à la Transfiguration, Marc *9*,5 par., procède d'une réaction analogue.) Le Seigneur, fixé sur son choix, passe outre à ce mouvement de recul, il attire son disciple et lui donne part à son propre ministère (*dorénavant ce sont des hommes que tu prendras*, Luc *5*,10) et à son propre être (*Si je ne te lave pas tu n'auras pas de part en moi*, Jean *13*,8).

En Pierre, nous devons considérer à la fois trois faits.

D'abord, il est élu avant d'avoir reçu du Saint-Esprit l'aptitude à s'acquitter de sa charge en toute responsabilité ; cependant cette élection détermine déjà en principe la décision du disciple : *Ils tirèrent les barques sur la rive et quittèrent tout pour le suivre* (Luc *5*,11) ; *alors Pierre prit la parole et dit :*

vois, nous avons tout quitté pour te suivre (Mat *19*,27) (20).
Cette décision explique l'ouverture (relative) des disciples, en
qui la connaissance de l'être véritable de Jésus progresse
toujours. En effet, Jésus n'est pas apparu en Judée en
proclamant : je suis le Fils du Dieu vivant – ce qui n'aurait
certainement pas produit le moindre effet. Il a attendu que la
vie en sa compagnie et la pénétration de sa vie dans celle de
ses disciples éveille en eux des idées plus élevées, qui
s'exprimeraient alors tout naturellement à la première
occasion : *Tu es le Fils du Dieu vivant* (21). Ce qui se
développe ainsi en eux n'est pas seulement une bonne volonté
humaine (qui d'ailleurs fait le plus souvent fausse route chez
Pierre), ce n'est *pas la chair et le sang* qui leur révèlent la vérité
mais mon Père que est dans le ciel (Mat *16*,17). Même si l'on
renvoie après Pâques la grande promesse faite ensuite à Pierre,
le roc de l'Église, la confession du messianisme de Jésus (Marc
8,29 ; Luc *9*,20) est certainement prépascale et fondamentalement vraie, bien que Jésus en corrige l'expression et la
complète en rappelant le Serviteur souffrant de Yahweh. La
décision de Pierre est irrévocable (où irions-nous ?), il donne
au départ une réponse exacte autant que cela est possible avant
sa soumission à la conduite de l'Esprit. Dire que Pierre, le
pécheur, l'homme purement naturel (*chair et sang*) ait continuellement agi de travers, que seule la grâce d'état le rende
capable d'agir convenablement, est contraire à l'Écriture.
Même avant Pâques on ne peut accuser Pierre de se prévaloir
de sa prééminence : ce n'est pas lui, ce sont les deux *fils du
tonnerre* (Marc *10*,36) qui demandent de siéger à la droite du
Fils de l'homme ; on discerne plutôt chez lui les signes d'une
humilité authentique. Il devra de la part du Seigneur entendre
maintes choses dures, et il les accepte. Il reste peu de chemin à
faire au premier pape pour se ranger, ancien, parmi les anciens
(1 Pi *5*,1).

---

(20) Il n'importe aucunement que ce verset soit attribué au rédacteur, il
répond certainement à la réalité.

(21) J.A. MOEHLER, *Die Einheit in der Kirche*, § 68 (Krit. Ausgabe J.R.
Geiselmann 1957) 231-232. (Trad. fr. : 219-221).

La deuxième conclusion à tirer des situations telles que les présente le Nouveau Testament est que la charge imposée à l'homme Pierre lui impose aussi des exigences excessives. Comment un homme pécheur pourra-t-il user des *clés du Royaume des cieux* alors que l'acte d'ouvrir et de fermer sur terre a des suites éternelles ? Comment pourra-t-il *paître les brebis et les agneaux* de Jésus, l'unique Bon Pasteur (qui tient la place de Dieu dans cette fonction : Ez *34*,11-16), alors que dans la remise du pouvoir pastoral on lui rappelle son triple reniement ? Comment, en marchant ainsi sur les ondes, ne pas s'enfoncer ? comment, dans le désarroi de *l'heure des ténèbres*, ne pas empoigner la première arme qui lui tombe sous la main, une arme familière à l'homme et à ceux qui connaissent l'Ancien Testament et que peut-être Jésus lui-même a commandé d'emporter (Luc *22*,36-38) ? A l'heure même où son Maître, selon le dessein secret de Dieu, doit être dépouillé de sa puissance, abandonné et délaissé de Dieu, comment lui, le représentant de cette humanité dont la faute est expiée au moment même, et d'une Église qui devra un jour passer par l'abaissement avec son Seigneur, pourrait-il se dresser en confesseur magnifique, inébranlable ? En cette heure de vérité inexorable il faut qu'en toute objectivité apparaisse ce que serait, ou mieux ce qu'est une Église dépourvue du fruit de la Passion de son chef. Elle est si frappante, la précision théologique des scènes de la Passion montrant les chrétiens traîtres, renégats, déserteurs, plus couverts de honte que les Juifs et les païens ! Aussi la vue de Pierre qui nie avec serment et ensuite pleure amèrement ne peut que faire voir au chrétien sa propre image contemplée dans un pareil primat. Et sur cette honte amère descend la parole inconcevable de salut et de consolation qui promet le martyre à celui qui devra, comme pasteur, faire paître le troupeau du Pasteur incomparable : *...Lorsque tu seras devenu vieux, tu étendras les mains, c'est un autre qui nouera ta ceinture et qui te conduira là où tu ne voudrais pas. Jésus parla ainsi pour indiquer de quelle mort Pierre devait glorifier Dieu ; et sur cette parole il ajouta : Suis-moi* (Jean *21*,18-19).

160

La grâce du Seigneur franchit l'abîme qui se creuse devant l'insuffisance de l'homme face à sa charge, du pécheur et du renégat devant la mission qui lui impose de paître *parfaitement* le troupeau dans le sens du bon Pasteur. Ce qui paraissait impossible lui est accordé : il suivra l'Unique qui est à la fois prêtre et hostie. Selon la tradition, Pierre a été crucifié les pieds en haut, ressemblant tout en étant différent, conforme dans le retournement. Considérons aussi ces mots : *où tu ne voudrais pas* ; la conformité est pure grâce, elle se réalise en effet dans un mouvement de recul. Mais dans l'histoire du monde, ce refus ne sera jamais assez fort pour paralyser la grâce qui rend conforme. La prière de Jésus a triomphé du *désir du diable* (Luc *22*,31), la puissance de la mort n'aura pas de force (Mat *16*,18) contre ce qui est fondé sur Pierre.

Une troisième réalité devient évidente dans les Actes des Apôtres : Pierre saisit dès le début, comme allant de soi, sa position prééminente jusqu'à ce que son emprisonnement par Hérode l'oblige *à se mettre en route pour une autre destination* (Ac *12*,17) et à laisser à Jacques, frère du Seigneur, le soin de diriger la communauté de Jérusalem. Son sens de l'universalité catholique, qui remonte aux détails de la vision de Joppé et se manifeste ouvertement au «concile des apôtres» (Actes *15*,7-11), le situe spirituellement proche de Paul ; comme ce dernier, sa logique intérieure l'incline à attacher plus de poids à la mission qu'à la direction d'une seule communauté. Certes, cette décision va l'engager lui, l'un des Douze et très proche de Jérusalem, plus profondément que Paul en des conflits intérieurs très graves au sujet des problèmes délicats débattus entre chrétiens d'origine juive et chrétiens venus du paganisme, et sans solution nette pour le moment. Comme en témoignent les Actes des Apôtres, Paul doit à l'initiative de Jacques, le chef des judéo-chrétiens, son arrestation dans le Temple et son extradition chez les Gentils. L'Épître de Clément semble bien suggérer aussi que Pierre a subi le martyre par suite de querelles intestines des chrétiens, sans doute avant tout du fait des judéo-chrétiens : «Pierre qui, victime d'une injuste jalousie, a supporté tant de souffrances – non pas une ou deux ! – et qui, après avoir rendu ainsi témoignage, s'en est allé au séjour de gloire qui lui était dû » (22). Pierre partageait davantage les vues universelles de Paul que celles des partisans de Jacques ; il gardait des liens avec ceux-ci, sans qu'on puisse cependant parler d'une dépendance, voire d'une « subordination » (23). Il est donc permis de supposer que Pierre se trouvait devant le parti de Jérusalem « dans une position plus difficile que Paul, plus indépendant » ; le conflit survenu à propos des repas, à Antioche a dû « le mettre en face d'un dilemme particulièrement douloureux que nous pouvons seulement soupçonner... La situation des médiateurs est toujours particulièrement difficile » (24). Le glaive qui traverse toute l'existence de Paul – *Juif avec les Juifs... avec ceux qui sont sans loi comme si j'étais sans loi... j'ai partagé la faiblesse des faibles... je me suis fait tout à tous... à cause de l'Évangile* (1 Cor 9,20-27) – aura donc encore plus douloureusement transpercé Pierre, broyé par la « jalousie » (zelos : Clém. 5, 4), mais qui garde le silence ; on ajouterait presque : *afin que soient révélés les débats* (pervers) *de bien des cœurs* (Luc 2,35) devant ce signe de contradiction.

Il sera utile d'écouter, à propos de l'incident d'Antioche, quelques phrases d'Ignace Döllinger : « Le pire était donc évité (grâce au compromis du concile des Apôtres), la liberté chrétienne des croyants venus du paganisme était sauvegardée ; mais la difficulté principale n'était pas résolue ;

---

(22) 1 Clém. 5, 4. (A. Jaubert, S.C. 167, 1971, 109).

(23) Conclusion que O. Cullmann a pensé devoir tirer du mot *phoboumenos* (Gal 2,12) : *Petrus, Jünger - Apostel - Martyrer* (² 1960) 57, 256 s. La « crainte » de Pierre face aux circoncis n'est pas nécessairement la peur d'un subalterne devant un supérieur, comme le supposait Cullmann en s'appuyant principalement sur des passages des Pseudo-Clémentines (257) ; elle montre qu'il voulait tenir compte du parti dur et intransigeant dont les épîtres de Paul nous font suffisamment connaître les méthodes. Il s'ensuit qu'on ne peut admettre comme « prouvé sans équivoque » que la réprimande adressée par Paul à Pierre suppose que celui-ci, « devant Jacques dont il craint les partisans, ne joue pas le rôle d'un chef » (258).

(24) *Loc. cit.* 58 ; de même 119-120.

sans doute était-ce à dessein qu'on ne l'avait pas mentionnée au concile. Les judéo-chrétiens et les Apôtres eux-mêmes étaient tacitement supposés continuer à observer la Loi... Les Apôtres estimaient sans doute que les exigences de la loi rituelle devaient s'effacer devant les devoirs plus élevés de la charité fraternelle chrétienne et les droits plus excellents des membres du corps de l'Église.» Pierre «n'hésite pas, en effet, à vivre à la manière des païens», à prendre ses repas avec les pagano-chrétiens jusqu'à l'arrivée des gens de l'entourage de Jacques : alors il se retire. «Ce faisant, il ne contrevenait pas à la décision prise au concile, rien n'ayant été fixé au sujet de ces relations ; en réalité celui qui transgressait cette partie de la loi était, aux yeux de tous les Juifs, un contempteur de la loi. Pierre pensait sans doute que, contraint de choisir entre le scandale donné aux Grecs et celui qu'il causerait aux Juifs, il devait choisir le moindre mal. Paul dit : il craignait ceux de la circoncision, ce qui ne dénote certainement pas un manque de courage moral, il en avait fait preuve suffisamment (à Jérusalem)... Comme pasteur établi par le Christ sur tout le troupeau, il appartenait à l'un et à l'autre partis ; cependant jusque-là il avait été avant tout l'apôtre d'Israël ; il n'avait pas l'intention d'abandonner déjà son activité à Jérusalem et en Judée..., (bien qu'il eût) par le baptême de Corneille, franchi le mur de séparation de la loi rituelle et défendu son droit devant les hésitations des autres.» Paul, «apôtre des gentils et prédicateur de la liberté évangélique, trouvait inadmissible la décision présente de Pierre ; il pensait aussi que le parti des zélotes pharisiens qui voulaient faire imposer aux chrétiens de la gentilité tout le joug de la loi, allait abuser de cet exemple du prince des Apôtres. Il reprend publiquement et sévèrement la conduite de Pierre : celui-ci agissait par respect humain et désavouait sa propre conviction, c'était là de "l'hypocrisie", de la dissimulation. On ne nous apprend pas ce que Pierre a répondu, en tout cas la mésentente ne dura guère, car sur le fond les deux apôtres étaient d'accord. Paul lui-même n'a jamais songé à exiger des judéo-chrétiens en général et de ceux qui habitaient Jérusalem qu'ils délaissent complètement la loi..., (lui-même) n'hésitait pas à observer la loi lorsqu'elle n'entrait pas en conflit avec les devoirs plus élevés de son apostolat et avec son attitude à l'égard des pagano-chrétiens» (25).

Il convient de mettre davantage en lumière ces considérations, afin que le troisième aspect de tout ce qui concerne Pierre ne semble pas se réduire aux seuls éléments qui se rapportent au gouvernement de l'Église, à sa mission et à son martyre. Le «tort» (Gal 2,11) de Pierre à Antioche peut se présenter comme une suite de ses fautes prépascales dont nous avons dit qu'elles faisaient partie du «typos» au même titre que les regrets de Pierre avant ou après Pâques (Marc 14,72 par.; Jean 21,17). Néanmoins la portée de ces «torts» ne peut pas se comparer à son reniement, par exemple : ils sont uniquement des effets de son souci pastoral qui cherche, grâce à un compromis, la solution la moins préjudiciable dans une situation objectivement inextricable. Comment éliminer ces «torts» qui marquent le type et la situation symbolique de Pierre ?

c) Présence actuelle.

Avant de poursuivre notre réflexion, arrêtons-nous à une objection. Nous sommes partis de la constellation humaine concrète qui gravite autour de la figure de Jésus : en simplifiant nous y avons compris le Baptiste, sa Mère, les Douze (surtout Pierre et Jean) et Paul. Or cette constellation paraît se situer entièrement au temps des origines – même si ce fait ne lui ôte rien de son importance théologique pour l'Église de notre temps. Seul Pierre semble faire exception, du fait que, par une succession personnelle particulière, il sera représenté jusque dans l'Église d'aujourd'hui par le pape actuellement en fonction. Il semble absurde d'admettre une succession analogue pour le Baptiste ou pour Marie, pour Jean ou pour Paul. Pierre ne ferait-il pas mieux de demeurer, comme les autres, limité à la période des fondateurs : historiquement unique bien que pour toujours «roc» et «fondement», et de

(25) *Christentum und Kirche in der Zeit in der Grundlegung* ([2] 1868!) 62-64.

laisser aux chefs ayant à gouverner l'Église après lui le soin de figurer dans le rang avec leur propre caractère, tout différent ? En acquérant, grâce à son « successeur » actuel, un caractère concret et isolé en apparence, ne devient-il pas d'autant plus et sans arrêt une pierre d'achoppement pour tous les chrétiens non romains ?

Dans notre réponse nous ferons remarquer d'abord que le caractère de scandale s'attachant à Pierre vient de la mission particulière de celui-ci dans la structure théologique. Comme pasteur qui doit paître *tout* le troupeau, il doit revendiquer à la fois l'autorité (d'enseigner et de diriger) et l'unité. Combiner les deux fonctions est un charisme particulier qui ne l'isole cependant pas en le sortant de l'ensemble des missions fondamentales ; celles-ci continuent de leur côté, non moins concrètement et à leur manière, à vivre et à être présentes à l'Église.

Le Baptiste garde dans sa mission son double visage. Il donne corps à la réalité ancienne qui, devant la nouvelle qui vient et lui est signalée, se retire, s'éteint, se perd comme une simple *voix dans le désert* : « Je ne suis pas le Messie, je suis seulement envoyé devant lui. » *Il faut qu'il croisse et que je diminue* (Jean *3*,28-30). Mais d'autre part, comme *ami de l'Époux* et le dernier de ceux qui furent livrés à la mort et dont Jésus se déclare solidaire (Luc *13*,33), il franchit la frontière : les Douze, tout comme lui, sont envoyés devant Jésus, et Paul n'est « rien » (2 Cor *12*,11) : *Est-ce Paul qui a été crucifié pour vous ?* (1 Cor *1*,13). Les apôtres et les disciples de Jésus continuent à lui préparer le chemin, en disparaissant ils laissent la place à Celui qui doit venir. Le Nouveau Testament efface comme à dessein la fin de Paul, de Pierre, de Jean... Ainsi le Baptiste reste lui aussi présent dans l'Église.

Marie se retire au cœur de l'Église pour y être une présence réelle mais qui s'efface continuellement devant son Fils. Nous aurons à revenir en détail sur ce fait. Pour se rendre compte de la réalité de cette présence il suffit de regarder l'Église d'Orient ; là, le principe marial pénètre toute l'existence ecclésiale, la vivifie, l'anime, la parfume, ce qui vaut presque mieux qu'une mariologie particulière mise en formules bien définies. Les catholiques devront considérer attentivement la présence anonyme de Marie dans la théologie de l'Église des premiers siècles ; là on se contente de voir en Marie le «type» et le modèle de *l'épouse immaculée, sans ride ni souillure* ; plus tard, le dualisme cède le pas à une compénétration croissante, à une dévotion mariale structurée ; il faut alors veiller sans cesse à maintenir l'équilibre entre les deux courants, tel que le chapitre final de *Lumen Gentium* l'a rétabli. L'importance de la présence de l'élément marial pour bien situer le rôle de Pierre est peut-être ce qui montre le mieux combien cette présence est concrète : nous aurons à y revenir.

Quant à la présence des Douze (y compris Jean) et de l'apôtre Paul dans ce que nous appellerons la succession apostolique de tout le collège épiscopal, elle est incontestablement actuelle. Les relations entre primauté et collégialité, si difficiles à délimiter clairement au point de vue juridique, montrent à l'évidence que dans l'Église catholique il ne peut être question d'isoler la charge de Pierre. Tout le monde sait que si le concile de Vatican I l'a fait malgré tout, c'est uniquement par suite d'un hasard de l'histoire, qui a rendu impossible d'exécuter jusqu'au bout un projet conciliaire beaucoup plus vaste. La situation de Paul, choisi directement par le Seigneur et accrédité par le collège des Douze, est unique en son genre et n'admet pas de succession, sauf en de lointaines analogies : il peut exister des vocations «charismatiques» dont l'évidence divine impose au ministère leur reconnaissance et requiert leur admission dans son sein. Sans doute les choses se sont-elles passées ainsi à l'ordination sacerdotale d'Origène. La présence de Jean est tout aussi nette, mais plus difficile à délimiter : certes, il est possible de constater une certaine origine johannique dans le ministère (Ignace-Polycarpe-jusqu'à Irénée), mais ce n'est sans doute pas là ce qui importe ; ce qui compte est de «demeurer». Cette idée ouvre le passage concernant les premiers disciples (Jean *1*,39) et clôt l'appendice de l'évangile : *Si je veux qu'il demeure jusqu'à ce que je vienne, que t'importe ?* (Jean *21*,22-23). Phrase énigmatique à dessein, qui affirme deux choses : le disciple bien-aimé demeurera réellement, sans que la mort mette sa présence en question, à travers tout le temps de l'Église ; et le caractère énigmatique de cette présence, dans la volonté du Seigneur de l'Église, la maintient à l'écart de l'instance de contrôle de Pierre. La manière dont Jean disparaît des Actes des Apôtres (et laisse la place au personnage extraordinaire de Paul), ensuite (dans la troisième Épître) le fait qu'il est relégué par un ambitieux en marge de sa communauté (3 Jean 9 ss.) caractérisent son «demeurer». Le principe réel de l'amour, d'un amour intime, sacré, étroitement lié à la vie et à l'attitude de Marie ; d'un amour qui tout en reconnaissant humblement la prérogative de Pierre, a néanmoins conscience de la préférence dont il jouit (26), reste toujours présent «en» Pierre (*21*,5) et cependant «à côté» de Pierre (*21*,20-23) pour rendre celui-ci attentif à la présence du Seigneur (*21*,7) ou servir d'intermédiaire entre le Seigneur et lui (*13*,23 ss ; *21*,20 ss.). Cette coexistence entre «l'amour» et le «ministère», thème qui traverse tout le quatrième Évangile et le termine par une fugue grandiose subtilement contrepointée sur ce thème, est sans doute l'aspect le plus actualisé de toute la «constellation», bien que d'une façon très différente de ce que prévoyaient Joachim, Schelling ou leurs successeurs. Ce que nous venons de dire se lit directement dans l'Évangile ; ce ne sont pas là des

---

(26) Cf. son élection, première en date (avant celle de Pierre) (Jean *1*,37-39) ; le disciple bien-aimé penché sur la poitrine du Seigneur, de sorte que Pierre doit adresser sa question au Seigneur par-dessus sa personne, *13*,24 ; le disciple que Jésus aimait entre dans le palais du grand-prêtre tandis que Pierre reste dans le vestibule (*18*,15) ; il est présent près de la croix tandis que Pierre est absent ; il arrive au tombeau avant Pierre («le premier», *20*,4), il reconnaît le premier le Seigneur lors de la pêche miraculeuse (*21*,7), son intervention à la Cène est rappelée encore une fois (*21*,20) et finalement sa survie (*21*,23). Le «concours mutuel», dans le quatrième évangile, entre le «ministère» et l'«amour» est exprimé d'une façon presque naïve par les mots : «ils coururent tous les deux ensemble» au tombeau, suivis de cette constatation profondément symbolique concernant le premier arrivé (l'amour), le premier à entrer (le ministère) ; qui cède le pas à qui et sous quel rapport ?

abstractions ni des constructions. On dirait que le rédacteur du dernier Évangile a prévu l'isolation possible qui pouvait menacer le principe du ministère à partir de textes comme Mat *16*,18-19 et l'a en conséquence, avec tout le respect dû au «roc» (*1*,43), enveloppé paternellement ou maternellement ; ce n'est pas en vain qu'ici *fils de Jonas* (Mat *16*,17) est rendu par *fils de Jean* (Jean *1*,42 et surtout *21*,15). Pour celui qui a des yeux pour voir, il en résulte une coexistence beaucoup plus intime et plus réelle, à travers tous les âges, que par exemple entre Pierre et Paul. Dans la tradition romaine et donc dans la liturgie, ceux-ci sont nommés et fêtés ensemble comme les patrons martyrisés ensemble, et vraiment comme les «fondateurs» de l'Église principale (Irénée, après Papias (27), Tertullien (28)) ; malgré leur proximité dans le conflit entre judéo- et pagano-chrétiens, ils sont différenciés l'un de l'autre exactement comme le sont le ministère ecclésiastique et l'écrivain théologien de génie. *Pierre* s'incline, à la fin de la deuxième épître qui porte son nom, devant la *sagesse qui lui a été donnée* (à Paul), mais ajoute aussitôt que dans ses lettres il se *trouve des passages difficiles dont les gens ignares et sans formation tordent le sens... pour leur perdition* (2 Pi *3*,15 s). Sous ce rapport – lorsque Paul est considéré surtout comme «docteur» – le ministère observe de préférence une réserve qui examine avec soin et plutôt amicalement ; mais sous un autre rapport, lorsque Paul donne dans son comportement concret une démonstration du ministère, on constate que les deux, Pierre et Paul, se recouvrent ou qu'il y a une immanence de Pierre dans Paul.

---

(27) *Adv. Haer.* 1. 3, 1 (Ed Adelin Rousseau et Louis Doutreleau. SC, 211, 1974, 22).

(28) *De Praescriptione* 36 ; *Scorpiace* 15 ; *Adv. Marc.* IV 5.

IV – LE MINISTÈRE DE PIERRE, PRÉSENCE CONCRÈTE DU CHRIST.

a) La collégialité et la primauté.

Le Seigneur ressuscité veut rester concrètement présent à son Église tous les jours, jusqu'à la fin du monde. Il est impossible de l'isoler comme tel de la constellation de sa vie historique dont nous venons d'esquisser les contours. L'iconographie médiévale montre à quel point l'Église était alors consciente de cette situation et combien il lui semblait important de la rappeler à tout chrétien qui franchissait le porche d'une église. Mais voici que nous rencontrons cette présence sous un double aspect. D'une part, dès les origines la parole de Jésus *là où deux ou trois...* suggère et soutient la pensée que le Christ se rend présent dans la communion d'amour de l'Église ; or, pour l'Église considérée dans son ensemble, dans sa catholicité (comme il est d'usage de dire depuis *Ignace d'Antioche*) (29), l'origine de cette totalité peut se situer dans la communion d'amour des Douze autour de Jésus, toujours actuellement présente. D'autre part, le commencement historique de cette communion d'amour peut être ramené à la promesse de Jésus faite à Pierre seul : *Tu es le roc, et sur ce roc je bâtirai mon Église.* C'est dans cette perspective que l'Église de Rome est distinguée par le titre de « celle qui préside à la charité » (30) ; c'est elle qui est règle et guide pour le comportement chrétien (31), comme le prouve déjà la lettre adressée par *Clément* aux *Corinthiens* (31) ; c'est elle qui a été instruite par les deux princes des apôtres de façon déterminante et avec autorité (32). Voilà ce qu'Ignace écrit aux

---

(29) *Lettre aux Smyrniotes*, 8, 2 (Ed. Camelot, SC, 1951, 162). Ensuite plusieurs fois dans le Martyre du disciple d'Ignace, Polycarpe : dans le titre, 8, 1 et 19, 2. (*ibid.*, 242, 252, 268).

(30) IGNACE, *Lettre aux Romains*, salutation (*ibid.*, 124).

(31) « Vous avez enseigné les autres ; je veux que ce que vous commandez aux autres par vos leçons garde sa force » (*Aux Romains* 3, 1) (128).

(32) « Je ne vous donne pas des ordres comme Pierre et Paul : eux étaient des apôtres, moi je suis un condamné... » *Ibid.* 4, 3 (130).

Romains. De plus, Rome reçoit la visite de Papias, de Polycarpe, d'Hégésippe, d'Abercius ; Irénée y séjourne, et tous comptent y trouver la source la plus profonde et la plus pure de la tradition évangélique. Denys, évêque de Corinthe, exalte, comme Paul l'avait déjà fait dans l'Épître aux Romains (*1*,7) et de même Ignace, la «coutume bien connue depuis les origines» qu'avaient les Romains «de faire du bien aux frères par tous les moyens» selon «la tradition de vos pères» (33). Nous en arrivons ensuite au témoignage d'*Irénée*; celui-ci reprend les méthodes de ses prédécesseurs (34) pour démontrer contre les gnostiques la doctrine pure et une de l'Église, à la fois par la succession traditionnelle reconnue des évêques dans toutes les communautés et par leur magistère institué par les apôtres (instituti sunt) et transmis par eux (suum ipsorum locum magisterii tradentes). Pour ne pas avoir à citer toutes les listes d'évêques de toutes les Églises (ce qui lui serait impossible), Irénée se contente de prendre la liste romaine ; en effet, c'est avec cette Église, en raison de son origine plus excellente (propter potentiorem principalitatem), que doit nécessairement s'accorder toute Église – c'est-à-dire les fidèles de partout – elle en qui toujours, au bénéfice de ces gens de partout, a été conservée la tradition qui vient des apôtres (35).

---

(33) EUSÈBE, *Histoire de l'Église*, IV 23, 10. Denys répond à une lettre du pape Soter, fait lire sa lettre comme «une exhortation» pendant le service liturgique «ainsi que la lettre qui (nous) a été écrite par Clément» : Corinthe a donc non seulement accepté la lettre d'admonition de Rome (v. 96), mais la respectait encore quatre-vingts ans plus tard.

(34) Surtout Hégésippe et Justin (dans son ouvrage perdu *Syntagma adversus omnes haereses*), auxquels Irénée a sans doute emprunté leur méthode et une partie de leur contenu : *Adv. Haer.* IV 6 (éd. A. Rousseau, SC, 100[2], 1965, 438-440). Pour l'un et l'autre il en va «de la tradition sûre de la prédication évangélique» (Hégésippe, chez Eusèbe IV 8, 2) et de son unité face à l'éparpillement des hérétiques qui se disent chrétiens mais ne se conduisent pas autrement que les philosophes, malgré le grand nombre de leurs écoles : JUSTIN, *Apologie* I, 26.

(35) *Adv. Haereses*, I. 3,1-2 (SC. 211, 1074, 30-32); voir le commentaire SC, 210, 223-236.

Nous n'ajouterons pas de commentaire à ce texte célèbre. Passons plutôt à l'une des interprétations possibles, celle que défend surtout Cyprien. Selon lui, les deux facteurs que nous avons signalés sont liés indissolublement ; l'Église et son unité sont essentiellement une communion dans la foi et l'amour. Cette unité ne se manifeste pas seulement (comme chez Ignace) par l'union infrangible des fidèles avec leur évêque, mais aussi par celle des évêques entre eux ; et l'évêque de Rome, origine historique de tout l'«ordo» épiscopal, est l'exposant stable, l'expression et le symbole de cette unité. L'«ordo» qui, de par le Christ, organise l'Église (en «plebs» et «clerus») embrasse juridiquement l'un et l'autre élément : la communion de l'amour et l'autorité juridique (sur laquelle on insiste fortement) qui maintient, comme au temps des apôtres (par exemple par l'excommunication), la pureté de la foi et de l'amour. C'est par l'unanimité entre les évêques qu'est représentée et réalisée la communion d'amour de toutes les Églises : «connexam et ubique conjunctam catholicae ecclesiae unitatem» (36). La réalisation idéale de cette unité de l'épiscopat – «episcopatus unus est, cujus a singulis in solidum pars tenetur» (37) – est garantie par le fait que le Christ a d'abord confié au seul Pierre (Mat *16*,18) tout ce qu'il allait plus tard confier collégialement aux Douze (38). Lorsque Cyprien parle de l'«unique chaire» de Pierre et de sa primauté, il a toujours en vue cette priorité dans le temps (39), qui fait de

---

(36) *Epis.* 55, 24.

(37) *De Unitate Ecclesiae* 5. «Cum sit a Christo una Ecclesia per totum mundum in multa membra divisa, item episcopatus unus Episcoporum multorum concordi numerositate diffusus» : *Epist.* 55, 24. Mais cette unité de l'épiscopat demeure le fondement de l'unité de toute l'Église, à laquelle elle est ordonnée, unité de la «plebs una in solidam corporis unitatem concordiae glutino copulata» : *De Unitate*, 23.

(38) «Hoc erant utique et ceteri apostoli quod fuit Petrus, pari consortio praediti et honoris (ministère) et potestatis, sed *exordium* ab unitate proficiscitur, ut Ecclesia Christi una monstretur» (*De Unitate* 4).

(39) Cf. *Epist.* 59, 14 : «ecclesia principalis». Il importe peu que ces mots se trouvent dans une recension du livre sur l'unité de l'Église (chap. 4) et manquent dans une autre : les deux rédactions, adaptées à des

l'évêque de Rome l'expression et le représentant du collège des évêques, mais non son chef juridique. Cependant ce «devoir» idéal de l'unité d'intention des évêques et de leurs Églises sera sans cesse, durant le court épiscopat décennal de Cyprien, mis à rude épreuve par la réalité, et sa conception apparaîtra insuffisante : tantôt, conscient de sa dépendance directe du Christ, il réagit contre les exigences de Rome (dans l'affaire du baptême conféré par les hérétiques), tantôt au contraire il demande au pape d'intervenir au sujet de questions litigieuses que lui-même, Cyprien, avait tranchées dans d'autres cas (40). Il devient clair que cette unanimité d'amour de l'«épiscopat» demeure une *abstraction* tant que la primauté effective, juridiquement reconnue, du siège de Rome ne lui aura pas imprimé un caractère concret et durable. Retenons que l'échec de l'idée de Cyprien sur la collégialité comme seul principe de l'unité dans l'Église présente devient manifeste précisément dans le conflit irréductible des opinions ; plus tard nous l'examinerons en détail.

L'idée de primauté mise en avant par Irénée se développe encore en un sens différent qui apparaît surtout, mais non exclusivement, dans la manière dont les évêques de Rome comprennent les responsabilités de leur charge. Au synode de Sardique (vers 343-344), l'évêque de Rome est considéré comme l'instance d'appel juridique et de «recours» surtout en cas de litige (41), et le «siège de l'apôtre Pierre» est désigné comme le «chef» (42). De son côté, le pape Sirice ressent le poids de la responsabilité qui lui incombe, bien qu'il ne la porte pas comme simple individu ; il écrit en 385 : «Nous portons les fardeaux de tous ceux qui sont chargés ; ou plutôt c'est le bienheureux apôtre Pierre qui les porte en nous, qui nous

---

circonstances différentes, sont vraisemblablement dues à Cyprien lui-même.

(40) *Epist.* 68.
(41) DSch 133-135.
(42) DSch 136.

protège et nous garde comme ses héritiers en tout ce qui concerne l'exercice de son ministère» (43). La primauté que Cyprien considérait comme une priorité dans le temps devient ici, dans le chef qui «juge avec autorité» (44), Pierre lui-même toujours présent comme origine et «source première où puisent les autres Églises» (45). Dès lors, la «charge accablée de soucis» devient la «notion même (summa) du sacerdoce» dont la décision fixe «la notion même des choses (summa rerum)» (46). Cette doctrine de la responsabilité universelle qui passe de Pierre à son «héritier» et concerne l'Église universelle est formulée chez *Léon le Grand* d'une manière systématique et appréciée avec justesse : tout en tenant grand compte de la collégialité, interprétée dans le même sens que par Cyprien, elle se fonde essentiellement sur la plénitude du pouvoir (plenitudo potestatis) et en dépend (47). Il n'est pas sans intérêt de noter que l'image de la «source» dont procède le pouvoir ministériel dans l'Église peut imperceptiblement devenir celle de la «maternité», de sorte que dans le Haut Moyen Age la forme concrète de Pierre, présente dans les origines, attire à elle également la forme de présence mariale. Le caractère *concret* des origines se maintient dans ce sens comme unité personnelle, mais parfois de façon si unilatérale qu'il tend à attirer à soi (48) le caractère tout aussi originel du collège des

---

(43) DSch 181.

(44) Innocent Ier en 417, DSch 217.

(45) DSch 217 ; cf. 218 : «Scientes quod per omnes provincias de apostolico fonte petentibus responsa semper emanent.» Nouvel emploi des images du «chef» et de la «source» chez Boniface Ier (422) DSch 233.

(46) DSch 234.

(47) P. Batiffol, *Le Siège apostolique* (Paris 1924) 359-451 ; voir aussi Y. Congar, *L'Église de saint Augustin à l'Époque moderne* (1970) 28 s. Léon constate au sein de la «dignitas communis» des évêques (comme jadis des apôtres) une «quaedam discretio potestatis», considérant tout ministère ecclésiastique comme «sollicitudo» qui conflue finalement «dans l'unique siège de Pierre comme souci (cura) de l'Église universelle» : DSch 282.

(48) «...sacrosanctam Ecclesiam in beato Petro Apostolorum principe consecratam quasi magistram et matrem ceteris praeeminere» :

Douze représenté dans celui des évêques, et parfois même celui de la pure et sainte Église concrétisée en Marie (49).

Nous ne nous proposons pas ici d'exposer la lutte entre ces deux points de départ dans l'interprétation de la primauté à travers les siècles de l'histoire de l'Église jusqu'à *Lumen Gentium*, qui trouve la formule d'un équilibre équitable et apaisant. Considérons plutôt un aspect particulier de la question. Dès les origines (lettre de Clément) l'activité de l'évêque de Rome, qui s'étend au-delà de son diocèse, semble liée à des fonctions de médiateur dans les questions litigieuses : ces situations font apparaître, au sein de la « communion » vécue dans l'unanimité, les dimensions et les fonctions du droit.

b) Amour, droit, pouvoir.

Dès son œuvre de jeunesse L'UNITÉ DANS L'ÉGLISE (1925) (50) et jusqu'aux formules mieux équilibrées de sa SYMBOLIQUE (1932) (51), Jean Adam Möhler pose avec une insistance extrême la question qui nous occupe et la mène à un point qui appelle un développement ultérieur au sien. Sur l'unité collégiale Möhler penche sans doute vers les vues de Cyprien avec la tradition qu'il recueille tant du gallicanisme, du fébronianisme, des idées de l'Aufklärung (le pape, centre de l'unité) que de ses sources romantiques directes, Drey et

---

Innocent III en 1199 (DSch 774 ; cf. 811). Voir aussi CONGAR, *loc. cit.* 96 note 5 ; A. MAYER : *Das Bild der Mater Ecclesia im Wandel der Geschichte*, in : *Pastor Bonus* 53 (1942) 33-47 ; Introduction d'Y. Congar à la traduction française de Karl Delahaye : *Ecclesia Mater* (Cerf 1964) 9 note 5.

(49) Déjà Pélage I (556-561) rapproche la « catholicae veritas *matris* » et l'« Ecclesia » demeurant auprès de l'unique siège qui rassemble en lui tous les sièges apostoliques ; comme celui qui a reçu les *clés*, ils ont aussi reçu tous ensemble le pouvoir de lier et de délier : DSch 446.

(50) Cité selon l'édition critique de J. R. Geiselmann (Hegner 1956) (= E).

(51) Cité selon l'édition critique de J. R. Geiselmann (Hegner 1958) (= S I et II).

Schleiermacher (52) : «J'ai hésité longtemps sur la question de savoir si la primauté d'une Église était caractéristique de l'Église catholique, j'étais même tenté de le nier ; en effet, l'unité de l'épiscopat semblait... réaliser pleinement l'union organique de toutes les parties en un tout, union que l'idée même d'une Église catholique postule et représente » (53). Il cite en les approuvant, les textes de Cyprien sur la *cathedra Petri* et l'*ecclesia principalis* « d'où est issue l'unité des évêques » (54). Pour Möhler, l'Église est essentiellement et historiquement une communauté d'amour originelle, formée non par des efforts humains, mais par la puissance du Saint-Esprit qui l'habite. Celui là seul peut comprendre l'Église qui se situe activement au sein de cette union d'amour (55), de même que la révélation de Jésus par lui-même n'a pas été imposée de l'extérieur à ses disciples, mais que ceux-ci ont dû l'accepter intérieurement et l'affirmer (56). Contemplé de la sorte, le caractère idéal de l'Église (c'est-à-dire le fait qu'elle est pure communion d'amour) coïncide avec sa propre réalité présente dans le Saint-Esprit : « car tout ce qui est vraiment idéal est à la fois également réel. La véritable communauté spirituelle a toujours été conçue par Paul, et après lui, comme

(52) Sur l'influence de Drey : E. Introduction (30 ss.) ; sur l'influence de Schleiermacher : E 586 s.

(53) 2 § 67, 227 (trad. fr., 217)

(54) E § 70, 236 (trad. fr., 224-226).

(55) E § 7, 21 (trad. fr., 20-21) ; cf. la première introduction : «...donc celui qui vit actuellement dans l'Église et y vit vraiment vivra aussi dans les premiers temps de l'Église et les comprendra, et celui qui ne vit pas dans l'Église actuelle ne vivra pas non plus dans l'Église primitive et ne la comprendra pas, parce que les deux ne font qu'un... Celui qui est issu de l'Église n'y apporte rien d'étranger, puisque c'est l'Église qui l'a engendré et a imprimé en lui son être et son essence : elle s'est d'abord installée en lui et c'est cela qu'à présent il met en évidence...» E 328 (trad. fr., 240).

(56) Nous avons cité ci-dessus (p. 159) le passage de *L'Unité* qui montre Jésus obligé de mettre son existence profonde sous les yeux des disciples en la vivant devant eux avant qu'elle ne trouve son expression formulée par leur foi (E § 68, 231 s.). Ce principe forme la base de l'ouvrage de Jacques Guillet : *Jésus devant sa vie et sa mort* (Aubier 1971).

une puissance active qui se représente et se forme. Une authentique communauté spirituelle bien vivante et non seulement pensée, n'est réellement telle que lorsque nous faisons vraiment partie de la communauté et non pas lorsque nous *l'imaginons* seulement ; lorsque nous nous reconnaissons et nous considérons comme un membre de tout le corps, que nous vivons et existons en lui... La communauté des croyants est donc idéale seulement dans la mesure où elle est réelle, de même elle ne pouvait devenir réelle que parce qu'elle est idéale » (57). L'unité vécue est comme spontanément une multiplicité et une individualisation que domine l'unité (58) ; elle donne aussi un corps et une expression aux réalités spirituelles (59) (deux principes fondamentaux de la pensée romantique). Après la première partie dont le sujet principal est l'esprit du principe d'unité, Möhler peut exposer dans la deuxième partie les degrés de plus en plus concrets de l'unité visible, qui s'édifient à partir de la base : unité (de la communauté) dans l'évêque, unité des évêques dans le métropolitain et dans les synodes (particuliers), ensuite de tout l'épiscopat (Cyprien) et enfin, dernière concrétisation, « unité dans la primauté », « représentation dans une image vivante » de l'unité épiscopale (60).

Ce développement de l'unité intérieure s'est poursuivi de manière historique et organique pendant les premiers siècles. (Drey avait proposé d'interpréter ce devenir comme la réalisation de plus en plus nécessaire de l'unité, d'abord seulement « virtuellement » présente dans son idée (61).) Il était néan-

---

(57) E § 31 (de la dernière rédaction) 101 (trad. fr., 96-97).

(58) E § 39-40 (trad. fr., 118-128).

(59) E introduction (74) sur la primauté du spirituel qui se crée lui-même son « expression corporelle » : cf. § 8, 23 : « La lettre... uniquement expression de l'esprit » (*Ibid.* 25). « Le corps de l'homme est une manifestation de l'esprit qui fait connaître sa présence et se développe en lui » : § 49, 168 (trad. fr., 23-24 et 163-165).

(60) E § 67, 228 (trad. fr., 218).

(61) Cf. la présentation de Geiselmann E (34 ss.).

moins inévitable qu'apparût aussi le point de vue réaliste. Le caractère idéal de la pure unité d'amour, d'une Église toute «paradisiaque», allait être «troublé plus tôt qu'on ne l'aurait prévu»; l'«égoïsme» (que Möhler considère comme le principe de l'hérésie) «menaçait de rompre les liens». Voilà pourquoi la sphère du droit vient s'articuler avec celle de l'amour : «toute l'énergie auparavant dispersée sera concentrée dans un seul pour être capable de résister d'autant plus énergiquement à tout ce qui contrarie son développement» (62). Mais l'égoïsme ne se trouve pas seulement hors de l'Église, dans l'hérésie qui se met à part. Celle-ci est plutôt déjà le fruit d'un péché au sein de l'Église elle-même. Aussi l'évêque se voit-il contraint «de passer aux actes *malgré* et *contre* la volonté de la majorité de la communauté», ce qui montre «que le premier amour... a été abandonné» (63). Lorsque ce désaccord intime entre l'unité d'amour (disparuc) dans l'Églisc entièrc, et la forme d'expression qui donnait originellement corps à cet amour et qui est à présent condamnée à s'y opposer comme loi et autorité, tend vers son paroxysme, la «loi» devient le «pouvoir»; tout naturellement le détenteur de ce «pouvoir» – dans cette situation où l'amour est refroidi et en danger – est tenté de ne plus se comprendre lui-même et d'abuser du pouvoir en despote (64). Selon Möhler, la loi est l'amour refroidi et le despotisme la conséquence possible de l'abandon de la loi (65).

---

(62) E § 71, 239 (trad. fr., 228-229).

(63) E § 55, 192 (trad. fr., 184).

(64) E § 71, 241 (trad. fr., 230).

(65) Geiselmann (E 620-625) présente de manière très éclairante les sources de cette doctrine et ses parallèles : en premier, Drey, pour qui l'Église est d'abord une fraternité et devient ensuite un «royaume» dont le pouvoir, qui doit s'opposer à l'égoïsme, est «entièrement orienté vers l'amour». Elle ne peut donc user de son pouvoir que comme médiatrice et réconciliatrice : «mais la réconciliation est fille de la douleur, dans la douleur la rancune se dissout, par la douleur elle doit se changer en amour». Ensuite Franz von Baader (influencé par Saint-Martin), dont les déclarations font mieux comprendre celles de Möhler : «(Dans l'Église) la

Le mouvement d'apostasie qui semble ainsi dominer l'histoire de l'Église et expliquer en particulier l'évolution de la papauté vers une institution considérée et se considérant elle-même comme monarchique (66), n'est aux yeux de l'organologue Möhler qu'un aspect, celui qui répond à la réalité pécheresse même des hommes d'Église. Il n'oublie pas l'autre aspect : l'action du Saint Esprit d'amour qui, par tous les développements de l'histoire, se façonne une expression adéquate dans l'organisme de l'Église visible : « Primitivement l'évêque se *distinguait* à peine comme tel parmi tous les croyants, il était seulement celui autour duquel on se rassemblait ; de même le métropolitain parmi les évêques, qui formaient aussi une unité, et le primat parmi l'ensemble des évêques. Remarquons encore partout cet effet merveilleux : plus l'unité intérieure et vivante de tous les chrétiens était attaquée, plus elle s'affirmait avec force ; plus il y avait d'égoïsme et plus il y avait d'amour ; plus les assauts étaient perturbateurs et plus les forces acquéraient une énergie concentrée » (67). Dans cette perspective ainsi équilibrée, le droit et l'autorité (jusqu'au « pouvoir ») ne forment pas un principe

---

loi n'apparaît que lorsque l'amour ou l'entente se trouvent troublés et blessés ; de même on ne voit surgir les définitions scientifiques du dogme que lorsque celui-ci est attaqué ou menacé de déformation... Il est vrai qu'une société (civile ou religieuse) peut exister sans que l'autorité s'y fasse *effectivement* sentir comme telle, elle y subsiste cependant. Sous ce rapport on peut distinguer trois stades : le premier est la société naturelle, où ne règne que l'*amour* ; dès que l'amour est blessé ou s'éteint, la loi se fait entendre et la société prend la forme d'une société civile ; finalement, lorsque la loi est transgressée, l'autorité se produit comme "pouvoir".» E. von Moy et Bautain font aussi dériver de l'amour l'autorité et le droit, mais les réunissent dans la forme originelle de tout droit, la *paternité*. Cf. aussi SCHLEIERMACHER, *Glaubenslehre* 161.

(66) Sur l'évolution de Möhler entre *L'Unité* et la *Symbolique* (dès avant la quatrième édition, le premier ouvrage dépasse l'épiscopalisme) : *Symbolik II*, 672-698. D'abord il accordait au pape « non un pouvoir monarchique », c'est-à-dire législatif, mais un simple pouvoir exécutif concernant « les lois générales de l'Église », tout en affirmant sans réserve que la papauté était d'institution divine.

(67) E § 71, 239 (trad. fr., 228).

étranger venant s'ajouter du dehors à l'amour; mais ce principe n'attire «l'attention» et n'en vient à constituer un thème que lorsque l'unanimité, la communion de l'amour, vient à être troublée; il se justifie seulement par sa fin, la conservation ou la réparation de l'unité d'amour dans toute la mesure possible.

Telle est aussi la raison qui empêche Möhler parvenu à sa maturité de choisir entre un épiscopalisme exclusif et un papalisme exclusif. Au paragraphe 46 de L'UNITÉ, il a exposé la différence essentielle qui selon lui existe entre une «*opposition*» (féconde à l'intérieur de l'Église) et la «*contradiction*» (hérétique qui détruit l'Église) (68); il a trouvé la voie qui lui montre les deux expressions de l'unité chrétienne comme formant un «très bienfaisant contraste» et qu'il est possible de ramener l'une et l'autre à l'institution divine (69). En notant que Möhler parvient finalement à reconnaître expressément l'institution de la primauté par le Christ, donc à ne plus la considérer seulement comme une création de l'amour ecclésial sous la motion de l'Esprit (70), nous laisserons en place son axiome : « L'ensemble de la constitution de l'Église n'est pas autre chose

---

(68) «Ce qui a dans l'Église le caractère d'une véritable opposition se montre toujours isolé en dehors d'elle : n'étant ainsi opposé à rien et ne pouvant exister parce que hors d'état de trouver son complément... Aucune vie véritable ne peut subsister dans la contradiction... Entre l'amour et l'égoïsme il n'y a pas une simple différence...» E § 46, 154-156 (trad. fr., 146-147).

(69) S II 697. Remarquons que pour Möhler la fonction de la papauté qui est de créer l'unité reste, dans son isolement, exposée à la même tentation que ce contre quoi elle lutte; aussi peut-il noter que «le protestantisme est le papisme poussé à l'extrême, c'est-à-dire en *principe* l'égoïsme parfait. Dans le papisme chacun se livre sans condition à *un* seul, dans le protestantisme un *seul* s'oppose à tous sans réserve» (puisqu'il fait de lui-même le principe d'interprétation de la révélation). *Ibid.* 698.

(70) E § 49, 170; 168 note 1 : «Former l'Église visible est l'action la plus importante des croyants» (trad. fr., 162-163); § 64, 215 : «L'épiscopat, la constitution de l'Église, ne sont que la représentation extérieure de son existence, non pas son essence même» (trad. fr., 206). Cf. § 51, 178, § 55, 183.

qu'une incarnation de l'amour» (71). Augustin nous en présentera une explication plus détaillée.

c) Le ministère et la Sainte Église.

Dans le 13ᵉ supplément à L'UNITÉ, Möhler lui-même renvoie à la doctrine des Pères, en particulier à *Augustin*. Celui-ci estime que dans l'Église les ministres peuvent exercer la fonction de représenter l'unité, de réconcilier avec l'unité d'amour ceux qui s'en sont détachés et d'y accueillir de nouveaux membres par le baptême, uniquement parce que cette Église de l'amour existe déjà, en dépit de sa précarité terrestre : attitude d'autant plus remarquable qu'il doit lutter contre les Donatistes et leur exigence d'une Église des purs. En effet, il défend contre eux une «Église mêlée, composée de bons et de méchants», destinée à ne voir ceux-ci séparés qu'à la fin des temps, au jugement, pour devenir une pure personnification du bien. Cela ne l'empêche pas de faire progresser l'idéal des premières générations chrétiennes puisque, selon lui, ce sont les justes qui «forment à proprement parler le Corps du Christ» (72). Et il pousse la hardiesse jusqu'à refuser de séparer de l'activité de son chef, le Christ, la véritable Église cachée dans cette Église mêlée. Certes, il justifie sa doctrine anticyprienne et en même temps antidonatiste, défendue pour la première fois par les papes : le baptême et sans doute aussi l'ordination conférés par les hérétiques sont valables (bien que la grâce de l'Esprit n'y soit pas donnée) parce que dans le ministre qui officie, quel qu'il soit, c'est toujours le Christ qui agit sacramentellement. Mais le Christ est toujours «Chef et Corps», «Époux et Épouse», il n'agit jamais sans cette véritable Église qu'Augustin, avec le Cantique des Cantiques, nomme l'«unique colombe» la «communion et communauté des saints» (73). Parce que tout le droit

---

(71) E § 64, 215.

(72) *C. Faustum* XIII 16 (PL 42, 292).

(73) Voir Y. CONGAR, *Introduction générale à saint Augustin*. Traités antidonatistes (*Oeuvres de S. Augustin* 28, Paris 1963) 100-109. Sur le rôle

ecclésiastique s'enracine originellement dans l'amour, Augustin – reprenant et continuant la pensée de Cyprien – fait remettre primitivement les clés de la rémission des péchés à la «colombe», c'est-à-dire à l'Église *comme* communion d'amour, de même qu'à elle aussi revient d'abord l'«infaillibilité».

«Dieu, son Saint-Esprit, remet les péchés», mais «Dieu demeure dans son temple saint», c'est-à-dire «dans ses saints fidèles, dans l'Église : par eux (eos) il remet les péchés parce qu'ils sont des temples vivants» (74). Cette pensée est appliquée si radicalement que l'unité d'amour devient le sujet qui se profile derrière la «parole sur le roc» adressée à Pierre, aussi bien que derrière le pouvoir de remettre les péchés donné aux Onze à Pâques : *Recevez le Saint-Esprit, ceux à qui vous remettrez les péchés ils leur seront remis, et à qui vous les retiendrez ils seront retenus* (Jean *20*,23). Si donc (les apôtres) tiennent le rôle de l'Église («personam gerent Ecclesiæ») et si ces paroles leur ont été adressées comme à l'Église elle-même, c'est la communion (pax) de l'Église qui remet les péchés, et quand on se détourne de l'Église ils sont retenus, non selon le bon plaisir des hommes, mais par la volonté de Dieu et la prière des saints qui vivent dans l'Esprit, jugent de tout et ne sont jugés par personne (1 Cor *2*,15). Le roc (c'est-à-dire les croyants fondés sur le Christ) retient, le roc remet ; la colombe retient, la colombe remet ; l'unité retient, l'unité remet. La paix de cette unité réside uniquement dans les bons, ceux qui sont déjà spirituels ou tendent vers leur être spirituel dans une obéissance unanime ; elle ne demeure pas dans les méchants, qu'ils fassent du bruit au dehors ou qu'on les tolère à l'in-

---

de l'Église universelle dans l'histoire du salut dans la patristique ancienne jusqu'à Origène et Méthode cf. Karl DELAHAYE, *Erneuerung der Seelsorgsformen aus der Sicht der Patristik*, Herder 1958, 142-193. Trad. fr. : *Ecclesia mater chez les Pères des trois premiers siècles. Pour un renouvellement de la Pastorale d'aujourd'hui* (Cerf 1964) ; préface de Yves M.-J. Congar.

(74) *Sermo* 99, 9 (PL 38, 600).

térieur en gémissant, qu'ils donnent le baptême ou qu'ils le reçoivent. Cependant, ceux que l'on supporte en gémissant, qui n'appartiennent pas à l'unité de la colombe, à cette Église sans tache ni ride ni aucun défaut, dès qu'ils se corrigent, qu'ils avouent leurs fautes et reviennent à l'unité de l'Église, on ne les rebaptise pas... Les péchés leur sont remis par les gémissements de la colombe. Celui-là est délié qui fait la paix avec la colombe, et celui-là reste lié qui n'est pas en communion avec elle, qu'il se tienne ouvertement au dehors ou qu'il soit apparemment au-dedans.» Ce n'est certes pas, précise Augustin, «à des brigands ni à des usuriers que le Seigneur aurait dit : les péchés seront remis à ceux à qui vous les remettrez...», mais il n'en est pas moins vrai qu'il a institué des ministres pour introduire ou réconcilier dans l'Église, et que ces ministres, évêques ou prêtres, peuvent être eux-mêmes pécheurs. En effet, «le Fils de l'homme a donné à son Église l'Esprit Saint, pour que, par celui qui remet les péchés en son nom, les péchés soient vraiment remis. Par conséquent, quiconque vient, d'un cœur sincère, demander son pardon, et pour cela s'adresse à un ministre catholique, même si ce ministre est un mauvais clerc, reçoit dans le Saint Esprit son pardon. Car l'Esprit agit dans l'Église..., sans mépriser aucun aveu, et sans se laisser tromper par aucune feinte il réconcilie le pécheur repentant, même en se servant d'un ministre indigne (75).»

D'après ces passages, il n'y a pas de différence entre les ministres qui représentent la sainte Église («personam Ecclesiae gerentes») et celle-ci, lorsqu'ils s'acquittent de leur tâche dans les sentiments d'amour qui conviennent; au cas contraire, il se creuse une différence entre eux et l'Église de l'amour (la colombe) qu'ils représentent, différence qui ne peut pas exister entre cette Église et le Christ avec qui elle est un même principe d'amour et de pardon, – mais l'Esprit du Christ n'en agit pas moins par eux dans son Église.

---

(75) *De baptismo contra Donatistas,* 1. 3, n. 23 (PL 43, 150-151). *Sermo* 71, n. 37 (PL 38,466). Cf. *sermo* 295, n. 2 : «Columba ligat, columba solvit...» (1349).

Voici donc esquissée la position d'Augustin face à ses deux prédécesseurs africains, Tertullien et Cyprien (76). Pour Tertullien passé au montanisme, un abîme se creusait entre l'Église hiérarchique et juridique des évêques («Ecclesia numerus episcoporum»), avec sa succession apostolique purement disciplinaire, et l'Église des spirituels, qui étaient selon lui les vrais successeurs des apôtres et avaient contrairement à ceux-là, le pouvoir de remettre même des péchés graves (77). Cyprien, nous l'avons vu, suivait une voie opposée : il voyait dans l'unité des évêques entre eux la représentation la plus originelle de l'unité, tant ministérielle que spirituelle, de l'Église avec le Christ. Augustin emprunte au premier une distinction qui se produit chaque fois que le ministère se met en contradiction avec son caractère propre, mais avec le second il enracine ce ministère, quoi qu'il en soit de la personne du ministre, dans la sphère de l'amour originel. Son opposition à «l'idée donatiste du sacerdoce, qui place le ministre non en-dessous mais à côté du Christ, qui voit dans son office non seulement un *ministerium* mais un *dominium*, qui tient pour nécessaire la sainteté personnelle autant que la sainteté sacramentelle» (78), permet à Augustin de fonder simultanément le «sacrement» de l'ordre – participation spéciale au ministère du Bon Pasteur – au centre même de la sainteté ecclésiale, tout en garantissant la persistance d'un ministère essentiellement efficace malgré une dégradation possible (dans un mauvais prêtre). La conception qu'Augustin a de l'Église reste (sans se désagréger) assez souple pour lui permettre de situer l'essence de l'Église dans une communion d'amour sans cependant reléguer dans le domaine des apparences, de l'accessoire, comme le fit Tertullien, le ministère visible, les sacrements, la succession

---

(76) Cf. Joseph RATZINGER, *Volk und Hans Gottes in Augustins Lehre von der Kirche*, in : *Münchener Theologische Studien* II, 7 (1954), 44-102.

(77) *De pudicitia*, 21.

(78) Fritz HOFMANN, *Der Kirchenbegriff des heiligen Augustinus* (Huber München 1933) 426.

apostolique (79) ; il les maintient sans aucune hésitation, de même que l'autorité de l'Église qui s'impose à chaque croyant et lui rend l'Évangile concrètement présent comme norme obligatoire (80). Il désigne la faculté reçue dans le sacrement de l'ordre par l'expression *juridique* de «jus dandi» (81), laquelle ne risque pourtant pas de paraître, comme chez les Romantiques, l'effet d'un premier refroidissement de l'amour ; chez lui, elle figure l'unité immédiate de l'ordonné avec le Bon Pasteur, dont c'est le propre de donner sa vie pour ses brebis. «Qu'est Pierre ? N'est-il pas un pasteur, ou peut-être est-il un mauvais pasteur ? Voyons s'il n'est pas un pasteur : "M'aimes-tu ?"... Il répond : "J'aime". Et tu réponds : "Pais mes brebis". Toi, Seigneur, par ta question, par la force de ta parole, tu en as fait un pasteur aimant.» Par une triple affirmation, Pierre a dû, dans la tristesse, réparer son reniement. A présent il est «un pasteur, et un bon pasteur ; il n'est rien comparé au pouvoir (potestas) et à la bonté du Pasteur des pasteurs, et cependant il est lui aussi un pasteur, et un bon pasteur, et tous les autres qui sont ainsi sont de bons pasteurs» (82). Ils le sont «parce qu'ils sont les membres du Pasteur» ; les apôtres étaient «dans la joie sous le seul chef, unanimes sous ce chef, ils vivaient d'un unique esprit dans la structure du Corps unique : et ainsi tous appartenaient à l'unique Pasteur» (83). Augustin poursuit encore plus loin la même pensée : les bons pasteurs de l'Église pure sont de manière particulière unis à l'unique Pasteur qui est le chef de l'Église, cependant ils ne le sont pas par opposition à l'Église dont ils sont les membres ; bien plutôt l'unité entre «le Bon Pasteur et les bons pasteurs» doit représenter également l'unité entre l'Époux et l'Épouse : en confiant son troupeau à Pierre, «il assure en lui l'unité, car il y avait

---

(79) Textes *Ibid.* 94 ss.

(80) «Je ne croirais pas à l'Évangile si l'autorité de l'Église catholique ne m'y engageait» : *Contra Ep. Fund.* 5, 6 (PL 42, 176).

(81) *Contra Ep. Parm.*, 2, 13, 28 et 30. (PL 43, 70 et 72).

(82) *Sermo* 138, 4 ; cf. n. 5. (PL 38, 765).

(83) *In Jo.*, tr. 46, 7 ; cf. N 5. (Corp. chr. lat., 36, 400 et 402).

beaucoup d'apôtres, mais il est dit à un seul : "Pais mes agneaux". Certes il y a beaucoup de bons pasteurs, mais tous sont dans celui-là seul, tous en un... Les amis de l'Époux ne parlent pas d'eux-mêmes » – remarquez comment ici Jean-Baptiste transparaît dans Pierre – «mais ils sont remplis de joie à la voix de l'Époux. C'est donc lui-même qui fait paître alors que ceux-là paissent ; il peut dire : "je pais" parce que c'est sa voix qui se fait entendre en ceux-là, son amour qui s'y montre. C'est pourquoi il a voulu rendre Pierre, à qui il confiait ses agneaux comme un homme à un autre homme, un avec lui, au point que lui-même resterait le chef en lui remettant le troupeau, tandis que celui-là allait devenir la figure du corps, c'est-à-dire de l'Église, et que, comme l'Époux et l'Épouse, ils seraient deux en une seule chair. Que lui a-t-il dit d'abord en lui confiant le troupeau, afin de ne pas le lui remettre comme à un étranger ? "Pierre, m'aimes-tu ?"... Il fortifie l'amour pour renforcer l'unité... Que les pasteurs se glorifient donc, mais que ce soit dans le Seigneur » (84).

Après cette théologie profonde du ministère qui en voit le sens dernier dans son unité avec le Christ pour qui le ministère et le don de soi dans l'amour ne font qu'un, Augustin, l'anti-donatiste, pourra sans ambiguïté affirmer que le mauvais pasteur, le mercenaire, n'est pas un pasteur au sens chrétien du mot. «Pour être un bon pasteur il ne suffit pas d'avoir reçu le sacrement, il faut aussi avoir revêtu la justice»; et bien que les actes ministériels d'un mauvais prêtre soient valides, «lui-même cependant n'est pas un vrai prêtre, il n'est même pas prêtre du tout» (85). «Voilà quel doit être un bon évêque ; s'il n'est pas ainsi, il n'est nullement évêque... Qui est évêque et cependant ne l'est pas ? Celui qui se réjouit de son propre honneur plutôt que du salut du troupeau de Dieu, qui recherche ses intérêts personnels dans le ministère élevé (in ista

---

(84) *Sermo* 46, 13, 30. (PL 38, 287).
(85) *Contra Lit. Pet.*, 2, 30, 69 ; «quod dat tamen verum est, si non det suum, sed Dei» (PL 43, 281).

celsitudine ministerii) et non ceux de Jésus-Christ (Phil 2,21),
on l'appelle évêque, il ne l'est pas, il en porte seulement le
nom » (86). Il en est un « semblant » (fictus) (87) : même s'il
conserve le « jus dandi ».

Malgré son caractère particulier (comme ministère en
union avec le Pasteur unique) le ministère est donc ancré dans
la « colombe ». Selon la doctrine d'Augustin, celle-ci, dans son
ensemble, remet les péchés, grâce à son unité avec le
Christ (88) ; toutefois le ministère s'étend de l'Église idéale
jusque dans l'Église des pécheurs, non seulement pour remettre
les péchés d'autrui, mais aussi en raison de sa propre faiblesse
et de son état pécheur ; dans cette aliénation existentielle et
cette déchéance (le reniement de Pierre !) elle représente minis-
tériellement l'unité. Augustin fut le premier à établir cette
vérité ; nous la retrouvons à la fin de ses traités sur l'Évangile
de Jean, dans le célèbre parallèle entre Pierre et Jean : « Que
personne ne sépare ces apôtres éminents. Tous les deux étaient
unis dans la situation que Pierre symbolisait (la vie au
milieu des dangers et des maux temporels), ils devaient l'être
aussi dans celle dont Jean est le symbole (l'avant-goût de la
béatitude de la pure Église de la contemplation). » (89).

Peut-être deux aspects de la question n'ont-ils pas encore
été pleinement élucidés par Augustin. Premièrement, la forme
du ministère ecclésiastique qui s'enracine dans l'amour
« johannique » peut et doit, même en dehors de cet amour,
représenter efficacement l'unité – laquelle n'est autre que celle
de l'amour – qui imprime continuellement la marque de la
croix à l'Église dans le monde. Au sein de la charge pastorale
la différence qui existe entre les « mercenaires » (qui sont le
grand nombre) (90) et les vrais pasteurs qui sont « fils », produit

---

(86) MORIN, *S. Augustini Sermones post Maurinos reperti* (Rome 1930)
566, cf. 568.
(87) *Contra Ep. Parm.* 2, 11, 24. (PL 43, 67).
(88) *In Jo.*, tr 124, 7. (Corp. chr. lat., 36, 687).
(89) *Ibid.*
(90) *In Jo., T. 46, 5. (loc. cit.*, 400).

dans l'organisme de l'Église comme une déchirure constitutive, souffrance dont témoignent sans cesse les «gemitus colombae» et plus profondément le Seigneur crucifié de l'Église. La promesse faite à Pierre qu'à la fin de sa carrière il pourra rejoindre son Seigneur sur la croix n'est pas seulement une grande consolation, elle est bien davantage : l'expression sensible de cette vérité que son ministère devient possible grâce à la croix. Qui donc, étant «Pierre», est déjà «Jean», et n'est pas personnellement atteint par cette déchirure qui caractérise le ministère ecclésiastique dans sa totalité? Qui peut se désigner comme l'*ami de l'Époux* si, dans son activité même, il ne tend à disparaître, à s'effacer? Si dans le signe du ministère le signe de la croix est dressé dans l'Église : *toute* l'Église ne doit-elle pas reconnaître, accepter et porter cette croix dans la souffrance, non seulement la pure Église de l'amour, non seulement les ministres investis de leur charge, mais aussi et surtout l'Église des pécheurs dont c'est la spécialité de se révolter sans cesse contre le ministère institué dans l'Église et contre son autorité?

Un second point n'a peut-être pas été définitivement clarifié par Augustin. A son époque, la séparation nette entre une pure Église de membres aimants et une Église impure de pécheurs n'était-elle pas déjà dépassée? L'idéal primitif qui voyait dans l'Église le paradis retrouvé, s'était effondré depuis longtemps et à travers toute l'œuvre d'Augustin l'idée opposée apparaît de plus en plus intense : la partie de la *Civitas Dei* en pèlerinage à travers ce monde périssable ne deviendra l'Église Épouse pure et immaculée qu'aux temps eschatologiques (91). Alors, où donc se trouve cette «Columba immaculata» (Cant 5,2) qui, pour Augustin, ne signifie certainement pas la seule Jérusalem céleste, mais une partie réelle de l'Église terrestre? En ce point sa doctrine mariale ne devrait-elle pas avoir une action plus efficace sur son ecclésiologie? Reconnaît-on que le seul

---

(91) *Retract.* 2, 18; cf. *ibid.* 1, 7, 5 (PL 32, 593, 637). *De Civ. Dei* 18, 48 (PL 41, 610-611). *De contin.* 25 (PL 40, 366-367). *Sermo* 181, 7 (PL 38, 982-983).

membre de l'Église réelle en pèlerinage (92) qui réponde parfaitement à l'attribut ecclésial d'*immaculée* (Eph 5,27) est Marie, Mère et Épouse du Seigneur ; que, d'autre part, la charge de Pierre est fondée sur l'Église aimante (Augustin) : alors la présence de Pierre dans le ministre actuel, la présence des Douze et de Paul (93) dans tous les ministres, ne doit-elle pas s'accompagner aussi d'une présence non moins concrète de Marie dans l'Église visible de tous les temps ? Toute la partie de la « constellation » christologique qui descend de l'élection des Douze – l'Église des évêques et des communautés particulières – ne suffit pas sans Marie à contrebalancer suffisamment les « prétentions » soi-disant exclusives de Rome : sa propre « qualité » tombe sous la réserve eschatologique, tout comme celle de Pierre.

Avant de passer à la question de l'Église mariale, nous caractériserons, en terminant, les aspects relevés dans

---

(92) Nous sommes certainement tous prédestinés à faire partie, comme « immaculati », de l'Église eschatologique : Eph *1*,4 ; Col *1*,22 ; Jud 24 (les tournures de l'épître de Jacques *1*,27 sont sans doute fortement marquées par les notions de pureté de l'Ancien Testament).

(93) Pour être complet, il aurait fallu traiter aussi de la présence de Paul dans la structure actuelle de l'Église. Observons seulement que la littérature patristique (depuis la lettre de Clément et celles d'Ignace) renvoie toujours aux deux princes des apôtres comme fondateurs de l'Église centrale romaine (le problème historique de la présence de Pierre à Rome et le fait que Paul ne peut pas être regardé comme fondateur au sens propre, de la communauté romaine, sont ici sans importance), que les deux apôtres sont jusqu'à nos jours fêtés à la même date, et que les Pères (sermons 295-299 d'Augustin) leur reconnaissent la même dignité. Le fait qu'ils ont ensemble répandu leur sang (socii sanguinem ambo fuderunt : PL 38, 1348-1376) n'est pas négligeable : dans le martyre les deux chefs fondateurs du ministère sont entraînés dans la vérité de la croix sur laquelle est fondé le ministère ecclésial. Sur leur fête commune : H. LIETZMANN, *Petrus und Paulus in Rom* (Berlin 1927) ; A. BAUMSTARK, *Begleitfeste*, in : RAC 2 (1954) 90 s., il est montré que le 29 juin à Rome les deux princes des apôtres, le jour suivant tous les apôtres, sont fêtés ensemble avant que (au plus tard) Grégoire le Grand ait réservé à l'apôtre Paul le 30 juin ; encore plus tard cependant, le 29, une fête commune des deux a été célébrée. Cf. aussi A. CHAVASSE, *Les fêtes de saint Pierre et saint Paul* (30. 6) au VIIe-VIIIe siècle, in : *Ephem. Lov. 74 (1960) 166-167.*

Augustin par l'expression d'*excentricité du ministère*. Le ministère est fondé absolument sur le milieu « saint » de l'Église (voilà pourquoi il est demandé au premier pape de confesser son amour) mais, partant de ce milieu, il ne *concerne* pas seulement l'excentricité des pécheurs *pour* lesquels il existe, mais il y *participe* (voilà pourquoi Pierre le renégat reçoit la charge) ; ainsi demeure fondamentalement intacte l'indéfectibilité du ministère jusque dans la culpabilité personnelle. Voilà le scandale central du catholicisme : un pécheur revendique un élément d'infaillibilité, et c'est là ce qui met « les autres grandes communautés chrétiennes amplement à l'abri des accusations dont on accable l'Église catholique ». Dans la pensée augustinienne, l'Église est précisément un lieu et une figure de la rédemption ; voilà pourquoi, considérée sous l'angle sotériologique, sa fonction excentrique est *normale* ; et le paradoxe de Pierre, que les catholiques ne ramènent pas à des « prétentions » mais fondent sur l'ordre et la promesse de Jésus, et donc sur l'obéissance de Pierre, est comme tel le milieu normal de l'Église réelle qui maintient l'œuvre du Christ à travers l'histoire. Elle ne peut pas vouloir supprimer ce scandale ; elle peut tout au plus tenter d'en faire un signe aussi transparent que possible du scandale du Christ : *Heureux êtes-vous lorsqu'on vous insulte, que l'on vous persécute... à cause de moi* Mat 5,11). « Les protestants se glorifient de ce que les pays où domine la Réforme ignorent l'anticléricalisme qui fleurit, par contre, dans les pays catholiques : parce que, disent-ils, le cléricalisme y a d'abord régné. Il y a du vrai dans ces remarques. On critique plus sévèrement une Église qui fait davantage la théorie de ses propres pouvoirs, certains diraient : de ses prétentions. Tel est le fond du fameux complexe anti-romain... » (94).

---

(94) Y. CONGAR, *Vraie et fausse réforme dans l'Église* (Cerf 1950) 69-70.

5

L'amour maternel
enveloppant de l'Église

Prenons Augustin au mot : admettons que le ministère ecclésiastique est fondé dans la sphère de l'Église vraiment sainte, véritablement immaculée, authentiquement aimante qui englobe tout : que c'est là sa place héréditaire. (On se méprendrait complètement sur la nature de cette sphère en n'y voyant rien de plus que le « sacerdoce commun des fidèles ».) L'Église ne revendique pas cette place, car c'est la sphère du pur désintéressement, de l'abandon, de la docilité, et la pensée d'une prétention quelconque ne peut même pas l'effleurer ; d'ailleurs la fonction nettement masculine du ministère ne lui convient aucunement. Cependant, toujours selon Augustin, ce ministère ne se situe pas dans une avant-dernière sphère purement « structurelle », le Christ lui-même l'institue, par un acte caractéristique, au sein de cette sphère suprême qu'il devra représenter efficacement et administrer au bénéfice des croyants. Dès lors surgit une question inévitable : qu'est donc, qui est donc cette sphère englobante ? L'histoire nous apprend qu'elle est biblique, présente dans l'Ancien et le Nouveau Testament. L'usage antique de penser en images, usage en vigueur chez les Pères et jusqu'au Moyen Age (avec des ramifications prolongées jusqu'à l'époque baroque), nous la présente comme la sphère de la féminité dans ses expressions

fondamentales : vierge, épouse, mère; le monde des ministères, par contre, se distingue par un caractère spécifiquement
masculin. Reste à savoir si cette idée conserve quelque vitalité
de nos jours; si cette sphère englobante, jadis spontanément
désignée par les deux mots « Maria-Ecclesia », que chacun
faisait sienne dans une vue d'ensemble, ne se décomposera pas
sous l'action inexorable des interrogations théologiques, au
point de n'en laisser subsister que des fragments dans la
conscience vivante des chrétiens modernes. Chacun peut en
faire l'expérience lui-même en s'interrogeant sur les trois
formes sous lesquelles se présente la féminité.

Pouvons-nous encore faire nôtre l'idéal d'une Église

– dans sa qualité de femme parfaite, de seconde Eve
conforme au nouvel Adam, bien plus : sortie de (la « blessure »
de) son côté;

– puis dans celle de la vierge paradisiaque qui ne cesse pas
d'être vierge dans son union au Christ et dans la fécondité qu'il
lui confère, celle qui a « virginisé » spirituellement tous ceux qui
lui appartiennent, comme le dit Origène après l'Apocalypse
(*14*,4);

– enfin, la considérer comme l'original de la mère qui
porte, met au monde et éduque?

Ces trois aspects, les Pères de l'Église les ont médités tous
et chacun en détail et les ont entrelacés dans un symbolisme
très riche. La question est grave; une Église dépouillée de cette
sphère englobante risque de se dégrader automatiquement pour
devenir nettement sociologique, ou du moins de donner prise
aux assauts de ce genre, plus qu'à l'époque où prévalait
l'ancienne vision de l'Église « dans le mystère ». Tant que cette
vision restait déterminante, la sphère féminine plus vaste
soulignait toujours le caractère relatif de l'élément clérical, y
compris l'élément central romain où l'aspect officiel s'affirmait si énergiquement, surtout à partir de Grégoire VII.
Admettons-le : contrebalancer « Pierre » par « Maria-Ecclesia »
est une entreprise concernant la vie intime de l'Église catho-

192

lique (abstraction faite de l'Église orthodoxe), et les communautés ecclésiales de la Réforme la prendront sans doute pour une tentative de chasser le diable par Beelzéboul. Certains protestants ont d'ailleurs fait remarquer, non sans malice, que ce n'est pas un hasard que ce soient les mêmes papes (Pie IX et Pie XII) qui ont insisté à la fois sur le rôle de Pierre et sur celui de Marie. Que cela ne nous trouble pas : ce qui importe avant tout, c'est de comprendre, dans la mesure du possible, l'Église catholique dans toute sa pureté et dans toute son étendue, telle qu'elle-même s'est *à bon droit* comprise objectivement et même historiquement (sans tenir compte de toutes les branches séparées) et telle qu'elle doit encore se comprendre aujourd'hui.

En supposant que l'image de la féminité est le signe distinctif de la sphère englobante qu'est l'Église, une chose devient évidente : selon la Bible (et conformément à l'anthropologie générale) l'être féminin est disposé pour concevoir de l'homme, afin d'être capable d'agir efficacement sur ce qu'il a reçu ; il s'ensuit que la féminité ecclésiale enveloppante, tout comme le ministère masculin qui y est ancré, tend spontanément au-delà d'elle-même vers l'instance qui donne par grâce : Jésus-Christ, par la médiation duquel la vie trinitaire est communiquée à l'Église et à ses enfants. Si l'Église dans son ensemble se caractérise par la féminité et si le ministère masculin est ancré primitivement dans *cette* sphère, un double danger est écarté d'un coup (1) : premièrement, que l'Église se transforme en une réalité qui se suffirait à elle-même et s'introduirait comme «étape intermédiaire» entre le Christ et le croyant : elle demeure alors avant tout un sein ouvert et apprend à l'homme à partager en elle cette ouverture ; ensuite, que le clergé se juxtapose dans sa paternité à l'autorité paternelle de Dieu, au lieu de voir dans

---

(1) Cf. H. DE LUBAC, *Les Églises particulières dans l'Église universelle* (Aubier 1971) 155-209 ; L. BOUYER. *L'Église de Dieu* (Cerf 1970) 317-318 ; du même, *Le Trône de la Sagesse, Essai sur la signification du culte marial* (Cerf 1957) passim.

l'exercice de cette autorité un pur service (2), une simple transmission de la seule autorité divine. Et s'il est vrai que le sein de l'Église reçoit *une semence non pas corruptible, mais incorruptible... vivante et permanente (1 Pi 1*,23) et cela de la propre volonté de Dieu par la *parole de vérité* (Jac *1*,18), alors est exclue, tant de la part du giron maternel de l'Église que du ministère paternel qui s'y enracine, toute prétention à gérer cette semence de Dieu qui est sa *Parole* et l'*Évangile* (1 Pi *1*,25) comme un don reçu une fois pour toutes, au lieu de l'accueillir en demeurant sans cesse ouvert et réceptif.

Enfin l'enracinement du ministère paternel au sein de la maternité de l'Église est bien marqué (3) dans l'attitude de Paul : il sait parfaitement agir en qualité de père avec ses communautés (1 Cor *4*,15 s) qu'il a *engendrées par l'Évangile* et auxquelles il s'adresse comme *à ses enfants* (2 Cor *6*,13), *nous vous avons exhortés, encouragés et adjurés* (1 Th *2*,10-12) ; mais cet apôtre qu'on traite de misogyne se sert de préférence d'images féminines : il se réclame du titre de mère *qui souffre les douleurs de l'enfantement* (Gal *4*,19) pour ses enfants, et ceux qu'il a mis au monde il les *réchauffe sur son sein... prêt à leur livrer sa propre vie* (1 Th *2*,7-8). Lorsqu'il oppose le rôle du père à celui d'un simple *pédagogue,* nous comprenons qu'il s'agit de beaucoup plus que d'une simple image. Dans le domaine de l'Évangile, engendrer spirituellement et mettre au monde sont des réalités qui s'enracinent dans les profondeurs du mystère de la naissance divine (Jean *1*,13 ; *3*,3-5 ; Jac *1*,18 ; 1 Pi *1*,3, 23-25 ; 1 Jean *3*,9), l'écho s'en répercute (4) depuis les premiers Pères de l'Église jusqu'au Moyen Age. Il faut y ratta-

---

(2) *Lumen Gentium,* ch. 3, n° 24, avec les textes du Nouveau Testament sur la «diaconia» ministérielle.

(3) Ce disant nous n'entendons pas nous ranger à l'avis de Scheeben *(Die Mysterien des Christentums,* 1865, § 79, 524 ss.) qui met la maternité de l'Église au même rang que le sacerdoce ministériel. (Trad. A. Kerkvoorde, *Les mystères du christianisme,* DDB, 1947, 548-553).

(4) Hugo Rahner. *Die Gottesgeburt. Die Lehre der Kirchenväter von der Geburt Christi im Herzen der Gläubigen,* in *Zeitschrift f.kath. Theologie* 59, (1935) 333-418.

cher étroitement l'image de la « Mère Église » qui conçoit, porte, met au monde et soigne : « Tous les jours l'Église donne naissance au Christ par la foi dans les cœurs de ceux qui l'écoutent », nous dit Albert le Grand après d'innombrables auteurs (5).

I – « NOTRE MÈRE L'ÉGLISE » :
ATROPHIE D'UNE IMAGE

Pour commencer il faut nous demander : cette image de « notre Mère l'Église », qui nous semble devenue étrangère et que nous remplacerions volontiers par celle, plus connue, de « peuple de Dieu », est-elle réellement plus qu'une simple comparaison, jadis adaptée à des conditions culturelles, mais ayant cessé, pour des raisons tout aussi déterminantes, de correspondre à nos modes actuels de penser et de sentir ? Même si l'on ne peut lui refuser certains fondements bibliques, ceux-ci ont-ils assez de force persuasive pour maintenir encore, malgré notre répugnance et notre peu d'intelligence, l'idée de l' « amour maternel de l'Église » qui nous enveloppe ? Cette image, si émouvante pour l'esprit et si chère au cœur des chrétiens d'autrefois, peut-elle encore s'imposer de nos jours ? Ne suffirait-il pas de choisir, dans l' « idéologie » de l'Église maternelle dont la figure s'est disloquée, quelques éléments essentiels qui la fassent revivre dans le monde si différent de notre sensibilité ?

Karl Delahaye a entrepris cette tâche, dans un travail plus nuancé que le résumé que nous en donnons ici. En empruntant certains éléments à l'image de l'Église notre Mère, perdus pour nous avec elle, il estime pouvoir, en transposant l'image, susciter un « renouveau des méthodes pastorales dans la pers-

_____

(5) *In Apoc.* 12,5 (Borgnet 38, 656).

pective de l'ancienne patristique » (6). L'Église étant « une grandeur qui se comprend elle-même incomplètement du fait qu'elle connaît son essence seulement en images » et de plus « parce qu'elle s'interprète à elle-même le trésor de son existence seulement au cours de l'histoire » (7), il est bien possible qu'une image autrefois centrale se trouve reléguée à la périphérie ; d'autant plus que la civilisation antique, qui contemplait volontiers la vérité dans des images pour s'en imprégner, a cédé la place à une époque qui pense en concepts, qui abstrait et infère. Pour les Grecs, pour l'homme de l'ancien Orient, une image n'est pas une simple représentation conforme à un objet, elle est cet objet lui-même « en tant qu'il se prête à la contemplation » (8). De même, pour Paul, à travers la création le Dieu invisible est devenu *visible pour l'intelligence* (Rom *1*,20). Nous avons passablement désappris cette réflexion contemplative, l'échec du mouvement phénoménologique en serait une preuve (9). La Bible elle aussi parle volontiers en images (pensons aux paraboles du Seigneur) et certaines de ces images ont réussi le passage difficile du sens qu'elles avaient dans l'Ancien Testament à celui qu'elles prennent dans le Nouveau : la doctrine théologique du type et de l'antitype a permis ce passage. Le Christ est « eikôn Theou » (2 Cor *4*,4 ; Col *1*,15), ce qu'il ne faut pas traduire à la façon des modernes par effigie, reproduction, mais interpréter comme « manifestation visible de l'essence, accompagnée d'une participation substantielle *(metochè)* à l'objet (10). A partir des fondements bibliques la patristique a créé des images substantielles interprétant l'être de l'Église, avant tout celles du *corps*

---

(6) Herder 1958 ; rédigé dès 1952 comme dissertation auprès de F.X. Arnold dont ce travail reprend le propos et utilise les catégories, telle la distinction faite entre « procédé salutaire » (de la part de Dieu et aussi moyennant des instruments du monde) et « médiation salutaire » (par l'être humain comme personne).

(7) J. BERNHART. *Kosmos, Hierarchie, Kirche* (Wien 1936) 81-82.

(8) DELAHAYE, *op. cit.,* trad. fr., 41-53.

(9) Tentative encore jugée positive par Delahaye, 45-46.

(10) H. KLEINKNECHT, Art. *Eikôn* in : Th WNT II (1935) 386.

et de la *femme* (11) : de la femme comme *fille* de Sion, comme *épouse* de Yahveh, comme Jérusalem *mère* stérile puis merveilleusement féconde, comme la Sulamite du Cantique. Saint Paul avait fait une synthèse ingénieuse à partir d'un rappel des *deux en une chair* de la Genèse (*2*,24), et cela à propos du mystère du Fils de Dieu non seulement incarné mais aussi souffrant ; de la sorte, en Eph *5*,25-33, était déjà préfigurée l'«Ecclesia ex latere Christi» des Pères (comme nouvelle Eve formée de la côte d'Adam). Les images nuptiales de l'Évangile sont reprises par Paul (2 Co *11*,2 ; Rom *7*,2-4). Celle de *notre Mère, la Jérusalem d'en-haut* (Gal *4*,25-28), acquiert une importance particulière ; en effet, la Jérusalem terrestre ne laisse pas *rassembler ses enfants* (Mat *23*,37; cf. Luc *19*,44), tandis que la Jérusalem céleste, image finale du Nouveau Testament, descend du ciel prête comme une épouse qui s'est parée pour les noces de l'Agneau (Apoc *21*,1) ; auparavant cependant on a vu, entre ciel et terre, la femme dans les douleurs de l'enfantement : elle met au monde le Messie et ceux *qui gardent le témoignage de Jésus* (Apoc *12*,17).

En passant de cette matière très riche à celle encore plus riche de la théologie patristique sur l'Église notre Mère, nous aurons à tenir compte aussi du monde antique et surtout du milieu hellénistique. On y voit préparée d'avance l'image de la terre, la «magna mater», à la fois vierge pure et mère féconde. Chez Platon la matière est mère et nourrice de l'univers ; sur la fin de l'Antiquité foisonnent les personnifications de préférence féminines (12) ; le gnosticisme les reprend, les multiplie encore et les intensifie en en faisant des hypostases aux destinées dramatiques. C'est dans cette ambiance, estime Delahaye, que se développe, en de multiples méandres, la pensée des Pères de l'Église sur l' «Ecclesia Mater» ; celle-ci n'est jamais qu'une personnification favorisée par l'idée des

---

(11) Delahaye, avec renvoi à J. Bernhart et E. Commer, 51-52.
(12) Texte chez Aloïs MULLER. *Ecclesia-Maria. Die Einheit Marias und der Kirche,* in : *Paradosis V* (Fribourg 1951) 10-11. DELAHAYE, 66-68.

anciens; pour les Pères, qui considèrent toujours la rédemption comme une restauration de l'origine intacte, l'Eglise, épouse et mère à la fois, peut donc être aussi une vierge, comme Eve au paradis (13). Ainsi voit-on paraître cette glorieuse série de monuments littéraires grandioses – les hymnes à la gloire de la « Mère et Vierge mystique », unie à son Époux sur la croix et dans la résurrection, et qui règne sur la terre comme au ciel – que Hugo Rahner nous a présentée avec une prédilection marquée pour le « langage triomphant » (Zénon de Vérone) (14).

Delahaye demande froidement quelle importance une telle image peut encore avoir pour nous. Selon lui, elle n'était qu'un essai parmi d'autres pour représenter (15) l'inépuisable mystère du salut. Dès lors l'intérêt de son contenu si riche est réduit à la seule action pastorale de l'Église. Celle-ci se fonde sur un premier *accueil* du salut offert par Dieu (dans la Parole et dans les sacrements); ce salut est *transmis* ensuite aux croyants : en partie objectivement, instrumentalement (selon la conception antique de la femme), en partie par une participation active et personnelle (selon les conceptions modernes); finalement c'est toujours *tout* le peuple saint qui prend part, même lorsqu'il s'agit de la transmission aux personnes individuelles. On retrouverait ainsi la priorité biblique de la « mère » sur les enfants, telle qu'elle correspond à l'ancienne image. Delahaye se garde de ramener par là le ministère sacerdotal au sacerdoce commun des fidèles, il tente seulement de lui assigner la place qui lui revient au sein de ce sacerdoce commun, qui est une réalité plus vaste : « Celui qui est chargé du ministère n'abandonne pas pour autant, quand il entreprend ce ministère, sa fonction maternelle de médiation de salut qu'il avait en

(13) DELAHAYE, 58, 62, 84-89.

(14) *Mater Ecclesia*, Lobpreis der Kirche aus dem ersten Jahrtausend christlicher Literatur (Benziger 1944).

(15) « Nos catégories de penser ne sont pas en mesure de saisir adéquatement les exposés de la patristique ancienne. »

tant que simple croyant, bien que cela doive passer naturellement après sa tâche désormais paternelle» (16).

Il nous semble que la capitulation est quelque peu préma-
turée. Nous ne voyons pas pourquoi l'ancienne image serait
devenue inutilisable. La matière patristique nous fournirait
même des raisons d'en fonder et d'en renforcer la signification.
Comment se dissimuler le fait que non seulement cette image
de «notre Mère l'Église» exprime certaines tensions fondamentales qui font partie du caractère mystérieux de la réalité
qu'elle traduit – par exemple que l'Église doit être à la fois
virginale et intacte (cf. 2 Co *11*,2), unie à son Époux (Eph 5,25-
33), bien plus, mère féconde (cf. Gal *4*,26 ; Apoc *12*) – mais
aussi que ces apparentes contradictions devront se combiner
dans cette même image? Ainsi, les Pères notent que cette Mère qui
met au monde ses enfants dans la fontaine baptismale ne les
fait pas sortir de son sein mais au contraire les y reçoit (17).
De plus – chose plus essentielle – l'Église est à la fois cause et
effet de la sanctification des fidèles ; Hippolyte surtout insiste
sur cette pensée lorsqu'il décrit l'Église d'une part comme la
mère des croyants et, d'autre part, comme «la sainte assemblée de ceux qui vivent dans la justice» (18). Le Verbe du Père,
dit-il encore, «engendre continuellement les saints, il est lui-
même de nouveau engendré par les saints» (19). Si l'on fait ici
intervenir l'Église en disant qu'elle ne cesse jamais
«d'engendrer le Logos de son cœur» (20), on peut alors se
demander si cette Église – antérieurement existante – engendre
le Logos dans le cœur des fidèles ou, ce qui n'est pas
impossible chez Hippolyte, si les saints, engendrant le Logos,

---

(16) *Loc. cit.* 154. Y. CONGAR opère une réduction semblable :«Mutter
Kirche» in : *Kirche heute,* Brennpunkte 2 (Kaffke Frankfurt a.M. ²1969)
30-37.
(17) Par ex. IRÉNÉE, *Adv. Haer.* V 20,2 ; CYPRIEN, *De unitate Ecclesiae,*
23.
(18) *In Daniel* I, 17, 6-7.
(19) *In Daniel,* 1, 9, 8.
(20) *De Antichristo* 61.

engendrent ainsi l'Église. Pour terminer citons une formule de Bède : «Ecclesia quotidie gignit ecclesiam» (21). Mais déjà chez Augustin la mère est formée par l'ensemble des enfants (22). Ceci est sans doute théologiquement vrai, mais tout ce que l'image de la mère avait d'expressif disparaît. De même, lorsque la patristique donne d'une part la priorité à la mère, l'Église, sur les enfants (c'est l'Église des sacrements et de la parole, l'Église qui détient l'autorité et préside à l'éducation) et, d'autre part, ne lui reconnaît d'existence que *dans* ses enfants et non ailleurs : «Dans le mariage charnel la mère et l'enfant sont des personnes différentes, dans l'Église au contraire la mère et l'enfant ne font qu'un» (23). Mais en relevant ces divers points nous n'avons pas encore abordé la contradiction la plus importante. Les premiers Pères décrivent tout naturellement l'Église maternelle comme *l'épouse sans tache ni ride, ni rien de semblable, sainte et immaculée* (Eph 5,27); nous avons aussi rencontré cette Église pleinement aimante, pleinement sainte chez Augustin, qui cependant inclinait de plus en plus à situer la réalité de l'Église immaculée dans l'ère eschatologique. Une telle certitude – jamais mise en doute bien que jamais éclairée par la réflexion– qui s'appuyait sur les données de l'Écriture et sur le contraste entre la Synagogue, sans doute jamais toute immaculée et l'Église complètement purifiée par le sang du Christ, se trouve aujourd'hui soumise à un examen critique : quelle est donc cette Église pure ou cette Église des purs à qui il incombe d'être l'Église *authentique et vraie,* qui porte celle qui n'en a que les apparences, l'Église des pécheurs, et la justifie, la soulève et la réconcilie ?

▲ Sans doute les membres de l'Église sont appelés *les saints* dans le Nouveau Testament, mais il faut entendre ce mot

---

(21) *Explan. Apoc.* lib. 2 (PL 93, 166 D).

(22) ...cum ex ipsis filiis congregatis constet ea quae dicitur mater» : *De div. quaest.* 83 : Q 59,4.

(23) Augustin, *Enarr. in Ps 127*, 12.

dans le sens emprunté à l'Ancien Testament : il équivaut à l'élection et à la consécration, approfondies désormais par l'œuvre de réconciliation du Christ (24). Ceci s'applique surtout au noyau primitif de l'Église, aux *saints de Jérusalem* (2 Co *8*,4 ; *9*,1 ; *9*,12 s ; Rom *15*,31), depuis toujours la ville sainte tout court (25). Or on sait suffisamment que cette consécration collective de la communauté ne transformait pas les individus au point d'en faire ces « immaculés » qu'ils devraient être en raison de leur élection ; pour le PASTEUR d'Hermas déjà, « tous ces saints » sont des pécheurs qui devraient faire pénitence et pour lesquels il faut prier (26). Le titre de sainte retenu pour la communauté chrétienne (27) comme telle ne certifie donc nullement qu'elle représente concrètement la *vierge pure* (2 Co *11*,2), la *glorieuse* épouse *sans tache* (Eph *5*,26).

▲ Certes, contrastant avec la Synagogue (la *Jérusalem actuelle* Gal *4*,25) et aussi avec toute la réalité terrestre, la *Jérusalem d'en-haut,* la *nouvelle Jérusalem* (Apoc *21*,2) qui descend eschatologiquement du ciel mais, selon Paul, est déjà maintenant *notre mère* (Gal *4*,26) et de laquelle nous nous sommes déjà approchés comme de *la cité du Dieu vivant, de la Jérusalem céleste* (Heb *12*,22), sera immaculée. Toute la patristique – de la 2ᵉ lettre de Clément, en passant par Origène, jusqu'à la CIVITAS DEI d'Augustin – est pénétrée de l'image nostalgique de cette Église primitive céleste, pure, archétypique et souvent représentée comme préexistante ; la terrestre n'en serait qu'une réplique imparfaite qui lui est unie dans son humble pèlerinage à travers le monde éloigné de Dieu. Là où l'on admet réellement cette Église préexistante, elle est proche (chez Origène et Méthode) d'un éon gnostique

(24) Hippolyte DELEHAYE, *Sanctus. Essai sur le culte des saints dans l'antiquité* (Bruxelles 1927).

(25) Lucien CERFAUX, *« Les Saints » de Jérusalem,* in : *Ephem. theol. Lov.* 2 (1925) 510-529 ; actuellement in : *Recueil* L. Cerfaux II (1954) 389-413.

(26) Vis I 1, 9 ; Vis II 2, 4.

(27) Exemples chez Hippolyte DELEHAYE, *loc. cit.* 29.

retombé dans le temps et que son époux le Christ poursuit pour la ramener (28). Mais lorsque Paul parle de la purification de l'épouse dans le bain (de régénération) ou de la possibilité pour la *vierge pure* d'être séduite par le serpent, la réalité qu'il a en vue est bien terrestre.

▲ Au deuxième siècle on désignait volontiers la foi (pure, intacte, de l'Église) comme « notre mère » : c'est le cas chez Polycarpe qui écrit dans sa lettre aux Philippiens : la foi qui nous a été donnée « est notre mère à tous » (29). La même idée se retrouve dans un ancien récit de martyre ; le proconsul demande qui sont les parents du martyr, celui-ci répond : « Notre père est vraiment le Christ et notre mère la foi en lui » (30). L'hérésiologie des Pères assimilera l'apostasie de la vraie foi de l'Église et la séparation d'avec elle à l' « adultère » dans l'Ancien Testament, de sorte que rétrospectivement la persévérance dans la vraie foi caractérise l'Église catholique comme l'épouse fidèle du Christ (31). Ce n'est là toutefois qu'un aspect partiel de la pureté de l'Église ; la charité intra-ecclésiale correspondante est supposée, plutôt qu'explicitement affirmée.

▲ Faut-il considérer les martyrs comme le noyau de la Sainte Église ? Mais tout en étant saints ils sont morts et ne font plus partie de la communauté terrestre ; on peut les vénérer et se faire enterrer près de leurs monuments. Ou bien les confesseurs qui ont souffert pour la foi mais ont pu sauver leur vie et ont mérité de ce fait « devant Dieu la dignité sacerdotale » (32) ? Mais Cyprien a bien des raisons de se plaindre

---

(28) ORIGENE. *Comm. in Mt. 14,17 ;* METHODE. *Le Banquet* III 8, 70.

(29) 3,3.

(30) Mart. S. Justini et soc. in : R. KNOPF, *Ausgewählte Märtyrerakten* (Tübingen 1929) 17.

(31) Un seul exemple : CYPRIEN, *De unitate Eccl.* 6. Texte sur l'hérésie comme fornication ; cf. notre étude *Casta Meretrix* in : *Sponsa Verbi* (Einsiedeln 1960) 251-257.

(32) HIPPOLYTE, Can 6.

de leur superbe et de leurs prétentions lorsque, de leur propre chef et sans respecter les voies de la pénitence ecclésiastique, ils réconcilient des apostats.

▲ Faut-il plutôt considérer la « structure de l'Église » reçue du Christ comme cet élément « infaillible », en contraste avec la vie vécue qui se déroule dans les structures mais leur correspond tout au plus de façon approximative ? Ce serait prêter une distinction moderne à la pensée de l'ancienne Église. Y. Congar, en particulier, apprécie cette manière de distinguer l'Église d'une part comme institution – « la foi, les sacrements et l'exercice de l'autorité apostolique reçue du Christ » en feraient partie (33) – et d'autre part comme congregatio fidelium (rendue possible par l'élément préalable). Mais nous avons vu que même un hiérarchiste comme Cyprien ne consent jamais à séparer l' « institution » (ordo) des évêques de leur « communio », de l'union de leurs sentiments dans la foi et l'amour : l'une et l'autre subsistent ou tombent ensemble ; et lorsque son principe se révèle insuffisant – comme plus tard dans le donatisme – les deux aspects sont mis en question ensemble.

---

(33) *Vraie et fausse Réforme dans l'Église* (Cerf 1950) 95. Id. in : *Jalons pour une théologie du laïcat* (Cerf 1953) 46 ss. où l'aspect « Organisme de salut » précéderait et rendrait possible l'aspect « Communauté de salut ». René Laurentin s'exprime de même et rapporte le premier aspect à Pierre, le second à Marie : « Le premier aspect est représentation officielle du Christ ; il se résume en Pierre et en ses successeurs. Le second est communion mystique au Christ ; il se résume en Marie. » *Court traité de théologie mariale* (Lethielleux 1953) 109. – La profonde théologie de l'Église de Charles Journet repose sur une autre base ; pour lui, l'Église réelle, sans tache et infaillible – demeurant dans tous ses membres pécheurs – est la « gratia creata » que lui confère la présence du Saint-Esprit dans l'Église ; elle consiste dans « le caractère sacramentel, la grâce sacramentelle et l'orientation donnée au pouvoir de juridiction » : *L'Église du Verbe incarné* II, 1951, 522. Les membres imparfaits de l'Église approchent de cette grâce d'une manière « asymptotique » (ib. 393) ; ils appartiennent à l'Église dans la mesure où ils ne sont pas pécheurs mais participent à sa sainteté (ibid 488). Nous avons fait ailleurs la critique de ce système devenu possible seulement après la période d'apogée de la scolastique.

▲ Alors (c'est apparemment la dernière solution) la perfection de l'Église sera-t-elle d'une part totalement absorbée par celle du Christ et néanmoins, puisqu'elle est dans ses membres distincte de son chef, suffira-t-il d'admettre une certaine «tendance» vers la perfection du Chef, une approximation de l'idéal de pureté inaccessible sur la terre (34)? Apparemment l'on en viendrait là si l'on voulait maintenir la personnification platonicienne d'une «Église immaculée» (l'Église «au sens propre» (35)), qui serait tout au plus céleste ou eschatologique, tout en considérant comme une «pécheresse» qui tend vers sa conversion l'Église empirique et réelle (36). Le Haut Moyen Age en vient parfois à laisser tomber l'idée de la parfaite sainteté de l'Église, revendiquée par les Pères, pour ne retenir que l' «absence de faute grave» (37). Cette Église-là, elle a déjà démissionné en ce qui concerne sa pureté et elle tend à devenir l'Église «sociologique» de notre temps. Tout retour à «l'hypostase» de l'Église immaculée des Pères sera désormais impossible; on exceptera cependant l'époque romantique et gothique qui a valu à cette hypostase un regain de vie éphémère, grâce à sa prédilection pour les images et les symboles (38).

Les embarras dons nous avons fait état – à partir de l'ouvrage de Karl Delahaye – sont de nature artificielle. Le

---

(34) A la suite de Eph *4*,13 Hippolyte peut écrire que Jésus est apparu «homme parfait» (C. Noet. 17; PG 10, 828 A) et appelle «tous les saints à cet unique homme parfait», par le baptême, la «nouvelle naissance par le Saint-Esprit»; voilà pourquoi «nous *tendons* à former tous ensemble cet unique homme parfait et céleste.» *De Antichr.* 3.

(35) «Kyrios ecclesia» : Origene. *De la prière* 20,1.

(36) Grégoire le Grand : «Dicat ergo ecclesia : inde sum fusca, inde peccatrix, quia sol me decoloravit, quia creator meus, dum me desuerit, ego in errore lapsa sum.» Cant *1*,5.

(37) Helmut Riedlinger. *Die Makellosigkeit der Kirche in den lateinischen Hoheliedkommentaren des Mittelalters* (Aschendorff 1958) 99. Cf. 107, 110 s, 117, 122, 123 etc.

(38) Cf. Y. Congar. *L'ecclésiologie du haut Moyen Age* (Cerf 1968), Bibliographie 41-52. W. von den Steinen. *Homo coelestis* (Francke 1965).

matériel de citations rassemblé par Delahaye tente d'une manière peu justifiée de détacher le motif «Vierge – Mère – Église» de celui de «Vierge – Mère – Marie». Depuis la Bible et les Pères, notamment Justin et Irénée, ces deux motifs sont tellement entrelacés qu'il est impossible de les traiter chacun à part. Somme toute, il faut admettre que précisément à l'époque où la prétendue «hypostase» de l'Église (immaculée) perd sa crédibilité (non raisonnée), la personne historique de Marie commence à se profiler plus nettement comme le symbole réel de cette Église (à peu près à partir de l'époque carolingienne) (39). Dans la mesure où, au cours du Moyen Age, s'affirme théologiquement la qualité immaculée de Marie, elle représentera le noyau primitif de cette Église qui reste, aux yeux du Seigneur, la servante et l'épouse féconde tenant dans la sphère du ministère ecclésiastique, ainsi qu'à l'égard de tout le peuple, le rôle de la maternité enveloppante.

II – NOTRE MÈRE L'ÉGLISE :
LE SYMBOLE RÉEL RETROUVÉ EN MARIE.

Nous ne pouvons entreprendre d'exposer ici une fois de plus le développement souvent décrit de la doctrine concernant Marie, le «type» de l'Église; il suffira d'un rapide aperçu (40).

---

(39) L. SCHEFFCSYK. *Das Mariengeheimnis in Frömmigkeit und Lehre der Karolingerzeit*, in : *Erfurter theolog. Studien 5* (Leipzig 1959). Combien le sens de la maternité de l'Église peut rester vivant jusqu'aux temps modernes, Newman le montre dans son sermon d'adieu avant son abjuration, lorsqu'il s'adresse à l'Église anglicane en ces termes : «O Mère des saints!...O éducatrice des héros... O Vierge d'Israël!... O ma Mère» *(Sermons bearing on the Subjects of the Day,* London 1873, 406 s.).

(40) Voici quelques ouvrages plus importants : M.J. SCHEEBEN. *Dogmatik III* (1882) § 274-282. H.M. KOESTER. *Die Magd des Herrn* (Limburg 21954); O. SEMMELROTH. *Urbild der Kirche* (Würzburg 1950); Hugo RAHNER. *Maria und die Kirche* (Innsbrück 1950); A. MULLER.

Quiconque considère sans parti-pris l'ensemble des relations humaines entre une mère et son enfant, et surtout les voit avec un regard non troublé par les antiques préjugés antiféministes, jugera spontanément que la Vierge Marie, dont les Évangiles affirment clairement la virginité, a sa place tout indiquée au cœur du cercle intime de la «constellation» humaine, théologiquement importante, de Jésus. La tenir simplement pour celle qui enfante physiquement mais sans avoir de rapports spirituels avec son enfant n'est pas théologique parce que ce n'est pas humain. Il est évident que l'histoire de l'enfance, surtout chez Luc, déborde d'un symbolisme théologique qui mène de l'Ancien au Nouveau Testament et s'enracine réellement dans le récit présenté avec simplicité ; il est clair aussi que les épisodes mariaux du quatrième Évangile ont une importance centrale pour son intelligence (41). L'Épître aux Éphésiens développe, en une image impressionnante, les rapports du Christ et de l'Église et les présente comme une relation d'homme à femme ; et comme Paul montre dans le Christ le second et éternel Adam, l'Église prend tout naturellement la place de la seconde Eve sans qu'aucune allusion soit faite à Marie. La vision de la femme qui enfante, dans l'Apocalypse, reste sans commentaire : quelle est celle-ci qui met au monde le Messie (*12*,5) et toute la suite de ses descendants, les chrétiens (*12*,17) ?

La réflexion prend d'abord le chemin indiqué par Paul : chez Hermas et dans la 2ᵉ épître de Clément, l'Église apparaît comme vierge et mère, comme épouse sans tache ; à partir de

---

Ecclesia-Maria (Fribourg 1951, ²1955); Georg Schückler. *Maria im Geheimnis der Kirche. Zur Mariologie der Kirchenväter* (Köln 1955). L. Bouyer, *Le Trône de la Sagesse* (Paris 1957). Plus récemment : Gérard Philips, *Marie et l'Église*, in *Maria*, t. 6 (éd. par H. du Manoir) (Beauchesne 1964) surtout 375.

(41) A. Feuillet. *La Vierge Marie dans le Nouveau Testament,* in : *Maria* VI (1961) 15-69. Pour Luc : R. Laurentin,*Structure et théologie de Luc I-II* (Paris 1957); H. Schuermann, *Das Lukasevangelium I* (Herder 1969). Pour Jean : F.M. Braun O.P., *La Mère des fidèles. Essai de théologie johannique* (Casterman, Tournai-Paris ²1954).

là, le thème se développe. Toutefois, déjà chez Justin (vers 150) apparaît le parallèle entre la désobéissance de la vierge Eve et l'obéissance de la Vierge Marie – suggéré sans doute par le protévangile (Gen *3*,15). Irénée approfondit le thème et l'introduit dans les fondements de la théologie de la rédemption. Deux parallèles se côtoient désormais : Adam, formé d'une terre vierge – le Christ formé de la Vierge Marie, afin que son corps participe à la matière d'Adam (42); ensuite, l'obéissance de la Vierge Marie qui «contrebalance»(43) la désobéissance de la vierge Eve et devient par là «cause de salut pour tout le genre humain» (44). L'image de l'Église maternelle est reprise de son côté (45). Une relation s'établit-elle entre la fécondité virginale de l'Église (à la fontaine baptismale) et la fécondité virginale de Marie? La discussion au sujet d'un autre passage de l'ADVERSUS HAERESES (IV 33, 4 et 11) se poursuit avec ses alternatives : l'auteur a-t-il en vue Marie ou bien l'Église? Même si le texte se rapporte au sein maternel de l'Église qui «fait renaître» «par la foi», Irénée renvoie, pour le certifier, au signe du salut donné par Dieu contre toute attente : la naissance du sein virginal (de Marie). L'édition critique récemment parue dans «Sources chrétiennes» opte nettement pour cette interprétation (46). De ce fait, il faut également appliquer à Marie ce qui suit (au n° 11) : «(Les prophètes) ont prêché l'Emmanuel né de la Vierge (Is 7,14); ces paroles indiquent l'union du Verbe de Dieu avec l'ouvrage modelé par lui, à savoir que le Verbe se ferait chair et que le Fils de Dieu deviendrait fils de l'homme; que lui, le pur, ouvrirait dans la pureté le sein maternel immaculé qu'il a lui-même purifié et qui

---

(42) *Adv. Haer.* III 21, 10 (= *Epideixis* 32-2) V 21-1.

(43) *Adv. Haer.* V 19,1 ; *Epideixis* 33.

(44) *Adv. Haer.* III 22,4 ; cité dans *Lumen Gentium* n° 56.

(45) Cf. les sept passages cités par A. Müller, loc. cit. 54.

(46) «Sans aucun doute possible, la «gennesis kaine» dont parle ici Irénée, est la naissance virginale par laquelle le Fils de Dieu est né du sein de Marie» (les justifications suivent) in : SC 100/1, 269-270; cf. 2, 812 et 831. Cf. G. JOUASSARD. *La Théologie mariale de saint Irénée,* Congrès marial de Lyon, 1954.

fait renaître les hommes pour Dieu, afin que lui, le *Dieu fort,* celui dont la naissance est ineffable (cf. Is *53*,8) devienne ce que nous sommes.» Aloïs Müller l'a bien vu, en cet endroit apparaît comme dans un éclair, de façon presque inexplicable, l'idée d'une «*identité* de Marie avec l'Église» (47) : «Marie est *analogiquement* aussi bien l'*universale concretum* de l'Église que le Christ l'est de la filiation divine» (48). Il se peut que l'expression d'une nouvelle naissance du sein de Marie ne signifie pas, pour le moment, autre chose que «la cause de notre salut» (dans le premier texte); peut-être ne faut-il pas surinterpréter le texte d'Irénée (49). Mais pour les périodes qui vont suivre, même si l'on parle toujours avec quelque hésitation de Marie comme «type» de l'Église, le principe est admis que Marie est plus qu'une préfiguration symbolique et corporelle de ce qui se réalise spirituellement dans l'Église (à peu près comme si, selon Cyprien, Pierre ne jouissait que symboliquement de la priorité sur les autres apôtres), car déjà Irénée voit de même en Marie avant tout la puissance spirituelle et originellement salutaire de son oui obéissant.

Passons les degrés intermédiaires jusqu'au Ve siècle, temps où domine le thème de l'Église (par exemple son origine du côté blessé du second Adam), mais où déjà cependant Apoc *12* est appliqué parfois à Marie (Méthode refusait cette interprétation). Nous arrivons alors à Augustin, qui fait sans cesse alterner l'image (naissance corporelle de Marie) et la réalité (naissance spirituelle de l'Église) qui se côtoient; toutefois il évite le plus souvent l'audace d'Irénée. Exceptionnellement il déclarera : «Marie est mère et vierge, non seulement en esprit mais aussi dans son corps. Elle n'est pas la mère spirituelle de notre Chef qui est le Sauveur lui-même; spirituellement c'est plutôt elle qui naît de lui, car tous les croyants, parmi lesquels elle compte, sont appelés avec raison les fils de l'Époux. Mais

---

(47) *Loc. cit.* 71.
(48) *Loc. cit.* 73.
(49) Avis de G. Philips. *loc. cit.* 379.

208

elle est vraiment la mère de ses membres que nous sommes, car, par son amour, elle a coopéré à la naissance des fidèles qui sont les membres du Chef (50). » Ainsi l'Occident voit naître, non sans peine, l'idée que Cyrille d'Alexandrie va lancer à Éphèse dans son discours fulminant à la fin du concile : «Louons donc Marie toujours vierge, c'est-à-dire la Sainte Église, ainsi que son Fils et son Époux immaculé. A lui la gloire dans toute l'éternité. Amen» (51).

Cette déclaration reconnaît en principe ce que Scheeben désignera comme la périchorèse entre Marie et l'Église, laquelle est si intime «que chacune ne peut être comprise parfaitement que dans et avec l'autre» (52). Une expression de Haymon d'Auxerre éclaire ces rapports ; il dit en effet que Marie, Mère de Dieu, est «la représentation personnifiée de l'Église» (53). Dès lors se trouve écarté de l'Église tout soupçon d'être une imitation de quelque hypostase antique, et grâce à l'historicité de Marie dont la maternité virginale est évidemment toujours présupposée, elle pourra être comprise et aimée dans son authentique féminité et sa maternité enveloppante ; car, par ailleurs, la «manière personnelle» dont Marie la représente ne permet pas que se développe une dévotion rétrécie qui s'adresserait à une simple personne privée. En elle il faut voir celle qui se dépouille de tout au profit de l'ensemble de l'Église depuis l'Annonciation en Luc *1* jusqu'à son «apparition» dans la scène de la Nativité entre le ciel et la terre :

---

(50) *De S. Virg.* 6 (PL 40, 399). Un texte syrien analogue de la fin du Ve siècle chez Ant. WENGER. *Vatican II, chronique de la 3e session* 124-125 : «Tu es le plérôme (la tête et le corps), je t'ai engendré en premier et tous ceux qui espèrent en toi.»

(51) PG 77, 996 C.

(52) *Dogmatik* III (1882) n° 1819, p. 618.

(53) Parmi les œuvres de Haymon D'HALBERSTADT, *In Apoc. 3,12* (PL 117, 1081A). Les Pères s'étaient servis déjà longtemps auparavant de cette formule, mais pour l'appliquer à d'autres femmes de l'Ancienne et de la Nouvelle Alliance.

Apoc *12* (54). Ainsi la Mère et l'Église se reflètent l'une l'autre (55).

Nous ne poursuivrons pas en détail le développement de l'idée mariale. Dès le Haut Moyen Age la personne de Marie commence à s'imposer comme telle à la conscience du peuple chrétien. Ses fêtes se multiplient rapidement, sa liturgie prend de l'ampleur, désormais elle occupe la place théologique que tenait jusque-là la pure Église, inconsciemment « hypostasiée » : dans les commentaires du chapitre 12 de l'Apocalypse (Ambroise Autpert) et dans ceux du Cantique des Cantiques (Paschase Radbert), on voit affirmée de plus en plus la « plénitude de grâce » – *gratia plena.* En Marie la plénitude dont le Christ a gratifié l'Église se ramasse comme dans son prototype (Abélard, Alain de Lille, Albert le Grand) (56). L'interprétation du rôle de Marie au pied de la croix où la doctrine des Anciens fait naître l'Église du côté transpercé du Christ entre dans une étape nouvelle (ainsi chez Rupert de Deutz) : sa maternité à l'égard de l'Église y est mise en lumière. Sa propre conception et sa naissance signifient déjà en germe la présence de l'Église,

---

(54) Cette « apparition » ne signifie évidemment pas que la fonction de Marie va se dissoudre dans celle du peuple entier comme Alfred Kassing le fait entendre : *Das Verhältnis von Kirche und Maria im 12. Kapitel der Apokalypse* (Diss. Louvain, dactylographie 1957) : « Il n'est pas question que Marie comme individu pénètre toute l'Église... Il s'agit plutôt de la communion *réciproque* de tous les membres de la communauté de Dieu *entre eux*... La naissance de l'enfant mâle est interprétée dans Apoc *12* comme un acte de la communauté » (154).

(55) « Ipsa (Maria) in Ecclesia, et Ecclesia in ipsa figuratur » :Serlo de Savigny O. Cist. *In Nat.B.M.* 1 ; bibl. PP. Cist. 6 (Paris 1664) 117. Sur ce même sujet, le commentaire bien connu de l'abbé Isaac de l'Étoile. *Sermo 31* (PL 194, 1863 A).

(56) Le principe que toutes les grâces répandues sur l'Église se trouvent réunies éminemment (eminenter) en Marie (y compris celle du sacerdoce) est exagérément souligné dans le *Mariale* (encore récemment attribué à Albert), dont l'influence s'est prolongée jusqu'à la Réforme. Il se fonde sur l'idée de hiérarchie du Pseudo-Denys dont le système était alors en vogue.

«car la première personne de l'Église naît» (57). Les temps modernes ordonneront et réduiront en système les acquisitions du Moyen Age, non sans exagération, car un mystère si délicat échappe aux notions trop rigides ; il arrive donc que le magistère doive ramener à de justes limites les avances imprudentes d'une dévotion peu éclairée. Ce qui importe est que dans l'histoire de l' «Ecclesia immaculata», Marie, le noyau symbolique réel, ait été mise en évidence à temps pour empêcher que l'idée de l'Église ne se dissolve progressivement dans la médiocrité jusqu'à devenir simplement sociologique. La période de dévotion unilatéralement individualiste était un passage ; quand il s'est prolongé, cette dévotion est devenue parfois répréhensible, en raison de son étroitesse ; mais elle ne l'était pas en substance. Sa persistance a permis à Vatican II de reconsidérer ensemble la mariologie et l'ecclésiologie, au chapitre huitième de *Lumen gentium*. Le texte débute par une description du rôle de Marie mère et servante dans la vie de son Fils (55-59) ; il établit ensuite (60-65), en rappelant sans cesse le leitmotiv de la «maternité» et du «rôle maternel», la comparaison entre Marie (type de l'Église) et l'Église réelle, pécheresse et tendue vers la sainteté, et il termine par la dévotion à Marie, signe d'espérance et de consolation pour le peuple de Dieu en pèlerinage (66-69). Le développement central part de l'idée du «rôle maternel de Marie à l'égard des hommes», qui n'offusque en rien l'unique médiation de son Fils, mais constitue plutôt une louange de Dieu par la liberté active de sa foi et de son obéissance (56). Ce n'est qu'après avoir mentionné sa participation à la croix (où naît l'Église) qu'on parle de l'Église dont elle est le «type» : «Dans le mystère de l'Église qui reçoit elle aussi à juste titre le nom de mère et de vierge, la bienheureuse Vierge Marie occupe la première place, offrant d'une manière éminente et singulière le modèle et

---

(57) GODEFROY DE ST-VICTOR, *In Nat. B.M.*, cité d'après H. BARRÉ, *Marie et l'Église, du Vénérable Bède à St Albert le Grand* (Société franç. Etud. Mar. 9, 1951) 59-125, cit. 93. Cf. H. COATHALEM, S.J. *Le parallélisme entre la S. Vierge et l'Église dans la tradition latine jusqu'à la fin du XIIe siècle*, in : *Anal. Gregor.* 74, *Ser. Theol.* 27 (Rome 1954).

de la vierge et de la mère.» Vierge, elle enfante le Christ, *premier-né parmi beaucoup de frères* (Rom 8,29), «à la naissance et à l'éducation desquels elle apporte la coopération de son amour maternel» (63). L'Église, qui n'a plus rien d'une hypostase pseudo-gnostique, parvient elle-même à sa sainteté virginale et à sa maternité «en contemplant» Marie : «Tandis que l'Église» (dont Marie est «un membre») (53) (58) «atteint déjà dans la personne de la bienheureuse Vierge la perfection sans tache ni ride (cf. Eph 5,27), les fidèles du Christ, eux, sont encore tendus *(nituntur)* dans leur effort pour croître en sainteté par la victoire sur le péché.» En levant leurs yeux vers Marie, ils sont faits «de plus en plus semblables» au Christ, aussi et surtout «dans l'exercice de l'apostolat» (cf. la *Constitution sur la liturgie,* 5). Ainsi est évoquée la situation du ministère au sein de l'Église vierge et mère (65), en même temps que son amour maternel est rappelé avec insistance (59).

Une dernière remarque : le concile mentionne, en résumant les thèmes principaux de la tradition sur Marie-l'Église, les relations différenciées de Marie avec les trois Personnes de la Trinité (*Lumen Gentium* 52, 53 : «Mère du Fils, donc... fille du Père et sanctuaire du Saint-Esprit», 65). En contemplant ce mystère qui se révèle précisément en Marie (Luc *1*,28 ; *31*,35), tout ce qui apparaissait comme une contradiction troublante

---

(58) Nous ne nous engagerons pas dans la problématique qui résulte de cet état simultané de mère et de fille de l'Église pour l'intelligence de la situation de Marie. H. de Lubac, dans *Paradoxe et mystère de l'Église,* a fait remarquer que Paul VI conforme prudemment sa manière de s'exprimer à celle du concile, mais que la Tradition connaît déjà la question. Ainsi, au VIIIᵉ siècle, Bérengaud dit dans son commentaire de l'Apocalypse : «Marie est la Mère de l'Église parce qu'elle a mis au monde sa Tête ; elle est fille de l'Église parce qu'elle en est membre, le membre le plus éminent.» (PL 17, 960 B) (Aubier 1967) 110 ; trad. allemande : *Geheimnis aus dem wir leben* (Johannesverlag Einsiedeln 1967) 122.

(59) Pour l'ensemble cf. le commentaire représentatif de G. Philips sur *Lumen Gentium, l'Église et son mystère au deuxième concile du Vatican* I-II (Desclée 1967).

dans l'«image» patristique de l'*Ecclesia Mater* est mis en pleine lumière. Mieux : les contradictions apparentes sont comprises dans la réciprocité indissoluble de la mère et du Fils où la mère peut (et doit) être la «première» uniquement parce que d'avance la grâce du Père et les mérites du Fils lui en ont fait don en vue de sa tâche maternelle. L'action de Marie comme «aide» du nouvel Adam est tout ordonnée au-delà d'elle-même à son oeuvre de salut trinitaire : faire des hommes, devenus ses frères, des enfants du Père dans l'Esprit-Saint qui leur est donné et les réunir ainsi en une communauté fondée sur la vie trinitaire. De même la tâche de l'Église qui annonce la Parole et dispense les sacrements, est ordonnée au-delà d'elle-même à la même oeuvre du Christ dont le but sera encore – avec l'aide de l'Église – l'édification de l'Église.

III – MARIE ET PIERRE

Il est difficile d'exposer de façon adéquate les rapports qui existent entre Marie, type de l'amour maternel de l'Église que nous venons d'esquisser, et le ministère de Pierre (au sein du collège apostolique). Avant de nous y engager, rappelons encore une fois tout ce que nous admettons comme naturellement supposé : nous ne traitons ici que de deux symboles réels – les plus importants, il est vrai – au sein de la «constellation» Jésus-Christ. Lui seul est le Seigneur de l'Église, Marie est sa servante ; à Pierre, le premier de ses ministres, la *dernière place* est assignée, celle du *plus petit* et du *serviteur de tous* (Luc *22*,26 ; cf. *14*,9), place qui, selon Paul revient effectivement à tous les apôtres (1 Co *4*,9). Tout entre dans la dialectique chrétienne qui affirme que Jésus seul est, par sa nature, *en-haut* et *d'en-haut* (Jean *3*,31) et que tous les autres sont d'avance *d'en-bas* (Jean *8*,23) ; il nous faut donc comprendre que celui qu'*à juste titre nous appelons Seigneur et Maître*

(Jean *13*,13) s'abaisse jusqu'à prendre l'attitude d'un esclave, afin qu'aucun de nous, qui sommes tous déjà en bas, ne cherche à prendre une place plus élevée que son Maître (Jean *13*,16). Cet abaissement devient, malgré tout, pour nous la mesure de nos sentiments et de notre action, et ceci par la grâce de l'amour de Dieu qui porte nos faiblesses et nos péchés. L'Eucharistie, fondement de l'être de l'Église et son soutien, illustre bien ceci : communion avec le Seigneur qui se livre pour tous, elle nous donne le sens intime de ce que signifie la communion en tant qu'Église, à la fois dans nos sentiments et dans notre action. Le Seigneur eucharistique – représentation concrète de la vie trinitaire – est l'unité fondamentale de l'Église : si Marie et Pierre entrent de manière différente en relation avec cette unité, c'est au service et sur l'ordre du Seigneur. Si l'Église est appelée «plérôme» du Christ qu'il comble (Eph *1*,23) seulement parce qu'il se livre sans cesse à elle dans son Eucharistie, la maternité mariale ainsi que le souci pastoral de Pierre seront conformes à cette forme christologique originelle du don de soi.

a) Libérer en enveloppant.

Le caractère marial comme le caractère pétrinien sont coextensifs à l'Église : « L'Église tout entière est mariale » (60) ; elle est aussi indubitablement pétrinienne (61) dans le sens des deux conciles du Vatican, car Pierre et son successeur «représentent personnellement l'Église (persona ipsam ecclesiam ges-

---

(60) Ch. JOURNET. *L'Église du Verbe incarné* II (1951) 438-446.

(61) DSCH 3064 ; *Lumen Gentium* n° 25. Ce serait ici le lieu d'examiner un thème important : les rapports entre Marie et le ministère sacerdotal en général. René Laurentin en a traité historiquement et systématiquement dans son ouvrage en deux volumes *Marie, l'Église et le sacerdoce* (Lethielleux, Paris 1952/53). A cause des difficultés qu'il présente, comme il ne concerne pas directement la charge de Pierre, nous le laissons de côté. Disons seulement qu'il n'est pas possible de résoudre le problème à l'aide des catégories habituelles de «clergé et laïc» ; le cas particulier de Marie est de nature à projeter quelque lumière sur la problématique de ces deux catégories.

tante)» (62) et ils représentent aussi « comme personne publique le chef de l'Église dans ses relations avec l'Église universelle» («persona publica, i.e. caput ecclesiae in sua relatione ad ecclesiam universalem») (63); «il est aussi impossible de le séparer de l'Église universelle qu'il est impossible de séparer les fondations de l'édifice qu'elles sont destinées à porter» (64). Mais c'est précisément cette image – fondée sur Mat *16*,18 – qui fait apparaître des limites dans le mode de la coextensivité (65). Non seulement le *oui* marial précède dans le temps l'Incarnation du Chef de l'Église et donc de tous ses membres, tandis que l'institution des Douze avec Pierre à leur tête est un acte isolé de Jésus accompli plus tard, bien que très important; qualitativement la forme de la foi de Marie qui «laisse faire» devient la forme déterminante intérieurement offerte à tout être et à toute activité au sein de l'Église catholique, alors que la charge pastorale de Pierre embrasse celle-ci tout entière comme son objet mais n'est pas communicable dans son unicité spécifique (66). Pour ces deux raisons l'universalité pétrinienne subit l'influence formatrice de Marie, tandis qu'elle-même n'exerce pas d'action réciproque. Il est réellement difficile de comprendre comment l'universalité enveloppante de Marie, qui est expressément dépourvue de tout caractère officiel mais «laisse faire» tout dans l'Église et donc y donne «libre cours», contribue néanmoins à former l'universalité pétrinienne officielle dont c'est l'obligation de «main-

---

(62) D'Avanzo au 1er concile du Vatican (Mansi 52, 762 D).

(63) Gasser, dans son commentaire de la définition (Mansi 52,1213 A)

(64) *Ibid.* 1213 BC.

(65) Les mêmes limitations deviennent sensibles lorsque Gasser fait sienne l'image de Cyprien, reprise déjà par les Gallicans et le fébronianisme, celle du centre (vers lequel convergent les Églises locales) : «in centro constitutus» (ibid. 1214 B) «centrum unitatis ecclesiasticae» (ibid. 1213 B).

(66) Analogiquement, mais seulement analogiquement, le souci pastoral des évêques est partagé par leurs prêtres – et encore analogiquement (mais dans une «plus grande dissemblance») par tous les fidèles.

tenir ensemble» et d'«administrer», qui par conséquent ne peut pas «laisser libre cours» (67).

Le *fiat* marial, disponibilité vraiment *illimitée,* est un sein nuptial, *matrix et mater,* où le Fils de Dieu lui-même peut non seulement prendre l'existence, mais encore instituer une Église vraiment universelle. Par la puissance illimitée du Dieu un et trine, ce *fiat* est dégagé «d'avance» (dans la «pré-rédemption» qu'est l' «Immaculée Conception»), pour que l'élément terrestre et borné – que ce soit Marie ou son Fils ou l'Église – n'offre plus, en principe, aucun obstacle à l'in-habitation de Dieu, qu'il soit *infiniti capax.* C'est un caractère essentiel de cette extensibilité infinie du consentement marial, d'être constamment mené au-delà de sa propre intelligence : il doit consentir à des choses qui ne semblent pas se situer dans le domaine de l'humainement possible, de ce qu'on pourrait conjecturer, supporter, de ce qui convient ; à commencer par la conception virginale chez une femme déjà mariée, et par le «elle ne comprenait pas» à propos de la réponse de l'Enfant à douze ans, jusqu'aux refus pénibles de la part de son Fils et finalement à l'abandon au pied de la croix, où elle se trouve confiée à un autre fils... Dans ces exigences qui chaque fois défient son entendement, sa disponibilité, sans aucune résistance, se dilate sans cesse. Marie se montre vraiment *bienheureuse* parce qu'elle a cru (Luc *1*,45 ; *11*,28 ; cf. Jean *20*,29) et en cela elle est «trône de la Sagesse». Or c'est dans ce moule que l'Église prendra forme. A cette fin, la disponibilité de Marie pour Dieu et pour son Fils est dirigée vers le disciple, à qui Jésus la confie dans sa qualité maternelle (Jean *19*,26 s.). Dès son origine le principe marial est donc tout l'opposé d'une «identification partielle» qui mettrait sa volonté de suivre en dépendance de la mesure atteinte par sa propre compréhension ou sa propre approbation «responsable». Mais il est tout autant l'opposé de l'indifférence inhérente à un simple

_____

(67) L'expression si souvent citée par les Pères (et appliquée à Marie et Jésus) «femina circumdabit virum» (Jer *31*,22 LXX), peut dans ce cas s'appliquer aussi à Marie – Pierre.

instrument que l'on manie à volonté : Marie est en effet, à tout instant, une attention en éveil pour savoir comment répondre à la nouvelle exigence (cf. Luc *1*,29, 34 ; *2*,19,51). Déjà à Cana elle manifeste sa sollicitude vigilante en faveur des pauvres, et sa suggestion : *« Faites ce qu'il vous dira »* (Jean *2*,5) révèle dans cette sollicitude la nature de son non-engagement ; ce n'est pas simplement le fait de « s'en remettre à Dieu », encore moins de bloquer les avenues avec de bons désirs réalisés en dépit de tout ; c'est la volonté d'ouvrir, par le renoncement de sa propre existence, le lieu d'une rencontre possible entre l'indigence humaine et la grâce divine. Non-engagement : cela ne signifie pas laisser-aller ; ce n'est pas se libérer d'une étreinte, mais disposer un espace qui permette à l'autre (Dieu ou un homme ou les deux) d'agir librement. La manière unique dont Marie réalise un tel dégagement manifeste combien elle est proche du Saint-Esprit dont elle est le vase de choix, cet Esprit qui, Personne divine, est ouverture efficace, discrète, s'effaçant toujours pour se livrer à l'amour mutuel du Père et du Fils dont il est le fruit, dont il témoigne et qu'il est lui-même. Lorsque, remplie de cet Esprit, Marie devient le type de l'Église, celle-ci se présente comme le temple du Saint-Esprit, rempli de son souffle. L'Esprit, dans l'abandon de soi, l'introduit dans la vérité du Père et du Fils qu'il est aussi lui-même.

Le *fiat* marial est ainsi la forme englobante, inaccessible mais protectrice et directrice dans sa perfection, de toute vie ecclésiale. Il est la forme intime de la communion. Celle-ci est en effet beaucoup plus qu'une ouverture réciproque des cœurs qui s'accueillent (68). Les limitations extérieures dans l'espace et dans le temps qui s'attachent à la condition humaine restent en dehors de cette disponibilité – idéalement – illimitée à

---

(68) D'où les consignes de Paul : « Rivalisez d'estime réciproque, etc. » (Rom *12*,10), « Avec humilité, considérez les autres comme vous étant supérieurs » (Phil *2*,3). C'est la condition préalable pour réaliser les nombreuses exigences de la concorde et permettre de « porter le fardeau les uns des autres » (Gal *6*,2).

l'accueil. Même un abus de confiance n'engendrera jamais la méfiance. Marie souffre des péchés des hommes ses frères ; mais pour rencontrer les péchés, elle n'a pas à quitter son propre centre ni à se situer à la périphérie ; à être assaillie par le péché, ou plutôt à voir son Fils assailli et ses souffrances rejaillir sur elle : sa pitié et sa propre com-passion lui en donnent une connaissance suffisante et elle n'offre pas d'autre remède que sa disponibilité. Son attitude fonde ainsi l'Église des croyants, l'Église qui est pure communion, l'Église du « sacerdoce commun » qui souffre avec Jésus-Christ.

Quel rapport découvrir entre cette attitude mariale et le ministère masculin tel que Pierre le reçoit dans le collège des Douze du « Premier Pasteur » pour paître son troupeau comme Jésus lui-même, le Pasteur divin devenu visible (Ez *34*,11 ss.) l'a fait paître ? Le salut du troupeau s'accompagne inévitablement d'un jugement qui sépare (Ez *34*,17 : *Je juge entre brebis et brebis, entre boucs et béliers)* et qui s'accomplira à la fin du monde (Mat *25*,32-34). Les clés que Pierre détient peuvent ouvrir ou fermer, il doit juger, distinguer, examiner un cas, prononcer la sentence. Il doit s'intéresser à la situation du pécheur qui se tient en dehors du centre marial de l'amour ; il doit se conformer au droit ecclésiastique, personnellement et par rapport au point de vue des autres. Comment se servir, conformément au dessein de salut du Christ, de ce droit qui s'écarte de façon plus ou moins abstraite de la communion concrète ? Dans cette séparation du droit, sous la contrainte du péché du monde, se situe l' « excentricité » du ministère ecclésiastique, lequel a été expressément confié – nous avons déjà relevé le fait – à un (ancien) pécheur.

Les remarques faites à propos de Möhler nous l'ont déjà montré : on ne peut pas affirmer que cette excentricité ne soit qu'un mode déficient de la communion mariale dans l'Église. Elle a sa racine propre dans la souveraineté divine et dans le pouvoir judiciaire reçu du Père par le Christ réconciliant le monde, pouvoir clairement exprimé en de nombreux passages des Évangiles, des Épîtres et de l'Apocalypse (il arrive même que l'aspect d'amour de ce juge y soit complètement effacé).

Cette face de l'œuvre rédemptrice est «excentrique» mais constitutive : en effet, il s'agit ici essentiellement d'une discrimination «critique» du «monde» ennemi de Dieu (une «transposition» dans le sens d'un procès juridique, Jean *16*,8-11). D'ailleurs la souveraineté de Jésus et son autorité de juge (qui remplace toujours celle du Père : Jean *5*,22 s.) peut également être qualifiée d'«excentrique» : dans la situation de ceux qui sont vraiment sauvés, qui reçoivent l'«esprit d'enfance» et peuvent appeler Dieu «Abba, Père» en toute liberté (parrhésie), le droit abstrait peut se dissoudre dans l'amour jusqu'à disparaître en laissant derrière lui le respect aimant («timor castus» 1 Pi *3*,2 ; Si *1*,11-20) qui est, selon les Pères, une forme intime de l'amour divin, le regard levé vers le Père *plus grand que moi* (Jean *14*,28).

Marie tient de Dieu son oui absolu (le Christ est *tout oui* : 2 Cor *1*,19). De même Pierre tient les clés de ce même Seigneur qui ouvre et ferme irrévocablement (Apoc *3*,7) – mais c'est pour *ouvrir une porte que personne ne peut fermer* (Apoc *3*,8). Si dans l'Ancien Testament le pouvoir est donné *pour arracher et détruire, pour édifier et pour planter* (Jér *1*,10), la première hypothèse est explicitement écartée : *afin que je n'aie pas à user de sévérité selon le pouvoir que le Seigneur m'a donné d'édifier et non de détruire* (2 Co *18*,8 ; *13*,10). Ainsi, dans tout le jugement de Dieu, du Christ et du Saint-Esprit auquel la charge ecclésiastique participe, le Nouveau Testament fait apparaître finalement le visage paternel de Dieu : non celui d'un Dieu antique paternaliste, mais celui du Père de Jésus-Christ auquel il s'adresse *en exultant dans le Saint-Esprit* (Luc *10*,21), dont il dit : *Le Père vous aime* (Jean *14*,21,23 ; *16*,27) et duquel nous pouvons nous approcher sans crainte. Ce n'est donc pas s'égarer que de faire briller sur Pierre et ses successeurs les rayons dérivés de ce nom de père, même s'il ne le porte pas aussi pleinement que Marie porte le nom de mère. Dans les premiers siècles, on donnait aussi couramment le nom de père au Fils de Dieu comme représentant du Père qu'il rend visible et dont il manifeste la puissance créatrice dans l'institution de l'Église par la Parole et les sacrements. Si donner ce nom est pour ainsi dire interdit dans la communion mariale (Mat *23*,9), en revanche il convient de l'employer lorsque l'autorité apparaît dans l'Église ; en effet, pour celui qui est en quête de la réconciliation, cette autorité ne peut se montrer autrement que paternelle.

Pierre demeure un membre de l'Église mariale, marquée, nous l'avons dit, par le oui de Dieu se réconciliant le monde. Tout service de direction dans l'Église est «diaconie», davantage encore, *service d'esclave* (Mat *20*,25-27) et plus il est élevé, plus il doit revêtir ce caractère, contrairement *aux chefs des nations qui les tiennent sous leur pouvoir*. Bien plus, *donner sa vie en rançon pour la multitude* (ibid. 28 par.), comme le fait Jésus lui-même, est l'accomplissement plénier de ce service. Cela prouve que Pierre lui aussi doit prendre le chemin marial du «laisser faire», aider à la libération de toute entrave spirituelle. Suivre Jésus jusque sur la croix est l'accomplissement suprême de ce service libérateur. Le crucifiement physique ne sera que la conclusion d'une crucifixion spirituelle antérieure. L'excentricité de son service central oblige Pierre à rendre la justice et à la faire prévaloir ; mais, bien que ce droit procède du centre de l'amour et soit «couvert» par l'amour, il risque toujours, pour ceux qui sont seulement en route vers l'amour (et qui ne l'est pas, sauf Marie ?), d'être confondu comme droit abstrait et «pouvoir» avec cette «domination» que les «chefs» exercent sur les peuples. En effet, pris à part, Pierre *est obligé* de sortir des rangs (que ce soit du peuple avec lequel il est en communion, ou bien des évêques qui forment le collège avec lui) ; mais il ne le fera pas comme «seigneur» de ceux qui lui sont échus en partage (1 Pi *5*,3) : il le fera comme un serviteur qui, loin de sortir de la communion et du collège, les *renforce* (Luc *22*,32) plutôt en les dégageant et les rendant libres.

Pour en être capable il a réellement besoin de cette liberté que, durant tant de siècles, le conciliarisme, le protestantisme, le gallicanisme, le jansénisme, le joséphisme, le fébronianisme lui ont contestée. Tous ont ligoté son ministère afin de se réserver à eux-mêmes, moyennant le «consentement» et la

« réception », l'autorité de libérer, ou plutôt afin de s'attribuer à eux-mêmes la liberté de leur propre autorité. Prendre la primauté au sérieux *semblait* accorder ou menaçait d'assurer à son représentant, pensaient-ils, une autorité séparée de la communion et du collège. Leurs réserves étaient en soi une rupture *accomplie* de la communion et du collège, parce qu'elles entravaient l'exercice de la charge primatiale et ne la laissaient pas libre elle-même d'un « laisser-libre » marial. C'est ce qui a rendu nécessaire le premier concile du Vatican. Certes, la définition concernant la primauté a pu paraître « inopportune » et incompréhensible à l'esprit de l'époque ; elle pouvait être (avant les explications et les élargissements de Vatican II) regrettablement unilatérale : elle répondait malgré tout à une situation d'urgence ecclésiale.

b) Immaculée - indéfectible - infaillible.

Chacun sait, ou devrait savoir, ce que signifie le terme biblique *immaculée* ou *sans tache* lorsqu'il se rapporte à l'Église idéale du plan de Dieu (Ep *1*,4 ; dans l'espérance de tous les élus : Jud 24) et à son type réel, Marie : il s'agit de l'acquiescement parfait, en épouse, à sa consécration objective et de l'abandon subjectif à l'Époux (« ut sit sancta et immaculata » : Eph *5*,27). Avant la définition de l'Immaculée Conception, Pie IX a consulté l'Église universelle sur ses croyances ; la réponse fut celle de croyants convaincus qu'au milieu d'un peuple composé d'individus pleins de défauts et pécheurs, ils possédaient dans la mère du Seigneur ce milieu et cette personne réelle *immaculée* (69). Lorsqu'il s'est agi d'assurer à ce lieu réel et personnel sa réalité toujours présente (dans le dogme de l'Assomption corporelle), Pie XII fit procéder à une enquête encore plus vaste sur le *sensus fidelium* dans chaque Église particulière. Du moment que l'Église universelle a conscience que l'Église-Épouse correspond parfaitement, dès avant la création et jusqu'à la fin, et pareillement tout au long

---

(69) NEWMAN. *On consulting the Faithful in matters of Doctrine*, in : *Rambler* (Juli 1859).

de l'histoire, à l'action et à la volonté du Christ, formuler expressément ces vérités (dans les deux dogmes mariaux soi-disant nouveaux) ne signifie rien de plus que constater leur existence dans une déclaration du magistère.

Il est inadmissible de supposer que le peuple chrétien se considère lui-même «démocratiquement» doué de l'orthodoxie infaillible. Il a plutôt conscience de bénéficier dans sa foi, dans les différents stades de sa réflexion, d'un double soutien : d'abord ce que les Pères ont appelé la «Sainte Église» ou l' «Église des saints» (dont Marie apparaissait de plus en plus clairement comme le noyau personnel), qui est à nos yeux le réceptacle et l'instrument par excellence de l'Esprit-Saint ; ensuite la réalité qui, dans la charge pastorale et le magistère au sein de la succession apostolique, fut dès les origines le point de référence incontesté et normal de l'orthodoxie. Autrement dit : le «*sensus* fidelium» auquel nous pouvons, avec Newman – qui s'appuie ici particulièrement sur Perrone (et ses garants) et sur Möhler – attribuer l'indéfectibilité dans la foi, est, tel qu'il se présente, un *consensus* qui con-sent et se déclare d'accord. Les deux points de référence – Marie et Pierre (au milieu des Douze), pour les désigner personnelle-ment – se tiennent ensemble dans la conscience catholique non troublée ; mais la présence du péché d'orgueil qui veut toujours avoir raison – «ubi peccata, ibi schismata» (70) – met le droit en relief sous un aspect unilatéral au sein de la communion et provoque la primauté à juger, à décider, mais aussi à définir à ce propos sa propre compétence.

Il faut bien comprendre les présupposés de ce processus, provisoirement clos à Vatican I : il en va ici de l'*excentricité* particulière à la charge de Pierre (que l'on peut appliquer à toute charge ecclésiastique) et il en va ainsi dans une *situation* elle-même *excentrique,* désignée à la fin du chapitre précédent comme une situation d'urgence. Parlons d'abord du deuxième point. Cette situation d'urgence avait été créée par la réflexion,

---

(70) Origène. *in Ez. hom.* 9,1.

inutile dans les débuts, mais rendue nécessaire ensuite par les problèmes soulevés au sujet du charisme de l'indéfectibilité que l'Église avait conscience de posséder (dans ses différents ordres). Pareille réflexion caractérise un deuxième stade psychologique au-delà du stade non réfléchi, stade qu'il était indispensable d'atteindre (71) ; on a d'ailleurs tenté de montrer qu'il répond au développement de la pensée moderne en général et à sa tendance philosophique de « garantie » (72). Ceci explique le premier point : que la charge de Pierre ait été définie dans son excentricité (constitutive) précisément en cette situation, ou, pour parler plus clairement, en une situation qui, selon les conceptions chrétiennes, n'est pas normale, car elle ne se situe plus au sein de la communion de l'Église universelle et de son indéfectibilité, mais occupe celle que lui impose la contradiction : celle de juge arbitral qui doit décider selon la seule justice.

La situation d'urgence (73) dont les Pères conciliaires avaient conscience, leur a inspiré le geste de choisir le onzième des quinze chapitres de l'avant-projet préparé sur l'Église et de le faire passer en tête. Or, à cause de la guerre qui éclata, il ne put être traité que de ce seul chapitre. Le prologue indique sommairement les points dont on regrette l'absence : « L'Église, maison du Dieu vivant où tous les croyants doivent

---

(71) « La notion d'infaillibilité appartient à une problématique déjà réflexe, à un deuxième stade psychologique, où la connaissance de la réalité objective se double d'une réflexion sur les conditions de cette connaissance. Mais pour qui est arrivé à ce stade – et l'homme moderne, de toute évidence, y est arrivé – il devient clair que le motif immédiat qui pousse l'esprit du catholique à accepter certaines doctrines... (est) le fait "que la révélation les lui a livrées au moyen de ce Magistère ecclésiastique suprême qui est leur interprète légitime" (cf. NEWMAN. *Certain difficulties*, vol. II, 1885, 313) » Jean STERN. *L'infaillibilité de l'Église dans la pensée de Newman*, in : RSR 61 (1973) 177.

(72) Karl LEHMANN. *Von der Beweislast für « unfehlbare Sätze »*, in : *Zum Problem der Unfehlbarkeit*. Réponse à la question de Hans Küng ; éd. par K. Rahner, Quaest. dip. 54 (Herder 1971) 368.

(73) Ouvertement déclarée dans le dernier paragraphe du prologue DSCH 3050.

être unis par les liens d'une même foi et d'un même amour ; unité et indivisibilité de l'épiscopat » qui doit « maintenir dans l'unité de la foi et de la communion la multitude des croyants » ; ensuite, par voie de conséquence, « principe permanent de ces deux unités et leur fondement visible », la charge de Pierre qui permet à l'Église fondée sur lui de grandir et de pénétrer jusqu'au ciel...

Sans nous arrêter à peser les responsabilités, les prétentions de Rome ont-elles fait éclater la contradiction, ou bien est-ce la contradiction qui fit expliciter les prétentions juridiques de Rome ? Peut-être le fardeau excessif des responsabilités personnelles non assumées à la périphérie a-t-il contribué à charger et à surcharger la « centrale » (74). En tout cas c'est un fait que dans tous ses présupposés essentiels le concile eut toujours sous les yeux les « deux unités », celle du peuple des croyants dans son ensemble et celle de tout l'épiscopat. De même il reconnaît simplement leur indéfectibilité (ou infaillibilité), à la condition que l'une et l'autre soient envisagées dans leur union au « chef » romain et que ce dernier ne soit pas considéré *seulement* comme un élément intégrant qui forme, avec le collège et la communion, l'unité chrétienne, mais comme l'élément institué par le Christ *au sein* du collège et de la communion pour représenter l'unité et en être, de plus, le facteur décisif (75). Comme tel, il doit

---

(74) C'est le point que j'ai relevé, d'une manière quelque peu unilatérale dans le court mémoire *Papst heute* in : *Klarstellungen* (Herder 1971) 94 ss., (trad. fr. : *Points de repère*, Fayard, 1973, 117-123) et que je complète ici sur divers points. Concernant le surmenage du clergé cf. aussi Karl Delahaye, *loc. cit.* 192.

(75) Cf. le recueil qui rassemble les mémoires les meilleurs et les plus actuels (après Vatican II) sur Vatican I à l'occasion du jubilé de ce concile : *De Doctrina Concilii Vaticani. Primi studia selecta annis 1948-1964 scripta* etc. (sélectionnés par R. Aubert, U. Betti et autres) (Libreria Editrice Vaticana 1969) cit. comme DCV. A noter avant tout les ouvrages de Walter Kasper, *Primat und Episkopat* (de : TQ 1962, 47 ss.), J.P. Torrell, *L'Infaillibilité pontificale est-elle un privilège personnel ?* (de : Salesianum 1962, 283 ss.), G. Thils, *L'infaillibilité de l'Église "in*

pouvoir, en ce qui concerne sa compétence juridique, s'exercer dans tout le domaine de l'unité (76) sans être limité par les droits des coévêques ; c'est pourquoi le canon DSch 3064 exclut toutes les limitations de la «suprema potestas jurisdictionis» et de sa «tota plenitudo» : décision qui met fin, une fois pour toutes, aux théories conciliaristes et gallicanes. Au début du concile, des thèses prônant une infaillibilité uniquement collégiale avaient été défendues avec succès, non seulement par des Français (Maret) mais par d'autres théologiens sérieux comme Hefele, Ketteler, Strossmayer qui empruntaient leurs arguments à l'histoire de l'Église (la communion des Églises particulières étant toujours à la base du vrai chemin de la foi), au principe du droit de décider conjointement jugé inhérent à la communion, enfin à des réflexions œcuméniques. Ces raisons, qui se rapportaient au caractère idéal de l'Église, durent céder la place au réalisme de l'Église «militante», qui peut être également en lutte avec elle-même. En effet, la question concernant la dernière instance juridique après laquelle il n'y a plus de recours possible, s'imposait inexorablement. Qui, demande Gasser, doit juger définitivement («dando definitivam sententiam») ou, simplement : qui dé-finit («dcfinit seu... definitiva ac terminativa sententia proponit») (77)? Sous ce rapport, «irréformable» prend le sens de «sans appel». L'intervention de l'évêque d'Angers, Mgr Freppel, qui essaie de concilier les partis, provoque une réponse révélatrice : le point de vue purement juridique devient presque trop évident dans la distinction faite entre les «devoirs» du pape et ses «droits» : consulter les évêques et le

---

credendo" et "in docendo" (de : Salesianum 1962, 298 ss.), A. CHAVASSE. *La véritable conception de l'infaillibilité papale d'après le concile du Vatican* (de : Église et Unité, 1948, 57 ss.).

(76) Dans l'appendice, au chap. 11 (de l'infaillibilité pontificale) présenté aux Pères le 6 mars 1870, il est dit qu'en raison de l'assistance divine le pape (sous certaines conditions) ne peut pas se tromper, «et hanc Romani Pontificis inerrantiae seu infallibilitatis praerogativam ad idem objectum porrigi, ad quod infallibilitas Ecclesiae extenditur» (Mansi 51, 702 A).

(77) MANSI 52, 1227 B.

peuple avant une définition, invoquer l'Esprit-Saint, etc... est du « devoir moral » du pape, alors que dans le cas présent il est question de ses « droits » (78). Une semblable distinction au sein du « consensus » de l'Église universelle entre ce qui convient et ce qui est strictement nécessaire aurait été impossible dans l'Église primitive à cause de la notion même du *consensus*; elle est maintenant imposée (79) par l'attitude gallicane qui insistait unilatéralement sur le côté juridique. Aussi sans tarder (le 18 juin 1869) une addition est exigée : « antequam ecclesiae consensus vel independenter a consensu ipso » (80). La formule insérée finalement de façon presque inaperçue dans le texte définitif, lors de la mise au point des divers *modi,* est : « definitiones ex sese, non autem ex consensu Ecclesiae, irreformabiles esse » (81).

Pour parvenir à atteindre aussi nettement l'aspect juridique et à saisir ainsi comment s'effectue, dans son extrapolation intégrale, l'action directrice du pape, deux conditions étaient nécessaires.

Il fallait premièrement une mise au point très précise du microscope braqué sur cet acte unique, en excluant tout ce qui n'en faisait pas partie. Naturellement le successeur de Pierre n'est ni impeccable ni sans péché ; afin de prévenir toute confusion (82), surtout à l'occasion des traductions en langues étrangères, en allemand par exemple, on ne parlerait pas de l' « infaillibilité du pape » mais de celle « du magistère exercé par lui ». Il était plus difficile de décider si dans l'exercice de sa charge il pouvait être dit « personnellement » infaillible. Cela paraissait nécessaire pour couper court aux subterfuges gallicans qui distinguaient entre le « siège » (abstrait) *(sedes apostolica)* et celui qui y siégeait *(sedens)* – « distinction mala-

---

(78) *Ibid.* 52, 1041 AC.
(79) G. Dejaifve DCV 518.
(80) Mansi 49, 712 A.
(81) DSch 3074.
(82) Mansi 52, 1218 D - 1219 A.

droite, voire absurde» (83) – car naturellement il s'agit de la personne concrète. Mais d'autre part, ce n'est pas de la personne comme telle qu'il est question car en tant qu'individu particulier le pape n'est nullement infaillible; depuis le Moyen Age il a toujours été tenu compte de la possibilité qu'un pape tombe dans l'hérésie (84). Il serait toutefois insuffisant (et de plus abstrait) d'attribuer l'infaillibilité non à la personne mais à la «fonction» (85) : il s'agit de la personne officielle qui représente expressément l'Église universelle (86). L'infaillibilité n'est d'ailleurs pas en cette personne (toujours «juge suprême dans les questions de foi et de mœurs») une qualité permanente; elle est strictement réduite à *l'acte* par lequel s'exerce expressément la fonction judiciaire dans les affaires qui concernent l'Église universelle, avec l'assistance du Saint-Esprit (87). Il n'est donc pas question, redisons-le, d'une qualité permanente attachée à la personne, et la situation du pape est en contraste évident avec l'infaillibilité promise à l'Église dans son ensemble, grâce à l'assistance du même Saint-Esprit. Un point restait à préciser : cette infaillibilité personnelle et actuelle est également relationnelle; comme «personne publique», le pape prend la décision définitive (et ceci vaut aussi, par analogie, pour les évêques) «in relatione ad Ecclesiam universalem».

Ces limitations ont été élaborées avec une minutieuse acribie. Il n'en va pas autant des *silences* observés sur les exigences de la communion, en vue de permettre de bien saisir en le situant l'aspect purement juridique. On assure sans cesse ne

---

(83) A. CHAVASSE, DCV 561.

(84) Y. CONGAR. *Ministères et communion ecclésiale* (Cerf 1971) 79 s. Texte p. 80, note 84.

(85) Cf. J.P. TORRELL, DCV 501-502.

(86) «Si igitur *Personalis* accipitur in sensu privatae personae, unde odiosa illa vox *personalitas,* et tunc est rejicienda; sed si accipitur pro persona ipsam ecclesiam gestante, tunc est personalis.» D'AVANZO (MANSI 52, 762 D).

(87) Gasser, *Ibid.* 52, 1213 A.

pas vouloir exclure ces conditions ni les oublier, mais on se déclare obligé, pour le moment, de les renvoyer à plus tard, en raison de la précision requise. Contre l'opinion de papalistes exaltés tels que Manning (qui avait parlé d'une infaillibilité « apart from the bishops ») on affirme : « Nous ne séparons pas (non separamus) le pape de l'union avec l'Église, qui est d'une convenance extrême. Le pape est infaillible seulement lorsqu'il exerce son magistère d'enseigner tous les chrétiens et qu'il représente par conséquent l'Église universelle, qu'il juge et définit en cette qualité ce que tous doivent croire ou rejeter. Il est aussi impossible de le séparer de l'Église universelle que de séparer les fondations de l'édifice qu'elles devront porter. Nous ne séparons pas non plus (non separamus) le pape de la coopération et de l'aide de l'Église lorsqu'il définit infailliblement, au moins en ce sens que nous ne l'excluons pas » (88). « Nous n'excluons pas (non excludimus) cette coopération, parce que l'infaillibilité ne revient pas au pape comme une espèce d'inspiration ou de révélation mais lui est accordée comme une assistance divine. Voilà pourquoi le pape est tenu (tenetur), en raison de sa charge et selon l'importance de l'affaire, d'employer les moyens convenables pour s'informer correctement de la vérité et l'exprimer convenablement » (89). Par le renvoi perpétuel à une consultation du collège ou de la communion de l'Église universelle, l'indéfectibilité de ces instances est mise en évidence ; c'est le sujet dont traitait le neuvième chapitre du schéma primitif de l'Église. On y lisait : « Lorsque nous déclarons que l'Église ne peut se tromper, nous l'entendons aussi bien de l'ensemble des croyants que de l'ensemble des évêques. La phrase "l'Église ne peut pas se tromper" signifie donc : ce que tous les croyants considèrent comme faisant partie de la foi est nécessairement vrai et *de fide* ; et par conséquent ce que tous les évêques annoncent comme faisant partie de la foi est nécessairement

---

(88) *Ibid.* 1213 BC.
(89) *Ibid.* 1213 D.

vrai et *de fide*» (90). C'est essentiellement à cette unité de la foi de l'Église universelle et de tout le corps épiscopal qu'est renvoyé le «centre de l'unité», la papauté; car nonobstant toutes ses prérogatives, celle-ci ne peut pas être autre chose que le garant de l'unité et de la charité (91). La lettre circulaire (92) publiée en 1875 par les évêques d'Allemagne et approuvée par Pie IX insiste encore sur cet aspect de la doctrine et relève expressément, en terminant (comme l'avait déjà fait le concile) (93), que le pape est tenu par l'Écriture et la Tradition dont il interprète le sens, après avoir mis en œuvre les moyens d'information convenables (concile œcuménique ou consultation de l'Église universelle ou synodes particuliers, etc.).

L'équilibre paraît donc rétabli et l'intégration assurée. Néanmoins Vatican I a exposé de préférence le caractère excentrique du ministère de l'unité. Il l'a mis en évidence de telle sorte que le droit abstrait a le pas sur la communion. Il a donc surtout considéré la fonction dynamique du pasteur qui ramène vers l'unité authentique, dont il est le représentant légitime, les éléments qui s'en écartent. Mais, bien entendu, l'unité elle-même ne réside pas dans le ministère. Elle n'existe pleinement que dans l'Église des saints, *sans ride ni tache*. Les croyants en ont toutefois, dès ici-bas, reçu des arrhes, à l'intérieur d'eux-mêmes et au-dehors entre eux, par l'unité dans la grâce, dans la foi, dans l'espérance, dans la charité; par l'unité des sacrements, l'unité du ministère, bref, l'unité de la voie vers le Dieu unique *qui règne sur tous, agit par tous et demeure en tous* (Eph 4,4-5).

Le deuxième concile du Vatican, en intégrant toutes les acquisitions du premier, s'est efforcé d'élucider plus distinctement et plus complètement la corrélation unique qui existe

---

(90) *Ibid.* 51, 579 C.
(91) DSch 3050-3051.
(92) DSch 3050-3051.
(93) DSch 3069.

dans cette unité chrétienne entre la communion, la collégialité et la primauté, non sans risquer de voir encore quelque peu compromis l'équilibre entre « vérité et amour », entre « logos et ethos » (94) à l'occasion de l'épilogue de la « Nota prævia » ajoutée au chapitre de *Lumen gentium* sur l'épiscopat, – d'ailleurs sous la seule responsabilité de la commission théologique. Quant à la nécessaire justification de l'excentricité du ministère papal, elle n'irait pas sans danger, si elle n'en manifestait pas dans la pratique le vrai sens, qui est de personnifier effectivement l'unité de la communion centrale et de la collégialité, en assurant la liberté de ceux qu'elle enveloppe. Le succès en sera d'autant mieux acquis que d'autre part, suivant l'enseignement conjugué des deux derniers conciles, la communion de l'Église universelle et l'ensemble du collège épiscopal respecteront de leur côté la liberté d'action du ministère pétrinien. Lorsque, de part et d'autre, l'effort est ainsi mené dans un esprit de communion eucharistique réciproque, l'Église pérégrinante peut devenir une image anticipée de l'Église parfaite, sans pourtant jamais oublier, dans une exaltation pneumatico-eschatologique, qu'elle est encore en pèlerinage (et tenue à faire pénitence). Redisons-le : la forme d'un ministère ayant autorité que le Christ a donnée à l'Église péré-

---

(94) J. Ratzinger : *Die bischöfliche Kollegialität nach der Lehre des zweiten vatikanischen Konzils,* in : *Des neue Volk Gottes* (Patmos 1969) 198 : « Un certain climat de méfiance et d'inquiétude... transparaît nettement dans les élucidations pénibles et compliquées du texte » aux 3ᵉ et 4ᵉ points. La déclaration que le pape « en tant que pasteur suprême de l'Église peut exercer son pouvoir en tout temps à son gré » (ad placitum), qu'il « procède d'après son jugement personnel » (secundum propriam discretionem) n'a été jusqu'ici affirmée dans cette forme par aucun document ecclésiastique » (Ratzinger 196). De plus, on observe que le collège épiscopal ne pose qu'à certains moments « un acte strictement collégial et alors il ne le fait pas sans l'assentiment du chef » ; Ratzinger *(ibid.)* dit de cette distinction au sein de la collégialité de l'Église universelle, entre un acte strictement collégial et un acte qui ne l'est pas, « qu'elle mène à une impasse ». « Il est difficile de trouver un sens positif à une collégialité à laquelle on peut accorder une *plena potestas* seulement parce que le fait de la nier signifierait finalement une injustice à l'égard de la *plena potestas* du pape. »

grinante ne constitue pas un obstacle à la communion dans l'Esprit du Christ, mais au contraire un présupposé indispensable qui lui permet simplement d'exister. Les résultats conjoints des deux conciles du Vatican ont réussi à libérer l'Église catholique. Ils lui assurent la possibilité d'être vraiment elle-même : de vivre de son Esprit sous le Christ son chef.

L'intention authentique des conciles étant bien mise en lumière et affirmée sans réticence, il me semble qu'il est permis de discuter la question de savoir si la réalité visée est exprimée le plus adéquatement possible par le terme «infaillible». Ce n'est pas tout à fait sans raison qu'on a insisté (95) sur les harmoniques accessoires du mot, qui peuvent être troublantes pour certaines oreilles non habituées aux finesses des distinctions théologiques, qu'il s'agisse de chrétiens ou de non chrétiens. La terminologie du concile d'Éphèse a été profondément modifiée, on le sait, par celle de Chalcédoine, qui exprime *la même réalité* en des mots prêtant encore moins à l'équivoque. Il n'est donc pas impossible de se demander, sans donner dans la contradiction, si la réalité exprimée par les deux derniers conciles dans leur terminologie bien définie ne pourrait pas être formulée aussi en d'autres termes plus faciles à comprendre. Heinrich Fries propose de parler d'une «obligation» qui pourrait devenir, dans le cas d'un engagement définitif, *obligation suprême*. Des suggestions de ce genre paraissent mériter d'être prises en considération.

---

(95) Hans Kung. *Unfehlbar? Eine Anfrage* (Benziger 1970) 148; M. Fries. *Das missverständliche Wort,* in : *Quaest. disp.* 54 (1971) 216-232. On peut faire des remarques analogues à propos du «ex sese» qui, très défendable (comme le montre l'article de Dejaifve), a prêté néanmoins à des malentendus : H. Fries, «Ex sese non ex consensu Ecclesiæ» in : *Volk Gottes. Zum Kirchenverständnis der katholischen, evangelischen und anglikanischen Theologie,* hrsg. von R. Baümer und H. Dolch (Freiburg i. Br. 1967) 480-500.

c) Unir en disparaissant.

Avant de nous tourner vers les questions pratiques rencontrées par Pierre dans sa charge de personnifier, lui pécheur, l'Église des saints dans le ministère de l'unité, accordons quelques pensées à cet autre parmi les Douze, chargé expressément d'établir les relations entre les deux symboles réels de l'unique Église du Christ. Depuis la fin du IIe siècle, la tradition de l'Église estime que celui que le quatrième Évangile désigne comme *le disciple que Jésus aimait* en est aussi le rédacteur et qu'il est identique à Jean, le *fils du tonnerre* des Synoptiques (96). Celui qui, bondissant en avant avec son frère, voulait appeler le feu du ciel sur Samarie et s'assurer les places à la droite et à la gauche du Seigneur Jésus dans le Royaume de Dieu, s'est à présent retiré dans l'anonymat absolu. L'intensité du tonnerre ne se perçoit plus qu'à travers la voix puissante du Maître, dans les coups terribles et le roulement prolongé de ses discussions, mais aussi dans la sublimité absolument au-dessus de toute sentimentalité de ses paroles d'amour ; et la voix du Père qui s'adresse à lui est prise pour le tonnerre par la foule sans intelligence. Jean a rendu au Seigneur le nom que celui-ci lui avait donné, il a de même rendu, nous l'avons vu ci-dessus, son nom héréditaire à Simon-Pierre avec lequel il paraît en étroite liaison dans les Actes des Apôtres et qu'il appelle *fils de Jean*. C'est à lui aussi qu'il cède, avec son nom, la prérogative du «plus grand amour». Par là, il fait disparaître sa propre personnalité dans le sein de l'Église ; aussi ne faut-il pas demander pourquoi Jésus aime davantage Jean mais réclame de Pierre un plus grand amour (97). Que finalement, privé de sa prérogative en faveur de Pierre, il doive cependant *demeurer* et que, comme tel, il devienne une énigme qui pique Pierre, cela ne tient pas à lui mais uniquement au bon plaisir souverain du Seigneur. Comme «celui qui demeure», il devient anonyme, il

---

(96) Détails sur la question d'auteur dans l'introduction circonspecte de R. SCHNACKENBURG, *Das Johannisevangelium* I. Teil (Herder 1965) 60-88 (examen de toute la bibliographie).

(97) AUGUSTIN, *In Joh.* Tr. 124, 6. (Corp. chr. lat., 36, 684-686.)

est relégué en marge par le préposé ambitieux d'une Église, mais il ne reste pourtant pas inactif : il dénoncera les procédés de *Diotréphès qui aime tout régenter* et qui *chasse les frères de la communauté ecclésiale* (3 Jean 9 ss.).

A partir du premier chapitre de l'Évangile jusqu'au vingtième sans interruption, et même plus loin jusqu'à l'appendice, on peut suivre les rapports symboliques entre le disciple bien-aimé et Pierre, le représentant du ministère. Au-delà de la sympathie et du respect qui les unissent, Jean donne l'impression obscure d'une sollicitude quasi maternelle qui ne s'adresse pas seulement à la personne (Pierre est mort depuis longtemps) mais entoure en quelque sorte toute la réalité dont il est le principe : il définit sa charge, la met en relief, et simultanément lui crée un accompagnement humain, l'enrichit d'amour, fait voir ses limites (« Que t'importe » ? Jean *21*,21-23) non avec ironie mais pour le mettre en valeur (« Toi, suis-moi » *21*,19,22). Dans son Évangile de l'amour, Jean est un exemple du « sentir avec l'Église (de Pierre) » ; il serait facile de présenter, à partir des phrases détachées qui présentent Pierre (*1*,41 s. ; *6*,67-71 ; *13*,6 ss ; *13*,36 ss. ; *18*,10-27) ou les deux disciples ensemble (*1*,37 ss. ; *13*,22-30 ; *20*,1-10 ; *21*,1-23), toute une série de « règles concernant les dispositions ecclésiales ».

D'autre part, Jean est le disciple bien-aimé à qui Jésus en croix recommande sa mère ; désormais il vivra avec elle comme un fils avec sa propre mère. Il a compris la place de Marie dans l'œuvre du salut, dans la scène de la croix et aussi, par un regard en arrière, à Cana ; c'est lui qui aura en sa garde le dépôt de tout ce que Marie signifie pour Jésus. Lui-même n'est pas un simple particulier, il est le témoin privilégié de l'événement décisif de l'amour de Dieu qu'aucun parmi les Douze n'a contemplé de ses yeux : *Celui qui a vu a rendu témoignage et son témoignage est conforme à la vérité, et celui-là sait qu'il dit ce qui est vrai, afin que vous aussi vous croyiez* (*19*,35). Heinz Schürmann peut commenter : « La mère de Jésus est là » – pas toute seule d'ailleurs, mais avec un groupe de femmes, dans une communauté – « représentant particulièrement la communauté de ceux qui sont destinés à recevoir le salut du Christ.

D'autre part, l'unité de l'Église est garantie par la parole de Jésus canoniquement déposée dans l'Évangile de Jean. Celui qui est élevé sur la croix fonde l'unité de l'Église à partir de la croix en renvoyant à la Parole tous ceux qui cherchent le salut » (98). Ajoutons seulement que c'est une Parole qui témoigne de l'amour du Père et de son Fils pour le monde, authentiquement attestée par celui à qui il a été donné d'être le disciple bien-aimé.

Dans aucun récit évangélique la sphère mariale ne touche directement celle de Pierre (bien que Marie et Pierre aient été ensemble à Cana comme aussi au milieu de la communauté qui attendait l'Esprit). Jean, de son côté, est intimement lié à l'une et à l'autre, et il interprète ces liens comme une obligation d'unir qui lui incombe. Il importe de ne pas ignorer que ni Marie ni Pierre ne sont les seuls représentants ni les seuls symboles réels de l'unité chrétienne ; c'est à Jean que revient précisément le rôle de médiateur qui empêche l'Église de se scinder en deux parties (Tertullien la voyait déjà se disloquer sous ses yeux). Mais il comprend son « service du milieu » uniquement en se retirant. Il « demeure », mais à l'arrière-plan, nullement doté d'un privilège d'immortalité (*21*,33). L'étendue de son rôle unifiant est néanmoins « catholique » et même de manière signalée : Jean relie les deux extrêmes dont le plus souvent – et que de fois en son nom ! – on laisse tomber l'un. Sans aucun complexe anti-pétrinien (jamais il n'aura *résisté en face* au nom de l'unité ecclésiale, comme on voit Paul dans l'Épître aux Galates), il peut assigner à la charge de Pierre sa place précise au *cœur* de tout l'ensemble institué par Jésus. Et comme – tout en disparaissant – il doit « demeurer » sur l'ordre formel de Jésus, sa place parmi les symboles réels ne peut à aucun prix demeurer vide et sans successeur. Cette place est occupée surtout par les saints qui ont une mission non officielle et dont l'authenticité se manifeste par les relations qu'ils

(98) *Jesu letzte Weisung*, in : *Sapienter Ordinare, Festgabe für Erich Kleineidam, Erfurter Theologische Studien* 24 (Leipzig 1969) 120.

nouent entre l'Église mariale et l'Église pétrinienne, continuant à dire oui à l'une comme à l'autre, même s'ils semblent par là relégués hors de tout lieu. L'Église *vraiment* johannique n'est pas une «troisième» Église, cette Église dite «spirituelle» qui devrait succéder à celles de Pierre et de Paul : elle est celle qui, à la place de Pierre, se tient sous la croix pour y accueillir en son nom l'Église mariale (99).

---

(99) Rappelons à ce sujet la vision que Grégoire le Thaumaturge eut une nuit et qui est racontée dans la biographie de Grégoire de Nysse (P.G. 46, 909 C-913 A). Il voit un vieillard qui de sa main étendue lui fait remarquer une autre personne : une femme d'une splendeur surnaturelle. De leur dialogue, Grégoire conclut qu'il s'agit de Jean l'Évangéliste et de la Mère du Seigneur. Celle-ci demande au disciple d'expliquer «le mystère de la piété» (1 Tim 4,16). Jean accède au désir de la mère et introduit Grégoire dans le mystère de la Trinité par des mots très clairs, des mots que Grégoire peut noter et qui inspireront plus tard ses sermons. Jean apparaît ici en théologien *katexochen* mais, ce qui est significatif, sur l'ordre de Marie.

6

Pierre
concrétisé dans son successeur

Reprenant tout ce qui vient d'être dit, groupons ces divers aperçus sous un même point de vue, ce qui permettra de présenter un exposé pratique du ministère de Pierre dans l'Église. Nous n'avons parlé du «Christ dans sa constellation» qu'après avoir montré en lui celui qui seul révèle le Dieu un et trine. Évidemment l'unique fin de cette «constellation» sera de permettre au Christ de faire partager son propre ministère de révélation et de réconciliation à des hommes que le Père lui adjoint, ou plutôt, qu'il appelle lui-même, en respectant la distance qui les sépare fondamentalement de lui aussi bien que l'empreinte dont il les marque et que leur imprime le sens de sa mission. Suivant l'ordre où ils sont mentionnés dans la prière sacerdotale, distinguons :

1. le Christ ;

2. ceux que le Christ a appelés ;

3. ceux que ces derniers toucheront et qui se joindront à eux.

Tous ceux-là sont des instruments dont le Christ se sert pour rassembler une Église et se la rendre conforme. Cette Église tout entière participera en tant que communion à la loi essentielle de sa mission : elle sera médiatrice auprès de Dieu un et trine. La communion ecclésiale ne sera pas une réalité bien circonscrite et close sur soi qui ferait, en jouissant elle-même de l'amour, «l'expérience de la présence du divin dans le monde»; elle ne peut pas davantage s'intégrer le ministère ecclésiastique comme s'il n'était qu'un simple membre d'un «organisme» se suffisant à lui-même (selon les conceptions d'une théologie romantique). De même que le Christ «Seigneur et Maître» se présente essentiellement sous la figure du «Serviteur de Yahweh», ainsi devront se présenter les personnes diverses que nous avons contemplées dans sa constellation. Pour la structure intime de son Église, chacune d'elles est appelée à devenir un fondement, suivant le rôle qui lui est assigné. Chacune devra donc participer, dans la mesure du possible, au ministère de Celui qui, «se détournant de soi», s'oriente tout entier «vers Dieu». Ainsi le Baptiste protestera : *Non, non, non, je ne suis pas le Messie* (Jean *1*,20,21), *seulement* la voix qui l'annonce, qui «doit diminuer» en présence de la Parole (Jean *3*,30); Marie est *seulement* «la servante du Seigneur», tout au long de son existence elle veut *qu'il soit fait selon sa Parole*; Jean est *seulement* le disciple anonyme que Jésus aime, qui tout en se retirant établit les relations entre les deux grands symboles de l'unité ecclésiale. Paul n'est *rien* (2 Cor *12*,11), «il ne se proclame pas lui-même» (2 Cor *4*,5), il est *seulement* en «ambassade» au «ministère de la réconciliation» (2 Cor *5*,18,20). Et Pierre, lui aussi, sans cesse humilié, repris, est *seulement* un administrateur averti, un berger qui doit paître, non son propre troupeau mais celui du Christ, dans l'esprit du Christ. Moyennant ces figures de médiateurs, la *forme du Christ* (Ga *4*,19) est imprimée à tout le peuple de Dieu.

Cette action de montrer en disparaissant est une mission, et non point un congé ; c'est dans la mission que repose le fardeau de l'autorité qui doit représenter directement la souveraineté divine. Lorsque Jésus commence par envoyer prêcher les Douze qu'il vient d'appeler *pour être avec lui* (et qui sont par conséquent chargés de maintenir sa doctrine dans sa pureté), il

238

leur donne sans délai «pouvoir» de *chasser les démons* (Marc *3*,14 s.). Ces démons sont toujours des esprits opposés aux sentiments de Jésus; ils *savent* (Marc *1*,24) au lieu de croire. ils *dispersent* au lieu de rassembler avec Jésus (Mat *12*,20), leurs vues sont celles des hommes, non celles de Dieu (Mat *16*,23), ils s'introduisent de force dans le troupeau du Christ; hommes aux paroles perverses qui entraîneront les disciples à leur suite (Act *20*,30). C'est contre ces démons-là que Jésus donne «pouvoir», *exousia*, à ses disciples. Paul en définit avec énergie le but précis : il est donné *pour la destruction des forteresses ; nous détruisons les raisonnements prétentieux et toute puissance hautaine qui se dresse contre la connaissance de Dieu; nous faisons captive toute pensée pour l'amener à obéir au Christ* (2 Cor *10*,4 s.). Et c'est précisément de ce pouvoir qui doit, au service du Christ, anéantir les retranchements de la raison autonome, rebelle et insoumise, que Paul déclare qu'il lui a été donné par le Seigneur *pour édifier et non pour détruire* (2 Cor *10*,8 ; *13*,10). Pouvoir authentiquement chrétien, il ne se sert pas d'armes mondaines comme les démons : *« Tout homme que nous sommes, nous ne combattons pas de façon purement humaine. Non, les armes de notre combat ne sont pas d'origine humaine, mais leur puissance vient de Dieu »* (pour servir à son dessein de salut). Paul adresse ces fortes paroles aux Corinthiens «pneumatiques», auxquels il a dit également que la connais- sance enfle, «tandis que seul l'amour», l'amour selon le Christ, «édifie». Les «rationalismes» et les «pneumaticismes» de toutes sortes pensent se suffire à eux-mêmes, ils croient d'avance avoir confisqué à leur profit l'esprit de la résurrection eschatologique – *mais qu'as-tu que tu n'aies reçu, pourquoi t'enorgueillir comme si tu ne l'avais pas reçu? Déjà vous êtes rassasiés!* (1 Cor *4*,7 s.). C'est pour ruiner ces «forteresses» dressées contre l'amour et l'ignominie du Christ que le pouvoir apostolique est donné.

Cette réalité analysée par Paul est le ministère qui est accordé aux Douze et à leurs successeurs collégialement, et de plus «personnellement» à Pierre au milieu d'eux (dans le sens que nous avons précisé). Elle n'est pas elle-même l'unité – celle-ci se situe dans le Christ et par lui dans le Dieu un et trine – mais une fonction indispensable et visible de médiation au service de l'unité. Le pouvoir ministériel accordé dans ce contexte se distingue – précisément parce qu'il se limite à ce service désintéressé qui consiste à rendre un jugement – de ces forteresses spirituelles qui en appellent à leurs propres lumières, à une «évidence» rationnelle ou à une «expérience» pneumatique. Consciemment ou non, elles sont incapables d'abandonner leur point de vue naturel pour s'en remettre, «captives, à l'obéissance du Christ», incapables d'embrasser le point de vue surnaturel du Christ, dans la persuasion que l'expérience et l'obéissance sont toujours inséparables. Comparé aux «larges» lumières de l'évidence rationnelle et de l'expérience pneumatique, le pouvoir pétrinien «acéré» ressemble au coup de foudre de la souveraine totalité divine, qui, pénétrant les partialités et les finitudes de l'esprit humain, liquéfie le partiel endurci pour le fondre dans la totalité transcendante (1).

I – LES TENSIONS DANS LE MINISTÈRE DE PIERRE

a) Un pour tous

Ces mots situent une fois de plus la charge de Pierre et les fonctions de son successeur dans leur ensemble. Ne l'oublions jamais : dans ce domaine les déductions sont interdites : tout

---

(1) Il est évident qu'en déterminant ainsi un aspect particulier nous ne prétendons pas caractériser dans sa totalité le charisme de direction du pape qui se manifeste à travers les âges comme une assistance divine positive et permanente ; nous parlons seulement de sa pointe acérée, que le 1er concile du Vatican a isolée comme autorité formelle.

repose sur les paradoxes de l'Évangile historique. On s'adresse à un homme comme *roc*, on lui remet *les clefs du royaume des cieux*, on lui confie le troupeau du Christ, afin qu'il le paisse, on lui demande de fortifier ses frères. On lui dit, à lui et à ses compagnons les apôtres : *Qui vous écoute m'écoute* (Luc *10*,16). L'interprétation de ces paroles et de leurs conséquences appartient elle aussi à l'histoire ; leur contenu ne se déploie que progressivement, selon les besoins du moment. Leur forme se met peu à peu en équilibre avec toutes les données de l'Église, mais cet équilibre ne peut s'établir que là où l'Église se considère elle-même comme un mystère dont le centre est le Christ et le Dieu un et trine.

Il s'ensuit que l'équilibre entre les divers aspects de la charge de Pierre a lui aussi un caractère de mystère ; en l'absence d'une foi vivante on ne peut pas l'atteindre ni le faire comprendre à autrui. Par rapport à la *personne* du successeur de Pierre, l'équilibre entre sa charge propre et les fonctions de ses collègues dans l'épiscopat (et, dans la personne des évêques, également des prêtres et de tous ceux qui ont part de quelque façon aux ministères ecclésiastiques différenciés) se situe toujours et uniquement dans la foi et dans l'amour. Le successeur de Pierre, en représentant officiellement l'unité, doit offrir aux autres un espace où ils pourront à leur façon participer activement à l'unité. Sous ce rapport il exerce au plus haut degré ce qu'on appelle aujourd'hui un « apostolat de présence » : sa seule présence fixe un lieu pour tous, rappelle à tous qu'ils sont membres d'un ensemble plus vaste (dont il fait lui-même partie) ; elle les délivre du sentiment de l'isolement et les sauve des voies sans issue du « pluralisme ». Le point de vue de chacun ne devient pas relatif du fait qu'il se persuaderait, résigné, qu'il existe des points de vue opposés dans l'humanité et dans la chrétienté. Non, chacun peut se dire avec joie que par sa manière de voir, à condition qu'elle contienne une vérité partielle, il contribue à compléter l'organisme de l'unité vivante. Dans le premier cas la « contradiction » serait possible ; dans le second, seule peut trouver place une « différence » (féconde), comme l'enseignait Möhler (2). Ouvrir un espace qui rende possible l'unité présuppose en effet le facteur de l'autorité, seul facteur qui puisse offrir aux autres un point de vue qui ne soit pas seulement un point de vue particulier (3). Nous ne tarderons pas à découvrir les conséquences importantes qui découlent de là touchant les relations entre le magistère et la théologie. Ce genre d'ouverture devient concrètement sensible par exemple dans un synode d'évêques auquel le Saint-Père participe sans se mêler à la discussion, sans exprimer son opinion particulière : assister ainsi en silence et se mettre au courant n'est pas orgueil ; c'est laisser chacun libre au sein de l'unité visiblement représentée. La manière dont un pape exerce pour sa part cette fonction de « laisser-libre » afin de rendre possible l'unité peut différer de l'un à l'autre au point de vue humain ; il importe peu que le visage spirituel de la personne présente plutôt des traits officiels ou bien ceux d'une bonté de cœur chrétienne, ou bien encore ceux de l'humilité personnelle ; en ce domaine aussi un pluralisme fécond existe dans l'acquittement de la même tâche.

---

(2) *L'Unité dans l'Église*, § 46 (trad. fr., 143-149). Möhler oppose ici Gegensatz et Widerspruch.

(3) Erich Przywara a relevé ceci avec une énergie extraordinaire, bien qu'en s'appuyant encore unilatéralement sur Vatican I, dans *Reichweite der Analogie* (première éd. 1940) in *Analogia Entis* (Schriften III, Einsiedeln ² 1962), surtout p. 274-284 ; voir aussi ses articles réunis par Bernhard Gertz *Katholische Krise* (Patmos 1967) ; il y parle dès 1925 d'une « tendance fatale à se détruire et à s'écorcher soi-même » dans l'Église, « cela semble finir en chaos » (20). En 1929, pour combattre « la raison d'être de l'Église cherchée à partir d'en bas », il indique comme principe sauveur « une survie objective du Christ, indépendante de l'âme et de la communauté (donc juridique) et l'accent mis sur la primauté absolue de l'Église » (68) vraiment « fondamentale dans la *successio apostolica* » : « le prétendu "formalisme juridique" de l'Église n'est pas autre chose que son aspect spirituel et donc sa forme intérieure, tout comme dans l'homme l'esprit est la forme du corps. De même que l'Église est l'organisme du Corps mystique du Christ, ainsi la force de cet organisme (comme dans l'individu) est liée à la puissance de l'organisation, à cette volonté des supérieurs et des inférieurs de s'enchaîner pour le bien du corps unique » (78).

b) Mystère et définition.

Cette tâche considérée en elle-même est aussi affectée dans son *contenu* par la tension qui provient de la position du pape dans l'Église. C'est le dernier point concernant l'unité objective de la foi indispensable à l'unité de l'Église (« *un* Seigneur, *une* foi » Eph 4,5). Cette unité ne peut être saisie que dans un milieu de transition ou de rencontre : au point où, éclairée par la révélation historique et le témoignage de la parole scripturaire, elle est exprimée en paroles intelligibles, sans noyer sa luminosité dans les profondeurs du mystère où elle s'enracine et qu'elle manifeste, ni d'autre part se désagréger sous l'action des diverses opinions personnelles des croyants. Nous pouvons supposer l'existence d'un tel milieu et admettre par conséquent que la révélation ne se dégrade pas en un simple pluralisme, mais que, selon l'expression de Heinrich Schlier (4), l'événement de la Parole de Dieu se fixe dans les mots qui la rendent intelligible et en unissent les multiples aspects. Cependant on ne peut risquer une pareille déclaration sans tenir compte de l'unité du magistère ecclésiastique : l'établissement du canon et l'unité substantielle de tous les symboles des premiers temps chrétiens témoignent de l'objectivité, dans l'Église primitive, de l'intelligence de la foi chrétienne, ainsi que de l'accord de toutes les Églises locales au sujet de cette unité. Mais, aussi ancienne que l'intelligence une et inaltérée du Credo fondée sur l'Écriture et garantie par la *successio apostolica*, est la conscience de l'enracinement de chaque « article de foi » dans le mystère divin. Tout en se révélant, le mystère ne cesse pas d'être mystérieux. Toute intelligence de la foi est d'abord fondée sur une foi simple, qui embrasse de la vérité plus qu'elle n'en comprend et n'en peut comprendre. En effet, elle croit Dieu.

La foi de Marie pouvait laisser de côté la sphère de ce qu'elle ne comprenait pas : non qu'elle n'aurait eu aucun souci

---

(4) *Besinnung auf das Neue Testament* (Herder 1964) 15, 42 ss. (*Essais sur le N. T.*,37 ss).

de comprendre (Luc *1*,29 ; *2*,19,51), mais parce que, pour la forme de sa foi, l'obscurité importait plus que les clartés. La mission de Pierre – comme celle de tout prédicateur (cf. Paul : 2 Cor *12*,1 ss ; Eph *3*,4) – est différente : il doit et désire comprendre le plus possible ; ce que Pierre ne comprend pas maintenant lui deviendra clair plus tard (Jean *13*,7 et *13*,37). Après la résurrection Jésus l'initiera avec les Dix autres au sens de toute la révélation – la loi, les prophètes, les psaumes (Luc *24*,44). Une fois pour toutes la mémoire de l'Église est imprégnée d'une intelligence fondamentale : l'ensemble du plan de salut divin lui a été découvert. On serait tenté de comparer, selon sa forme, cette science infuse de l'Église, surtout de son magistère, à la vision de saint Benoît qui «vit le monde entier comme ramassé dans un seul rayon de soleil» (5) ou à cette illumination de saint Ignace au bord du Cardoner, dont il déclare qu'il lui est impossible «de bien expliciter les points particuliers qu'il comprit alors, bien qu'ils fussent nombreux» : il peut seulement dire «qu'il reçut dans son entendement une grande clarté, en sorte que s'il considère tout le cours de sa vie jusqu'à soixante-deux ans passés, et s'il recueille tous les secours qu'il a reçus de Dieu et toutes les choses qu'il a apprises, même à les prendre ensemble, il ne croit pas que cela atteigne ce qu'il reçut en cette seule circonstance» (6).

L'intelligence infusée à l'Église enseignante n'est pas une science théologique au sens technique, même si de bons théologiens ont été nommés papes ou évêques, et bien que ceux-ci aient évidemment besoin d'un savoir théologique pour comprendre, par la réflexion, comment interpréter, défendre et prêcher un article précis de la foi. Mais, l'Écriture Sainte une

---

(5) GRÉGOIRE LE GRAND. *Dialogue* II 33. Grégoire ajoute : Dire que le monde entier était ramassé sous ses yeux, ce n'est pas dire que le ciel et la terre étaient rétrécis ; mais l'âme du voyant, ainsi dilatée et ravie en Dieu, a pu voir sans difficulté tout ce qui est au-dessous de Dieu.

(6) *Le récit du pèlerin, autobiographie de saint Ignace de Loyola*. Trad. A. Thiry, S.J., DDB [3] , 1956, 74-75.

fois fixée, la révélation qui «s'exprime dans la parole» reste pour tous les temps une mission et un charisme de l'Église.

Il existe cependant une différence entre la systématisation du dogme que doit rechercher un théologien et l'explicitation de points de doctrine demandée au magistère ecclésiastique dans telles situations données, soit pour protéger l'orthodoxie, soit pour élucider un aspect essentiel de la foi qui peut être d'actualité pour tout le peuple chrétien. Pour un théologien particulier, une certaine déclaration peut se situer avec sa valeur précise de document dans l'horizon d'ensemble de son intelligence personnelle de la foi (horizon qui peut être également celui de plusieurs théologiens ou de la moyenne de ceux d'une époque). Or, même pour une intelligence supé-rieure, cet horizon sera toujours limité et personnel. Pour ce théologien, dirons-nous, c'est la «vérité d'une thèse» définie par l'ensemble de ses vues qui importe. Le magistère, lui, ne fait sien aucun système, mais il dispose en quelque sorte d'une connaissance habituelle des proportions générales de la vérité révélée. Il y rapporte la déclaration en question et il lui suffit que son expression orale soit, dans la situation historique, la mieux adaptée au mystère (qui demeure) (7). Peu lui importe, en ce sens, la «vérité d'une thèse» – en admettant qu'il existe une telle vérité abstraction faite de l'intention de celui qui parle – ; ce qui compte, c'est la transparence de l'expression ou-verte sur l'horizon intelligible de la révélation qui se découvre au magistère à l'occasion d'une décision définitive ; c'est la réalité signifiée par les mots à l'intérieur de cet horizon. Cette réalité se situe qualitativement au-dessus de tout horizon théologique systématique. Un tel horizon est toujours marqué par une certaine perspective, un objet formel ou un style de pensée, et celui qui réfléchit en fait nécessairement, à cause de leur cohérence interne et de leur évidence, le critère de ses dif-

---

(7) «... quam quidem conversionem catholica Ecclesia aptissime trans-substantiationem appellat» : DSch 1652 ; cf. 1642 : «convenienter et proprie. »

férentes propositions. Or ce sont précisément ces perspectives et ces styles qui font l'objet des jugements du magistère ecclésiastique. Celui-ci doit se demander si, et à quel degré, ils se prêtent objectivement à une ouverture sur l'horizon d'ensemble de la révélation et s'ils sont (subjectivement) capables de cette ouverture. Le jugement peut et doit naturellement s'étendre à des déclarations isolées comprises dans le système envisagé, dans la mesure où leur possibilité d'adaptation à l'« horizon total » de l'Église (qui n'est jamais systématique) fait question.

Il est évident que le dépassement de l'horizon d'un système personnel ou scolastique pour s'ouvrir au-delà jusqu'à l'horizon de l'Église ne peut pas, en général, être exigé comme un acte d'obéissance aveugle. Il faut donc en venir à une explication mutuelle où le théologien expose ses vues et où les représentants du ministère, qui ne disposent pas d'un savoir théologique actuel et infus, s'informent exactement au sujet de cet exposé. Souvent telle perspective d'un théologien peut enrichir le point de vue empirique sous lequel le magistère et l'Église en général considèrent un aspect particulier de la révélation. Dans l'Église, des échanges vivants devraient donc exister entre le magistère et les théologiens, mais non pas comme entre deux chaires dressées l'une contre l'autre, chacune avec sa mission divine particulière, et s'affrontant à l'autre dans la discussion. Sans doute Newman a-t-il raison quand il considère la théologie comme un « principe fondamental et régulateur du système ecclésiastique coextensif à la révélation » (8) et compétent pour indiquer ce qui doit être tenu pour réellement infaillible dans les définitions du magistère et pour en préciser le sens (9). Néanmoins, il se garde de situer la compétence des théologiens sur le même plan que « l'Ecclesia docens » : il désigne la « schola theologorum »

----

(8) *Via media*, Préface à la 3ᵉ édition, vol. 1 (Londres 1891), XLVII.

(9) *A Letter addressed to... the Duke of Norfolk*, 1874. Trad. B-D. Dupuy : *Lettre au Duc de Norfolk et correspondance relative à l'infaillibilité*, DDB 1970, 314-319.

comme une des parties principales du corps des fidèles, et lui attribue un rôle important dans l'éducation de la foi du peuple catholique, mais il observe en même temps qu'elle n'est pas cette «universitas» des croyants, infaillible dans son ensemble (10). Comme les deux partenaires, magistère et théologien, s'expriment sur des plans différents, les décisions *définitives* du magistère sont en effet sans appel et ne permettent pas d'aller au-delà.

Cependant, comme toutes les paroles humaines, même les plus claires, exigent une interprétation, et comme chaque déclaration vraie peut être insérée dans des ensembles plus vastes et apparaître ainsi sous un nouvel éclairage, une définition ne met jamais fin au travail des théologiens. Elle le

---

(10) *Lettre à Miss Froude*, 28 juillet 1875 (Dupuy, *loc. cit.* 500-503). Newman désigne ici le «sensus fidelium» comme «passivement infaillible», ce qui peut prêter à malentendu. Il ajoute : «Il y a d'une part l'interprétation locale de la doctrine..., ce n'est pas un «sensus universitatis». Il y a d'autre part la "schola theologorum" (qui) joue un grand rôle dans la correction des erreurs populaires et des conceptions trop étroites de l'enseignement (du magistère). En outre, par les recherches et discussions intellectuelles qui sont l'essence même de sa vie, elle maintient la distinction entre vérité théologique et opinions théologiques, et elle est par là l'adversaire du dogmatisme. D'un côté les divergences entre les écoles préservent la liberté de la pensée, et d'un autre côté l'unanimité de leurs membres est une victoire de la foi et une sauvegarde des décisions infaillibles de l'Église.» – On pourrait considérer comme dépassée la répartition entre Église «enseignante» et Église «de l'écoute» et proposer une échelle plus nuancée des «ministères»; en particulier, faire dériver le service de la théologie de l'ancienne triade : «premièrement apôtres, ensuite prophètes, troisièmement docteurs» (1 Cor *12*,28); ou plus tard (sans doute après la mort des «apôtres et prophètes») : «évangélistes, pasteurs et docteurs» (Eph *4*,11). Mais, outre le fait qu'un passage si direct des fonctions bibliques aux temps postérieurs reste problématique, on ne pourrait fonder cela sur aucune réelle tradition théologique, en dépit de la grande estime portée aux services rendus par les théologiens au cours des siècles. Il importe davantage d'approfondir la notion de l'Église (jadis appelée) de l'écoute. Pour Newman, celle-ci, malgré le mot, est tout autre chose que passive : c'est plutôt la sphère de la foi commune, qui englobe aussi le magistère. Les théologiens appartiennent à cette sphère, ce qui leur permet, selon Newman, de corriger aussi d'éventuelles déviations du magistère : cf. Louis BOUYER, *L'Église de Dieu*, 150.

stimule au contraire. Aucune définition solennelle n'est jamais annulée – comme aucun mot de l'Écriture ne peut être rayé – mais pareillement, il est toujours possible de s'interroger à nouveau sur leur portée. Dans cette tâche, la théologie se trouvera devant deux réalités : l'horizon historiquement conditionné de la définition et, au-delà de ce conditionnement, une indication définitive, qui doit être considérée pour le moins comme une orientation définitive. Cette orientation n'est pas identique au chemin à parcourir ; elle est parfaitement juste comme orientation pour l'Église pérégrinante – «c'est par ici que passe le chemin, qui s'en écarte à gauche ou à droite s'égare» – mais elle est toujours donnée à l'intérieur de l'existence croyante, qui voit seulement *per speculum in aenigmate* et dont la connaissance demeure «partielle» (1 Cor *13*,12). Il convient tant à la théologie qu'au magistère de prendre à cœur cette situation. Peu avant Vatican I il a été établi contre Frohschammer que la raison n'est jamais capable de traiter scientifiquement, en vertu de ses seuls principes naturels, ce genre de vérités (c'est-à-dire surnaturelles) (*dogmata*) parce que «les mystères qui nous sont révélés dans le Christ et qui dépassent non seulement la philosophie humaine mais jusqu'à l'intelligence naturelle des anges, alors même qu'ils sont reçus avec foi, sont cependant, par cette foi même, couverts d'un voile sacré et d'épaisses ténèbres, tant que nous pérégrinons dans cette vie mortelle loin du Seigneur» (11). Bien plus, Vatican I, qu'on accuse volontiers de rationalisme théologique, a confessé, dès sa première déclaration (DSch 3001), le caractère «inconcevable» de Dieu ; ensuite, à propos des distinctions à faire entre l'ordre de la foi et celui de la raison, il insiste sur le fait que dans la foi «on propose de croire des mystères cachés en Dieu» dont le sens, selon la parole de Jésus, est *caché aux sages et aux prudents, mais révélé aux simples* (DSch 3015). Si donc la raison éclairée par la foi, à condition de chercher avec piété et sobriété, peut

---

(11) DSch 2856-2857 ; cf. les numéros suivants ainsi que les parties correspondantes du *Syllabus*.

obtenir par la grâce de Dieu une certaine intelligence des mystères, elle n'est cependant jamais en état d'en pénétrer le sens comme elle le fait pour les vérités qui constituent son objet propre. Les divins mystères sont dans leur essence tellement au-dessus de l'intelligence créée que, même livrés par la révélation et reçus par la foi, ils restent comme enveloppés et couverts d'obscurité tant que nous pérégrinons dans cette vie loin du Seigneur ; car nous marchons dans la foi et non dans la vision : 2 Cor 5,6-7 (DSch 3016). L'impossibilité de définir le dogme comme on définit une proposition scientifique est ici déclarée sans appel possible ; en ce sens Vatican I ferme une issue et crée de nouvelles conditions et pour ainsi dire une nouvelle atmosphère pour tout dialogue entre le magistère et la théologie. Le renvoi si opportun à la foi des simples ne dispense d'ailleurs pas le magistère ecclésiastique du devoir de surmonter constamment la tension entre son obligation d'enseigner et l'impossibilité de donner des définitions adéquates.

c) Consentement et risque.

Cette constatation permet de discerner une dernière tension qui se situe dans la problématique du « consensus », de l'assentiment donné non seulement par la théologie, mais par l'ensemble de l'Église croyante, à ce que le magistère enseigne comme obligatoire (12). L'interprétation gallicane qui fait de cet assentiment une condition *sine qua non* du caractère obligatoire de ce qu'il faut croire, est dépassée. De ce fait l'accès à un assentiment qui ne se réclame plus de considérations purement juridiques, mais de la communion ecclésiale concrète (laquelle renferme aussi des éléments juridiques), est de nouveau dégagé. C'est pourquoi il semble peu avantageux

_____

(12) Cf. les travaux cités ci-dessus de H. FRIES ainsi que Alois GRILLMEIER, *Konzil und Rezeption*, in : *Philosophie und Theologie* 45 (1970) 321-352, Y. CONGAR, *Ministères et Communion ecclésiale* (Cerf 1971) passim ; du même, *La réception comme réalité ecclésiologique*, in *Concilium*, 77 (1972), 51-72.

de partir de considérations historico-juridiques sur la notion de
«réception», car il ne peut être juridiquement question de
réception authentique que «dans le cas où deux partenaires
sont réellement différents ou divisés, pour pouvoir ensuite entrer dans une relation de donner et de recevoir» (13). Pareille
situation est impensable dans l'Église, où tous partagent une
même foi, où tous forment ensemble l'unique Corps du Christ.
Mais si nous partons d'une image réaliste de l'Église en tant
que communauté de pécheurs qui s'efforcent de tendre vers la
justice, si nous considérons donc le magistère dans son «excentricité», alors de nouvelles tensions se manifestent dans la
pratique. Le magistère est institué au sein de la communion et
il en fait partie ; de ce fait, il n'est pas seulement relié à
l'Écriture et à la Tradition ; il est aussi tenu à consulter la
communauté ecclésiale en ce qui concerne sa foi, comme
Vatican I le recommande (DSch 3069) et comme l'évêque
Gasser l'a souligné avec plus d'insistance encore (14). Mais
c'est aussi pour lui un devoir de s'efforcer, pour diverses
raisons, de mettre en valeur certains aspects de la doctrine mal
aperçus par la conscience commune. Jean attribue à sa
communauté, en vertu de l'onction de l'Esprit reçu au baptême
et à la confirmation, une connaissance suffisante de la foi :
*Quant à vous, vous possédez une onction, reçue du Saint, et
tous vous savez. Je ne vous ai pas écrit que vous ne savez pas
la vérité, mais que vous la savez... Vous n'avez pas besoin qu'on
vous enseigne* (1 Jean 2,20-21). Il leur écrit néanmoins ; il
confirme ce qu'ils savent, il le met en lumière, il sait que cela
n'est pas superflu : peut-être leur fera-t-il simplement prendre
conscience qu'ils savaient déjà ; peut-être acquerront-ils une
certitude concernant ce qui leur paraissait auparavant

---

(13) GRILLMEIER *loc. cit.* 331. La manière dont Grillmeier aborde la
théologie de la réception à partir du point de vue du droit a l'avantage
d'offrir des notions très différenciées qui peuvent s'appliquer, dans leur
différenciation, à des situations ecclésiologiques diverses et mènent à
conclure qu'au sein de la communion ecclésiale on ne peut parler de
réception qu'en un sens impropre.

(14) voir ci-dessus pp. 225-229.

douteux ; ou bien des notions habituelles (restées pour cela presque inconscientes) deviendront alors actuelles. Il est donc possible qu'entre l'unanimité antérieure (*sensus fidelium*) et l'unanimité postérieure (*consensus fidelium*) il existe, malgré une fondamentale identité, une différence accidentelle.

Pour expliquer cette situation, on peut se référer à l'exemple parfait de l'obéissance de la foi chez Marie. Avant l'annonce de l'ange elle était déjà en parfait accord avec la volonté de Dieu (car *le Seigneur est avec toi*) ; elle s'effraie néanmoins et doit réfléchir à *ce que signifiait cette salutation*, elle doit poser la question : *Comment cela se fera-t-il* avant de donner son assentiment. On peut aussi prendre un exemple dans l'Église des pécheurs : il se peut qu'une personne qui aurait fait vœu d'obéissance à son directeur soit surprise à tel point par une exigence dure et inattendue, qu'elle en soit effrayée et ne voie pas comment pouvoir y satisfaire ; supposons aussi que l'exigence du directeur est parfaitement justifiée devant Dieu, même s'il n'a d'autre but que de faire dépasser la limite que chacun pose inconsciemment à des «exigences» imprévues. Par cet exemple nous ne voulons nullement insinuer que le but du magistère ecclésiastique soit de faire pratiquer l'obéissance aveugle au peuple chrétien, mais seulement faire comprendre que certaines décisions de ce magistère peuvent présenter à un croyant normal l'un ou l'autre aspect qui lui semble trop «exigeant» ; ce croyant risque alors de réagir en objectant que telle précision dogmatique est «inopportune» ou ne correspond pas pleinement au «sens de la foi» des fidèles, qu'il faut donc la contester ou du moins l'orienter vers une synthèse supérieure. Nous aurons plus tard à traiter de la contestation justifiée dans l'Église ; dans le cas présent nous examinons la différence qui éclate empiriquement entre les éléments habituels de la foi et un élément apparemment nouveau. Une des tâches de la charge pastorale dans la succession des Douze et de Pierre en particulier est, à notre avis, d'élever les croyants jusqu'au niveau de leur propre foi. Mais l'entreprise ne va pas sans risque, tant par rapport à leur foi effective que par rapport à la conduite vers une foi plus profonde. Celui même qui a pris le risque de croire sur la Parole du Christ (*viens au secours de mon manque de foi* Marc 9,24) peut s'habituer ensuite à mesurer sa foi d'après les critères de sa propre évidence, lesquels, chez un pécheur, se réduisent bien souvent à un minimum. Comme la mesure des risques personnels pris par rapport à la foi est très différente, le risque pris par le ministère pastoral en proposant à l'ensemble du peuple chrétien d'assumer l'effort de croire, y sera proportionné. Est-il opportun par exemple – non du point de vue œcuménique, mais dans une perspective proprement intérieure au catholicisme – d'estimer le peuple croyant dans son ensemble capable d'émettre un avis concernant l'assomption corporelle de Marie au ciel, si sa paresse spirituelle ne lui permet guère de saisir le rapport profond qui existe entre Marie et l'Eglise, s'il ne comprend pas davantage la nécessité de voir en son centre les « noces de l'agneau » déjà consommées en vue de l'accomplissement eschatologique espéré pour tous ; si de plus il s'arrêtera sans doute à des aspects secondaires qui ne reflètent l'essentiel qu'en le défigurant ? Poser de telles questions ne signifie pas qu'on veuille critiquer et limiter une certaine « propension romaine à dogmatiser » ou à proposer comme infaillibles des « thèses explicatives tendancieuses » ; il convient plutôt de peser dans un esprit pastoral à quel moment le mieux commence à devenir l'ennemi du bien pour la moyenne du « troupeau », alors que le nombre de ceux qui consentent seulement à une « identification partielle » ne cesse d'augmenter. Il est possible encore de se demander – d'un point de vue qui ne diffère pas essentiellement du précédent – si, dans notre situation de pèlerins, le mystère de la foi ne risque pas, à la suite de nouvelles tentatives de l'exposer, d'être profané plutôt qu'adoré plus profondément.

Naturellement, dans des cercles de théologiens et de laïcs plus que dans les milieux du ministère pastoral, on a souvent rencontré une certaine pensée naïve, tributaire de l'esprit moderne de l'évolution, selon laquelle le nombre de définitions, en augmentant, ferait progresser « les connaissances de la foi » et simultanément, toute l'Église pérégrinante. C'était là une forme moderne de la tentation millénariste, aujourd'hui remplacée par d'autres formes plus virulentes de la même tentation. On sait à quel point dans la sphère intime du mystère chaque aspect particulier est lié à tous les autres, de sorte que la simple tentative d'en isoler un pour le définir (une proposition se formule toujours isolément) menace presque fatalement de troubler la vue d'ensemble. La clarté projetée sur un détail peut rejeter dans l'ombre l'essentiel : la manière dont il prend place dans l'organisme entier. Ceci paraît évident lorsqu'il s'agit de définir des notions telles que «communion des saints», «réversibilité des mérites», «corédemption» (en général), «corédemptrice» (de Marie en particulier). Ce qui importe n'est pas d'isoler quelques thèses de la problématique générale, mais plutôt de jeter quelque lumière sur certains aspects du mystère total de Dieu qui vient à nous dans son incompréhensibilité (permanente !), qui nous pénètre, qui nous engage toujours plus profondément nous-mêmes (*per* ipsum → *cum* ipso → *in* ipso). Ce mystère est confié premièrement à la parole (de l'Écriture Sainte) de manière non pas vague, mais néanmoins approximative par bien des côtés ; lui donner de plus amples développements en formulant sans nécessité des propositions dogmatiques (soit «défensives», soit «explicatives») risque de reléguer dans l'oubli le caractère mystérieux de toute vérité chrétienne, surtout lorsqu'elle est exposée au grand public. Le magistère ecclésiastique se doit de prendre en considération cette tension objective.

II – LE CHARISME DE LA DIRECTION.

a) Les origines.

La tension entre le ministère et la théologie nous amène à un sujet central : quelle est, au centre de la «constellation christologique» dans laquelle se situe l'Église, la place et la

253

fonction spécifique clairement définissable de la charge pétrinienne ? Un regard sur l'histoire de l'Église et celle de la papauté – souvent douloureuse – conduit à deux constatations. Bien qu'il ait existé beaucoup de papes d'une sainteté personnelle exemplaire, le charisme distinctif de cette charge ne se situe pas dans la ligne mariale et johannique de la sainteté subjective ; on dirait qu'il était nécessaire de faire pénétrer de force cette vérité : l'histoire nous présente en effet nombre de papes d'un christianisme douteux, sous le gouvernement desquels la fonction est vraiment réduite au minimum expressément requis par le premier concile du Vatican. La seconde constatation est tout aussi évidente : bien que le siège de Pierre ait été occupé par une série de théologiens remarquables, le charisme pétrinien ne se situe pas davantage dans le champ d'une théologie approfondie, techniquement élaborée, dans la ligne de la succession paulinienne ; ce n'est surtout pas le cas lorsque Rome donne des indications précises sur les voies à suivre par la théologie, comme cela est arrivé plusieurs fois dans les premiers siècles. Rappelons cette étonnante lettre du pape Denys (vers 260) à l'Église d'Alexandrie (DSch 112 ss), ou l'écrit de Léon le Grand à Flavien, qui a exercé une influence déterminante sur le cours du concile le plus important au point de vue dogmatique, celui de Chalcédoine (DSch 290 ss), ou la lettre d'Agathon (en 680) à Constantin IV contre les monothélites (DSch 542 ss). (C'est Harnack qui groupe ces trois noms) (15). Il serait possible d'allonger cette liste (de citer par exemple la profession de foi de Damase 1er : DSch 144 ss, ou celle de Léon IX au XIe siècle : DSch 680 ss), où l'on rangera comme dernier anneau typique et digne le *Credo* de Paul VI. Harnack dit à propos du pape Denys obligé de reprendre l'évêque d'Alexandrie, le très intelligent disciple d'Origène, qu'il «ne s'est pas soucié des spéculations des Alexandrins, et a laissé de côté leurs thèses compliquées pour s'en tenir uniquement aux conséquences». Cela s'applique tout aussi bien aux écrits de Léon et

---

(15) *Dogmengeschichte* I (⁴ 1909) 772.

d'Agathon : «Ils réfutent à partir des conséquences, les doctrines de droite et de gauche, établissent simplement une voie médiane... et lui donnent pour fondement formel leur ancien symbole» (16).

En indiquant les démarcations – Marie – Jean, puis Paul, – nous sommes aussi mis sur la voie, celle même que montre clairement *l'histoire des origines de la papauté*. Avant que soit ressenti le besoin de faire appel à la réflexion, le charisme papal de la direction est mis en œuvre instinctivement dans son milieu concret. L'adresse de l'évêque martyr Ignace désigne admirablement la communauté romaine comme celle «qui préside à l'agapè»; il faut y voir un rappel du droit de présider non pas simplement à «l'alliance de charité» des Églises locales, mais à la réalité centrale de l'amour qui constitue l'Église; le mot «présider» a une signification plus forte que celle d'une supériorité morale reconnue grâce à des sentiments et à des exploits dans l'ordre de la charité; car aussitôt après cette Église est appelée «Christonomos», celle qui observe la loi du Christ (17). Au troisième siècle on parlera souvent avec éloge (18) de l'extraordinaire sollicitude charitable de la communauté romaine qui s'étendait non seulement aux nombreux pauvres de la capitale, mais jusqu'à des communautés asiatiques très éloignées. Écoutons plutôt le son que rendent les avertissements du pape Clément de Rome aux Corinthiens, dans une lettre rédigée sans doute encore du vivant de l'apôtre Jean. Cet écrit, extrêmement important pour l'histoire des origines des «prétentions» romaines, est conçu en parfait accord avec les idées d'Ignace sur la sollicitude qui doit veiller à la sérénité de l'amour, substance de l'Église; dans le

---

(16) *Ibid.* 771-772; les passages polémiques insérés ici par Harnack sont omis.

(17) Jos. Fischer, *Die apostolischen Väter* (Kösel 1956) 129 s. Onze mots avant «prokathèmenè» il est question de «présidence, préséance» du Christ (prokathètai) à l'intérieur du domaine de Rome.

(18) Textes dans G. Bardy, *La théologie de l'Église de S. Irénée au Concile de Nicée*, in : Unam Sanctam, 14 (Cerf 1947) 225-226.

cadre de l'ordre cosmique propre à la Rome ancienne, il ne réclame, pour le fond et sans équivoque, rien d'autre que la disposition paulinienne aimante (mariale) à l'égard de la *forme* de l'Église telle que le Christ l'a établie par les Apôtres. L'avertissement qui vient de Rome est interprété dans l'esprit de l'Église apostolique comme une fonction de l'agapè (19); la lettre, y compris son appel à la tradition de la charge, est acceptée sans la moindre difficulté par cette communauté, prétendue « purement charismatique »; un siècle plus tard on en fera encore respectueusement la lecture au cours de la liturgie (20), et elle se répandra pendant longtemps encore dans d'autres régions, surtout en Orient (21).

Dans la suite, la fonction pétrinienne s'affirme seulement, mais alors efficacement, lorsqu'il se présente une occasion sérieuse d'intervenir : lorsque l'«unité de l'amour» est en danger; ou lorsque, pour demander conseil, ou trouver un accommodement, on se tourne vers Rome, centre reconnu de l'unité et point de référence concret. Le siège de Pierre devient alors le refuge de ceux qui sont à la recherche du droit; la sphère juridique reste encore l'expression de la sphère de l'amour. Pour Irénée, l'existence de ce point de référence est un fait incontestable, fondé aussi bien sur l'acceptation universelle que sur l'origine apostolique attestée et démontrée. Henri de Lubac dit avec raison que la succession spécifiquement pétrinienne «s'affirme d'abord tranquillement par le simple exercice, non par des exposés théoriques ni par des revendications et par un arsenal de preuves; c'est bien là ce qu'on pouvait attendre. Le contraire serait suspect : comme s'il s'agissait de contraindre des récalcitrants à admettre une nouveauté. Dans cette sobriété primitive, il n'y a d'ailleurs rien que de conforme à la vie. La pensée réflexive est toujours seconde, et elle ne prend d'ordinaire une certaine ampleur que

---

(19) H. Schlier, *Die Eigenart der christlischen Mahnung nach dem Apostl Paulus*, in : *Besinnung auf das Neue Testament* (Herder 1964) 340-357.

(20) Eusèbe, *Histoire Ecclésiastique* IV 23, II.

(21) L. Duchesne, *Églises séparées* (² 1905) 131.

sous l'effet de la contradiction. Les justifications théoriques alors invoquées ne viennent pas forcément transformer un fait en droit (c'est-à-dire alors en un droit abusif) mais aussi bien montrer le droit du fait » (22). Il est sans doute providentiel que la Rome des deuxième et troisième siècles ne compte pas un seul théologien de qualité, à l'exception d'Hippolyte qui provoqua lui-même un schisme ; la haute théologie se déploie à Alexandrie, en Gaule, à Carthage, en Palestine et en Asie Mineure. On pourrait croire que Rome, attentive à maintenir simplement la tradition apostolique, demeure toujours, dans ses interventions, à un point de vue arriéré d'autant plus pénible à supporter qu'il était exposé avec une énergie plus autoritaire. Or ces interventions, certainement assez rares dans les débuts, prouvent exactement le contraire : les prises de position de Rome, bien qu'elles en appellent, à bon droit, au dépôt de la foi traditionnelle, orientent régulièrement au-delà de l'horizon trop particulier des théologiens « engagés » et « spéculatifs ».

De tels résultats ne paraîtront peut-être pas encore évidents dans les tentatives du pape Victor (189-198), plein de vie et d'esprit ; régler par voie d'autorité la date de Pâques, au sujet de laquelle Polycarpe et le pape Anicet n'avaient pas réussi à s'accorder, ne semblait pas être une affaire dogmatique, mais une simple décision disciplinaire (23). Objectivement Victor avait raison. Le Concile de Nicée a plus tard prononcé dans le sens voulu par Victor l'excommunication empêchée auparavant. L'ancienne tradition des Quartodécimans qui maintenaient fermement la date de la solennité pascale à la date de la Pâque juive (14 Nisan) au lieu

---

(22) *Les Églises particulières dans l'Église universelle* (Aubier 1971) 194. Duchesne *loc. cit.* 107.

(23) Irénée le lui recommanda avec « gravité et insistance », pour le dissuader d'excommunier les Asiates, ce qui aurait eu de sérieuses conséquences ; ceux-ci étaient en paix avec toute l'Église, aussi bien ceux qui étaient de cet avis que ceux qui ne l'étaient pas. Eusèbe, *Histoire ecclésiastique* V 24.

de la fêter le dimanche suivant (jour de la résurrection) fut exclue comme un reste judaïsant. Il faut d'ailleurs noter à la décharge de Victor qu'il fit, avant son décret, organiser des synodes dans toutes les parties de l'Église, et qu'à l'exception des Églises d'Asie Mineure, elles lui donnèrent raison à l'unanimité (24).

La querelle acerbe entre Cyprien, chef incontesté d'un épiscopat africain très nombreux, et l'évêque de Rome Étienne Ier (254-257), au sujet de la validité du baptême administré par les hérétiques, revêt une importance autrement grande. Dans une querelle antérieure au sujet de la réconciliation des «lapsi», Cyprien s'était montré pasteur avisé et assez large d'esprit (25). Cette fois il recourt à son idée, élaborée théologiquement d'une manière apparemment parfaite, d'une «Église sainte» ayant son domaine visible délimité par les liens des évêques, et hors de laquelle il ne pouvait y avoir «aucun salut»; il l'emprunte à l'image idéale traditionnelle qui avait cours au IIe siècle. A ses yeux une telle conception représente donc un progrès qui contraste avec le traditionnalisme obscur de Rome (26). Or, la décision du pape Étienne fait sauter l'idée d'une Église bien close conforme aux conceptions de Cyprien et opte au contraire pour l'excentricité : le baptême peut être conféré validement même hors de l'unité de l'Église, même par des marcionites et des montanistes (27); le domaine de l'autorité ecclésiastique et de l'amour ne coïncide pas simplement avec l'action de Dieu.

---

(24) *Loc. cit.* V 23.

(25) Dans le premier conflit sous le pape Corneille au sujet de la réconciliation des nombreux apostats de la persécution de Dèce, l'adversaire n'était pas le pape Corneille avec qui il était pratiquement d'accord, mais l'antipape Novatien, dont il combattait le rigorisme.

(26) «La coutume sans la vérité n'est qu'une erreur surannée», *Lettre* 74,9. «Il ne faut pas se retrancher derrière la coutume, mais l'emporter par la raison...» *Lettre* 73,13.

(27) Textes chez BARDY, *loc.cit.* 43, 55.

C'était là une décision encore sans ferme appui théologique (28), mais orientée vers l'avenir. La position prise par le grand Cyprien engendrera la secte donatiste : « il faut posséder le Saint-Esprit pour pouvoir le transmettre » ; celle d'Étienne, élaborée théologiquement par Augustin contre les donatistes, fonde jusqu'à nos jours la pratique et la théologie de l'Église : sans elle il ne pourrait pas être question d'attitude ni de théologie œcuméniques. Comme Victor, Étienne parle avec autorité ; « il ne discute pas, il statue » (29). Cela surtout fait prendre feu à Cyprien : « Étienne qui prétend occuper par droit de succession le siège de Pierre ! » (30). Denys d'Alexandrie devra s'entremettre en faisant remarquer que de toute antiquité la coutume romaine s'observe ailleurs (31).

Mais c'était précisément ce Denys qui devait occasionner la troisième intervention romaine dont nous avons déjà fait mention. Cette fois il s'agissait d'intérêts tout à fait centraux : de la christologie. L'évêque alexandrin, disciple du théologien Origène, l'avait défendue dans le sens et l'esprit de celui-ci, contre les Sabelliens qui résorbaient dans l'unité la trinité des personnes. Mais Origène lui-même n'était-il pas allé trop loin dans le sens opposé (32) ? Son disciple fut accusé auprès du pape Denys. Celui-ci n'estime pas que la question soit au-delà de sa compétence ; il y répond au contraire par deux écrits : une lettre personnelle adressée à l'évêque l'invite à s'expliquer plus amplement ; une autre, péremptoire, est envoyée à l'Église d'Alexandrie ; sans citer de noms, elle condamne et le sabellianisme et « pour ainsi dire son extrême opposé », en des

---

(28) Bien qu'Étienne en appelle avec raison et convenance à une autre tradition plus ancienne : Alexandrie et la Palestine étaient de son côté, tandis que l'Église d'Antioche et les Églises qui en dépendaient s'accordaient avec l'Afrique.

(29) Bardy, *loc. cit.* 218.

(30) *Lettre* 75, 17.

(31) Eusèbe, *loc. cit.* VII 7, 5.

(32) cf. Les déclarations sténographiées de son *Entretien avec Héraclide,*

termes simples et d'autant plus étonnants qu'ils condamnent clairement par avance l'arianisme qui sortira du subordinatianisme d'Origène avec autant de logique que le donatisme s'est développé à partir de la doctrine de Cyprien sur l'Église. Affirmer qu'il y eut un temps où le Fils n'existait pas, où Dieu était sans lui est parfaitement absurde (DSch 112-115). Cet exposé, le pape ne l'appuie pas sur les raisonnements profonds d'une école philosophique, mais simplement sur l'Écriture et la tradition, ignorant les tentatives des écoles théologiques néohellénistiques qui ramènent tout d'une manière ou d'une autre à l'unité sans multiplicité. Le pape est en accord avec la révélation et la foi populaire plus tôt ou plus tard que la théologie tentée d'hérésie (33). De plus, fait qui sera encore plus frappant chez Léon Ier, il s'exprime dans une langue qui respecte le «mystère» : le kérygme du Dieu un et trine est pour lui «sublime», vénérable *(semneutaton)*, son objet merveilleux *(thaumastèn)*, renfermant aussi «la grandeur et la dignité suréminente» du Fils de Dieu *(to axioma kai to hyperballon megethos tou kuriou)*. L'évêque Denys, sans s'emporter, a développé dans sa réponse une doctrine en quatre livres, dont les fragments qui subsistent prouvent l'orthodoxie.

A cette époque l'évêque de Rome a déjà passablement l'habitude d'arbitrer ce genre de querelles ; il demande qu'on s'adresse à lui. Il est curieux de constater que dans un cas mémorable Cyprien lui-même recourt à lui comme instance (34) ; et cette coutume est rappelée solennellement au concile de Sardique (DSch 133-135). Déjà Sirice peut dire : «Nous portons le fardeau de toutes les doléances, ou plutôt le bienheureux apôtre Pierre les porte en nous» (DSch 181).

---

in : Sources chrétiennes 67 (1960), éd. J. Scherer.

(33) J. Lebreton, *Le désaccord de la foi populaire et de la théologie savante dans l'Église chrétienne du IIIe siècle*, in : *Rev. d'hist. eccl.* 20 (1924). Voir aussi l'exemple du pape Zéphyrin : L. Duchesne, *Histoire ancienne de l'Église*, t. 1 ², 1907, 292-308.

(34) P. Batiffol, *L'Église naissante* (Cerf ² 1971) 454 ss.

Innocent Ier étonné demande : « Ne savez-vous pas que sans cesse, dans toutes les provinces, les réponses de la source apostolique parviennent à tous les requérants ? » (DSch 218 cf. 217) et pour Boniface Ier les réponses de Rome ont toujours été considérées comme péremptoires : « Il n'a jamais été permis de remettre en question une affaire réglée par le Siège apostolique » (DSch 232). Célestin Ier ratifiera la séparation de l'Église prononcée contre Nestorius par le concile d'Éphèse ; Léon 1er préparera la condamnation d'Eutychès par son Tome à Flavien et approuvera la doctrine correspondante du concile de Chalcédoine. Une fois de plus on est frappé par son langage antirationaliste profondément conscient du mystère qu'il faut respecter ; le mot « sacramentum » y reparaît partout ; il se plaint, en écrivant à l'empereur Léon, qu'à Alexandrie les agissements du presbytre Timothée Aelure aient « éteint la lumière de tous les mystères » (35).

b) Le Défilé.

Le charisme de direction de l'évêque de Rome dans les questions de doctrine est évident. Si l'on exclut les très rares cas-limites d'incertitude ou de faiblesse indigne, résultant d'une intimidation prolongée (Libère, Vigile) ou de simple naïveté qui se laisse duper (Honorius), cette manière d'indiquer la voie dans les questions concernant la foi est toujours demeurée celle des papes. Il leur a été plus difficile de se frayer à eux-mêmes une voie au long des siècles, depuis Constantin, Théodose, Justinien, Charlemagne et les Ottons jusqu'à l'absolutisme du XVIIe siècle, période où s'exerça sur l'antiquité, le Moyen Age et les temps modernes, à des degrés divers, la fascination de l'idéal antique aussi bien que de celui, théocratique, de l'Ancien Testament.

Commençons par trois constatations sommaires que nous illustrerons ensuite brièvement, car nous ne pouvons retracer ici un millénaire de l'histoire de l'Église.

---

(35) Texte chez Hugo RAHNER, *L'Église et l'État dans le christianisme primitif*, trad. G. Zinck (Cerf 1964), 197.

a) Il était alors impossible de dépasser l'horizon spirituel d'une époque qui a tenté de présenter une image du règne de
Dieu dans le temps à travers l'unité ou la convergence de
l'Église et de l'État; critiquer cet horizon et le dévaluer à partir
de notre horizon à nous est un manque de bon sens et une
injustice. Il ne faut pas oublier non plus que l'ancienne idée
sacrale de la *polis* (avec un roi-prêtre) ainsi que celle du règne
de Dieu vétéro-testamentaire (avec la complémentarité du
sacerdoce et d'une royauté qui recevait l'onction) ne s'opposaient pas directement à être transposées dans l'esprit du
Nouveau Testament, surtout là où l'ouverture de l'Église sur le
monde sauvé était envisagée dans un esprit magnanime.
Rappelons seulement le «rêve» d'Origène qui voyait déjà tout
l'empire complètement converti (36) ou la «cité de Dieu»
d'Augustin qui ne porte certes pas trace de césaropapisme
mais esquisse l'image d'un empereur vraiment chrétien (37).
L'ouvrage d'Augustin devint un texte fondamental pour le
Moyen Age chrétien occidental, qui d'ailleurs s'est mépris plus
d'une fois sur les intentions profondes de son auteur.

b) A l'intérieur de cet horizon, les préoccupations de
l'Église d'Occident – l'Église d'Orient étant si souvent tombée
sous le pouvoir de l'État – concernent d'abord sa liberté. Au
prix de profondes humiliations, l'Église pouvait encore garder
quelque distance à l'endroit de Byzance. Cette situation
change considérablement lorsque les jeunes peuples
germaniques viennent greffer une nouvelle idée mythique et
sacrale sur l'ancien idéal païen ou vétérotestamentaire. L'idée
se développe magnifiquement avec Charlemagne, les Ottons et
les Staufen. Lorsque l'Église se réveille après ce rêve d'une
totalité théocratique formée par la symbiose de l'État et de
l'Église, lorsqu'elle parvient avec Grégoire VII à s'arracher de
force à l'étreinte du «Saint-Empire» et de la féodalité, elle ne

---

(36) *Contra Celsum*, Gr. Chr. Schriftsteller, Origenes II, 279-287 (chez
Rahner, Texte 7).
(37) *De civitate Dei*, 1. 5, c. 24-26 (PL 41, 171-174).

voit d'abord devant elle que ce même horizon, mais avec des situations renversées : une Église, organisée selon les catégories juridiques d'un État, englobant l'État dans la «potestas directa» qui lui vient de Dieu. Cependant, ce qui paraît être une «légalisation» de l'Église et donc une décadence de son idée originale n'est pas autre chose en réalité qu'une tentative, alors encore impossible, de se détacher de l'idéal d'un royaume divin terrestre. La solution, contenue en principe dans la sécularisation opérée par un Frédéric II, par la bourgeoisie et par la science en progrès, apparaîtra tout d'abord (non sans raisons) comme une trahison à l'égard de la mission de l'Église dans le monde.

c) Bien avant les événements tragiques qui s'étendront jusqu'à la lutte de Napoléon pour s'emparer des États pontificaux (le «patrimonium Petri») et jusqu'en 1870, flottaient déjà dans l'air certaines expressions de Jésus et de Paul, susceptibles certes d'être infléchies en divers sens, mais tendant certainement à libérer le christianisme de tout système d'Église d'État. La démythologisation de l'État sacré y était contenue en germe. Les chrétiens du temps des premières persécutions l'avaient parfaitement compris. A partir de ces textes il était toujours possible de prendre un nouveau départ. Cependant la Bible ne propose aucune recette toute faite pour régler les rapports entre l'État, l'Église et le royaume de Dieu. Elle autorise moins encore un dualisme gnostique opposant le royaume du monde à celui de Dieu et prônant par conséquent l'indifférence des chrétiens à l'égard de l'État, indifférence qui, par suite d'un revirement dialectique, ramène souvent l'Église sous le joug de l'État.

Quelques indications suffiront à illustrer ces trois points.

Tout se tient dans la *liberté des enfants de Dieu* qui, tout étrangers qu'ils sont dans le monde (1 Pi 2,11), sont néanmoins invités par Jésus à payer le tribut (Mat *17*,26 s), par Paul à se soumettre au pouvoir départi par Dieu à l'État (Rom *13*,1), à prier pour les rois, les princes et les pouvoirs civils (1 Tim 2,2). Cette prière pour l'État est attestée à partir du pape

Clément (38); Tertullien, Aristide, Justin, Origène, Denys d'Alexandrie en témoignent aussi. Certains le font même en des temps de persécution ouverte, alors que l'autre image de l'État, – celle de la bête monstrueuse ennemie de Dieu de Daniel et de l'Apocalypse – est bien vivante, comme par exemple dans le commentaire d'Hippolyte sur Daniel. La prière des chrétiens et leur vie irréprochable maintiennent l'ordre du monde (Aristide, Justin), ils sont eux-mêmes l'âme du monde (lettre à Diognète), le sel de la terre et donc aussi celui de l'État terrestre. Ils «font plus de bien à leur patrie que les autres hommes, car ils sont des modèles éducatifs pour les autres citoyens, en leur apprenant à être fidèles à Dieu qui est au-dessus de l'État. Ils soulèvent avec eux leurs concitoyens vers ce mystérieux et divin royaume des cieux, s'ils mènent dans ce modeste État terrestre une vie vertueuse et bonne. A ces chrétiens on pourrait dire : Bien, tu as été fidèle dans ce petit État, entre à présent dans le grand État» (Origène) (39).

L'Église catholique n'a jamais oublié complètement les leçons des temps de la persécution. Le souvenir en demeure vivant tout au long de la grande lutte menée par les papes pour la liberté contre les empereurs d'Occident, puis d'Orient, dont le pouvoir ne se contentait pas de convoquer des conciles, mais était à l'origine d'un grand nombre d'hérésies virulentes. Le monarchisme des empereurs les inclinait intérieurement aussi bien vers l'arianisme (il n'y a qu'un seul Dieu très haut) que vers le monophysisme (dans l'humanité du Christ la divinité transparaît seule) ou le monothélisme (une seule volonté !). Les évêques de Rome s'en trouvaient d'autant plus forts : gardiens de l'orthodoxie, les meilleurs d'entre eux étaient obligés de résister en face aux empereurs. Souvent c'était de grands saints

---

(38) *Aux Corinthiens* 60,4 ; 61, 1-3.

(39) *Contra Celsum* VIII 74 ; cf. déjà 63-70 (cf. éd. M. Borret, SC, 150, 1969 ; 314-339 et 348-351). Origène essaie aussi de répondre à l'objection qui demande comment les chrétiens peuvent prier pour un État qui complote leur perte ; le pouvoir de l'État vient de Dieu, mais les hommes en abusent : *Commentaire de l'Épître aux Romains* IX 26-30.

solitaires comme Athanase, Ambroise, Maxime le Confesseur, qui en communiquaient la force aux papes (Jules Ier, même Libère (40), Damase, Martin Ier) : cela fait partie de la structure de la constellation ecclésiastique. Néanmoins la lutte est alors menée avec les seules armes spirituelles. Dans la basilique de Milan cernée par les soldats de l'empereur, Ambroise s'écrie devant le peuple (385) : « Moi aussi j'ai mes armes, mais au nom du Christ. Moi aussi je peux opposer mon corps à la mort. Nous aussi nous avons notre "tyrannie" ; la tyrannie d'un évêque consiste à être faible, car il est écrit : *Quand je suis faible je suis puissant.* » Pour faire opposition aux prétentions des empereurs qui veulent transformer à volonté, comme souverains de l'Église, le visage de cette Église, on voit apparaître ces grands documents qui assurent à la fois la liberté de l'Église et le pouvoir directeur de Rome : depuis la formule du synode romain sous Damasc (41) en passant par Innocent Ier, Léon le Grand, etc., jusqu'à la formulation bien équilibrée de la séparation des deux pouvoirs par le pape Gélase (492-496) (42). « L'empereur est dans l'Église, il n'est pas au-dessus de l'Église » (43). A cette époque prévaut encore l'image du pape qui lutte en Occident pour la liberté de l'Église, avec les évêques groupés autour de lui, alors qu'en Orient l'épiscopat est, à peu d'exceptions près, servilement dévoué à l'empereur. La théologie prudente, réservée, de LA CITÉ DE DIEU d'Augustin, qui inspire Léon le Grand, Gélase et Grégoire le Grand (ce dernier inspiré aussi par Benoit), les fortifie dans leur attitude : deux royaumes, deux puissances, d'un tout autre ordre. Byzance n'acceptait pas cette distinction. Rome n'a pas davantage pu accepter les prétentions de la « nouvelle Rome » d'accorder pour des motifs politiques au nouveau siège patriarcal de cette ville la même dignité qu'au « siège apostolique » fondé par Pierre et Paul.

---

(40) Plus tard, usé et affaibli, il a courageusement témoigné de sa foi devant le tribunal impérial à Milan : *Sténogramme dans l'Histoire.*
(41) DSch 350, sur l'authenticité cf l'avant-propos de Schönmetzer.
(42) DSch 347.
(43) AMBROISE. *Discours contre Auxence*, 386 (PL 16, 1018).

En 774 Adrien et Charles s'embrasseront sur les marches de la basilique de Saint-Pierre ; en 800 Léon III couronnera subitement Charles empereur, cet homme qui ne voyait dans le pape rien de plus que le premier évêque, alors qu'il se considérait lui-même comme le seigneur de ses Églises. Peu avant son couronnement, des moines de Jérusalem lui avaient rendu hommage et lui avaient remis, au nom du patriarche de la Rome de l'Est, les clefs de Jérusalem (44). Le chemin que prendra l'Église pour se libérer de cette nouvelle étreinte devait l'enchaîner elle-même pour de longues années. C'est le temps de la fameuse «donation de Constantin» (vers 816) et peu après des pseudo-décrétales d'Isidore. Et voici que pour la première fois l'épiscopalisme fait son apparition comme antithèse du papalisme ; Rome et la curie commencent à se détacher de l'organisme de l'empire où les évêques occupent des places de hauts fonctionnaires. Les empereurs ottoniens forment le centre de gravité éthique, tandis que Rome s'enfonce pour près d'un siècle dans l'horreur de la honte et du sang. Ce sont les lèvres d'un archevêque et futur pape (Sylvestre II) qui dénoncent alors pour la première fois la papauté comme le siège de l'antéchrist. Sans doute la sainte vigueur d'Hildebrand permet à Rome d'achever de se ressaisir pour s'élever ensuite à des sommets avec un Alexandre III et un Innocent III (sous le pontificat d'Innocent il sera question de la «plenitudo potestatis» (DSch 774) dont on entendra des échos jusqu'à Vatican I). Mais comme durant le temps d'obscurcissement de la papauté, la chrétienté avait été encore florissante dans l'empire grâce au rayonnement de nombreux monastères, l'exercice du charisme de la direction ne semblait pas être

_____

(44) Les protestations de Nicolas Ier (858-867) contre une nouvelle royauté sacrée qui avait été possible dans l'Ancien Testament, ainsi que dans la Rome païenne (c'était seulement des «types» de la vérité à venir, du vrai «roi et pontife» Jésus-Christ, qui a dorénavant rendu l'unité impossible pour l'empereur et pour le pape : DSch 662) ne seront guère écoutées. S'appuyant sur le célèbre texte de Gélase, Nicolas en approfondit la pensée dans un sens christologique : «L'unique médiateur entre Dieu et l'homme, l'homme Jésus-Christ, a disposé cette séparation des deux pouvoirs.»

absolument indispensable; et désormais, comme l'autorité spirituelle essayait de s'arracher au joug de l'autorité du monde avec des moyens souvent empruntés au monde, l'usage énergique de ces moyens allait la conduire à s'opposer aux nombreuses tentatives évangéliques et charismatiques de réformes parties «d'en-bas». Mêlés souvent de rêves millénaristes, travaillés de ferments d'anarchie, ou du moins privés d'une direction nécessaire, sans médiateurs hiérarchiques, ces essais menaçaient de dégénérer. L'autorité ecclésiastique dut les condamner effectivement plus d'une fois comme des tentatives d'insubordination. L'heure prédestinée de la rencontre entre François et Innocent est restée presque exceptionnelle. Lorsqu'une partie des Franciscains fut happée par le Joachimisme antipapal et spiritualiste, cette heure était passée ; l'orientation «spiritualiste» pouvait fraterniser avec le *Defensor Pacis* (1324) des docteurs de Paris Marsile de Padoue et Jean de Jandun, antiromains, prétendus évangéliques, refusant l'autorité concrète. L'humiliation de Boniface VIII sous les coups de Nogaret, la papauté exilée, finalement le grand schisme des deux puis des trois papes simultanés, troublent gravement la chrétienté, rendent toute son acuité à la séparation meurtrière entre le pouvoir directeur et l'effort de renouveau spirituel. Le mal est plus sensible qu'au Xe siècle, car l'empire avait été relayé dans son rôle par la bourgeoisie et les nationalismes. La mystique rhénane, dans sa grandeur introvertie, devient absolument étrangère au monde ; la spiritualité la plus orthodoxe manque d'une dimension ecclésiale effective, tandis que le comportement agressif des partisans de Wicleff menace profondément l'unité. Plusieurs ont alors le sentiment qu'il s'agit de «sauver des papes et l'Église et la papauté» (45); le conciliarisme, tel que le représentèrent Constance et Bâle, put sembler la seule issue possible pour rendre à l'Église une vie normale et digne. L'anglicanisme, le gallicanisme et les

_____

(45) J. BERNHART, *Der Vatikan als Wellmacht* (List, München 4 1919) 191.

Gravamina Nationis Germanae devaient être le fruit tardif de la rupture ainsi produite au sein du système hiérarchique. Bien rares étaient ceux qui parvenaient d'avance à imaginer pour la vie de l'Église les équilibres nécessaires à son unité. La déchirure, loin de guérir, s'approfondit au cours des divergences entre les papes de la Renaissance et la Réforme, héritière partielle d'une réforme de l'Église poursuivie par chacun de son propre chef. La confession de Chiergati devant les Etats de l'Empire vient trop tard et Adrien VI meurt trop tôt. Devant le château Saint-Ange les soldats allemands qui pillaient au «sacco di Roma», se moquent, affublés des ornements pontificaux, du pape Clément VII qui y est emprisonné et proclament Luther pape dans un simulacre de concile.

A qui se rend compte du fossé déplorable qui, dans les débuts des temps modernes, continuait à se creuser entre les principes ecclésiastiques qu'il aurait fallu réunir, l'effort du concile de Trente paraîtra admirable. Il a réussi, somme toute, non seulement à rendre à l'Église catholique une papauté saine et sans reproche, mais aussi à la réintégrer en principe dans l'unité collégiale des premiers temps chrétiens. Il rappela fortement l'obligation faite aux évêques de résider dans leur diocèse, prescrivit de créer des séminaires, etc. Bientôt, sous l'influence de l'ordre d'Ignace de Loyola, et d'autres, les principes de l'«esprit ecclésiastique» se répandirent dans l'éducation de la jeunesse et du clergé. Il y eut une efflorescence de vraie sainteté. Bien des choses restaient cependant en souffrance, l'inquisition travaillait toujours, les conquêtes armées au-delà des océans étaient tolérées, le népotisme régnait encore et le pire des maux, l'État pontifical, ne sera arraché à la papauté qu'en dernier lieu. Que de situations faussement humiliantes auraient pu être épargnées à la papauté moderne, situations telles que l'appel au sultan de l'entêté pape Caraffa Paul IV contre l'Espagnol Philippe II tout aussi entêté, ou l'approbation par Grégoire XIII d'un meurtre politique au cours des luttes confessionnelles du même Philippe II ! Sans éviter les humiliations infligées plus tard au pape libéral Pie VI par les esprits forts, surtout lors de sa visite à Vienne, il eût sans doute été possible d'atténuer les luttes tragiques de son successeur Pie VII avec Napoléon. En effet, ce n'était pas seulement une Église d'État que convoitait le novateur brutal en reprenant l'idée de Justinien et de Charlemagne; c'étaient les États pontificaux. Par le décret de Schönbrunn en 1809, Napoléon, « pour mettre fin à des querelles si nuisibles aux intérêts de la religion et de l'empire », révoque la donation de Charlemagne; ainsi sa majesté ferait des papes « ce qu'ils devraient être toujours, l'empereur mettant le pouvoir spirituel à l'abri des passions qui assujettissent le pouvoir temporel. Jésus-Christ, issu du sang de David, ne voulait pas devenir le roi des Juifs... Le Christ a dit : *Mon royaume n'est pas de ce monde* et en disant cela il a condamné pour toujours tout mélange qui confond les intérêts spirituels avec les inclinations temporelles. » En réponse Pie VII appose sa signature à la bulle, prête depuis longtemps à la Secré-tairerie d'État, qui excommunie les « ravisseurs du patrimoine de Pierre ». Avant le point du jour on escalade les fenêtres du pape, l'officier français présente l'ordre qui lui enjoint de renoncer à toute souveraineté temporelle; Pie VII répond calmement : « Nous ne pouvons pas renoncer à ce qui ne nous appartient pas. La souveraineté temporelle appartient à l'Église romaine; nous n'en sommes que les administrateurs. » On le traîne à Savone où on essaie de toutes manières de lui arracher des concessions. Après sa défaite, l'empereur visite à Fontainebleau son prisonnier malade et l'appelle son père : il déroule devant lui le tableau fantastique d'une Europe unifiée sous l'empereur et le pape. Et le fidèle et souple Consalvi a réussi au Congrès de Vienne à récupérer la boîte de Pandore dont la papauté venait d'être débarrassée !

Depuis 1870 de pareilles scènes ne peuvent plus se reproduire. La papauté a définitivement passé un défilé. Elle est devenue libre d'exercer sa charge héréditaire de protéger l'Église et surtout ses pasteurs contre les empiètements de l'État, charge qu'elle avait toujours, dès les premiers siècles, assumée en face d'un État persécuteur aussi bien que devant ses flatteries et ses filets tendus.

c) Vers l'équilibre.

Le long défilé historique pouvait avoir deux issues. La première en date fut le choc de la Révolution française, l'humiliation physique et morale de la papauté sous Napoléon (y compris la chute de l'ancienne Église d'Empire en Allemagne et le « Reichsdeputationshauptschluss » de 1803), la fuite de Pie IX à Gaète en 1848, enfin l'écroulement de l'État pontifical, catastrophe à laquelle devait s'opposer encore un « non possumus » vain et presque maladif. L'autre issue fut ce que nous avons nommé l'auto-affirmation de la papauté dans la situation d'urgence de 1870, la définition de sa juridiction universelle, « victoire » que l'on ne peut apprécier que comme une conclusion tardive de querelles séculaires. Il faudra ensuite prendre un départ nouveau, départ apparemment rendu plus difficile par cette « victoire », mais que Vatican II a envisagé résolument : réintégrer une fonction, qui avait été trop isolée, la remettre dans son cadre expressément désigné par le dernier concile et qui n'est autre que le « peuple de Dieu ».

Si, dans l'Église, tous voulaient considérer la réalité enveloppante, l'intégration ne poserait pas de problème ; il resterait seulement à la charge de Pierre d'assurer (dans le cadre de la collégialité épiscopale) le service le plus important en vue de l'unité, au sein de la volonté commune tendue vers cette unité et dans l'unanimité de la charité ecclésiale. Plus cette volonté d'intégrer les fonctions personnelles de chaque membre dans le corps entier est active, moins la fonction de direction suprême aura l'occasion d'extrapoler l'élément juridictionnel. Certes, depuis le deuxième concile du Vatican l'objectif à atteindre est bien défini. Cela ne signifie pas que la majorité y tende effectivement, ni surtout réussisse à l'atteindre. Le chemin qui doit mener jusqu'à cette lumière fut depuis plus d'un siècle particulièrement douloureux. Il commence à la période de la Restauration romaine, période qui s'ouvre par Léon XII et Grégoire XVI et comprend aussi, après l'ouverture manifestée au début par Pie IX, la suite du règne marquée par l'influence du secrétaire d'État Antonelli ; enfin, en dépit du tournant pris sous Léon XIII et Pie XI, il se

270

poursuit à l'intérieur de l'Église jusqu'aux débuts de Jean XXIII. A cette date, l'horizon spirituel de Rome n'est pas adapté aux bouleversements produits par la Révolution et surtout par l'Idéalisme allemand aux suites incalculables. D'où l'angoisse qui se manifeste à l'extérieur par une défense conservatrice *(Syllabus)*, à l'intérieur par la méfiance qu'un esprit de dénonciation et de sycophantisme spirituel maintient toujours en éveil. Elle se traduit par des coups, tous négatifs, qui frappent presque sans exception même les tentatives catholiques les plus nécessaires. Jadis l'Inquisition dressait des bûchers pour les suspects d'hérésie ; maintenant elle brûlait – on peut bien dire : méthodiquement – l'esprit catholique qui, à la suite des Pères de l'Église et de la Première Scolastique (dans le dialogue tenté avec l'Islam et les Juifs), essayait d'entrer en contact avec l'esprit des temps modernes. Il s'ensuivit une lourde atmosphère, un calme artificiel, une apparence d'immobilité, mais aussi un feu couvant sous la cendre. Une longue liste de tragédies humaines atteste que les relations entre la théologie et le magistère n'ont pas été alors maîtrisées. La maladie a compté trois périodes critiques (aux incidences bien diverses) : la première, autour du *Syllabus* (1866) ; ensuite, la plus longue, celle du Modernisme, extérieurement terminée par l'encyclique *Pascendi* (1907) ; finalement, en postlude, la fausse alerte au sujet de la dite « Nouvelle théologie », à laquelle *Humani generis* (1950) était censé mettre fin. La procédure secrète du Saint-Office, qui favorisait la tendance aux dénonciations et qui fut blâmée à Vatican II par le Cardinal Frings comme une offense aux droits naturels de la personne humaine, a durant plus d'un siècle empoisonné l'atmosphère spirituelle de l'Église (46) ; elle a imposé aux esprits qui refusaient de céder à l'amertume un héroïsme psychique presque surhumain. Citer trois noms parmi les

---

(46) « Je ne comprendrai jamais que la justice autorise une forme de jugement sans accusation communiquée à l'accusé, sans enquête, sans débat, sans défense aucune. Un procédé judiciaire aussi monstrueux révolterait même en Turquie » LAMENNAIS, *Affaires de Rome* (Ed. 1836-1837) 88.

auteurs dont l'œuvre a échappé de justesse à la condamnation suffit à le montrer : Newman, Blondel, Teilhard.

Le génie qui aurait été capable de donner une réponse catholique exhaustive aux géants de l'Idéalisme allemand ne vit pas le jour ; il a donc fallu se débattre, pas toujours adroitement, et reprendre la tâche à plusieurs reprises ; la solution idéale aurait été d'organiser des académies au sein desquelles Rome aurait pris part aux efforts, à la réflexion et profité des leçons. Bien au contraire, les philosophes et les théologiens devaient le plus souvent travailler dans l'isolement et ils furent désavoués l'un après l'autre, après avoir préparé provisoirement des réponses trop partielles. Des cadavres jalonnent le chemin de Denziger à travers le siècle : ceux des traditionalistes gisent d'un côté : Bautain (DSch 2751-2856 ; 2765-2869), Bonnetty (2811-2814), Lamennais (2730-2732) ; de l'autre il y a les «rationalistes» : Hermès (2738-2740), Günther (2828-2831), Frohschammer (2850-2880) ; Döllinger repose dans un cimetière à part (2875-2880), et dans un autre encore le généreux Rosmini-Serbati (3201-3241) expressément condamné (1887) après sa mort (1855) et dont l'ouvrage Les Cinq Plaies de l'Église avait été mis à l'index dès 1849.

Il faut avouer, rétrospectivement, que les condamnations se dressaient à bon droit contre la plupart de ces systèmes : effectivement, ni la voie traditionaliste, ni la rationaliste n'étaient praticables ; et, au-delà des interdits portés, Vatican I a donné de brèves mais solides directives positives (DSch 3000-3045). Il fallut également réprimer les excès modernistes : ils détruisaient les mystères centraux de la révélation. Toutefois la condamnation n'ouvrait aucune voie praticable et plus d'un travailleur qui aurait dû être stimulé dans ce sens a perdu courage, pris peur ou cédé à l'amertume.

Peut-être cette période fatale fait-elle apparaître certaines limites du charisme pétrinien de direction. Les coups portés sans merci signalent les déviations d'un côté ou de l'autre, ils n'apportent guère d'éléments de nature à contribuer à une solution constructive des problèmes de l'époque. Nous ne prétendons pas qu'il devrait en être habituellement ainsi ; avec l'intégration qui s'impose aujourd'hui il pourrait même en aller tout autrement. N'oublions pourtant pas non plus les impulsions puissantes et positives données par quelques encycliques énergiques de Léon XIII à Paul VI et qui furent souvent le fruit d'un travail en équipes.

Blondel, si profondément pieux et qui s'efforce toujours de défendre l'Église, écrit à son ami Wehrlé à propos de la condamnation de Loisy : « Ah, qu'il eût été meilleur, ce me semble, au lieu de recourir à une mesure d'ostracisme, de publier une instruction sur les interprétations qu'on ne peut admettre et sur celles qu'on doit accepter. Vérité, charité, habileté, tout, ce me semble, eût été sauf. Mais que voulez-vous que je réponde à un de mes collègues qui m'objecte : « La liberté de la recherche scientifique est chimérique dans l'Église, parce que les incompétents y ont l'autorité. » Sans doute la réponse embarrassée de Blondel, que l'Esprit-Saint se sert de tout pour aboutir à ses fins, n'aura sûrement pas satisfait son collègue ni son propre cœur (47).

Dans ses méditations sur la forme de l'autorité ecclésiastique, Laberthonnière a sans doute exprimé des pensées très profondes et vraiment prophétiques pour l'époque. Pour cette fois, faisons abstraction de ses excès de langage, laissons aussi de côté ses polémiques unilatérales qui irritaient les conseillers du magistère en s'attaquant à l'usage thomiste de se servir d'un aristotélisme impersonnel (ou pareillement du platonisme, du stoïcisme, du néo-platonisme) pour édifier une vision chrétienne du monde, alors que celle-ci se fonde essentiellement sur l'Évangile du « Deus Caritas ». Ses analyses des formes que l'autorité devrait et pourrait prendre dans l'Église et de ce que malheureusement elle était à l'époque, peuvent être dissociées jusqu'à un certain point de ses attaques cavalières contre la philosophie grecque. « La question est de savoir dans

---

(47) A J. WEHRLÉ, 20.1 1903, in : *Correspondance Blondel-Wehrlé*, commentaires et notes par H. DE LUBAC (Aubier 1969) I, 130.

quel esprit et de quelle manière on doit diriger et enseigner pour le faire humainement et chrétiennement ; de même que la question est de savoir comment, à mesure qu'on progresse, on doit se prêter à être dirigé et enseigné. Ce n'est jamais l'existence même de l'autorité qui est en jeu... On ne monte jamais à l'assaut d'une autorité établie qu'avec des troupes sur lesquelles s'est préalablement établie une autre autorité. Et nul ne peut ignorer qu'il n'y a pas discipline plus rigoureuse, plus impitoyable, plus tyrannique que celles des révolutionnaires » (48). Mais comme pour Laberthonnière le Dieu de l'Incarnation est essentiellement abandon, dépouillement de soi, son Église, elle aussi, ne peut être dans son essence qu'une « unité par la communion » (49) de personnes libres qui ne seront amenées à former l'union dans l'Église que par le libre vouloir de leur charité. Dès l'origine l'Église comme « organisation » comportait « une hiérarchie et donc l'exercice d'une juridiction... ; pour pouvoir vivre en société une autorité, une organisation et une juridiction sont indispensables » (50). Mais dans l'Église de Dieu l'autorité ne peut jamais enseigner « de l'extérieur » ni imposer de force la vérité, pas plus que le chrétien ne doit se laisser conduire et instruire passivement (51), sinon l'Église est prise dans le schéma « Seigneur-serviteur » qui peut correspondre à l'image d'un dieu païen, non à celle du Dieu des chrétiens. « Vous (Romains) imaginez toujours que Dieu a créé l'humanité pour avoir sur qui exercer sa prééminence et faire valoir ses droits de puissance souveraine. Vous ne concevez Dieu que sous les espèces d'un potentat, en ayant soin de vous présenter comme étant délégués par

_____

(48) *La notion chrétienne de l'autorité. Contribution au rétablissement de l'unanimité chrétienne* (Vrin, Paris 1955). Le livre, comme les autres ŒUVRES DE LABERTHONNIÈRE éditées par Louis Canet, se compose de nombreux fragments disparates ; leur disposition technique peut être critiquée, mais l'ensemble présente une doctrine bien nette qui éclaire l'idée centrale sous des aspects variés.

(49) *Ibid.* 119.

(50) *Ibid.* 122.

(51) *Ibid.* 79.

lui pour exercer sa puissance et sa domination. Vous prenez ainsi le contre-pied de l'Évangile (52).» Au regard chrétien l'autorité ne peut être qu'un «devoir à accomplir». «On peut renoncer à un droit, mais non à l'accomplissement d'un devoir.» Avec amertume il dit à la nouvelle inquisition : Jadis vous avez tenté de maintenir l' «intégralité du dogme par des bûchers. A présent que vous ne pouvez plus faire un bourreau de l'État, vous vous installez fièrement dans votre suffisance.» L'extériorisation de la fonction de l'autorité provoque une décomposition dialectique du Corps mystique du Christ qui se scinde en «autoritarisme et avidité du pouvoir», d'une part et en «servilité» d'autre part (53); celle-ci est une expression aussi bien de «l'ambition rampante» que d'un «souci vulgaire de son propre repos (54)» : on se décharge de sa propre responsabilité en la passant à celui qui commande; mais au fond, c'est l'angoisse de la conscience, l'oppression intime, le malaise (55). Laberthonnière fait un diagnostic précis de l'alliance de l'esprit de ce système avec le pragmatisme et le positivisme (56) et il montre que la guérison ne peut venir que du tréfonds de la communion. Son époque était caractérisée par une alliance intime du néothomisme et de la direction de l'Église; il croit découvrir leur collusion dans l'antipersonnalisme de l'un et l'autre ; il voit l'étincelle de l'infaillibilité jaillir du ministère et passer à la théologie, ce qui n'était sans doute pas un faux jugement à l'époque des thèses de Matiussi. De même que les propositions du *Credo* sont infaillibles, les «formules qualifiées des théologiens» qui en découlent veulent s'imposer comme infaillibles : formules de théologiens «qui se nomment eux-mêmes docteurs, très semblables aux anciens docteurs de la loi qui faisaient de leurs thèses des formules inaltérables, par lesquelles ils proclamaient sainte l'autorité et

---

(52) *Ibid.* 146.
(53) *Ibid.* 76,139.
(54) *Ibid.* 115.
(55) *Ibid.* 117, 136.
(56) *Ibid.* cf. son ouvrage : *Positivisme et catholicisme* (Bloud, Paris 1911).

à leur tour se faisaient proclamer saints par elle et ne permettaient pas de penser autrement qu'eux » (57). Laberthonnière appelle non pas à la «révolte» mais à la «résistance» (58) contre cette forme du «romanisme», en demandant une réforme dans l'esprit de la communauté ecclésiale ; là, les deux choses, commander et obéir, peuvent se réaliser à partir de l'esprit d'abandon et de responsabilité du Christ ; là « l'obéissance a la même dignité que le commandement, parce que l'existence des deux ne se justifie que si elle provoque l'union libre et fraternelle des esprits et des âmes dans la charité et la vérité dans le sein du Père des cieux » (59). Ce n'est que dans ce contexte qu'on peut parler de «loi» en chrétien (60) ; car dans le christianisme tout est déterminé par la personnalité de Dieu et par la personnalité de chaque homme déterminée par lui (61). Finalement il y va – en évitant le terme trop usé de service – d'une *aide* mutuelle. Cela vaut pour l'autorité qui doit se souvenir que selon l'esprit de Paul il n'y a dans l'humanité et dans l'Église ni *majores* ni *minores*, tout au plus «des frères aînés qui ne devront pas, parce qu'ils en savent davantage que leurs frères moins avancés, se mettre en lumière, mais *aider* ceux-là pour qu'ils soient eux aussi mis en valeur» (62). Cela vaut aussi très particulièrement pour le chrétien non muni d'autorité, et c'est sur ce point que Laberthonnière se fait le plus de souci, un souci profond qui ne le quitte pas : «Comment doivent se comporter des gens comme nous afin que, nous intériorisant par le moyen de l'autorité,

(57) *Ibid.* 135.

(58) *Ibid.* 78.

(59) *Ibid.* 80. Pour savoir comment fonctionnait la police antimoderniste, il faut examiner les documents de «La Sapinière». Cf. Émile POULAT. *Intégrisme et catholicisme intégral, un réseau secret international antimoderniste : «La Sapinière»* (Casterman 1969).

(60) Le vrai sens de la loi, in : LABERTHONNIÈRE. *Sicut ministrator* (Vrin 1947) 78-95.

(61) LABERTHONNIÈRE. *Esquisse d'une philosophie personnaliste* (Vrin 1942 143 ss, 228 ss, 380 ss, 648 ss. Résumé : 695 ss.)

(62) *Notion d'autorité* 135.

nous puissions contribuer à ce que l'autorité elle aussi s'intériorise ? » (63).

Emportons cette dernière question du vaillant abbé dans l'avenir de l'Église ; c'est une question de réciprocité, de communion. Et puisque, de toutes les ouvertures apportées par Vatican II, la plus féconde pour l'Église est certainement l'ouverture à cette communion, l'attitude la plus insensée serait aujourd'hui celle de forcer la direction de l'Église à se comporter de nouveau comme avant le concile, ce à quoi elle n'a aucun penchant. Les théologiens qui durant l'époque précédente ont eu bien des difficultés à endurer, renoncent à ces pleureuses d'aujourd'hui qui se répandent en larmes sur les souffrances qu'elles n'ont pas endurées elles-mêmes. Admettons à la rigueur qu'avant le concile trente-huit théologiens illustres se soient réunis pour s'adonner en chœur et en polyphonie à la «critique de l'Église» (64) ; mais pourquoi répéter jusqu'à la nausée ce genre de protestations, souvent en y mettant une arrogance qui découvre chez les auteurs eux-mêmes les faiblesses qu'ils mettent à la charge de Rome ? L'infaillibilité de tels théologiens semble être une maladie plus opiniâtre que l'infaillibilité définie de la papauté, laquelle en use avec incomparablement plus de discrétion.

Dans l'avenir tous les membres de la communion catholique devront se ranger sous la *Jurisdictio Suprema Christi*, lui, Seigneur de l'Église, qui a voulu que le dernier Évangile se termine par sa dernière parole à Pierre : *Que t'importe ?*, c'est-à-dire, somme toute, la relation exacte de la juridiction ecclésiastique avec l'Église comme amour et communion. A combien plus forte raison le simple chrétien (et le théologien l'est lui aussi) doit-il prendre à cœur cette dernière parole et recevoir avec Pierre comme ultime consigne : *Toi, suis-moi.* Soyons reconnaissants de vivre à une époque de l'Église où le sens de

*

---

(63) *Ibid.* 140.

(64) *Kritik an der Kirche*, hrsg. von Hans Jürgen Schultz (Kreuzverlag, Stuttgart und Walter-Verlag, Olten 1958).

l'unité chrétienne s'est approfondi et élargi au point que le plus large pluralisme possible et imaginable au sein de l'unité christologique n'est pas seulement toléré mais recherché dans l'Église. Pourquoi ne pas profiter avec reconnaissance de cette liberté concrète *dans le Seigneur* sans vouloir la faire sauter à tout prix pour la remplacer par une liberté sociologique et purement abstraite ? Pourquoi, après avoir par les combats les plus rudes dans des affrontements séculaires, obtenu enfin la dépolitisation de l'Église, la remettre presque aussitôt en question en amalgamant indissolublement théologie et politique ?

III - LE REMPART DE LA LIBERTÉ.

Que Rome, précisément Rome, soit le rempart de la liberté de l'Esprit du Christ (2 Cor *3*,17), de la magnifique liberté des enfants de Dieu (Rom *8*,21), de la liberté du chrétien, voilà ce qui paraît plus que paradoxal après ce que nous venons de dire. N'avait-elle pas besoin elle-même d'être libérée de la peur paralysante qui la rendait prompte à jeter l'interdit, par la conscience de la liberté qu'inspirait aux fidèles de l'Église universelle leur «prophetical office»? Mais pourquoi le peuple chrétien, pourquoi les théologiens dont la réflexion s'inspire d'une foi profonde désirent-ils à tout prix cette libération? Parce qu'ils savent que finalement Rome garantit la liberté chrétienne dans le monde et face aux puissances du monde. Nous en avons déjà découvert l'un ou l'autre trait : la liberté pour laquelle l'Église a combattu avant Constantin l'a conduite, après les accords avec l'empire, à engager encore une lutte opiniâtre, souvent menée par les papes seuls, pour la liberté de l'Église universelle, contre l'étreinte des pouvoirs temporels. Les situations tragiques de la période comprise entre Grégoire VII et Boniface VIII continuaient cette même lutte sous le signe de l'intelligence du monde telle qu'on pouvait l'avoir alors. Puis la papauté avignonnaise se détache de l'Empire et d'autre part la conscience chrétienne se trouve sollicitée à lui rendre un statut indépendant et digne (d'où l'essai malheureux de conciliarisme). Les derniers combats, de la Réforme à Napoléon, en passant par le gallicanisme, furent tous des luttes engagées, contre des confessions chrétiennes et des princes catholiques, pour la liberté de l'Église, dont finalement la seule garantie concrète était une Rome libre de prendre des décisions. La définition de Vatican I fut le coup d'épée qui devait débarrasser l'Église de ce serpent de Laocoon qui l'avait enlacée pendant des siècles. Si au dehors les luttes continuent, la situation intérieure est claire en principe, non seulement de manière non réfléchie comme ce fut longtemps le cas depuis les premiers siècles, mais en pleine lucidité, et par conséquent sans risque de s'égarer.

Il en va de la liberté au-dehors et au-dedans à la fois. Liberté au-dehors, devant toute tentative des puissances du monde, puissances politiques mais aussi spirituelles et culturelles, tentant de s'asservir le peuple de Dieu pour l'exploiter au bénéfice de certaines combinaisons : l'Église se réserve d'examiner librement ces avances et d'en décider comme bon lui semblera. Liberté au-dedans également, bien que celle-ci retienne moins l'attention. Pour l'Église pérégrinante la liberté du Christ n'est pas triomphale, mais liberté d'une foi qui ose prendre le risque de s'abandonner. Le Christ, ayant pris la forme d'esclave, demandait aux hommes une décision libre en sa faveur, il les laissait partir plutôt que de se les soumettre par des démonstrations de puissance ; de même l'Église visible, qui est de surcroît représentée par des pécheurs, doit se présenter dans la forme d'esclave comme gardienne de la liberté, exigence qui ressort clairement de tout ce qui a été dit : elle s'affirme uniquement pour pouvoir laisser libre, elle définit seulement pour mettre en présence du mystère, elle ne contraint pas par une force magique mais ose prendre la direction, assurée du libre consentement des croyants. Chesterton décrit cet état des choses à l'aide d'une image paradoxale et joyeuse : «L'enceinte extérieure de l'Église est une garde rigide d'abnégations morales et de prêtres profes-sionnels, mais au-dedans de cette garde inhumaine, vous trouverez la vieille vie humaine dansant comme des enfants, et buvant comme des hommes, car le christianisme est le seul cadre qui convienne à la liberté «païenne». C'est tout le contraire dans la philosophie moderne, son enceinte extérieure est clairement artistique et émancipée, mais le désespoir est au-dedans» (65). Soloviev, dont nous allons parler, dit avec plus d'exactitude : il faut que le gouvernement pétrinien de l'Église «soit divin dans sa substance, pour s'imposer définitivement à la conscience religieuse de tout homme bien informé et bien intentionné, et il doit être humain et imparfait dans sa mani-festation historique pour laisser une place aux doutes, à la lutte, aux tentations, à tout ce qui constitue le mérite de la vertu libre et vraiment humaine» (66).

Nous traiterons ici surtout du premier aspect. On pourrait l'étaler sur toute la largeur de l'histoire de l'Église et montrer que Vatican I ne fait pas seulement une déclaration de principe mais résume cette histoire en déclarant : «Le pouvoir épis-copal est souligné, affermi et défendu par le pasteur suprême et universel» (67). Avit, évêque de Vienne, avait dit au début du septième siècle, en une formule lapidaire : «Si l'évêque de Rome est mis en question, si son siège est ébranlé, ce n'est pas un évêque, c'est tout l'épiscopat qui chancelle» (68). Nous nous bornerons à citer quelques témoignages des temps modernes, témoignages d'un poids d'autant plus grand qu'ils sont donnés par des esprits libres et scrutateurs que leur

---

(65) *Orthodoxie,* trad. C. Grolleau (Paris 1923) 231.

(66) *La Russie et l'Église universelle*, Stock, Paris 1922, 128. Cf. infra. La première édition de l'ouvrage date de 1889 (Paris). Depuis lors, la situation concrète de l'Église russe a été profondément bouleversée ; les relations entre Églises se sont considérablement modifiées. Mais les prin-cipes exposés par Soloviev sur l'Église universelle et la papauté demeurent.

(67) DSch 3061 ; exemples chez H. DE LUBAC. *Les Églises particulières,* loc. cit. 122.

(68) Ep. 31 (PL 59, 248-249) cit. d'après DE LUBAC. *loc. cit.* 123.

recherche du rempart de la liberté ecclésiale a conduits à Rome avec une logique contraignante, et cela précisément à une époque proche de Vatican I, alors qu'il n'était guère question à l'intérieur de l'Église de liberté, de collégialité ou de dialogue, mais d'autant plus de l'infaillibilité papale. Ce sont des convertis qui après une lutte spirituelle prolongée ont abouti à Rome et là, conscients d'avoir trouvé le principe de la liberté, ils respirent.

Pour mettre ce qu'ils nous disent en lumière nous évoquerons en guise d'ouverture le témoignage d'un autre chercheur qui, dans l'ardeur de la polémique contre la définition de 1870 sur la portée de laquelle il se méprit, a oublié ses premières lumières, Ignace Döllinger. Si, dans la deuxième partie de son livre KIRCHE UND KIRCHEN, PAPSTTUM UND KIRCHENSTAAT (1861), il trouve beaucoup à redire sur l'administration des États pontificaux, la première partie constitue néanmoins une apologie unique de la liberté de l'Église, garantie seulement par la papauté. La pensée fondamentale est simple, et l'auteur la vérifie dans chaque détail. Conformément à sa destination, l'Église a besoin de la papauté, dont la «fonction propre» est, en face «du pouvoir de l'État et des princes, de représenter les droits des différentes Églises particulières, de les maintenir et de veiller à ce que l'Église, en se laissant enlacer par l'État, ne soit altérée et ne dépérisse et que sa vigueur ne soit paralysée.» Une Église particulière n'y réussirait pas ; voilà pourquoi l'intervention de la suprême autorité ecclésiastique est «indispensable» ; elle doit être, pour l'Église particulière «menacée de succomber sous le poids des divers moyens de pression et de séduction dont l'État moderne dispose si largement, un appui et un soutien» (69). Si, dans le chaos de la migration des peuples, les papes «ont été forcés par la puissance de l'opinion publique à prendre comme modérateurs la tête de la communauté européenne, à prêcher le droit des peuples chrétiens et à le protéger, à régler des différends

---

(69) *Loc. cit.* 35-37.

internationaux..., à rétablir la paix «entre des États en guerre, » les papes des temps modernes «se sont de plus en plus retirés dans le domaine purement ecclésiastique»; là, «le siège papal est à présent aussi puissant et fort, aussi sûr et aussi libre dans son action qu'il l'a jamais été (70). » Avec cela, il n'est pas question de «toute-puissance»; toutes ces accusations sont contraires à la vérité et injustes. «Le pouvoir pontifical est le plus lié qu'on puisse imaginer» : l'Église ne possède-t-elle pas depuis longtemps sa législation précise, comme l'a montré Maistre? D'autre part, selon Bossuet, le pape peut tout ce que la nécessité exige, dans l'ordre divin. Avec raison Döllinger rappelle la doctrine du Moyen Age selon laquelle «non seulement chaque évêque, mais le pape lui-même, au cas où il deviendrait hérétique, devrait être déposé et, dans le cas où il persisterait, jugé comme n'importe quel autre» (71), de même que le roi devait perdre sa couronne lorsqu'il cessait d'être un roi chrétien. Cette situation change à partir du rejet du pape par la Réforme, rejet qui a livré les Réformés à un despotisme sans pareil (72). Döllinger entreprend de le montrer minutieusement pour toutes les Églises et tous les pays non catholiques, même pour les Églises grecque, russe, anglicane, etc. La nationalisation des Églises et le recours à une «Église invisible» (73) sont «la suite inévitable de l'abandon, pleinement conscient, du principe contraire, celui de la catholicité, de l'Église universelle» (74). Döllinger, qui parle ici avec tant de feu, a plus tard assumé son destin, son excommunication ; il a toujours refusé d'entrer dans la nouvelle Église chrétienne catholique détachée de Rome, et, d'après ce qu'il dit ici, il avait pleinement raison d'agir de la sorte.

---

(70) *Loc. cit.* 33-35.
(71) *Loc. cit.* Textes chez Y. CONGAR, *Ministères et Communion ecclésiale* (Cerf 1971) 72 ss.
(72) *Loc. cit.* 55.
(73) *Loc. cit.* 13.
(74) *Loc. cit.* 17.

S'avançant à pas lents, soigneusement pesés, *John Henry Newman* passe de l'Église anglicane à Rome, lui qui, aux jours de sa jeunesse, en lisant Newton, avait considéré le pape comme l'antichrist. Son départ a été principalement déterminé par ses doutes au sujet de l' «Establishment», de l'installation de l'Église sous la suprématie civile du roi (75). L'âme religieuse de Newman cherche une rencontre vraie avec le Dieu absolu, le Créateur, Rédempteur et Juge, avec son autorité vivante où le Christ devient inéluctablement concret et devrait aussi être transmis sans altération par une Église christiforme. Dégoûté des doctrines fades des libéraux de son époque, il cherche avec ses amis des lumières chez les «Caroline divines», les théologiens de la grande époque, avant tout chez Hooker (76), puis Sanderson et Laud. Hooker crée une *via media*, d'abord toute pragmatique, en faisant découler de la même nature divine et le pouvoir civil du roi et celui, spirituel, de l'Église; le couronnement du roi établira le lien terrestre, son intronisation est le signe de son pouvoir judiciaire, son onction exprime son pouvoir de juridiction ecclésiastique (77). William Laud poursuit la réflexion théologique : le roi peut édicter des lois nécessaires à la paix et à l'ordre dans l'Église, mais les décisions concernant la foi sont du ressort des évêques. Selon Sanderson la juridiction des évêques concernant le for interne vient de Dieu, pour le for externe elle vient du roi qui «est la source de toute juridiction externe, soit ecclésiastique soit civile». Selon Hooker, l'autorité spirituelle revient à l'évêque en raison de la succession apostolique qui peut, même après la Réforme, découler de la mission d'Angleterre sous Grégoire le Grand. Le jeune Mouvement d'Oxford détermine dans le sens de Grégoire VII l'équilibre établi par les théologiens carolins : pour Keble et Froude, le roi reçoit de

---

(75) Pour ce qui suit, voir surtout la première partie de Norbert Schiffers : *Die Einheit der Kirche nach J.H. Newman, Die historische Ausgangsbasis* etc. (Patmos 1956) 39-158.

(76) Voir aussi L. Bouyer. *L'Église de Dieu,* loc. cit. 136 ; sur les théologiens carolins : Georges Tavard. *La poursuite de la catholicité. Étude sur la pensée anglicane* (angl. 1963, franç. 1965) Ch. 3.

(77) Contexte chez Schiffers *loc. cit.* 50 s.

l'Église sa juridiction dans les questions ecclésiastiques lors de son sacre par l'évêque. Pour Newman, au contraire, ce n'est pas le Moyen Age mais l'époque préconstantinienne qui est déterminante : l'Église était libre à l'égard de l'État, précisément parce qu'elle était persécutée par lui. Ses études patristiques ne faisaient que le confirmer dans l'idée que l'ingérence de l'État est la source de tous les maux dans l'histoire de l'Église. Sur le tard, au souvenir du temps du Mouvement d'Oxford (1850), Newman a formulé dans un raccourci saisissant l'intelligence mûrie qu'il avait acquise sur ce point (78) :

« Dès l'époque anténicéenne, écrit-il, le patriarche hérétique d'Antioche (Paul de Samosate) a été défendu contre les catholiques par le gouverneur séculier ; il n'a été déposé que par l'autorité du Siège romain et grâce à l'influence de celui-ci auprès du gouvernement impérial. Dans la suite, si l'on s'en était remis à lui, le pouvoir séculier se serait emparé successivement d'autres parties de la chrétienté pour les pervertir, si ces parties n'étaient pas demeurées unies au reste de la chrétienté et si l'intervention généreuse du Chef de Rome ne l'avait empêché. Les oreilles nous tintent encore de tant d'histoires nous racontant comment les souverains temporels ont persécuté l'épiscopat local ou s'en sont emparés et l'ont gagné à leur cause, et combien, ou parfois combien peu d'évêques ont cherché abri à Rome. Il en a été ainsi en Orient chez les Ariens et S. Athanase ; chez les empereurs byzantins et saint Jean Chrysostome, chez les Vandales de Genséric et les Africains, chez les cent trente évêques monophysites au brigandage d'Éphèse et saint Flavien (qui y fut battu à mort), chez les cinq cents évêques qui sous l'influence du Basileus ont signé une déclaration contre le TOME du pape Léon, et de même à propos de l'HÉNOTIQUE de l'empereur Zénon, et dans les controverses avec les monothélites comme aussi avec les iconoclastes. Et enfin, dans les rares cas où la fermeté du siège apostolique est mise en question..., la raison qu'on tient la plus secrète de

_____

(78) *Certain Difficulties* I (² 1894) 184-186.

l'indécision des papes n'est autre que la pression directe et physique exercée par le pouvoir temporel. Parmi la centaine de papes martyrs et confesseurs, Pierre et Marcellin ont pour une heure ou un jour trahi leur Maître, Libère et Vigile ont pour un moment donné du scandale ; enlevés de leur siège héréditaire, position clef d'un grand organisme, ils étaient devenus de simples individus pareils à des milliers d'autres instances subordonnées, arrachés de leur siège et traînés devant l'empereur. Plus tard encore et jusqu'aux temps modernes nous voyons la même vérité éclater au grand jour, non seulement dans l'histoire de saint Thomas (Bcckct), mais aussi dans celle de saint Anselme ; bien plus, dans tout le cours des événements ecclésiologiques de l'Angleterre, depuis la conquête jusqu'au XVIe siècle, et non en dernier lieu chez Cranmer. De plus, nous constatons des faits analogues à propos des tendances gallicanes sous Louis XIV et dans le joséphisme autrichien ; la politique toute récente des tsars à l'égard des Uniatcs ne nous apprend pas autre chose, ni l'attitude actuelle du gouvernement anglais envers l'Église d'Irlande. Dans tous ces cas, il s'agit d'une lutte entre le Saint-Siège et le gouvernement local, peut-être très éloigné ; l'objet en litige est la liberté et l'orthodoxie des sujets croyants. Alors que la puissance temporelle est sur place, active, contraignante, dominante et dangereuse, la force du parti attaqué réside dans sa fidélité au reste de la chrétienté et au Saint-Siège. Il ne peut pas en être autrement. Nous voyons qu'il en est ainsi, nous le constatons à travers les faits historiques ; mais comment pourrait-il sc fairc, et quelle preuve pourrait-on apporter à ce fait, qu'une Eglise abandonne la communion catholique sans tomber au pouvoir de l'État ? Une Église isolée pourrait-elle de nos jours accomplir ce que, humainement parlant, elle n'a pas réussi à faire au douzième siècle, bien qu'un saint ait combattu pour elle ?... Il faudrait sans doute alors l'appeler une Église-branche (Branch Church) ; mais comme une branche ne peut pas vivre d'elle-même, il faut, dès qu'elle est détachée du Corps du Christ, la greffer nécessairement sur la constitution de l'État... » En 1841 Newman, encore anglican, avait dû protester contre l'érection d'un évêché anglo-prussien à Jérusalem, tant parce qu'elle était un acte politique que parce qu'elle unissait deux Églises qui n'étaient pas en communion mutuelle.

La « Branch-theorie » mentionnée dans le texte avait été la première tentative d'une issue : une Église fondée en elle-même, en vertu de son attachement à l'unité de la foi de la chrétienté primitive non encore divisée. Là, ce que Newman avait toujours cherché semblait exister : une présence vivante de Dieu dans une Église ayant une foi vivante et dont le « ministère prophétique » était dirigé par un ministère épiscopal, les définitions de ce dernier n'ayant jamais été autre chose qu'une expression du mystère total embrassé par la foi, nécessaire pour maintenir vivante cette foi ; il n'y avait pas encore ces « nouveautés » à foison ajoutées plus tard par l'Église latine et dont la Réforme avait de nouveau dégagé l'Église. L'unité à laquelle Newman rapportait tout était la communion elle-même – sur ce point les idées du groupe d'Oxford ne différaient pas beaucoup de celles de la Sobornost des Slavophiles, sous la conduite de Khomiakov – ; c'était là le lieu de l' « infaillibilité » de l'Église qui fascinait Newman dès cette époque (79). Là existait aussi une tradition spirituelle dans l'interprétation de l'Écriture par la liturgie, la prière, la théologie et les définitions des conciles. Ce tronc vivant sur lequel l'Église orientale, l'Église romaine et l'Église anglicane étaient greffées pareillement, ne fallait-il pas le considérer comme le canon vivant de l'Église du Christ et s'y rapporter ? Newman dut bientôt reconnaître que ce « classicisme » théologique était du romantisme sans contact avec la vie réelle ; il portait en effet en lui une contradiction interne : l'autorité, jadis présente dans la tradition vivante, cette autorité sans laquelle il ne peut pas exister d'Église orthodoxe, comment pourrait-elle cesser d'être vivante et avoir subsisté seulement dans une période historique éloignée ? Newman dut constater en outre avec frayeur qu'un appel analogue à une tradition, au sein de la période normative, avait fait déclarer Eutychès héré-

(79) *The Prophetical Office of the Church* (London 1837) 112. *Apologia pro vita sua* (London 1864) 116.

tique, au concile de Chalcédoine où la formule d'Éphèse avait dû être modifiée pour sauvegarder l'orthodoxie, et cela sous la conduite directe du Siège romain. L'unité de la foi avait été sauvée par un centre concret muni de pouvoirs. De plus, la période classique n'avait fait preuve d'esprit d'union dans l'amour, de Sobornost, que dans une mesure bien restreinte ; et cet esprit n'avait-il pas été déjà romantique dans l'idée de Cyprien ? n'avait-il pas volé en éclats au cours des troubles ariens ? Fallait-il peut-être, pour prouver l'union avec l'Église primitive, en appeler à la sainteté dans l'Église anglicane ? Mais des saints, il y en avait sans doute aussi bien dans l'Église romaine : il fallait donc essayer de faire cesser les malentendus entre les deux Églises. (Newman se proposait alors d'écrire contre l'«idée protestante de l'Antéchrist» selon laquelle le pape serait l'Antéchrist (80).) Le problème tout entier se résumait dans la conciliation des deux facteurs d'autorité divine valables dans l'Église de tout temps et actuellement : cette autorité devait être aussi stable qu'actuelle, aussi insaisissable dans ses mystères que claire dans ses exigences. Les deux caractéristiques avaient existé dans l'Église des premiers conciles. Là, nulle trace d'une lettre raide, classique ; jusque dans le *Credo* apostolique, on avait inséré des explications qui le transformaient dans sa lettre ; bien plus, les épîtres des apôtres n'étaient-elles pas des interprétations ajoutées aux paroles originales du Christ ? Tout était *pneuma* vivant, et cependant apte à fixer une forme concrète, toujours actuelle ; rien n'était simple «squelette», tout était chair vivante, mais soutenue par une charpente tout aussi vivante (81). Le «développement» est nécessaire, telle était la conclusion ; nécessaire surtout dans l'organisme surnaturel de

---

(80) *Correspondance of J.H. Newman with John Keble and others* 1843-1845 (edited at the Birmingham Oratory, London 1917) 50 s. Et *Essays critical and historical* II (London 1877) : *Todds Discourses on Antichrist* (1840).

(81) Voir l'étude instructive de Jean STERN, *La controverse de Newman avec l'abbé Jager et la théorie du développement,* in : *Veröffentlichungen des internat. Card. Newman Kuratoriums,* 6. Folge (Nürnberg 1964) 123-142.

l'Église, pour en conserver l'identité vivante. C'est à ce terme qu'aboutit en 1845 le célèbre ESSAY ON THE DEVELOPMENT OF CHRISTIAN DOCTRINE. La fonction épiscopale ne pouvait pas à elle seule garantir l'unité universelle (comme l'avait déjà constaté le Tract 90, en 1841) (82), il fallait conclure : « Nous ne connaissons pas d'autre moyen de conserver le *sacramentum unitatis* de l'Église que l'existence d'un centre de l'unité.» La même année, Newman passe au catholicisme, afin d'être uni à ce centre.

La voie de Newman se reconnaît à ce fait qu'après sa conversion la papauté ne devient nullement le centre de ses intérêts. Sa réserve devant la définition de l'infaillibilité est connue (83). Il faudrait surtout noter qu'il tient à voir réduite au minimum chez le successeur de Pierre la fonction de parler et de définir infailliblement, qu'il insiste sur le fait que le magistère n'est pas plus impeccable que la fonction prophétique de l'Église universelle; l'un et l'autre devront s'épauler et se corriger réciproquement. Des tensions sont prévues, même entre le ministère et la théologie (considérée comme l'exposant du « prophetical office »); dans l'Église tous portent les séquelles du péché originel (84). L'appel bien connu aux laïques (dans le dernier article du *Rambler,* 1859), qui devront prendre conscience de leur mission imposée par la foi, fait partie de ce thème des tensions. Cependant les tensions avec lesquelles Newman ne fait que trop amplement connaissance pendant les années vécues dans l'Église catholique – on a pu écrire un livre sur son « martyre » (85) – ne font finalement que lui confirmer qu'il est parvenu jusqu'au lieu de la *liberté.* Ce qui l'intéresse à présent, ce n'est pas la structure de l'Église, mais la manière

---

(82) Inséré dans *The Via Media* (1888) 259-348.

(83) Il paraît différer son acceptation pendant quelques jours, « jusqu'à ce que la définition soit acceptée à l'unanimité par tout le corps des croyants » *(Certain difficulties* II, 303), mais rétracte aussitôt cette pensée : « Je l'accepte (le nouveau dogme), non sur la parole du concile, mais sur la revendication du pape» *(ibid.* 304.) SCHIFFERS, *loc. cit.* 238.

(84) Cf. la célèbre préface de la troisième édition de la *Via Media* (1877).

(85) Denys GORCE, *Le martyre de Newman* (Bonne Presse, Paris 1946).

d'y vivre la liberté : lui-même est libre pour les saints, pour accomplir l'acte de foi personnel (GRAMMAR OF ASSENT, 1870), pour la prière et la méditation au sein du service de l'Église. Ce n'est pas Pierre comme figure isolée qui occupe le centre, c'est l'espace de la liberté dont Pierre est le gardien, comme quelqu'un faisant partie, et indispensablement, de la constellation du Christ.

Wladimir Soloviev est venu à Rome à partir de l'autre «branche», de l'Église d'Orient (86). Tout à fait différent de Newman, conscient de posséder dans sa foi déjà toute la catholicité du *Credo*, bien plus, d'apporter à l'Église latine le trésor de la sagesse orientale et de la sophiologie spéculative trinitaire (87), il a de même une manière triomphale de présenter à ses compagnons dans la foi orthodoxe la nécessité évidente du centre concret de l'Église à Rome et de dévoiler sans ménagement les péchés, les illusions et les lâchetés de l'Église orientale. Néanmoins il n'est pas moins profondément attaché à son Église d'origine que Newman à la sienne : ce sont deux nobles cœurs, mais Newman parle avec plus de douceur.

Le point de départ et le motif de la rupture sont exactement les mêmes pour le Russe que pour l'Anglais : en fait, l'unité de l'Église est dans tout l'Orient et surtout dans l'idéologie théologique slavophile, un rêve que contredit la dure réalité. Ces aspirations sont liées indissolublement, comme cause et aussi comme effet, au manque de liberté de l'Église sous le joug byzantin et moscovite. Comme les Tractariens, Soloviev demande une Église qui maintienne vivant le fondement posé une fois pour toutes, Jésus-Christ et la foi en lui, comme réalisation de son amour ; un royaume de Dieu s'épanouissant au long de l'histoire : comme un royaume pour

---

(86) Cf. *La Gloire de la Croix* II Styles, 2ᵉ p. (Aubier 1972) 167-230. Bornons-nous ici aux écrits du 3ᵉ vol. de l'édition allemande complète (voir ci-dessus note 66). Sur la conversion réelle de Soloviev, cf. Heinrich FALCK, *Wladimir Solowjews Stellung zur katholischen Kirche,* in : *Stimmen des Zeit* (1949) 421-435.

(87) Il décrit cet apport au 3ᵉ livre de *La Russie et l'Église universelle,* dont nous ne nous occupons pas ici.

nous, un royaume par nous, un royaume en nous (88). Du royaume pour nous fait partie l'Église structurée : sa hiérarchie, son *Credo*, ses sacrements : elle est base et ouverture pour tendre à la justice chrétienne dans le monde. Les slavophiles qui considèrent comme notion de l'Église « l'accord libre des consciences individuelles », la « synthèse spontanée et intérieure *de l'unité et de la liberté* dans la charité » (89) confondent le but à rechercher, qu'ils considèrent d'avance comme donné, avec le chemin qu'il faut prendre pour s'approcher de cet idéal. « La différence entre un songe creux et l'idéal divin de l'unité, c'est que celui-ci a un point d'appui réel (le *dôs moi pou sto* de la mécanique sociale) pour gagner peu à peu du terrain ici-bas et pour triompher graduellement et successivement de toutes les puissances de la discorde » (90). La liberté est le but, mais l'Église réelle, qui, « assujettie aux conditions d'une existence bornée, ne peut pas être absolument libre », doit porter en elle comme « base » les conditions qui rendent possible une montée de l'esclavage vers la liberté (91). Ce principe, invariablement, s'appelle Pierre. Car lui seul suffit à délivrer l'Église des filets du monde. Ce que Newman énumère dans un rapide coup d'œil sans laisser soupçonner les terreurs et les violences que recouvrait chacun de ces exemples, Soloviev nous le décrit avec des détails très réalistes : les répressions continuelles et humiliantes exercées contre la liberté de l'Église par les princes grecs et russes. Celui qui refuse Pierre comme chef tombe automatiquement sous le pouvoir temporel, puis dans le nationalisme (92), et crée la division et la discorde dans l'Église. De longues citations empruntées au clairvoyant mais impuissant Aksakov dispensent Soloviev de se livrer lui-même à la critique de l'état des Églises grecque et

---

(88) *La Russie et l'Église universelle*, 98-102.

(89) *Loc. cit.* 35.

(90) *Loc. cit.* 130.

(91) *Loc. cit.* 130-131, 158.

(92) *L'idée russe,* (Paris, 1888) 54 ss. : « C'est que des chaînes séculaires tiennent le corps de notre Église attaché à un cadavre immonde, qui l'étouffe en le décomposant. »

russe : « Du côté de son gouvernement, notre Église apparaît comme une espèce de bureau ou de chancellerie colossale qui applique à l'office de paître le troupeau du Christ tous les procédés du bureaucratisme allemand avec toute la fausseté officielle qui lui est inhérente » (93). Une Église qui est une partie de l'État, c'est-à-dire d'un "Royaume de ce monde", a abdiqué sa mission et devra partager la destinée de tous les royaumes de ce monde (94). Même si la foi du peuple restait encore universelle et catholique – et selon Soloviev elle l'est en substance, et ne se soucie pas des distinctions théologiques qui justifient ultérieurement le solipsisme – une Église d'État n'a pas la possibilité de mener effectivement le peuple à une catholicité supranationale : « On a peur de la vérité, parce que la vérité est catholique, c'est-à-dire universelle ; on veut à tout prix une religion pour soi tout seul, une foi russe, une Église impériale » (95). On ne veut pas « offrir l'égoïsme national en sacrifice » au vrai Dieu (96). Aksakov lui-même, qui voyait l'essence de l'Église dans l'alliance d'amour des cœurs, doit finalement admettre que « l'esprit de vérité, l'esprit de charité, l'esprit de vie, l'esprit de liberté, son souffle salutaire, voilà ce qui manque à l'Église russe » (97). Comme la solidarité entre les Églises d'Orient « ne s'exprime par aucune action vivante », leur « unité dans la foi » n'est qu'une formule « abstraite », « ce qui ne constitue aucun lien social » (98). Elle reste une « fiction » là où n'existent que des Églises nationales isolées (99). Celui qui, en Orient, cherchait un point pour l'unité ailleurs que dans l'empereur devenait inévitablement un martyr : Chrysostome, Flavien, Maxime le Confesseur, Théodore Studite, le

---

(93) *La Russie et l'Église universelle,* 48-49 (citant AKSAKOV. *Œuvres,* t. 4, 124).

(94) *Loc. cit.* 57.

(95) *Loc. cit.* 66.

(96) Les Églises nationales « ne sont que des Églises d'État absolument privées de toute espèce de liberté ecclésiastique » : 65. Cf. 86 etc.

(97) *Loc. cit.* 57-58.

(98) *Loc. cit.* 59-60.

(99) *Loc. cit.* 60-66.

patriarche Ignace, tous se sont tournés vers le siège de Rome pour demander secours.

Pourquoi le principe de la liberté est-il auprès du siège de Rome ? Parce que Pierre (Mat *16*,18) a prononcé une confession libre et illimitée au Christ, accomplissant ainsi spirituellement après Marie ce qu'elle avait acoompli physiquement par son oui illimité. Lisons le texte tout entier :

« Une union véritable est basée sur l'action réciproque de ceux qui s'unissent. L'acte de la vérité absolue qui se révèle dans l'Homme-Dieu (ou l'Homme parfait) doit rencontrer de la part de l'humanité imparfaite un acte d'adhésion irrévocable qui nous rattache au principe divin. Le Dieu Incarné ne veut pas que sa vérité soit acceptée d'une manière passive et servile. Il demande... à être reconnu par un acte libre de l'humanité. Mais il faut en même temps que cet acte libre soit *absolument dans le vrai*, qu'il soit *infaillible*. Il s'agit donc de fonder dans l'humanité déchue un point fixe et inébranlable sur lequel l'action édifiante de Dieu puisse s'appuyer immédiatement, un point où la spontanéité humaine coïnciderait avec la Vérité divine dans un acte synthétique, purement humain quant à la forme et divinement infaillible pour le fond. – Dans la production de l'humanité physique et individuelle du Christ, l'acte de la toute-puissance divine n'exigeait pour son efficacité qu'une adhésion éminemment *passive et réceptive* de la nature *féminine* dans la personne de la Vierge Immaculée : l'édification de l'humanité sociale ou collective du Christ, de son corps universel (l'Église) demande moins et en même temps plus que cela. Moins, parce que la base humaine de l'Église n'a pas besoin d'être représentée par une personne absolument pure et immaculée, car il ne s'agit pas ici de créer un rapport substantiel et individuel ou une union hypostatique et complète des deux natures, mais seulement de fonder une conjonction actuelle et morale. » Cependant le lien à créer est « humainement parlant, plus positif et plus vaste. Plus *positif* : parce que cette nouvelle conjonction dans l'Esprit et la Vérité demande une volonté *virile* qui va au-devant de la révélation et une intelligence virile qui donne une forme déterminée à la vérité qu'elle accepte. Ce nouveau lien est plus *étendu,* puisqu'en formant la base constitutive d'un être collectif, il ne peut pas se borner à un rapport personnel, mais doit être perpétué comme une fonction sociale permanente » (100).

La liberté de Pierre confessant personnellement la vérité totale (supra-nationale) de l'Homme-Dieu (101) concret fait de lui le roc intermédiaire entre le vrai rocher qui porte tout, le Christ, et le rocher de l'Église dans lequel tous les croyants s'insèrent comme autant de pierres vivantes (102). Le collège lui est adjoint, le « concile original des douze apôtres », qui cependant trouve et conserve son unité inviolable seulement dans l'unité pétrinienne : « L'Architecte divin découvre la Pierre solide... et Il fixe l'idéal de l'unanimité en le rattachant à un pouvoir réel et vivant » (103). C'est seulement ainsi que Jésus peut confier les principes mystiques de l'unité interne : son Eucharistie, et la vie trinitaire qui y est contenue, à l'unité transcendante de l'Église (104). Ce n'est que dans cette Église-là que des Conciles véritables sont possibles : « Les Églises d'Orient n'en ont plus tenu aucun depuis la séparation de Rome ; bien plus, cela serait vraiment impossible, au dire de nos meilleurs théologiens » (105). Elle seule peut faire retentir, contre une bande d'évêques soumis à l'empereur, le cri : « Contradicitur ! » que le diacre Hilarion, légat du pape Léon, lança à Éphèse, au péril de sa vie (106).

Nous retrouvons le même curieux spectacle que chez Newman : Soloviev se convertit, non parce qu'il lui manque la collégialité, la fraternité, les définitions mystiques de l'Église – il les avait en suffisance en Orient, – mais cette clef de voûte

---

(100) *Loc. cit.* 89-91.
(101) *Loc. cit.* 107-108, 110-111.
(102) *Loc. cit.* 104-106.
(103) *Loc. cit.* 103 ; cf. 118.
(104) *Loc. cit.* 126 ss.
(105) Lettre à Strossmayer (*Œuvres complètes,* trad. allemande, t. 3, 16). Cf. *La Russie...,* 20-22, 94-95.
(106) *Loc. cit.* 192-193.

qui permet à toute la voûte de tenir et qui est, selon la définition de Vatican I, précisément le pape. Il a besoin du pape qui formule « même *sine consensu Ecclesiae* et non à la suite de délibérations collectives, mais en vertu d'un secours direct du Père céleste, le dogme fondamental de notre religion, *ex sese.*» Et plus loin : c'est seulement dans la confession de Pierre que l'idée messianique se dégage de tout élément nationaliste et prend pour la première fois sa forme universellement valable. *Tu es le Christ, le Fils du Dieu vivant* (107). Pour Soloviev, la preuve péremptoire de l'authenticité de cette papauté est que l'histoire de sa fondation renvoie à l'histoire de l'Église et celle-ci à la première ; cause et effet se correspondent (108) et cela au-delà de toutes les contingences et de tous les accidents historiques que le penseur russe connaît aussi bien que Newman.

---

(107) *Loc. cit.* 94-97 ; cf. 70. Pour notre propos, il importe peu que le Pierre historique fût ou non déjà parvenu à cette liberté lors de la scène de Césarée de Philippe, car Matthieu a certainement en vue le Pierre post-pascal tout aussi historique.

(108) *Ibid.* 131-132. La réorganisation de l'Église allemande après sa destruction sous Napoléon en est un exemple impressionnant (choisi entre cent autres). Quelques passages extraits de Franz SCHNABEL : *Deutsche Geschichte im 19. Jahrhundert* pourront l'illustrer : « Les évêques de l'Ancien Régime mouraient, remplacés par les nouveaux évêques auxquels les expériences pénibles des décennies révolutionnaires avaient appris que ni les empereurs ni les princes ni les parlements, mais Rome seulement et les anciennes lois de l'Église, les protégeraient contre la toute-puissance toujours considérable des États policiers et diplomates » (13). « De même que l'épiscopat français soutenait les « libertés gallicanes » contre le pape, les quatre archevêques allemands s'employèrent à l'érection d'une Église nationale allemande » (22) ; dans cette entreprise l'épiscopalisme en appelait à la parole de l'Évangile de Jean qui rapporte que tous les apôtres ont reçu directement du Christ le pouvoir de lier et de délier. Il revendiquait par suite pour l'épiscopat les droits qui lui revenaient « par l'institution divine », plaçait l'évêque au sein de son diocèse, à côté du pape, comme jouissant des mêmes prérogatives : l'évêque n'était pas obligé de mettre à exécution tous les décrets pontificaux, ni de donner toujours suite aux recours au pape. » « Les ”Gravamina” du XVe siècle se ranimèrent lorsque, dans la EMSER PUNKTATION de 1786, la nécessité du concours du pape pour les nominations aux charges et aux bénéfices etc. fut contestée. » Les chapitres des cathédrales par contre et les évêques « étaient du parti du pape, parce

Pas plus pour l'un que pour l'autre, la papauté n'a sa fin en elle-même : elle est un moyen et un garant de la liberté. Pour l'un comme pour l'autre l'Église est le Royaume de Dieu en devenir, le Royaume qui lutte pour atteindre la liberté de l'amour. Ils fixent leur regard uniquement sur ce but, mais ils savent que le caractère obligatoire du point de référence, Rome, est la condition de la liberté.

---

que la direction papale en vigueur leur convenait mieux que celle d'un métropolite ou d'un primat d'Allemagne » (23-24). Wessenberg de son côté s'employait à l'établissement d'une Église nationale allemande ; « il ne contestait pas l'institution divine de la papauté, il cherchait seulement à faire prévaloir le droit ecclésiastique "épiscopal" sur le "droit de la curie"... Mais plus il devait recourir à l'aide de l'État dans sa lutte contre Rome, plus aussi il était contraint de lui faire des concessions (31). » La vie culturelle de la bourgeoisie exprimait en général ouvertement sa haine contre les serviteurs de l'Église. « Peu après 1815 viendra s'y ajouter le nationalisme radical qui voyait dans l'Église un produit de l'Empire Romain et considérait son esprit universel comme incompatible avec un État moderne limité. Et cet État se faisait payer cher ses efforts pour soutenir et maintenir, dans son propre intérêt, la civilisation traditionnelle d'origine ecclésiastique de la vie civile. Il tendait à soumettre l'Église catholique à sa souveraineté comme il avait réussi à le faire pour l'Église protestante (32). » Napoléon, qui avait humilié et emprisonné le pape, « convoqua en 1811 un concile national à Paris, en écartant de force tous les opposants. Il voulait faire de Paris, capitale de son empire, le siège de l'Église universelle et créer conjointement une « Église nationale » allemande sous le Primat Dalberg, le premier des princes de l'Église de l'ancien Empire, qui se mettait à sa disposition. Dalberg et Wessenberg participèrent au concile de Paris. Tous les participants (de l'épiscopat allemand) se rendaient compte qu'il était facile d'abuser à des fins temporelles d'une Église si affaiblie : les évêques des temps modernes devraient donc s'appuyer sur Rome plus fortement qu'ils ne l'avaient fait dans les derniers siècles (36). » A Vienne, Wessenberg exposa par contre son plan d'une Église de l'Empire Allemand, projet auquel Consalvi s'opposa. Il a fallu, peu à peu, par des concordats avec les différents États allemands, mettre l'Église à l'abri des empiètements de la puissance de l'État... (L'Église catholique en Allemagne, Herderbüchrei 209-210, 1965). On pourrait poursuivre ces lignes, jusqu'au régime nazi où A. Rosenberg se plaignait que Rome essayât « d'ériger une Église universelle » (Der Mythos des 20. Jahrhunderts, München 1941, 175-176).

TROISIÈME PARTIE

FAIRE PASSER
LE MIRACLE
DANS LA VIE

7

L'amour, dépassement de soi

Dans la deuxième partie il était d'abord question de la « constellation » inséparable de Jésus-Christ concret et historique, qui la prend et l'incorpore avec lui dans la structure de son Église. Nous avons ensuite examiné la forme particulière du ministère pétrinien de direction au sein de cette constellation. Du coup est apparue la difficulté de définir de façon adéquate un tel ministère au sein de l'unité qui l'englobe : il fallait le saisir dans son excentricité particulière, l'enraciner dans le centre et l'y maintenir. Il y figurerait à la fois comme point de relation concret et critique de l'unité qui se désagrège sans lui et comme une voie du dépassement de soi vers le Christ et vers la liberté chrétienne. Dans ce « loin-de-soi » du *serviteur inutile* qui ne fait *rien que son devoir* et ne doit pas attendre de récompense (Luc *17*,9 s), Pierre devient le prototype de toute existence chrétienne au sein de la constellation de l'unité. Le *renoncement* impliqué dans le ministère catholique se fonde, avant tout effort moral, sur la structure excentrique du ministère lui-même : il faut s'avancer, investi d'un pouvoir qui ne vous appartient pas, qui renvoie essentiellement à un autre, qui vous « mène où vous ne voudriez pas » ; aussi n'est-il pas possible de le recevoir si ce n'est avec « tristesse » (Jean *21*,17), à cause de l'indignité personnelle. Considéré dans cette objectivité, Pierre peut devenir la mesure valable et imprévisible de toute abnégation croyante et aimante dans l'Église. C'est là, en effet, le miracle que personne ne comprend et qui cependant réclame l'engagement de chacun.

I – LE DÉPASSEMENT DE SOI
DANS LE MIRACLE.

L'Église, Corps, Épouse et Plérôme du Christ est «un mystère et un miracle» (1) non seulement en tant que réalité invisible, mais également dans son existence visible. En effet, le don de soi de l'amour divin *répandu* (Rom 5,5) qui crée l'union des cœurs s'est réalisé visiblement dans l'abandon historique de Jésus *livré comme rançon pour un grand nombre* (Marc *10*,45), et il exige de ce grand nombre un amour reconnaissant bien visible. La décision chrétienne de comprendre la vie comme une action de grâce pour l'amour reçu de Dieu implique aussi la volonté de se remettre soi-même à l'unité concrète de l'amour de Dieu dans le Christ, amour qui s'est donné depuis toujours d'une manière insurpassable. Cette unité concrète, c'est l'Eucharistie et le souffle du Saint-Esprit dont elle est pénétrée et qu'elle répand. Afin que l'Eucharistie et l'Esprit demeurent constamment un don que personne ne puisse s'approprier ni posséder pour soi tout seul, l'Église est instituée, forme concrète gardienne du mystère et communauté dont l'existence précède invariablement celle des personnes. Henri de Lubac a sans cesse attiré l'attention sur le fait que l'Église et l'Eucharistie (qui est comme telle le plérôme du Verbe fait chair) se contiennent réciproquement. «C'est l'Église qui fait l'Eucharistie, mais c'est aussi l'Eucharistie qui fait l'Église» (2). Et justement *parce que* l'Église-Eucharistie est absolument donnée et offerte par Dieu, il est impossible de se l'approprier : on y participe seulement à condition de

---

(1) Personne n'a traité ce sujet ni mieux ni plus complètement que Charles Journet dans son ecclésiologie, une mine trop peu exploitée, *L'Église du Verge Incarné* II (Desclée de Brouwer 1951) 1193-1288. Le même sujet est traité plus brièvement par A.D. SERTILLANGES. *Le miracle de l'Église. L'Éternité dans le Temps* (Spes 1933); Ferdinand ULRICH y revient aussi continuellement; cf. en particulier in : *Atheismus und Menschwerdung* les chapitres : *Die Kirche als personale Gestalt der befreiten Endlichkeit* et *Die Kirche in der atheistischen Todesdialektik von Herr und Knecht und ihre Freiheit als Dank* (Johannesverlag Einsiedeln 1966).

(2) *Méditation sur l'Église* (² Aubier 1953) 113-125.

devenir vraiment partie prenante et partie donnante. Autant le premier aspect est merveilleusement indisponible : l'unité de l'amour qui s'offre, autant le second l'est pareillement : l'unité de l'amour ecclésial qui jaillit du renoncement à soi-même de ceux qui la reçoivent. Telle est l'unique et authentique unité de l'Église ; toute autre espèce d'unité qu'on lui attribue – l'unité officielle par exemple – n'en est qu'un aspect abstrait, bien que partie intégrante. Cette remarque est très importante : opposer la « vie » à la « structure » (ou à l'institution) comme on le fait volontiers de nos jours, devient alors impossible. De même que l'humanité du Christ n'est pas une simple « structure » (ou « instrumentalité ») de la vie immanente de sa divinité, il est impossible de séparer, dans la forme vivante de l'Église, le ministère comme « structure » (ou « institution ») de la vitalité de l'amour (ou des « charismes ») : l'un et l'autre aspect tiennent ou tombent ensemble. Libre au protestant de tenter d'établir pareille différence ; nous ne blâmerons pas un Friedrich Heiler d'estimer dans son rêve (comme tant d'autres) que le fonctionnarisme de l'Église catholique équivaut à un abandon, ou du moins à une séparation de la grande union d'amour de jadis, de « l'autonomie de l'ancienne Église » ; il voudrait en conséquence « dévoiler sans réticences les faiblesses et les obscurités qui affectent les institutions extérieures de l'Église, afin que son intérieur divin..., l'*Ecclesia spiritualis*, délivré de toutes les étreintes terrestres, resplendisse avec d'autant plus d'éclat » (3). Mais nous apprécions peu la différence que Y. Congar établit en principe, beaucoup moins radicalement sans doute, entre la « structure », voire le « squelette » (4) (les ossements d'Ezéchiel qui attendent l'Esprit vivifiant) et la vie ; n'est-ce pas déprécier l'aspect « officiel » et le considérer comme un simple « instrument » (5) ? Une telle séparation reste toujours superficielle. Un regard plus pénétrant perçoit la preuve réelle de l'amour divin

---

(3) *Altkirchliche Autonomie und päpstlicher Zentralismus* (Reinhardt München 1941) VII.

(4) *Vraie et fausse Réforme dans l'Église* (Cerf 1950) 96.

(5) *Jalons pour une théologie du laïcat* (Cerf 1953) passim, surtout 148 ss. In : *Ministères*, loc. cit. 47, Congar voit bien que les charismes ont également besoin d'une structure.

donnée justement lorsque la vie toute frémissante est clouée sur le rude bois de la prétendue «institution» : impossible alors de distinguer de ce support ce qui s'y trouve fixé. Voilà pourquoi, aux yeux du pape Clément, la révolte des Corinthiens contre l' «institution» de leur Église est une révolte contre leur propre corps vivant : «N'avons-nous pas un même Dieu, un même Christ, un même esprit de grâce répandu sur nous, une même vocation dans le Christ? Pourquoi déchirer et écarteler les membres du Christ? pourquoi être en révolte contre notre propre corps? pourquoi en venir à cette folie d'oublier que nous sommes membres les uns des autres?» (6). Les protestations des Corinthiens sont une tentative de disposer eux-mêmes de l'unité, au lieu de la recevoir comme un don du Dieu un et trine. L'accueil de l'unité n'exige pas de l'homme une passivité honteuse qu'il conviendrait de remplacer par une activité constructrice de sa propre invention; il est un effort extrême pour consentir et coopérer, pour mettre à *exécution* ce qui a été donné dans la foi et réaliser, dans une réponse active au Verbe Incarné, ce qu'il est devenu lui-même, à savoir l'Église.

Ces pensées nous introduisent derechef dans le domaine marial. Elles évoquent la constellation dont le ministère pétrinien est *un* élément. Celui-ci devient plus intelligible quand on le situe, avec son caractère spécifique, parmi les autres éléments de la constellation. Chacun des membres s'appliquera, de la manière qui convient à son rôle de symbole réel, à renoncer à soi-même en vue de l'unité et deviendra de ce fait un des fondements de l'unité ecclésiale. Nous avons déjà amplement exposé ce sujet; toutefois il sera utile d'embrasser encore d'un seul coup d'œil l'ensemble des principaux éléments dans leurs relations mutuelles. Nous nous bornerons à évoquer quatre personnages : Marie, la Mère; Pierre, le ministère dans le groupe des Douze; appartenant par excellence à ce groupe, Jean, l'intermédiaire entre Marie et Pierre; enfin Paul, surajouté aux Douze, mentionné expressément comme co-

---

(6) *Lettre aux Corinthiens* 46,6-7 (A. Jaubert, SC 1971, 176).

fondateur de l'Église romaine : son action a été décisive dans l'érection de cette Église, et il en est l'interprète théologique.

La préséance revient indubitablement à *Marie*, réalité englobante. Elle met au monde Jésus et l'élève, elle est de même une Mère pour son œuvre, et cela sous tous les aspects. Mais elle l'enveloppe en se retirant, en laissant faire, en ouvrant un espace. Elle ne décide rien, n'ordonne rien, elle est servante et elle désire que les autres comprennent son attitude (Jean 2,5). Elle est sein et terrain d'où la semence divine peut tirer tout ce qui lui est nécessaire. Dans sa discrétion totale, elle est la fécondité de la parfaite pauvreté. « La pauvreté de l'Église ne lui appartient pas, elle est l'adoration qui fléchit les genoux devant la gloire du Père resplendissant sur la face de Jésus, le gage de l'amour de Dieu toujours plus grand auquel elle s'est *remise tout entière*. A la communication divine dans la foi elle n'oppose aucune ''subsistance'' attachée à soi, aucune prétention d'antériorité.» Elle ne relègue pas dans sa propre grandeur ce Dieu toujours plus grand, sous l'effet d'une fausse humilité qui s'estimerait incapable de lui donner accès ; devant ce Dieu qui se fait homme, elle ne se comporte pas comme un abîme qui « l'engloutit et le consomme dans son autre lui-même». Elle laisse le Fils devenir et faire ce qu'il veut : un homme né d'elle et non pour elle-même. Ainsi, « *Mère féconde*, elle demeure *servante vierge* ; car elle possède le don, non pour elle-même, mais au service de la multitude – dont elle fait partie – quand elle manifeste la gloire de Dieu et rend témoignage que l'Être est l'Amour qui se confine dans notre finitude » (7). Jamais il n'y eut d'ouverture plus large, plus enveloppante, plus catholique. Toute autre forme de laisser-faire coïncide nécessairement avec la sienne.

Pierre, c'est le ministère : l'obligation d'agir en engageant toute sa personne, mais exclusivement au nom et selon les intentions du Seigneur qui a besoin de quelqu'un, de n'importe qui, pour rendre concrète sa propre autorité : l'apparition

---

(7) Ferdinand ULRICH, *Atheismus und Menschwerdung* (Einsiedeln 1966) 66-69.

absolue de l'autorité paternelle dans le Fils et l'effacement absolu de l'autorité du Fils afin de manifester celle du Père. Il y a par conséquent un effacement pétrinien de la personne devant le ministère. On y reconnaît, dit Schiller, « l'esprit qui animait la Cour de Rome et la fermeté inébranlable des principes que chaque pape se vit *obligé* de maintenir en lui subordonnant toutes les considérations personnelles. On a vu des empereurs et des rois, des hommes d'État éclairés et des guerriers inflexibles sacrifier certains droits sous la poussée des circonstances, devenir infidèles à leurs principes et céder à la nécessité, ce qui n'est arrivé jamais, ou rarement, à un pape... Quelque dissemblables que les papes aient été par leur tempérament, leur tour d'esprit, leurs capacités, aussi constante, aussi uniforme et invariable a été leur politique. Leurs facultés, leur naturel, leur manière de penser paraissaient n'avoir aucune influence sur leur ministère ; on serait tenté de dire que leur personnalité se dissolvait dans leur dignité, et que sous la triple couronne la passion s'éteignait. Bien qu'à la mort de chaque pape la succession au trône se soit rompue et qu'il ait fallu la renouer avec chaque nouveau pape, bien qu'aucun trône du monde n'ait changé si souvent de maître, n'ait été occupé parmi tant de tempêtes et quitté parmi des tempêtes non moins violentes, c'était cependant le seul trône du monde chrétien qui ne paraissait jamais changer de possesseur : les papes mouraient, mais l'esprit qui les animait était immortel » (8). Peu importe peut-être – c'est la thèse de Joseph Bernhart dans son livre sur les papes – ce que dit un pape ou ce qu'il ne dit pas, ce qu'il fait ou ne fait pas, pourvu qu'il soit là, pourvu qu'il occupe son poste et représente le « centrum unitatis » qu'il doit être selon l'intention du Christ. « Même à des époques où la papauté semblait faire défection, être dans l'anxiété, elle agissait à son insu ; par sa seule existence elle représentait une puissance. Son idée, sa grandeur historique suffisait au monde, à ce symbole de l'être en devenir, pour vénérer encore l'esprit de l' « ancienne vérité » au-dessus des

___

(8) *Universalhistorische Ubersicht der merkwürdigsten Staatsbegebenheiten zu den Zeiten Kaiser Friedrichs I* (WW VII Insel s.d.) 431.

eaux agitées des événements temporels» (9). «Ce ne sont pas les dons et les secours répandus de toutes parts par le pape qu'on louait ou qu'on outrageait (il s'agit là de Benoît XV), ce ne sont pas ses efforts, en 1917, pour négocier la paix, efforts sabotés par l'Allemagne et par d'autres pays, ni l'art politique de la curie qui a su maintenir sur le sol italien, avec les ennemis de l'Italie, les liens que formaient des intérêts supérieurs ; c'est la seule présence d'un esprit planant au-dessus des eaux qui a renouvelé dans les profondeurs de la conscience moderne l'idée de la papauté. Mais dans les mêmes profondeurs, les anciennes puissances de contradiction restent vivantes. Dans leurs programmes, qu'ils soient couchés par écrit ou non, la première comme la dernière place est tenue par l'assaut qu'il faut livrer au trône du monde» (10). Le rocher dans lequel entre, sans visage, l'homme-pierre est toujours affronté aux *portes de l'enfer*. Il se dresse là où l'existence d'une Église que chaque nouvelle génération déclare morte, tient toujours comme par miracle, ou mieux, *comme* miracle, non comme une idée, mais comme une réalité jamais subjuguée. Telle est la manière de disparaître de Pierre.

Il disparaît surtout, après avoir examiné les faits de la foi et les avoir trouvés dignes de foi, pour céder la place à *Jean* qui lui avait cédé le pas et qui pénètre à présent dans le tombeau. *Il vit et il crut* (Jean *20*,8). Le disciple préféré, à qui le ministère de Pierre a permis de voir et de croire, a lui aussi, un mode à lui de disparaître – lui et son amour personnel – en Pierre (*21*,15) ; il «demeurera», arbre privé de ses feuilles et de ses fruits. D'autres frères de Pierre dans le ministère, moins dignes ceux-là, ont pris sa place (Jean *20*,9). Mais il est «enlevé» et placé en un lieu où il peut devenir directement la bouche du Seigneur qui s'adresse à son Église : *Ainsi parle le Premier et le Dernier, qui était mort et est vivant : je connais tes épreuves et ta pauvreté, mais tu es riche...* (Apoc *2*,8 s). Là aussi lui est montré ce qu'il en est vraiment du féminin englobant

---

(9) *Loc. cit.* 306.
(10) *Loc. cit.* 333.

(Apoc *12*,1-17) dont Pierre et Paul ne savent pas grand-chose. A lui l'Eglise est confiée comme femme, comme la communauté aimante; dans sa lettre, il trouve les mots qui, à travers toute la pédagogie apparente, s'adressent au tréfonds de son cœur, ce cœur «qui sait tout», qui se tient déjà au-delà des décisions changeantes (parce qu'il sait : *Dieu est plus grand que notre cœur, car il sait tout*; 1 Jean *3*,20). Il parle le langage des mystères qui paraît paradoxal à celui qui n'est pas initié, mais que le cœur mystérieux de l'Église comprend. Il est le saint, qui, parce qu'il aime, réussit les deux choses à la fois : faire uniquement paraître le Seigneur dans son amour toujours plus grand – et initier son Église à cet amour. Il le fait en tenant d'une main Marie et de l'autre Pierre et – en disparaissant – met leurs mains l'une dans l'autre. «Entre son corps et la création du ciel il n'y a qu'une mince paroi», dit Mechtilde de Magdebourg (11).

Paul, l'*avorton* (1 Cor *15*,8), le plus puissant, à qui il en coûte le plus de disparaître, se présente le dernier, pour compléter *ce qui manque* (Col *1*,24). Il est compris d'avance dans le principe marial (12) : impossible de l'interpréter comme étant en opposition avec celui-ci – comme compris sous un concept supérieur, celui du «simul justus et peccator». Il est également déterminé d'avance par le principe pétrinien ; nous l'avons vu, celui-ci ne se présente nulle part plus nettement que dans les lettres aux Corinthiens et dans la manière de gouverner cette Église et ses charismatiques (le pape Clément s'en inspirera et y puisera du courage). Il subit aussi l'influence «johannique» : au-delà des ministères et au-delà des charismes s'ouvre la «voie suréminente» de la charité (1 Cor *12*,31) sans laquelle la science enfle et la théologie n'est que cymbale qui retentit. A lui revient la tâche de tout réconcilier dans l'Église

---

(11) *Das fliessende Licht der Gottheit*, IV,23, in : *Menschen in der Kirche*, N.F. 3 (1955) 205.

(12) Peut-être le trait prétendu misogyne de son caractère est-il fondé sur une interprétation radicalement fausse des textes : cf. A. Feuillet. *Le signe de puissance sur la tête de la femme* 1 Cor *11*,10 in : N.R.T. 95 (Nov. 1973) 945-954.

visible, même les réalités contradictoires (être Juif et païen tout ensemble), le ministère et l'imitation vécue – il vit les conseils évangéliques, – la «gnose» abyssale parmi les parfaits et son complet abandon pour ne rien savoir d'autre que la croix. Dans sa personne il doit montrer toutes les façons d'être chrétien, il doit recommander de l'imiter, lui, comme un objet qu'on expose. On pourra l'examiner en tous sens et à fond, il représentera toujours l'unité catholique dans sa tension ; puis, il devra, exposé comme il l'est, s'effacer. Comme personne, il doit disparaître ; non pourtant comme «typos» de la communauté, comme imitateur du Christ, comme celui qu'il faut regarder pour apprendre ce qu'est l'universalité catholique (1 Cor11,1). C'est justement en devenant un modèle impersonnel qu'à sa manière il ressemble à Pierre pareillement objectivé. Il ne faut point de partisans de Paul, ni de Pierre, ni du Christ, car le Christ n'est pas divisé et ce n'est pas Paul qui a été crucifié pour la communauté (1 Cor 1,25). L' «excentricité» paulinienne se réalise dans son obligation de servir de modèle : «folie» de l'apôtre à cause de la folie de la communauté qui risque d'être séduite ; parce qu'étant mineure, elle a besoin de ce genre d'extrapolation superflue (2 Cor 11,12). Paul est indifférent au point de sacrifier, au besoin, sa personnalité. «Il ne connaît ni humilité, ni orgueil, seulement la nécessité. Pour lui, se convertir équivaut à s'engager irrévocablement. Il ne lutte pas, il possède, il tient la vérité qui le dépasse lui-même, au point qu'il devient son propre instrument, et il en joue ; ce n'est pas pour le Christ seulement qu'il est devenu cet instrument, mais aussi pour lui-même : il sait de quoi est fait un chrétien pécheur et mortel. Il ne peut pas se dire lui-même chrétien, il est seulement un instrument du Maître» (13).

A quatre reprises, nous voyons donc la remise de soi au miracle qu'est l'amour de Dieu répandu dans le monde. Concrètement cet amour est Jésus-Christ et son Esprit communiqué. C'est un miracle qui se crée par sa propre

---

(13) Adrienne VON SPEYR. *Lumina und Neue Lumina* (Einsiedeln 1974) 84-85.

puissance le vase qui devra le recevoir, le oui, la foi, l'obéissance joyeuse qui mène à la liberté de l'amour. Mais cette
liberté exige l'abandon du moi limité et égoïste. Cette réponse
elle aussi, ce oui qu'on peut dire à l'amour éternel, le croyant
les reçoit existentiellement comme une grâce. La rencontre de
cette grâce qui donne et à qui l'on se donne est le lieu d'origine
de l'Église. Une même loi originelle apparaît dans les quatre
manières de l'incarner ; simultanément la variété des missions
qui répond à la plénitude divine est fondée, interdisant toute
tentative d'enfermer l'unité ecclésiale dans quelque unité
abstraite qu'il serait possible d'embrasser du regard. Comme
toute mission a son origine en Dieu et pour fin le milieu de
l'Église, elle peut revêtir un caractère particulier sans que son
universalité en soit affectée. L'Église universelle ne se « subor-
donne » pas les Églises partielles, elle ne peut pas faire abstraction de leur particularité concrète (14) ; de même les différentes
manières fondamentales de se dépasser soi-même pour entrer
dans le miracle de l'Église, ne peuvent pas se ramener à une
manière unique (la manière mariale demeure néanmoins englobante), car chacune en particulier est une voie d'accès unique à
la catholicité.

II – LA FOI ET L'EXPÉRIENCE.

Le quadruple chemin dont nous venons de parler – et le
chemin du ministère pétrinien est l'un de ces quatre que Jean et
Paul comme apôtres et comme premiers modèles des évêques
suivent pareillement, – sera aussi celui de tous les chrétiens et
de toutes les communautés de l'Église catholique. La situation
actuelle nous incite à élargir quelque peu notre sujet qui se
rapporte en soi seulement à la papauté. Dans notre société
sécularisée on se plaint partout que Dieu soit devenu lointain ;
il paraît mort ; un environnement hominisé ne parle plus

----

(14) Louis Bouyer, *L'Église de Dieu* (Cerf 1970) 340-341.

que de préoccupations temporelles, alors que jadis la nature révélait directement les traces de Dieu, son Créateur éternel. De plus l'homme assoiffé d'expérience religieuse ne rencontrerait, dit-on, dans l'Église rien qu'une organisation humaine et les échafaudages et les poutres d'une froide institution sociologique. De toutes parts retentit le cri : où pouvons-nous faire *l'expérience* de Dieu ? Il faut à l'homme un minimum d'expérience comme tremplin pour risquer le saut dans la foi. Le *fiat* de Marie a été précédé du salut de l'ange, les Douze ont été engagés et envoyés par un Maître qu'ils connaissaient, Paul a subi à Damas l'emprise du Christ glorifié qui l'a désapproprié : mais nous, qui allons-nous rencontrer ? Qui a pouvoir de nous engager et de nous envoyer en mission ?

L'expérience peut bien représenter le dénominateur commun rassemblant les divers courants qui de nos jours traversent l'Église. Dans une petite communauté « de base » avec laquelle je célèbre l'Eucharistie, je peux avoir, au moins me le dit-on, une idée de ce que l'Eucharistie célébrée à domicile pouvait apporter aux premiers chrétiens comme expérience de l'Église, de la communion dans le Christ et dans le Saint-Esprit. Dans les mouvements pentecôtistes si divers, on me promet une expérience directe de la réalité charismatique de l'Église. Je suis ramené, m'explique-t-on, aux origines, au jour même de la Pentecôte où chacun a senti la langue de feu de l'Esprit se poser sur sa tête, où s'est produit le miracle du parler en langues et la conversion inattendue d'une multitude. En me dépensant activement pour soulager la misère de mes frères humains, pour leur apporter l'aide nécessaire à leur développement, ou pour attaquer le mur d'un ordre économique injuste (dont les reflets sont perceptibles jusque dans l'Église catholique), je fais l'expérience existentielle du dévouement de la foi. Dans la pratique de la méditation orientale – une voie toute différente – j'ai accès au paradis des mystiques qui affirment avoir fait une expérience ineffable. Par l'une ou l'autre de ces voies, je désirerais faire l'expérience de Dieu. Cette expérience est pour moi le postulat qui doit justifier mon engagement dans l'Église ou du moins une option conforme à la foi.

Certes, *comment l'invoqueraient-ils, sans avoir cru en lui?* *et comment croiraient-ils en lui sans l'avoir entendu? Et comment l'entendraient-ils, si personne ne le proclame?* (Rom*10*,14). Mais que signifie prêcher, être prêché? Paul continue : *Et comment le proclamer sans être envoyé?* Être envoyé, c'est recevoir du Christ la mission telle que la comprend Paul : une mission qui transforme toute l'existence de l'envoyé en un témoignage, en *lumière du monde,* en *sel de la terre,* en *cité sur la montagne.* Où donc trouver ce témoignage? L'estimant introuvable, chacun tente un effort personnel pour rencontrer Dieu en dehors de la catholicité. Au lieu de consentir à recevoir l'expérience on s'en empare, on la fabrique soi-même. Il n'est d'ailleurs pas étonnant que celui qui ne rencontre qu'une image déformée de l'Église catholique, la considère comme un «establishment» et essaye de prendre, même dans son sein, des chemins de cette nature pour la réformer et la ramener à son authenticité. Le temps manquerait à qui voudrait réussir à interdire cette légitime défense et à la remplacer par les lois de l'Église!

Mais le discernement des esprits pose pratiquement moins de problèmes qu'il ne paraît à première vue. Même ceux qui cherchent une expérience religieuse immédiate, le font presque exclusivement pour échapper à l'emprise inquiétante de leur moi fermé, pauvre et frivole, privé de tout amour durable qui leur donnerait de l'assurance. Cette percée à la recherche d'un amour sûr, seul capable de donner un sens à l'existence, est une percée en direction du centre du miracle de l'Église, où l'amour absolu de Dieu qui s'est livré est aussi accueilli. Toujours l'Église existe d'abord concrètement comme une communauté, elle est l'assemblée concrète de ceux qui ont cru à l'amour et qui ont consenti à en recevoir le don dans le baptême, la Parole, l'Eucharistie et l'amour fraternel. Mais la relation entre la foi et l'expérience semble ici prise dans un cercle, impossible à rompre de l'extérieur. Dans la primitive Église, le candidat au baptême devait passer par le catéchuménat; il y apprenait à connaître et à faire siens les articles de la foi avant de recevoir dans le baptême lui-même l' «illumination» de l'expérience de la foi ; celle-ci l'introduisait aussi dans la fraternité chrétienne effective et dans l'état merveilleux qu'elle supposait : la plénitude de la grâce du Christ et de l'Esprit-Saint répandu sur tous. Envisager ces étapes successives peut paraître assez artificiel : le catéchumène est déjà initié à l'expérience de foi, et l'expérience du baptisé pourra croître, elle ne dépassera jamais la foi (15). Il existe donc en principe une croissance et une intégration progressives de la foi et de l'expérience ; non seulement la foi vécue est expérimentée, mais l'expérience de la vie chrétienne devient elle-même digne de foi.

Du point de vue catholique, il n'en peut être autrement. Du point de vue psychologique, mon expérience est toujours la mienne, je l'apprécie selon ma mesure à moi et je la rapporte à moi. La foi au contraire est dépassement de soi. Elle l'est en raison de ce renoncement à soi objectif et présent depuis toujours dans l'événement du Christ : *Aucun de nous ne vit pour soi-même et personne ne meurt pour soi-même* (Rom *14*,7) ; en effet *si un seul est mort pour tous, donc tous sont morts* (2 Cor *5*,14). Ce fait est universel, et la foi qui l'affirme s'étend elle aussi sur tout et partout (sous la forme primitive du oui marial et dans la vérité des premières demandes du *Pater*). Voilà pourquoi elle doit dépasser toute expérience qui se replie sur soi ; elle doit être prête à y renoncer pour se désapproprier plus profondément et pouvoir s'étendre plus largement. L'homme naturel n'est jamais de taille à prendre la mesure du miracle de l'unité catholique : il doit se laisser objectivement dominer par lui. Il lui faut faire l'expérience fondamentale de la foi, en se laissant dépouiller douloureusement de ses mesures subjectives. Et s'il essaie honnê-

---

(15) Cf. la dialectique permanente entre foi et expérience même chez les Pères (Clément d'Alexandrie, Origène) les plus proches de la gnose et de l'expérience proprement dite, Peira (homélies de Macaire, Diadoque de Photicée, Maxime le Confesseur). Voir à ce sujet mon *Mysterion d'Origène* in : R.S.R. (1936) 513-562, (1937) 38-64 et : *Kosmische Liturgie* (² 1961) ainsi que *La Gloire et la Croix* I (1961) 211-410. André Léonard, Art. *Expérience spirituelle* in : D. Spir. IV/2 (1961) Bibliogr.

tement de vivre l'amour chrétien, c'est en *renonçant* à sa satisfaction subjective qu'il fera l'*expérience* décisive : celle de s'épanouir sous l'action de la foi et de devenir catholique. Il verra se développer l'intelligence de l'existence réelle dans la Croix et (pour l'au-delà) la Résurrection du Christ. A mesure qu'il sera dépouillé, il sentira tomber les chaînes de l'égoïsme et il pourra dire avec Pierre conduit par les portes de la prison qui s'ouvraient devant lui le « Nunc scio vere... » (Actes *12*,11). Les modèles de l'expérience de foi chrétienne décrits dans le chapitre précédent sont indépassables. En aucun cas on ne peut rechercher l'expérience pour elle-même, afin d'en tirer ensuite d'éventuelles conséquences concernant la vie de la foi. Ce n'est pas *parce* que j'aurai éprouvé certaines émotions psychologiques dans une église pentecostale que je me déciderai à vivre dorénavant d'une foi plus vive. Aucune des expériences religieuses énumérées ci-dessus ne porte en elle-même, *en tant* qu'expérience psychologique, la foi fondamentale de la Croix du Christ et ne peut la transmettre – à moins de malentendus. Voilà pourquoi, chez les Corinthiens rassasiés d'« expériences » pentecostales, Paul laisse là toute la *sagesse* et ne veut rien prêcher d'autre que la croix toute nue : il ne faut pas *réduire à néant* la puissance qui est *folie* pour ceux du dehors, mais *puissance de Dieu* pour ceux qui croient. Et quand il cite ensuite ces mots : *Je détruirai la sagesse des sages et j'anéantirai l'intelligence des intelligents,* il ne vise pas la théologie rationnelle (à Corinthe il n'y a *pas beaucoup de sages selon le monde*) mais l'exaltation pentecostale (1 Cor *1*,17 ss.). Notons-le bien, il ne défend pas de parler en langues ni autre chose semblable ; mais *celui qui parle en langues s'édifie luimême* et, plus généralement, celui qui recherche l'expérience édifie sa propre maison et non l'Église ; ce qui est décisif, c'est uniquement l'*agapè* selon les vues du Christ et dans les dimensions du Christ et de *son* Église.

Bien que l'Église ne soit parfaitement concrète que dans les Églises particulières et les communautés fraternelles, elle n'est cependant jamais Église qu'en se dépassant sans cesse radicalement elle-même, jusqu'au miracle du catholicisme dont la largeur et la profondeur ne *sont pas montées à la profondeur du cœur humain.* Toutefois, assez paradoxalement, un catholique *peut* et *doit* posséder quelque «expérience» de cette grandeur insurpassable de l'Église universelle. L'Épître aux Éphésiens nous invite *à connaître l'amour du Christ qui surpasse toute connaissance* (Eph *3*,19); nous sommes de même invités (en termes modernes) à connaître l'amour du Christ qui surpasse toute expérience, et en lui l'amour du Dieu un et trine. D'ailleurs toute vie vraiment chrétienne y parvient spontanément, il est superflu de se tourmenter à chercher des moyens dialectiques. Un certain «esprit» catholique est donné à ceux qui s'abandonnent eux-mêmes dans la foi et ne se soucient pas ensuite de récupérer par la réflexion ce qu'ils ont abandonné (16).

III – LE «ET» CATHOLIQUE.

Ceci concerne ceux qui tiennent à leur opinion, même lorsqu'elle devient relative, qui n'ont jamais appris à planer, qui édifient leur église sur leur propre rocher, selon leurs propres vues et leurs propres principes. Sans le vouloir vraiment, ils revendiquent pour eux une infaillibilité qui ne cesse jamais de définir, alors que le pape ne le fait que très exceptionnellement, pour la protection et le bien de l'Église universelle. Voilà pourquoi ces gens savent aussi, en vertu de leurs principes

---

(16) Au sujet de cette réflexion sur le détachement ou sur l'autosécurisation de la foi, cf. l'ouvrage important de Paul HACKER : *Das Ich im Glauben bei Martin Luther* (Styria 1966). Le résultat inévitable de cette réflexion est la séparation de la foi et de l'amour (fraternel) que Kierkegaard lui aussi reproche tellement à Luther. Il est significatif que l'Église entendait condamner, dans le modernisme, précisément le principe de l'«expérience» : «Finis quem (apologeta modernista) sibi assequendum praestituit, hic est : hominem fidei adhuc expertem eo adducere, ut eam in catholica religione *experientiam* assequatur, quæ ex modernistarum scitis *unicum fidei* est firmamentum», DSch 3500.

infaillibles, que le pape est soit un traditionaliste d'une raideur hors de saison, soit un moderniste caché ou même un franc-maçon.

L'ergoteur incapable de s'abandonner lui-même est l'opposé de celui qui a le courage de se décider pour la catholicité de la vérité et de situer le centre de gravité de son existence dans le Christ concret, le « Christus totus », comme l'appelle Augustin. Le second a reconnu le caractère désespérément partiel de son propre horizon spirituel et convient qu'il a besoin d'un complément. Il n'est qu'un membre dans le Corps mystique, et même s'il était oeil, il aurait besoin, pour le rester, du fonctionnement de tous les autres membres. Des catholiques ont regardé la déclaration de l'Épître aux Éphésiens affirmant que l'Église est le Plérôme du Christ et donc la plénitude de la vérité comme une prétention indue à l'égard des autres religions et visions du monde. Ont-ils suffisamment réfléchi à ce que prouve l'histoire ? C'est un fait que chaque hérésie condamnée par l'Église était une partie qui se posait comme absolue. Cela est évident dès les débuts, dans la lutte d'Irénée contre les gnostiques qui séparaient la nature et la grâce, l'Ancien et le Nouveau Testament, l'esprit et le corps pour aboutir à un Jésus sans Père, qui n'a pas sauvé le monde et le laisse à son désespoir. Chaque fois qu'une définition s'avérait nécessaire, il s'agissait de sauver l'ensemble que mettait en danger une partie posée comme un absolu ; le tout qu'il faut simplement croire et adorer, contre la partie qu'on prétend aussi comprendre, embrasser du regard et dominer. On agit souvent dans la pieuse intention de rendre service à Dieu. Les *soli* de la Réforme – *sola fide, sola scriptura, sola gratia, soli Deo gloria* – prétendent protéger la Toute-puissance divine contre la créature qui empiète sur sa sphère. Si l'on y regarde de plus près, on voit qu'ils défendent à Dieu d'être autre chose que lui-même (donc, pas homme, s'il lui vient à l'idée de vouloir l'être), d'être ailleurs qu'au ciel, de former sa créature – son *plasma,* dit Irénée – de manière à la rendre capable de répondre vraiment à Dieu, grâce à l'esprit de vie qu'il lui a insufflé et à la Parole divine qu'il lui a donnée. Comme si

Dieu allait se souiller en concluant une union nuptiale avec cet autre lui-même (qui vient pourtant de lui)! Karl Barth déteste le «et» catholique: «La théologie du *et* avec toutes ses pousses sort d'*une* racine: Si celui qui dit: la foi *et* les œuvres, la nature *et* la grâce, la raison *et* la Révélation, veut être logique, il doit nécessairement dire aussi: Écriture et Tradition. Ceci est *une* manière d'avouer qu'auparavant on a relativisé la grandeur de Dieu dans sa communion avec les hommes» (17). Ne faudrait-il pas dire plutôt: ce *et* affirme que la créature laisse Dieu, dans sa grandeur, libre d'être lui-même, hors de lui-même, libre, lui, le Créateur qui a donné la liberté, d'être aussi le Rédempteur, «par qui, avec qui et en qui» nous **pouvons louer le Père dans le Saint-Esprit.** Peut-être le catholique a-t-il assez souvent besoin d'être mis en garde contre la tiédeur et la présomption: mais il y a certainement, dans son Église, assez de saints qui peuvent lui inspirer le vrai sens de la divinité de Dieu.

Les saints, eux, ne sont jamais de ces gens renfrognés et boudeurs (parmi lesquels il ne faut pas compter Karl Barth qui goûtait et aimait Mozart), «susceptibles» par profession, en un mot manquant d'humour, terme par lequel nous désignons un charisme mystérieux mais indéniable assuré à tout catholique, mais qui manque à tous les «progressistes» et à tous les «intégristes», à ces derniers peut-être encore plus qu'aux premiers. Les uns et les autres satirisent et ergotent avec malice; ils contestent, critiquent, débordent sans cesse de mépris et d'amertume; sachant toujours tout mieux que les autres, ils sont des juges infaillibles et des prophètes qui se légitiment eux-mêmes, en un mot, des fanatiques (le mot vient de *fanum,* sanctuaire: donc furieux «gardiens du seuil», saisis par la divinité). Atrabilaires à la façon du jansénisme, qui s'est répandu pendant des siècles comme du mildiou sur la vie spirituelle française; peut-être Claudel et Bernanos sont-ils les premiers à **en avoir été complètement débarrassés.** Évidemment, surtout et avant tout, ces gens-là critiquent. Ils ont critiqué à fond et la

---

(17) *Kirchliche Dogmatik*, I, 2 (1945), 619-620.

raison pure et la raison pratique et le jugement ; il ne leur reste plus de la raison que la critique, cette chose en soi, qui broie tout ce qui vient sous sa meule : la pensée de Dieu, le langage qui l'exprime, toutes les formes sous lesquelles elle se manifeste (Fichte a commencé sa carrière par un « essai d'une critique de toute révélation »), toutes les formes, tous les organes de son Église. Naturellement ce « catholicisme critique », dans le caractère radical qu'il revendique, est une contradiction en soi. Ce qui est ne doit pas être ou doit être différent. « Transformation du monde », « autrement » : voilà le mot de passe de ces compagnons sans humour, à cheval sur leurs principes. Ils sont raides, tandis que le catholique est souple, docile, accommodant, précisément parce que sa fermeté ne tient pas à lui-même ni à sa propre opinion, mais s'appuie sur Dieu toujours plus grand. Ils sont ou fanatiquement majeurs (progressistes) ou fanatiquement mineurs (intégristes qui réclament un exercice constant de l'autorité papale, mettent au rang des dogmes des choses qui ne le sont pas, telles la communion sur la langue ou je ne sais quelles apparitions de la Sainte Vierge, etc.). Les fanatiques des *soli* de la Réforme, par un renversement conforme à une loi inexorable de l'histoire, sont souvent tombés dans l'excès contraire : la schizophrénie de la dialectique. De même, de nos jours les catholiques marginaux extrêmes du progressisme et de l'intégrisme passent sans cesse de l'un à l'autre, se chassant, se provoquant, et à force de discuter se mettent eux-mêmes en discussion.

Certes dans l'Église catholique, tous ne sont pas ce qu'ils devraient être : tous ne sont pas saints ; et tous ne parviennent pas à cet état équilibré qui domine les remous et que nous avons voulu exprimer en faisant allusion à l'humour. N'est-ce pas une invention pleine d'humour de l'Église catholique, que de tendre sans cesse, depuis les Pères de l'Église, la Première Scolastique et l'humanisme moderne, à s'incorporer l'héritage de l'antiquité, voire de toutes les religions non chrétiennes et d'avoir produit comme réplique à la Réforme le style baroque bavarois avec ses angelots ? Et avec quel humour débordant

Chesterton, ce défenseur «du non-sens, de l'humilité, du mauvais roman et d'autres choses méprisées», a-t-il répondu à la gravité stupide et à l'optimisme désespéré des visions du monde moderne toutes liguées contre Rome! Ce n'est, dit-il, que dans la forme catholique qu'est sauvegardé le caractère merveilleux de l'être, la liberté, l'esprit d'enfance, l'aventure, le paradoxe élastique, vivifiant de l'existence : «Un oiseau est actif parce qu'il est doux. Une pierre est sans action parce qu'elle est rude. Dans la force parfaite il y a une sorte de frivolité, une aisance aérienne qui peut se soutenir dans l'air. Les anges peuvent voler parce qu'ils se prennent eux-mêmes à la légère. Cela fut toujours l'instinct de la chrétienté... L'orgueil est le rampement de toutes choses dans une solennité parfaite ; on s'installe dans une sorte de sérieux égoïste, mais il faut s'élever pour goûter le joyeux oubli de soi-même. Le sérieux n'est pas une vertu. Il y a réellement une tendance naturelle à se prendre au sérieux, parce que c'est la chose la plus facile à faire. Il est beaucoup plus facile d'écrire un bon article de tête du *Times* qu'une bonne plaisanterie dans le *Punch*. Car la solennité découle des hommes naturellement, mais le rire est un bond. Il est facile d'être lourd, difficile d'être léger. Satan est tombé par la force de gravité» (18). «Regarder d'en haut (des montagnes de Zarathoustra) est peut-être une occupation très amusante, mais il n'y a rien, du sommet d'une montagne jusqu'à une tête de chou, qu'on puisse réellement regarder depuis un avion.» «Dès que nous voulons estimer les choses telles qu'elles sont réellement... un processus d'ascèse spirituelle s'accomplit en nous, une mise hors circuit de tout notre être... qui nous fait pénétrer la plénitude des choses» (19).

Le livre sur l'humour des saints n'est pas encore écrit. Goethe nous en a donné un bref chapitre dans son PHILIPPE NÉRI, LE SAINT HUMORISTIQUE, surtout dans cet échange

(18) *Orthodoxie,* trad. C. Grolleau (Paris 1923) 173-174.
(19) *Apologie de l'humilité,* in : *Verteidignung des Unsinns* etc. (Olten 1945) 82.

imperturbable de notes avec Clément VIII. Mais déjà chez Irénée, quelle gaieté lorsqu'il fait éclater les bulles de savon chatoyantes des systèmes mondiaux gnostiques! Et chez Clément d'Alexandrie qui joue avec les systèmes comme un jongleur avec des boules! Et quelle humeur enfantine d'aventurier témoigne la «carte du trajet de l'esprit à Dieu» de Bonaventure! Que d'humour étincelant (qu'on chercherait en vain chez les réformateurs solennels) chez Ignace de Loyola et Thérèse d'Avila, et plus près de nous, dans la malice charmante de la petite Thérèse, sans parler du rire confortable de Claudel (au milieu des larmes passionnées)! Quelle *grandezza* pleine de gaieté chez Péguy, quand il ouvre toute grande son âme chrétienne pour y accueillir toutes les valeurs païennes et juives et ensuite (dans *Eve*) dépose avec un sourire tous ces trésors au pied de la crèche! Et chez Madeleine Delbrêl, quelle indulgence charitable pour tous les défauts des chrétiens (qu'elle souhaitait voir flamber comme des torches)! En bonne conscience je puis aussi annexer pour un moment en faveur de l'Église catholique l'humour de C.S. Lewis (ses contes sont plus jolis que ceux de Brentano) et celui de Ljeskov : pour l'un et l'autre la vie avec toutes ses terreurs n'était qu'un seul miracle paradoxal. Un autre, Kierkegaard, regarde avec nostalgie par-dessus la clôture de sa religion mélancolique vers le paradis catholique où il est toujours permis d'être «quelque peu malicieux» en dépit de tout le sérieux, où «le mode enfantin revient toujours à la deuxième puissance comme naïveté mûrie, simplicité, étonnement, humour...» (20).

Jeter de ce point de vue un regard d'ensemble sur la papauté au cours de l'histoire du monde ne manquerait pas d'intérêt : la papauté et la diplomatie, la papauté et l'humanisme, (de Damase et Grégoire Ier à Grégoire XVI jusqu'à la

---

(20) *Tagebücher* (Hæcker) (II München 1922) 88 ; à ce sujet : E. Peterson, *Kierkegaard und der Protestantismus* (1948) in : *Marginalien zur Theologie* (München 1956) 17-28 ; E. Przywara, *Das Geheimnis* (München - Berlin 1929) 80 ss., 169 s.

culture littéraire de Paul VI), la papauté et l'esprit conciliateur dans toutes les choses qui ne sont pas essentielles, – et fermeté inflexible là seulement où une déviation peut-être imperceptible, un iota (*homoiousios* au lieu de *homoousios*) serait l'iceberg qui ferait couler tout le navire de l'Église; le plus souvent il suffit d'une légère pression de la main du pilote. Sans doute est-il permis de constater que tous les papes n'ont pas répondu à cet *ethos* particulier de leur vocation – surtout lorsque le ministère de Pierre était gêné par l'ombre d'un État puissant – mais le sens de leur vocation et de leur mission morale était d'y répondre.

8

L'épreuve cruciale

I – LE CARRÉ APOSTOLIQUE.

Nous avons contemplé la constellation humaine de ceux qui entouraient Jésus et vu son importance au point de vue théologique. Dans leurs relations avec le Christ, ces différentes figures nous sont apparues comme des symboles réels de l'Église. Nous voulions éviter ainsi que la position de Pierre se présente comme le sommet d'une pyramide ecclésiastique – ce sommet, Jésus-Christ seul l'occupe – et montrer que son ministère était un ministère parmi d'autres, en dépit de son caractère particulier. Dans notre description nous avons suivi de préférence un mouvement vertical, remontant de chaque membre chargé d'une fonction vers le chef de l'Église en qui tous se rencontrent et se montrent dans leur relativité mutuelle.

Au temps de Jésus succède le temps de l'Église. Les disciples ne côtoient plus le Seigneur, mais le contemplent au-dessus d'eux comme celui qui est monté au ciel, et comme l'Esprit du Christ en eux. Dans les *Actes des Apôtres* la constellation change : les femmes se retirent à l'intérieur de l'Église – dès lors on ne mentionne plus comme première apparition de Pâques celle à Marie Madeleine, mais celle dont Pierre fut favorisé (1 Cor *15,5*). Deux versets plus loin nous lisons : *Ensuite il est apparu à Jacques* (v. 7), sans doute le frère du Seigneur qui deviendra évêque de la communauté primitive de Jérusalem. Pour cette raison il doit être un témoin non seulement de Jésus dans sa vie mortelle, mais aussi du Christ ressuscité. Apparemment Jacques prendra la place de Pierre (après que celui-ci aura quitté Jérusalem Actes *12*,17) et au «concile des apôtres» il proposera la solution destinée à réconcilier les judéo-chrétiens et les pagano-chrétiens (*15*,13-21). Il tiendra tête à Paul avec ses partisans, il représentera face à ce converti la continuité entre l'ancienne et la nouvelle Alliance, il défendra la tradition, le droit de la lettre de la loi contre l'esprit seul, mais jointe à l'esprit incarné. La fonction épiscopale qu'il exerce en tant que parent de Jésus et qu'un autre frère du Seigneur, Simon (cf. Marc *6*,3) exercera après sa mort, lui confère une sorte de califat qui ne cessera qu'à la destruction de Jérusalem (qui donnera définitivement la prédominance à Rome). Jacques a réussi à arranger le différend le plus grave que l'Église ait jamais rencontré : la réconciliation entre juifs et païens, peuple de Dieu et *ce qui n'est pas une nation* (Rom *10*,19), entre les premiers marqués par la loi, et ceux *qui étaient sans loi* (1 Cor *9*,21). Malgré tout Jacques forme un parti. Les concessions qu'il fait, et qui sont approuvées par tous les apôtres, ne plaisent pas *aux gens de l'entourage de Jacques* (Gal *2*,12) : ils insistent sur l'accomplissement intégral des coutumes juives traditionnelles. Paul qui, rompant sans merci avec son passé, est devenu chrétien par pure grâce, sans œuvres ni mérites, mène contre ces intégristes de la lettre, ces traditionalistes, les plus rudes combats ; il use à leur égard d'expressions amères : *faux frères, ouvriers astucieux* (2 Cor *11*,13) ; derrière eux se dressent ces *super-apôtres* (2 Cor *11*,5 ; *12*,11) les *colonnes* (Gal *2*,9) dont Paul pense qu'il n'a *rien eu de moins* qu'eux : Jacques, Pierre, Jean. Ils sont quatre, il ne sont que quatre à dominer le champ de forces de l'Église naissante, et ils en déterminent définitivement la vitalité et la forme, au milieu des tensions toujours présentes et supportées jusqu'au bout.

Essayons de retenir une image simplifiée de la manière dont se croisent leurs missions :

Jacques : la tradition, la loi

Pierre   ┼   Jean

la charge pastorale   │   l'amour qui demeure

Paul : la liberté dans l'Esprit-Saint

Avant d'examiner ces tensions, il faut reconnaître qu'il s'agit de missions *à l'intérieur* de la « catholica », de l'unité du Corps du Christ, donc aussi à l'intérieur de la valeur englobante du oui maternel tacitement présupposé : voilà pourquoi chacune de ces missions particulières fait partie de l'ensemble et, à l'intérieur de l'ensemble, communique avec les autres. Jacques ne soutient pas d'autre loi que *la loi parfaite, celle de la liberté* (Jac *1*,25) et ne s'oppose pas moins que Paul à *l'esprit de contention* (Jac *3*,14). Paul ne peut pas prêcher une liberté qui n'« accomplisse pas la loi du Christ » (Gal *6*,2. Rom *8*,2), il exige des païens la foi d'Abraham et la connaissance des exemples des anciens (1 Cor *10*,11) ; il soumet les communautés à un régime « pétrinien », tout en leur mettant sans cesse sous les yeux l'idéal de l'amour johannique. Nous savons que Pierre n'a pu assumer sa charge qu'en raison de son amour johannique, et les lettres qu'on lui attribue montrent clairement qu'en ce qui concerne l'intelligence de l'Évangile il est en osmose avec les trois autres. Jean enfin est un apôtre, et même sur le tard il lui arrive de parler sur un ton « pétrinien » lorsqu'il s'agit de maintenir ou de rétablir l'ordre dans une Église particulière. Leurs missions à tous sont nettement définies, mais non sans influence les unes sur les autres.

En simplifiant et en réduisant passablement la richesse de chacun d'eux, il serait possible de faire correspondre les quatre aspects de l'Église, ses quatre principes représentés respectivement par nos quatre apôtres, aux quatre sens bien connus de l'Écriture qui ont constitué la charpente de toute l'exégèse ecclésiastique pendant plus d'un millénaire (1) et qui subsistent (sous une forme réduite) jusque dans l'exégèse moderne (de Bultmann) :

Historia : (le Jésus historique)

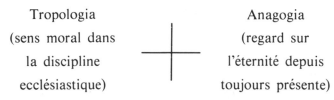

Tropologia

(sens moral dans

la discipline

ecclésiastique)

Anagogia

(regard sur

l'éternité depuis

toujours présente)

Allegoria, sens pneumatique

(le Christ de la foi)

Ici la complémentarité des missions et l'aspect particulier de chacune sont parfaitement évidents. L'Évangile est unique, c'est Jésus-Christ réellement vivant qui a vécu et est mort indubitablement pour répandre, ressuscité, son Esprit et commenter dans l'Esprit toute l'histoire (de l'Ancien et du Nouveau Testament) (Luc *24*,25-27,44-49) ; il met le chrétien dans l'Église en demeure de le suivre, et de se l'approprier dans son action ; de tendre aussi à la rencontre du Seigneur qui revient pour tout révéler et donner à tout son vrai sens. Mais les divers éléments, tout en se mêlant inséparablement, n'en sont pas moins nettement différenciés : il faut les distinguer pour parvenir à la synthèse plénière. Séparez-les ou posez en absolu l'un ou l'autre facteur en ne considérant les autres que comme des épiphénomènes secondaires, et vous tomberez inévitablement dans l'une des quatre erreurs possibles de l'exégèse et, plus profondément, dans l'une des quatre

---

(1) Henri DE LUBAC, *Sur un vieux distique. La doctrine du quadruple sens (de l'Écriture)* in : *Mélanges Cavallera* (Toulouse 1948) ; du même : *Sens spirituel* in : RSR (1949), 542-576, développé in : *Histoire et Esprit. L'intelligence de l'Écriture d'après Origène* (Aubier 1950) ; et in : *Exégèse médiévale. Les quatre sens de l'Écriture*, t. I-II (Aubier 1959) t III (*Ibid.* 1961) t IV (*ibid.* 1964).

acceptions unilatérales de la communion chrétienne. Ces déviations ne sont jamais surmontées, sinon dans le oui qui englobe tout dans un effort toujours renouvelé pour tendre à l'unité :

Positivisme (exégétique,

ecclésiologique, théologique)

l'Église	Gnosticisme
comme organisation,	Pneumatisme
administration	Amour comme « expérience »

Rationalisme   (le Pneuma

qui scrute les profondeurs de Dieu

devient raison humaine : dogmatisme)

Notre schéma peut se passer d'explication. Chacun des pôles a beau se recommander d'un élément du charisme apostolique qui le fonde : parce que cet élément a été sorti de son contexte christologique et ecclésiologique, il est descendu sur le plan purement anthropologique. Exploité dans une optique sociologique, psychologique et méthodologique, il perd tout son sens chrétien ; il est aliéné à lui-même. Une discussion engagée avec des formes déficientes, dégradées, ne peut avoir au sens chrétien que l'apparence d'un dialogue, sans résultat possible ; en effet, chacun voit alors son adversaire seulement sous le masque qu'il porte. Il ne faudrait pas en conclure que les quatre types auraient alors perdu leur cohérence. Mais dans cet état d'aliénation, chacun prétend diriger les trois autres, ce qui peut donner naissance à quatre formes d'aliénation ecclésiastique ; leur dépendance mutuelle n'est plus considérée par chacun comme complémentaire dans l'amour chrétien, mais comme une subordination qu'il s'agit pour chacun de supprimer afin de dominer. Une Église purement pneumatique abolirait la structure des ministères ; s'adjugeant à elle-même tous les pouvoirs donnés en vue du salut, elle s'emparerait des fonctions d'administration et les distribuerait; une Église purement rationaliste (de théologiens) s'élèverait au-dessus de l'autorité officielle, elle revendiquerait l'esprit, elle utiliserait à ses propres fins l'exégèse et l'histoire de l'Église. La réalité englobante christologique (et mariale) ne pourrait plus affirmer effectivement sa supériorité, mais serait pratiquement administrée et interprétée par l'un des pôles. Dans de pareilles situations, il arrive qu'on lutte contre toute autorité autre que la sienne, en la considérant comme « répressive » (façon de voir et d'agir qui contredit déjà les données sociologiques élémentaires de toute société ordonnée cf Rom 13); on agit même de la sorte au nom de l'amour et de la communion chrétienne incomprises et sécularisées, démocratisées.

Considérons par contre le dynamisme tel que nous le rencontrons dans la primitive Église (consciente de son origine et de sa dépendance de l'Esprit du Christ). Les bases psychologiques et sociologiques ne sont pas niées – puisqu'il s'agit de personnes humaines et de leurs situations diversifiées dans la société; mais ces bases ne sont proposées comme des thèmes qu'à partir de ce qu'elles fondent : une société qui doit devenir elle-même l'expression du don de soi de la vie divine et finalement la réalisation idéale (Actes 4,32; 2,4 ss) de l'échange d'amour trinitaire (Jean 13,34 s.; 17,23). Dans cette intégration opérée par le principe unifiant supérieur, le dialogue entre les missions principales dans l'Église n'est pas seulement possible en dehors de toutes les sécurités sociologiques (2), il est nécessaire pour représenter dans le monde le « dialogue » et l'échange vital au sein de la divinité.

Toutefois ce dialogue, dans lequel Pierre et son ministère entre avec toute l'autorité que sa charge comporte, se déroule en fait entre des hommes qui ont leurs défauts et dont l'existence

---

(2) Telles que Karl Rahner en imagine par exemple par la création d'instances de contrôle qui s'opposeraient aux ministères, dans : *Freiheit und Manipulation in Gesellschaft und Kirche* (München 1970) 53; cf. les évêques soumis à des tribunaux arbitraux *ibid.* 54.

personnelle ne coïncide pas pleinement avec l'idée de leur mission (Marie seule jouit de ce privilège dans l'Église). Aussi les échanges ne comportent pas uniquement ces éléments de tension toute positive qui entrent dans les pures polyphonies et les symphonies de la Jérusalem céleste, mais aussi des désaccords résultant du caractère inadéquat du ministre, peut-être également de la complexité des situations historiques qui échappent au regard de la personne et qui sont par conséquent insolubles. Alors les forces en présence pourront s'affronter dans des luttes dramatiques ; celles-ci se justifient tant que les acteurs en scène se laissent conduire par l'unité supérieure du Saint-Esprit : alors, même si la contradiction s'impose, l'Esprit souffle toujours dans le sens de l'unité divine et de la charité fraternelle.

Tout ce qui se présente au cours de l'histoire ecclésiastique et de nos jours en termes plus formels comme *contestation* à l'intérieur de l'Église est le plus souvent dirigé contre le principe pétrinien ; on pourrait tout aussi bien, souvent avec plus de raison, contester le pneumaticisme, ou le rationalisme théologique, ou les ambitions dominatrices de l'exégèse. La contestation a cependant sa place légitime et sa forme dans la «paraclesis» du Nouveau Testament (au sens propre, ce mot signifie : «appel, sous des acceptions diverses» : appeler, convoquer, faire venir, inviter, stimuler, interpeller, exhorter, inciter, presser, conjurer, prier, encourager, apaiser, et consoler) (3). En réfléchissant sur le préfixe du mot «contestation», nous dirons qu'il exprime, avec un appel à des témoins, certainement aussi l'idée d'une mise en commun, peu importe que ce soit d'autres membres de l'Église ou Dieu même qu'on invoque comme témoins. Le membre de l'Église qui est contesté n'est donc pas isolé, voire exclu de la communauté ecclésiale. La paraclèse fait apparaître

_____

(3) H. SCHLIER, *Die Eigenart der Christlichen Mahnung nach dem Apostel Paulus* (1963) in : *Besinnung auf das Neue Testament* (Herder 1964) 34. Trad. fr. : *Le caractère propre de l'exhortation chrétienne selon saint Paul*, dans *Essais sur le N. T.*, Cerf 1968, 393-412.

précisément le contraire. Il y aura toujours à redresser et à replacer dans l'équilibre commun l'un des pôles : *Ecclesia semper reformanda*. Il ne sera pas nécessaire que les trois autres s'entendent à voix basse pour savoir comment se comporter à l'égard de celui qui aura dévié ; ils devront plutôt s'adresser à lui en l'encourageant et le réintégrer dans le concert (ou plus exactement : dans le «concours») de la totalité chrétienne. Conformément au projet d'ensemble qui avait été prévu et en s'y référant, Paul conteste à Antioche la conduite de Pierre ; le fait qu'il en prend délibérément la peine prouve qu'en somme, il estime grandement la position de celui qu'il reprend.

Naturellement Pierre doit toujours apprendre et ne jamais se diriger tout seul, selon l'idée qu'il se fait de sa fonction (ce qui pourrait facilement le conduire à la surestimer) ; il doit s'orienter tout autant d'après la totalité englobante de l'Église qui se manifeste clairement dans le dynamisme des missions principales, comme dans la loi de leur «statique». Même le premier concile du Vatican a parfaitement compris cela : c'est tout le sens des consultations fondées sur la *koinonia* ecclésiale et du consentement (préalable, compris dans les définitions !). Le dépôt de la révélation est confié à l'Église universelle ; sa conservation, son interprétation, la pénétration de son sens vivant sont l'affaire de tous, sous la conduite du ministère de Pierre. Comme ce ministère est toujours exercé par des hommes faillibles, tous devront coopérer et veiller dans l'amour, afin que dans son exercice concret, il conserve ce degré d'«infaillibilité» qui convient au ministère comme tel. Ceci signifie exactement qu'un pape ne pourra exercer ses fonctions d'une manière féconde pour tous qu'à la condition d'être, au milieu de tout genre de paraclèse et de contestation, *reconnu* et *aimé* ecclésialement. Peu importe qu'il s'agisse de «pneumatiques», de théologiens ou d'exégètes positivistes : celui qui refuse de reconnaître le pape déchire, par sa désobéissance à l'égard du Christ et de son Évangile, les liens par lesquels ce dernier a uni Pierre et le «Pasteur». Ceux qui n'aiment pas le ministère sont de ce fait exclus de l'union ecclésiale dont le *Saint* Esprit d'amour crée concrètement l'unité. Aussi est-ce uniquement dans la mesure où un croyant laisse agir librement en lui l'Esprit de sainteté, qu'il sera apte à contester. Les saints sont les modèles de la véritable contestation. N'oublions pas toutefois que la « sainteté » reste toujours, sur la terre, une notion seulement analogue : Catherine a contesté Avignon, Chrysostome les empiètements du divin empereur chrétien, Pierre Damien la simonie et les moeurs perverties du clergé ; Ignace de Loyola, avec discrétion mais efficacement, a contesté les excès de l'Inquisition, Darboy a su comment exhorter un pape (4), et souvent un exemple muet comme celui de François d'Assise, tout pénétré de respect pour le clergé, a été la contestation la plus efficace de quelques excès pétriniens. Un jour Ignace s'est confessé à un prêtre tiède pour lui montrer ce que doit être une conscience authentique des péchés et une vraie confession. Cette conduite était inspirée par le Saint-Esprit et a toujours enveloppé d'amour ce qu'il fallait reprendre.

Dans le même ordre d'idées, examinons encore trois choses : au point de vue subjectif, la « véracité » si souvent invoquée ; au point de vue objectif, l'aptitude de l'Église et du ministère en particulier à apprendre sans cesse ; et enfin : où trouver le critère permettant de reconnaître que, dans le champ des tensions du dynamisme ecclésial, le dépôt de la foi est conservé intact en dépit de toutes les modifications de formules et des interprétations exigées par le temps ?

---

(4) La cause de béatification de l'archevêque de Paris est introduite. Après la publication du *Syllabus* il écrivait à Pie IX : «Vos remontrances, ô Vicaire du Christ, ont du pouvoir, mais votre bénédiction est encore beaucoup plus puissante. Dieu vous a élevé sur le Siège apostolique entre les deux moitiés de ce siècle afin que vous accordiez à l'une l'absolution et à l'autre la consécration. Que votre tâche soit de réconcilier la raison avec la foi, la liberté avec l'autorité. Du haut de la triple dignité dont vous ont orné la religion, l'âge et le malheur, tout ce que vous faites, tout ce que vous dites a assez de retentissement pour opprimer les peuples ou leur donner confiance. Donnez-leur de votre cœur sacerdotal une parole qui expie le passé, encourage le présent et ouvre l'horizon à l'avenir. » Ce qui s'est passé à Vatican I peut montrer, dans l'ensemble, que cette paraclèse a été comprise et acceptée par le pape.

1. La « Véracité » (G. Tyrrell, H. Küng), l'« honnêteté » (K. Rahner), l'« authenticité » (M. Légaut) manquent grandement, dit-on, à « l'Église officielle » (5) dans son apologétique ; elle s'amuse « à toutes sortes de distinctions raffinées et souvent à des trucs théologiques peu honnêtes », comme cela était d'usage autrefois, dans son exégèse et sa théologie (6). Il paraît que l'Église fait preuve d'une « mentalité d'assiégée » qui « ne veut rien, mais absolument rien céder à l'ennemi », et cela d'autant moins qu'on en aurait fait « une forteresse commandée du centre, une puissance » qui devrait « se défendre de plus en plus contre les attaques » (7). A cause de sa « manie de tout mieux savoir » (8) qui « fait passer ses lois et ses prescriptions, ses traditions et ses usages liturgiques, dogmatiques et juridiques, pour des commandements de Dieu » et exige à leur égard « une obéissance aveugle et craintive » (9), à cause de son « style paternaliste » (10), elle aurait en grande partie perdu le vrai sens biblique de la vérité, « de l'authenticité, de la sincérité, de l'honnêteté » (11) ; elle aurait chassé de son milieu (12) des foules innombrables, souvent les meilleurs, ou les aurait dressés contre une Église qu'ils continuaient à aimer (13). Un grand homme du XIXᵉ siècle, *Lord Acton* (14), disciple et ami de Döllinger, fondateur du

---

(5) H. Küng, *Wahrhaftigkeit* (Herder 1968) 9.

(6) *Ibid.* 40 s.

(7) *Ibid.* 42-43.

(8) *Ibid.* 50

(9) *Ibid.* 55.

(10) *Ibid.* 13

(11) *Ibid.* 59

(12) Charles Davis est cité comme exemple : 73-87.

(13) *Ibid.* 33 noms sont cités : Léon Bloy (qui s'opposait furieusement à bien d'autres choses), Carl Muth, Georges Bernanos, Charles Péguy (à propos de ces deux derniers il faudrait d'abord observer de quel genre d'opposition il s'agit), Reinhold Schneider (qui dans ses débuts et vers la fin passait par des périodes où il ne savait pas au juste s'il était chrétien ou bouddhiste), Heinrich Böll.

(14) *Essays on freedom and power* (London 1956) ; Doellinger: *Acton, Briefwechsel*, 3 Bde, bearbeitet von V. Conzemius (Beck, München 1963-

RAMBLER et auteur d'une HISTOIRE DE LA LIBERTÉ restée inachevée et dont une partie du moins a paru sous le titre HISTOIRE DE LA LIBERTÉ DANS LA CHRÉTIENTÉ, a fait de la véracité exigée ici de l'Église «officielle» et particulièrement de l'Église romaine, la cause qui lui tenait le plus à cœur ; comme beaucoup d'autres (15) depuis Adrien VI et depuis Vatican II, il a commencé par exiger une confession inconditionnée de l'Église : dans cet acte il voyait la meilleure apologie possible. Après qu'on aurait mis à nu toutes les faiblesses et toutes les fautes de l'Église (il pensait avant tout aux abus des interdits, à l'inquisition et à l'excommunication qui avait frappé son maître et ami Döllinger et dont il était lui-même menacé), après qu'on aurait découvert sans réticences toutes ces causes de l'aversion qu'elle inspirait à la civilisation moderne, alors seulement il serait possible de parler raisonnablement de l'autorité ecclésiastique (à laquelle Acton demeurait attaché). Acton refusait de mettre sur le compte de la barbarie des temps les horreurs qui avaient marqué l'histoire de l'Église : elles «germaient sur un sol bien catholique, dans les meilleurs siècles du règne du catholicisme, non sous une influence étrangère... ni parmi des peuples à moitié civilisés.» Et encore : «Renoncer à sa conscience est une condition préalable aussi bien de l'arbitraire que de la révolution. Or la tendance à un régime arbitraire est contenue dans le système papal ; elle est le *nisus formativus* de la papauté moderne. Nous avons à faire à une puissance amorale» (16). Les exagérations d'Acton, qui apparaissent clairement dans ces

1971) ; Ulrich NOACK, *Katholizität und Geistesfreiheit. Nach den Schtiften von John Dalberg-Acton* (Frankfurt a. M. 1936).

(15) Cf. p. ex. Cardinal Jean DANIÉLOU, *Autorité et contestation dans l'Église* (Genève 1969) 8,10.

(16) *Briefwechsel* III, 263 s (Mai 1882) cité aussi par CONZEMIUS, *Lord Acton*, in : *Propheten und Vorläufer, Wegbereiter des neuzeitlichen Katholizismus* (Benziger 1972) 153-155.

dernières phrases, ont compromis ses intentions pourtant louables, et beaucoup de ses accusations sont fausses (17). Certes, il a raison (et Tyrrell et Küng après lui) sur plus d'un point – par exemple, lorsqu'il critique certaines condamnations ou mises à l'index de théologiens; il était d'usage, jusqu'à un passé très récent, d'en prononcer sans enquête auprès d'eux, et même sans en indiquer les raisons. Mais combien douteuses, parce que manquant de sens critique, les notions de liberté et de vérité insinuées partout par Acton! combien arbitraire, leur application finalement univoque dans le domaine de l'Église et celui de l'État (ou de la science), dans leurs rapports respectifs avec le mystère, avec l'éthique et la recherche humaine! Non pas qu'il y ait une «double vérité», ici, une «double liberté» à défendre; mais il existe néanmoins une différence entre l'honnêteté scientifique qui annonce ses propres succès et ses fautes, et l'honnêteté de celui qui a la mission de représenter et de défendre une vérité et même une liberté dont il ne peut jamais voir toute l'étendue. Il y a ici un dualisme constitutif entre la chose et la personne qui la représente, dualisme qui tient encore à l'«excentricité de la fonction» et qui nous occupera de nouveau au dernier chapitre de ce livre. Ce dualisme (et non le *nisus* qui pousserait la papauté moderne à accroître une puissance immorale, comme le suppose Acton) peut dans certains cas-limites laisser en suspens la question de savoir de quel côté se situe la «vérité la plus vraie»: faut-il dévoiler sa propre faiblesse et sa propre faute sans tenir compte de rien, comme si l'on était toujours seul en cause? Est-il toujours aisé d'apprécier la faute d'autrui, et ne faudra-t-il pas la couvrir du voile de la charité? On objectera aussitôt: il n'appartient pas au coupable d'étendre ce voile sur lui-même, mais à celui qui pardonne au coupable après avoir reçu l'aveu. Les choses sont-elles toujours si simples? Qui est coupable: est-ce «Rome» toute seule, ou n'est-ce pas plutôt tels d'entre nous, ou nous tous, les catholiques? Et qui pardonne à «Rome»: serait-ce nous, les

---

(17) V. CONZEMIUS, *Propheten... loc. cit.* 156.

théologiens, nous les «fans» de la véracité, nous, les charismatiques, qui nous vantons de nous décider une fois de plus à supporter l'insupportable «establishment ecclésiastique» (18) et son hypocrisie (19)? – N'est-ce pas plutôt Dieu qui devra nous pardonner à tous?

Avec notre siècle est né dans les mouvements de jeunesse le nouveau pathos de la véracité chrétienne; les fruits ont mûri et l'on s'est persuadé qu'on possédait soi-même la vérité grâce au critère décrit ci-dessus, l'*expérience* de la foi, et qu'on était capable d'en juger. Alors le chrétien «vivant» et «authentique» devient la règle de la vérité (prétendue biblique aussi), il peut juger définitivement le misérable squelette de l'«institution». Voyez ce que nous avons dit dans la première partie au sujet de Marcel Légaut. Jean Daniélou se plaint justement à ce propos de la «lâcheté de tant d'intellectuels qui se désolidarisent de l'exercice de toute autorité, même si elle est exercée de manière vraiment authentique». Et il poursuit: L'Église *tout entière* «doit sans cesse se contester elle-même au nom de Jésus-Christ parce qu'elle ne lui est pas assez fidèle» (20). En sociologue, Wigand Siebel va jusqu'à contester même la suppression de l'index qu'on a considérée comme allant de soi, et pratiquement aussi les nouveaux procédés romains à l'égard des théologiens; en effet, «le souci de s'informer des intentions précises de l'auteur passe au premier plan; la question de savoir si les thèses présentées constituent un danger pour l'expansion de la vérité ou provoquent de l'inquiétude et de l'insécurité parmi les fidèles est rejetée au troisième rang. Vu les conditions ecclésiales et sociales, on peut cependant tenir ces changements pour raisonnables et même pour indispensables. Toutefois bien des tentatives qui s'en autorisent, ou vont même plus loin, dans le but d'élargir à volonté l'émancipation des théologiens à l'égard de l'autorité ecclésiastique,

---

(18) H. KÜNG, *loc. cit.* 20.
(19) *Ibid.* 46.
(20) *Loc. cit.* (note 15) 26-27.

ne requièrent pas de nous une approbation sans réserve » (21).
L'univocité de la vérité et de la liberté telle que la concevait
Acton aboutit finalement, en dépit de toutes les protestations
de fidélité à l'égard de l'autorité, à faire passer comme
normative la vérité « scientifique » ou celle des théologiens, ce
qui revient à lui conférer l'autorité (22).

Nous ne retrouverons les vraies normes qu'en revenant à
notre schéma ecclésiologique. Dans les rapports des quatre
principes (et donc dans toute l'étendue de l'Église) il est
question d'un *alètheuein en agapei* (Eph 4,15) et non *en
gnôsei : faire la vérité dans l'amour.* L'amour ne limite pas la
vérité et son action, il la forme et la détermine, il lui donne sa
mesure englobante. Il suggère donc aussi la mesure dans
laquelle il convient de dévoiler ou de tenir caché, d'accuser et
de pardonner, d'inclure et d'exclure. A l'intérieur de cette
enceinte, nous pourrons maintenir cette déclaration :
« Aujourd'hui la colère a vraiment besoin d'être réhabilitée

---

(21) *Freiheit und Herrschaftsstruktur in der Kirche* (Morus, Berlin
1971) 78 s.

(22) La dialectique d'Acton entre un « ultramontanisme » idéal (qui n'est
pas très loin de celui de Lamennais qu'il a combattu violemment) et un
ultramontanisme réel qui est la brebis galeuse de tous les péchés de l'Église,
est caractéristique. Cf. NOACK *loc. cit.* 242 et 346. H. Küng préconise la
séparation des « ministères pastoraux » et des « ministères enseignants » : les pasteurs ne peuvent pas être simplement enseignants, ni le
magistère simplement pasteur. « Le théologien dépasse ses compétences s'il
veut, à côté de son enseignement, prendre encore la direction d'une Église ;
mais inversement, un pasteur de l'Église dépasse aussi sa compétence s'il
prétend à côté de son ministère pastoral, décider encore des questions de
théologie scientifiqu(!) par voie d'autorité » (*loc. cit.* 180). Donc, le
pasteur n'aura pas seulement à prendre des informations chez le professeur, puisque de nos jours le pasteur ne paraît plus avoir compétence,
comme du temps de saint Paul, pour juger de la pureté de la doctrine
(Épîtres pastorales, Actes *22*,30 s.) ; il n'y aura plus de vraie collaboration du magistère avec la théologie (chose évidemment nécessaire),
mais une autorité partagée entre les deux. On dirait un écho de la remarque
de Döllinger au sujet du *Syllabus* : « Là-bas (à Rome) on n'a aucune idée de
ce que *nous autres Allemands* nous appelons science ou traiter scientifiquement un sujet » (*Kleinere Schriften*, 1890, 201 s.).

dans l'Église» (23); elle peut en appeler non seulement à la colère de Jésus; mais (mieux encore) à la colère de Paul devant les empiètements et le fanatisme des gens *de l'entourage de Jacques*, sans oublier toutefois tout ce que Paul a fait pour la communauté de Jacques à Jérusalem : non seulement dans l'ordre matériel, mais aussi dans l'ordre spirituel. Par amour de la paix et de l'unité de l'Église, pour éviter un schisme, Paul suit le conseil de Jacques et se soumet à un usage juif (pour faire preuve de sa fidélité à la loi : Actes *21*,24 : c'est peut-être le plus grand exemple d'un *sacrificium intellectus* dans toute l'histoire de l'Église), et à cette occasion (un moderne dirait : les chrétiens l'ont trahi) il a été pris par les Juifs et livré aux païens. Celui qui ne voit pas *cette* réaction de Paul et ne le prend pas pour modèle n'a pas le droit de faire dans l'Église le contestataire furieux.

On remarquera aussi la réaction de «Pierre», qui sonne comme un écho lointain de l'incident d'Antioche (dans un des derniers écrits du Nouveau Testament) : *C'est dans ce sens que Paul, notre frère et ami, vous a écrit selon la sagesse qui lui a été donnée. C'est aussi ce qu'il dit dans toutes les lettres où il traite de ces sujets : il s'y trouve des passages difficiles dont les gens ignares et sans formation tordent le sens, comme ils le font aussi des autres Écritures pour leur perdition* (2 Pi *3*,15 s.). C'est un soupir de l'humanité simple au sujet des écrits de génie, trop profonds pour la moyenne du troupeau, de ce cher frère que Pierre couvre de son autorité, dont il vante la sagesse, dont il constate l'accord avec la doctrine qui lui a été transmise et dont il a lui-même la garde, mais à propos desquels il met en garde ceux qui manquent de maturité dans la foi et d'équilibre. Affectueusement il replace les écrits de Paul dans l'ensemble des «autres écrits» qui peuvent tous être faussés. Voilà comment se pratique la censure dans la charité ecclésiale; elle est indispensable, si

---

(23) H. KUNG, *loc. cit.* 18.

335

Pierre veut accomplir ses fonctions (24). C'est tout aussi indispensable que d'entrer le premier dans le tombeau vide, en passant à côté de Jean qui attendait, pour examiner officiellement les faits. (Il serait tout à fait arbitraire de conclure, du fait que Pierre a dû quitter Jérusalem à cause de la persécution, Actes *12*,17, et que la direction de la communauté fut alors assumée par Jacques, que son rang de primat dont témoigne l'Évangile n'avait été que temporaire, ou qu'il ne fut reconnu que par une partie de l'Église, dans les seules communautés issues de Mat *16*,19.) – Les contrastes théologiques tranchants qui devaient inévitablement mettre aux prises Jacques et Paul (Rom *4*,2 s. contre Jac *2*,20-25) étaient pratiquement des oppositions entre un judaïsme traditionnel dans ce qu'il avait de justifié et un pagano-christianisme qui avait aussi le droit de s'appuyer sur une tradition primitive de l'Ancien Testament. Elles reflétaient dans le domaine théologique toute la rigueur de la situation chrétienne des premiers temps, où coexistaient un judéo- et un pagano-christianisme. Cette dialectique marquera toute l'histoire de l'Église au long des âges, jusqu'au retour du Christ (cf. Rom *11*). Devant Israël « coupé » (Rom *11*,20), le chrétien, dans sa réflexion théologique, ne peut se réjouir de son élection qu'avec crainte et tremblement. Il doit s'interroger sans cesse pour savoir s'il peut présenter *les oeuvres* exigées par Jacques afin que la foi d'Abraham soit accomplie dans l'Église. La lutte et l'accord des deux principes affrontés seront toujours indispensables pour maintenir ou rétablir le difficile équilibre de l'unité chrétienne. Mais une chose est significative : de ces débats, Jean reste à l'écart. L'amour qui demeure simplement ne se querelle pas, ne prend pas parti. Il se contente de redire le

---

(24) Pratiquement, quoique indûment, toutes les grandes hérésies et les déformations unilatérales dangereuses de l'Occident remontent à Paul : la doctrine de la prédestination d'Augustin dans sa vieillesse, dont les effets ont causé bien des ravages ; les thèses du moine augustin Luther, celles de Calvin, de Baius et de l'*Augustinus* de Jansenius avec toutes leurs séquelles. Paul serait le dernier à pouvoir être isolé du carré des « colonnes ».

commandement du Seigneur et d'en inculquer une intelligence plus profonde. Au début des Actes, Jean est toujours à côté de Pierre, comme si les deux étaient inséparables ; mais lorsque le génie converti entre dans l'arène, il disparaît sans bruit, pour fonder à l'écart cette «école» de l'amour (qui est aussi une école d'obéissance au ministère) : Polycarpe, Ignace d'Antioche, Irénée. Dans sa succession la grande théologie de l'Église commence à se déployer. Là se trouvent le modèle et la mesure de toute véracité chrétienne.

2. De ces considérations il découle avec évidence que si vraiment l'âge apostolique doit rester dans la suite normatif pour l'Église, son unité, comme aussi le caractère particulier de ses missions fondamentales, est toujours simultanément déjà *existante* (les missions sont constitutives) et encore en *devenir* (car ces missions doivent être réadaptées à chaque situation, réalisées de nouveau et unies en équilibre). Y. Congar a bien exprimé cela en disant : « La catholicité est la *capacité universelle de l'unité* de l'Église », ou bien : « l'universalité dynamique de ses principes d'unité » (25). On est d'accord aujourd'hui pour estimer que la notion de « développement » ne traduit qu'imparfaitement ce dynamisme, bien que dans la dogmatique des XIXe et XXe siècles cette expression soit passée dans l'usage après l'apparition de la caractéristique centrale de la vision moderne du monde. La notion de développement convient à des organismes finis et mortels (compris comme une suite de formes de vie individuelles ou en chaîne) ; elle contient l'idée d'une é-volution de ce qui était d'abord présent, mais enveloppé, d'une actualisation de capacités et de

---

(25) « Conscience de la catholicité » in : *Esquisses du mystère de l'Église* (nouv. éd. Cerf 1953). L'article date de l'année 1937 (cf. p. 7), année de la parution du premier ouvrage capital de Congar : *Chrétiens désunis*. On y lisait : « Catholicité signifie universalité, universalité signifie rassemblement dans l'unité (unus, vertere) ... Si l'Église, en effet, est apte et destinée à s'étendre dans le monde entier, c'est en vertu de la capacité universelle d'assimilation de ses principes constitutifs. La catholicité de l'Église... est l'universalité dynamique de son unité » (115-117).

possibilités, toujours dans une direction irréversible. Appliquée à l'histoire de la doctrine chrétienne, cette notion, utilisée sans correctifs, donnait parfois l'impression fâcheuse qu'il s'agissait d'une découverte progressive fixée, puis maîtrisée, grâce à laquelle on parviendrait finalement à dominer la vérité de la révélation chrétienne ; ce qui auparavant était seulement objet de foi se trouvait donc transposé de plus en plus parfaitement pour devenir *aussi* intelligible. Une telle idée était trop contraire à la conception que l'Église a de sa foi pour qu'on ait pu la retenir. Si nous mettons la formule proposée par Congar en rapport avec notre schéma du champ de forces apostoliques de la primitive Église, il devient évident que, dans le concours continu de ces principes qui s'affrontent, des situations peuvent apparaître qui étaient imprévisibles. Personne ne peut avoir a priori une vue d'ensemble de toutes les combinaisons possibles au cours d'une partie d'échecs, cela rendrait superflue la tension inouïe des joueurs à chaque tournoi. Néanmoins la valeur de chaque figure principale est fixée invariablement (comme c'est encore le cas pour les échecs) afin que le jeu devienne possible (un jeu toujours nouveau et imprévisible). Dans l'Église il ne s'agit certes pas de la simple répétition libre, récréative, de combinaisons variées, il y va du sérieux parfait et de la responsabilité concernant l'interprétation de la foi de l'Église dans chaque situation mondiale nouvelle.

L'exemple boîte sous plus d'un rapport, puisque le schéma du carré est une simplification qui ne met en relief que les orientations principales, et que dans le jeu de l'Église il ne peut jamais s'agir de l'emporter sur un adversaire (le jeu ne peut jamais se terminer sur un mat ou un pat) ; il doit simplement suggérer que dans la variété des principes qui l'unissent, en dépit du caractère préalablement fixé des figures et sous la garantie qu'est la conduite de l'Esprit-Saint, l'unité de l'Église renferme des possibilités toujours nouvelles d'union et d'intégration imprévisibles. Cette actualisation de réalités potentielles n'est pas irréversible comme c'est le cas pour un organisme périssable ; dans l'Église sont déposés les germes de la vie éternelle et ces germes s'épanouissent aussi sans obstacle dans le temps. Dans ce que j'ai nommé des «implications» (26), c'est-à-dire la simplification et la concentration qu'opère une réflexion sur la totalité donnée d'avance des éléments dangereusement décomposés, aucun retour unilatéral en arrière n'est possible; il peut y avoir seulement des «pro-grès». Inversement l'Église ne domine pas du regard toutes les possibilités d'extension, s'il est vrai que le Jésus historique n'a pas prévu de mission auprès des païens; (un texte comme Mat *28*,18-20 serait dans ce cas l'expression d'une longue expérience de l'Église dans le Saint-Esprit); si les apôtres ne se sont tournés vers les païens qu'après avoir échoué auprès des Juifs; si Paul lui-même n'a pris conscience que progressivement de sa tâche spécifique, et si Pierre n'a été convaincu par la vision de Joppé qu'après avoir résisté à fond. On ne peut cependant pas affirmer que la pensée du Royaume se soit chez Jésus limitée à l'horizon juif, ni prétendre qu'il n'ait pas porté en lui toutes les capacités et tout le potentiel de l'universalité, ce qui est l'évidence même. Il nous faut encore préciser : si les apôtres, et nous parlons ici des quatre déjà cités, ont compris seulement peu à peu, avec l'aide de l'Esprit-Saint, tout ce qu'impliquait la catholicité de l'Église, ce n'était pourtant pas là quelque chose de vraiment nouveau qui serait venu s'ajouter du dehors au dépôt de la foi dont ils avaient la garde; c'était plutôt une réalité contenue depuis toujours dans la plénitude intérieure, dont leur regard n'était jamais parvenu à embrasser l'ensemble et dont, jusquelà, ils n'avaient pas pris explicitement conscience. Certes, ils furent stupéfaits lorsqu'à la Pentecôte le Saint-Esprit leur découvrit, dans le miracle des langues, les dimensions mondiales de leur message. Mais ce qui se manifestait seulement alors au grand jour n'en avait pas moins été inclus depuis toujours dans leur don confiant sans limite à leur Maître et Seigneur; c'était dans *sa* vérité que l'Esprit les introduisait (Jean *16*,12-15). Selon les Actes des Apôtres, cette formation se poursuit surtout dans le représentant du ministère pastoral

---

(26) *Auf Wegen christlicher Einigung* (Kösel 1969).

et du magistère. Pierre reçoit un enseignement particulièrement frappant et précis dès avant l'entrée en scène de
Paul, ce qui est significatif (Actes *1*,1-11,18). Le magistère doit
apprendre, tout comme les trois autres ; sur le plan humain
Pierre est d'abord confiné, comme les autres, dans l'horizon
mental du judaïsme tardif, déterminé par l'histoire de son
temps. Il suffit de se rappeler les disciples s'adressant au
Ressuscité et lui demandant quand il instaurera enfin le
Royaume d'Israël (Actes *1*,6).

La lente formation de l'Église ne se réduit donc pas à une
simple augmentation de savoir par l'accueil de vérités
conservées ou inventées ailleurs. Sur le plan empirique des
personnes et des situations d'un temps donné, il existe bien un
accroissement possible. C'est le cas même pour la découverte
de nouveaux aspects dans l'Écriture sainte et dans la
Tradition, jamais épuisées, grâce aux lumières d'une civilisation plus avancée, ou par l'effet du contact avec des peuples
nouveaux et des cultures étrangères, porteuses de valeurs qui
doivent être assimilées. A ce niveau, l'Église peut entendre
avec fruit des non-chrétiens, parfois même des anti-chrétiens
rappeler à son souvenir maintes choses qu'elle avait réalisées
imparfaitement ou même oubliées au cours de son histoire.
Mais précisément, sous ce rapport, un autre aspect émerge, sur
lequel Ferdinand Ulrich attire à juste titre notre attention :
dans son être intime, au-delà du domaine empirique, l'Église,
Plérôme, Corps et Épouse du Christ, ne peut rien apprendre du
dehors qu'elle ne sache déjà, en principe, grâce à son union
intime avec Jésus-Christ en qui *sont cachés tous les trésors de
sagesse et de science* (Col *2*,3). Paul ne cesse de prier pour les
communautés, afin qu'elles aient la pleine connaissance de sa
volonté, toute sagesse et pénétration spirituelle pour mener une
vie digne du Seigneur... et croître par la connaissance
(Col *1*,4 s.), comme *la parole de vérité de l'Évangile... porte du
fruit et se répand dans le monde entier* (Col *1*,6) ; qu'elles
apprennent à connaître dans la communauté ecclésiale universelle (*avec tous les saints*) les quatre dimensions qui
s'étendent à l'infini, *la largeur, la longueur, la hauteur et la*

profondeur de la révélation de l'amour de Dieu *qui surpasse toute connaissance,* afin d'être *comblées jusqu'à recevoir la plénitude de Dieu* (Eph 3,18 s.) dans laquelle elles sont fondées depuis toujours. Une Église qui apprend à puiser dans ses propres profondeurs ne change pas réellement, elle devient seulement davantage elle-même ; quelles que soient les impulsions venues du dehors – supposons le marxisme avec son orthopraxie ou le bouddhisme avec sa contemplation, – celles-ci ne réveillent que ce qui repose dans sa propre plénitude et qu'elle amène à une forme meilleure, mieux proportionnée à l'ensemble. Tout ceci vaut pour les trois formes de l'infaillibilité de l'Église : celle de la conscience universelle, celle de la conscience des ordinaires (épiscopale ou collégiale) et celle du magistère particulier (papale) ; toutes trois plongent dans le processus empirico-historique du développement de la connaissance et cependant le dépassent sur un point essentiel. De plus, les trois formes se rapportent l'une à l'autre, puisque Pierre est l'une des quatre colonnes (qui porte toujours tout le peuple de Dieu) sans que de ce fait sa mission particulière et son charisme particulier soient réduits au même niveau. Dès lors aussi les relations vitales entre les deux forces traditionaliste et progressiste sont déterminées en principe, et nous pourrons résumer ce qui précède par un passage d'Erich Przywara :

« L'Église dans toute sa structure vivante particulière est pour ainsi dire une figure de la transcendantalité catholique. Elle tient le milieu entre le traditionalisme et le dynamisme, elle n'est ni absolument statique, ni pur mouvement : stable dans le mouvement, elle s'affirme et s'explicite elle-même. C'est tout le sens de la proposition si mal comprise sur l'infaillibilité, dont l'expression la plus décisive est l'infaillibilité du pape lorsqu'il parle *ex cathedra,* c'est-à-dire dans l'exercice de sa fonction de souverain pasteur et docteur des chrétiens, de par son autorité apostolique suprême, pour définir comme obligatoire pour toute l'Église une doctrine concernant la foi ou les mœurs (Vat. sess IV cap. 4). Par là l'Église est d'abord nettement libérée de deux formes de traditionalisme :

* Du traditionalisme au sens restreint du mot, qui maintient inaltérablement des formes bien définies ; ainsi pour une mentalité qui s'est rencontrée dans l'orthodoxie orientale (la liturgie) ou dans le luthéranisme (la Bible) ; en effet, la faculté de prendre des décisions est, dans l'Église vivante, essentiellement indépendante du préjugé que constitue le « de tout temps ».

* Du traditionalisme au sens large : celui d'une école philosophique, pour laquelle l'adoption de nouvelles formes dépend ou bien de la preuve qu'elles résultent logiquement des formes précédentes (tradition logique et objective), ou bien du fait qu'elles sont admises par la majorité actuelle des adhérents (tradition vivante et personnelle).

Le droit de décider de l'Église vivante est tout aussi indépendant des preuves (non définies) apportées en faveur d'une nouvelle décision (elles peuvent être insuffisantes, sans que ceci invalide en rien une décision infaillible) que d'une majorité quelconque (rappelons la majorité historique du semi-arianisme !). D'autre part le « développement vivant » donné n'est pas un dynamisme qui engendrerait une « innovation » continuelle, puisque, selon la doctrine de l'Église, la révélation... est close avec les apôtres (Decr. *Lamentabili* prop. 21). L'Église réalise donc elle-même dans son sein un développement vivant des formes stables, puisque, vivante et stable dans le mouvement, elle s'affirme elle-même dans ce développement. Elle est essentiellement autonome (27). »

3. Nous avons déterminé formellement la vitalité et l'« extensibilité » de la capacité des principes qui font l'unité catholique (Congar). Il reste une dernière question : à quoi devront se référer les partenaires du dialogue entre les principes d'unité, afin de prendre, dans les débats toujours renouvelés sur la forme dans laquelle l'unité doit *actuellement*

---

(27) *Religionsphilosophie Katholischer Theologie*, actuellement in: *Religionsphilosophische Schriften* (Schriften II, Johannesverlag, Einsiedeln ² 1962) 428-430.

se présenter devant l'Église et le monde, des décisions qui soient à la fois adaptées et adéquates dans leur contenu ? Nous connaissons les formes sociologiques de décadence et d'aliénation qui menacent à certaines époques de devenir puissantes, soit à la faveur d'éléments d'inertie prenant le dessus dans l'Église, soit en raison des sollicitations d'une ambiance sécularisée. L'amour johannique peut dégénérer en un sentiment général orthopratique et humanitaire qui se sert des critères de «transformation des structures» en faveur d'une répartition plus équitable des biens. La tradition de Jacques peut mener à s'attacher scrupuleusement, en intégriste et réactionnaire, à des formes reçues, attitude qui vient d'être refusée par Przywara. Le tout-à-tous paulinien peut devenir un aggiornamento diplomatique, accueillant à tout ce qui est à la mode et qui plaît, tendance dont Voltaire s'est déjà moqué. Les altérations du ministère pétrinien ont été si souvent mises au pilori qu'il est superflu d'y insister. Une forme de dégénérescence en appelle une autre, l'annexe ou au contraire la repousse dans une opposition inféconde.

Ailleurs (28) nous avons désigné, comme critère de la vérité à prendre en considération dans le jeu des forces qui s'exercent à l'intérieur de l'Église, le *sérieux eschatologique* du message du Christ, ce sommet de la grâce contenu dans l'Église pour le monde — un des aspects de la catholicité dynamique. Il existe évidemment certaines formes de détérioration ou de destruction, par exemple certaines affirmations radicales de l'exégèse libérale, qui attaquent les fondements de la foi chrétienne, le *pro nobis* de l'œuvre du salut de Dieu en Jésus-Christ, la mort expiatrice, la résurrection, etc. : dans ce cas le magistère fixera les limites sans aucune difficulté. Mais il y a aussi des cas où

---

(28) *Warum ich noch ein Christ bin*, in : H. U. v. BALTHASAR, Joseph RATZINGER, *Zwei Plädoyers* (Münchener Akademie-Schriften, 57, Kösel 1971). Trad. fr. *Pourquoi je reste dans l'Église*, in : *Je crois en l'Église*, Mame Tours 1972.

l'appréciation des motifs pour et contre, justement dans la perspective du *sérieux eschatologique*, est extrêmement difficile. Par exemple, une certaine situation qui émerge actuellement n'existait pas à l'époque de la révélation biblique : il faudra donc tirer, à partir de telle situation historique dépassée, des conclusions valables pour un aujourd'hui évolué. Autre exemple, multiforme : il existe dans l'Église du Christ une vaste échelle de possibilités et d'obstacles humains différents devant la réponse parfaite qu'attend la grâce parfaite de Dieu dans le Christ. Pierre court moins vite au tombeau que Jean, car le pasteur ne doit pas seulement compter avec des saints remplis d'amour mais avec des bêtes malades, souvent des brebis galeuses – le cas est prévu depuis toujours dans le troupeau de Dieu (Ez *34*,16). Une décision justifiée à l'égard des chrétiens vivants et aimants peut être au-dessus des possibilités de la masse des tièdes ou d'autres handicapés ; mais en revanche une décision qui ne tiendrait compte que de ces derniers pourrait sérieusement mettre en danger l'idéal de ceux qui aiment et compromettre le sérieux eschatologique de la réponse de l'Église.

Telle est exactement la problématique en quelque sorte sans issue (dans le cas où une solution unique serait de rigueur) devant laquelle se trouvait le pape au moment de publier l'encyclique tant diffamée *Humanae vitae*. Il a opté pour le maintien de la rigueur chrétienne, idéal du petit nombre, et une tempête de réprobations s'est déchaînée dans la masse, à l'intérieur de l'Église et au-dehors. Il n'a pas prêté une oreille complaisante à des contre-indications soulevées au nom de la sociologie. Aurait-il négligé des facteurs graves qu'il eût fallu prendre en considération ? Cela n'est pas prouvé. En de tels cas, les difficultés de la décision ne se situent pas dans la problématique qui nous occupe ici, le choix conforme au sérieux eschatologique, mais dans un fait qui a été signalé par Hans Küng. Par une encyclique qui, tout en rappelant une tradition ferme de l'Église, ne peut prétendre à l'infaillibilité, la conscience de nombreux catholiques risque d'être alourdie dans une affaire grosse de conséquences ; et la tendance actuelle à passer par-dessus les actes de l'autorité risque par là-même d'atteindre un stade critique. Mais nous pouvons exclure ici l'examen de ce point de vue, malgré son importance. Sous le rapport qui nous intéresse, on pourra s'interroger moins sur la substance d'un tel document que sur sa forme. Proposer un idéal «à atteindre», se demandent plusieurs, n'eût-il pas suffi à satisfaire au sérieux eschatologique objectif que présente l'idée chrétienne d'un amour qui comporte une part de détachement de soi? En rappelant cet idéal aux chrétiens fervents, n'eût-il pas été possible de trouver des expressions propres à encourager et apaiser à la fois des tempéraments moins capables et des esprits perplexes? A de telles questions, une réponse catégorique est difficile. On sait les ravages causés dans les problèmes de la sexualité par une séparation trop tranchée entre le domaine du plaisir et celui du risque d'égoïsme. D'autre part la conscience chrétienne peut-elle se laisser obscurcir par les pressions démesurées des arguments sociologiques?

Cet exemple nous montre en tout cas l'importance du «carré» apostolique. Bien que Pierre soit compétent et obligé de prendre «tout seul» la responsabilité dernière, il est néanmoins engagé dans un dialogue au cours duquel les trois partenaires dont nous avons parlé ne sont que les représentants d'une constellation ecclésiale beaucoup plus complexe.

II – ROMA AETERNA?

Le champ de tension des missions apostoliques se situait à l'intérieur de la constellation christologique. Nous l'avons décrit tel qu'on l'observe dans le champ de l'histoire de la primitive Église. Vers la fin de cette histoire seulement se manifeste une grandeur extra-biblique qui, dans la suite, deviendra centrale jusqu'à paraître inséparable du ministère pétrinien. Un citoyen romain libre en appelle à César, et il est conduit à Rome. Et Rome deviendra la gardienne des tombeaux de Pierre et de Paul, elle occupera parmi les autres sièges des apôtres une place si éminente qu'elle se désignera bientôt comme le «siège apostolique» tout court.

Entre la prétention à l'universalité et à une unité concrète de l'Église catholique et une prétention analogue de l'Imperium romain il existe apparemment une affinité dont les conséquences, pour l'histoire de l'Europe et du monde, défient toute prévision. Le successeur de Pierre sera le centre concret de l'unité catholique, et il réside à Rome. D'autre part, Rome ne se considérait pas seulement comme une ébauche de l'idée grecque d'un futur empire de l'humanité : elle se voulait une unité politique et économique organisée aux dimensions du monde, selon un droit universel. Dès lors surgit, inévitable, la question de savoir quel degré de parenté unit les deux universalismes. Jusqu'à quel point la nécessité aurait-elle obligé le catholicisme à se fonder sur la romanité et plus exactement la *plenitudo potestatis* papale à prendre appui sur la plénitude de la puissance impériale? S'il existait une relation fondamentale de cette nature, si on pouvait la dire constitutive de la papauté, ne faudrait-il pas y voir la raison la plus profonde de cette conspiration antiromaine de tous les chrétiens non-catholiques? Ce thème, dont les contours (29) se perdent dans un lointain sans rivage – l'idée de Rome en Occident – ne nous occupera ici que sous un angle restreint et précis : est-il permis d'affirmer que la papauté «romaine», sa position dans l'Église et ses prétentions, sont intimement liées à l'idée séculière (ou, si l'on préfère, sacrale) de l'Empire romain?

------

(29) Cf. p. ex. F. KLINGER, *Roms als Idee, Römische Geisteswelt* (1943); G. GERNENTZ, *Laudes Romae* (Diss. Rostock 1918); J. VOGT, *Vom Reichsgedanken der Römer* (Leipzig 1942); W. REHM, *Der Untergang Roms im Abenländischen Denken*, in : *Erbe der Alten*, II, 18 (1930). Sur les rapports de l'Église et de l'Empire : Chr. DAWSON, *Les origines de l'Europe et la civilisation européenne* (PUF, 1954, trad. de *The Making of Europe...*, 1932); A. DEMPF, *Sacrum Imperium* (1926); W. KAMLAH, *Christentum uns Geschichtlichkeit* (1951); E. SALIN, *Civitas Dei* (1926).

On pourrait s'imaginer que l'idée d'un rapport intime et étroit entre la papauté et l'Empire, après les conflits tragiques et les idéologies du Moyen Age, est aujourd'hui complètement abandonnée par les catholiques, qu'elle n'a plus qu'un intérêt historique, sans aucun retentissement théologique (30). Il n'en est rien. Dante se faisait conduire par Virgile, le véritable créateur de l'antique pensée de Rome, jusqu'au seuil du paradis, et sa *Monarchie* représente la tentative la plus sublime et la plus étudiée de confondre dans un même regard l'Empire et l'Église. De nos jours, Théodor Haecker a repris le thème dans son livre sur VIRGILE PÈRE DE L'OCCIDENT (31), avec une conviction profonde : «*Imperium sine fine dedi* : ainsi s'exprime le *fatum Jovis*, l'oracle de Jupiter. Car nous vivons tous encore dans cet Empire romain qui n'est pas mort. Nous sommes tous encore des membres de cet empire, qu'il nous plaise ou non de l'admettre, que nous le sachions ou non ; de cet *Imperium Romanum* qui après de terribles errements avait accepté de son propre chef, *sua sponte*, le christianisme et qui désormais ne peut plus y renoncer sans renoncer à lui-même et à l'humanisme.» Ce que chante Virgile n'est pas «une simple idée, mais une réalité..., la chose, la *res*, et chair et sang.» Virgile est «le païen adventiste» tout court (32), la «parfaite *anima naturaliter christiana de l'antiquité*» (33) qui se laisse conduire par la sentence, le «dit» *(fatum)* sans jamais regimber. Et Haecker de citer la phrase «impertinente et exposée à être mal interprétée» de Sainte-Beuve : «La venue même du Christ n'a rien qui étonne quand on a lu Virgile» (34).

---

(30) Il serait plutôt question d'une critique déromanisante de l'histoire de l'Église d'Occident, surtout à partir de l'amalgame des idées sur l'Église et l'Empire chez Constantin : cf. par ex. Alb. MIRGELER. *Kritischer Rückblidk auf das abendländische Christentum* (1961, verändert Herder 1969) ; Rud. HERNEGGER. *Macht ohne Auftrag* (Olten 1963).

(31) *Vergil Vater des Abendlandes* (Leipzig, 1935) ; trad. Jean Chuzeville, DDB 1935, 131-132.

(32) *Ibid.* 31.

(33) *Ibid.* 33.

(34) *Ibid.* 124.

Des textes analogues se trouvent dans l'ouvrage HUMA-NITAS CHRISTIANA de J. Sellmair (35), influencé par Haecker, ainsi que chez Reinhard Raffalt, dont la conférence-programme sur «la fin du principe romain» (1970) (36) décrit «l'accord entre les lois du cosmos, de l'État et de la famille», l'intégration de la dignité et de la faiblesse de la nature humaine, le sens du destin qui provoque la montée et la chute des peuples, toutes potentialités qu'il montre achevées dans l'actualité chrétienne. «Ce qui était préfiguré dans la pensée romaine qui connaissait les limites du savoir humain, l'Église l'a complété grâce à la vérité de la révélation. Le besoin de se sentir accordé au cosmos tout entier a été repris par l'Église dans l'assurance que lui donnait le commandement divin qui trouve son couronnement dans l'amour. L'histoire considérée comme une suite cohérente a pris pour l'Église l'étendue du vaste plan de salut conçu par le Seigneur de l'histoire et la mène par-delà les difficultés temporelles jusqu'à une fin cachée, mais glorieuse. L'Église a surélevé la présence de l'histoire dans l'actualité par le contact qu'elle entretient dans la prière avec les âmes des défunts et les saints du ciel, et finalement par la présence continuelle du Sauveur sous le voile du sacrement. Le *mos maiorum*, la référence aux usages des pères, s'est spiritualisé dans l'Église par la chaîne spirituelle des ancêtres qui remontait depuis les évêques chargés du pouvoir chrétien jusqu'aux apôtres, chaîne légitime et sûre par suite de la transmission ininterrompue de la consécration. Cette pénétration mutuelle des idées fondamentales de la Rome antique et des parties correspondantes de l'idée chrétienne était une base assez solide pour porter les pensées nouvelles et révolutionnaires du christianisme. Le cœur du principe romain est donc caractérisé par la recherche universelle de l'accord, de l'harmonie légitime. En lui, la *pietas*, la tradition, l'intégration de la

---

(35) *Roms Wiedergeburt aus dem Glauben enthält das Geheimnis des Westens* (1949) 152.

(36) *Das Ende des römischen Prinzips*. Münchener Akademie-Schriften 52.

religion et du droit, œuvre de l'antiquité, convergent avec les rapports chrétiens entre le temps et l'éternité» (37). Aujourd'hui cette compréhension humaine se perd : l'ordre cosmique est remplacé par la volonté de transformer le monde, et l'autorité, confondue avec la puissance, est refusée comme un préjugé ; sans compter qu'il s'est «passé tant de choses dans le monde que toute institution doit nous être suspecte parce qu'elle tend à exercer un droit qui est douteux lui aussi» (38). La fin du principe romain n'est pas imminente, elle est déjà arrivée (39). Raffalt voit le pape «quitter Rome et gagner Jérusalem pour y ériger, près du tombeau du Seigneur, une Église de l'humilité, toute différente de celle dont le maintien lui impose, sur le Saint-Siège, un fardeau sur-humain» (40).

Ces exemples suffisent. Leur faiblesse est évidente. La réalité appelée ici humanité et piété romaine ne désigne pas autre chose que cette *natura* fortement idéalisée que, selon la pensée catholique générale (qui ne sépare pas du Rédempteur le Dieu Créateur) «présuppose» la grâce : *gratia supponit naturam*. Il serait d'ailleurs plus prudent d'exprimer cette vérité sous une forme négative (*non destruit*) ou de la formuler comme une transformation (*elevat*) ; même alors, elle ne suffit pas à rendre les aspects caractéristiques du christianisme, à savoir la croix et la résurrection. Un tel principe, très général, dépasse la réalité romaine, lors de sa rencontre historique avec le christianisme. Soit. L'universalisme de la pensée et de la langue grecques ainsi que ses projets d'un État cosmique ont pu être nécessaires pour permettre l'annonce de l'Évangile, partie d'un coin obscur du monde hellénistique ; il fallait encore que cet État idéal, grâce au réalisme politique de Rome, existât réellement et rendît possible cette annonce. Le pape Léon le Grand disait en ce sens : «Il convenait souve-

---

(37) *Ibid.* 10-12.
(38) *Ibid.* 24.
(39) *Ibid.* 7.
(40) *Ibid.* 44.

rainement à l'œuvre divinement décrétée que de nombreux royaumes fussent confédérés sous un seul pouvoir et qu'une prédication générale trouvât des peuples facilement accessibles, parce qu'assujettis au gouvernement d'une seule cité» (41). Et il rendait grâce à la Divine Providence «qui prépara la citadelle de l'Empire romain» à recevoir la foi chrétienne. On peut signaler encore plusieurs caractéristiques importantes dont l'Empire romain usait pour se définir et qui ne devaient pas être sans attrait pour la pensée chrétienne (42). Il y avait d'abord l'*Æternitas* qu'on lui attribuait et qui devait le soustraire à la loi du devenir et de la disparition (43); aussi Tertullien verra-t-il en lui le *katechon* arrêtant l'antichrist dont la venue sera retardée jusqu'à la chute de l'Empire, à la fin des temps historiques (44). Ensuite, la rencontre unique de la valeur *(virtus)* avec la prospérité

----

(41) *Sermo* 82.2. Sources chrétiennes 200, 50 (éd. R. Dolle). Déjà chez Origène, *Contre Celse* II 30 (éd. M. Borret).

(42) Description concise chez Endre v. Ivanka, *Rhomäerreich und Gottesvoll* (Alber 1968) 26-42.

(43) Cf. C. Kock, *Roma aeterna*, in : *Paideuma* 3 (1949); *Roma aeterna*, in : *Gymnasium* 59 (1952); H.U. Instinsky, *Kaiser und Ewigkeit*, in : *Hermes* 77 (1942) 313 ss. Tandis que Polybe, se fondant sur le schéma cyclique platonicien des régimes et sur le schéma aristotélicien typiquement grec du drame : début-milieu-fin, prévoit aussi la fin de l'Empire, les Romains (Virgile et Ovide), en dépit de leurs idées réalistes sur l'histoire et en contradiction avec elles, et tout en en critiquant la situation politique et morale, tracent une image conforme à leurs désirs de l'éternité de l'Empire dont le «bon génie» le conduit au bonheur à travers tous les dangers; image conforme à celle que décrit Plutarque dans son œuvre de jeunesse *De fortuna Romanorum*; en pleine décadence, Claudien et Rutilius voudront encore la maintenir. Amien Marcellin et Florus cherchent à lever la contradiction entre l'idée généralement répandue d'un monde vieilli et l'*aeternitas* par la pensée du «nouveau siècle» qui recommence sous certains empereurs et provoque l'éruption d'une sorte d'éternité rajeunissante dans le temps vieillissant. Sur le développement de l'idée du renouveau romain cf. Percy E. Schramm, *Rom und Renovation* (Darmstadt ² 1957); Joh. Straub, *Regeneratio Imperii* (Darmstadt 1972). Michael Seidlmayer, *Rom und Romgedanke im Mittelalter*, in : *Saeculum* 7 (1956) 395-412, décrit de manière pittoresque les formes les plus contradictoires dans lesquelles survit l'idée de Rome.

(44) *Apologeticum* 32,I (Ed. Carl Becker, Kösel 1952) 168.

(fortuna), et semblablement celle de l'ordre établi avec la paix accordée, la *Pax Augustana* qui coïncide dans le temps avec la paix apportée du ciel sur la terre par le Messie.

Autre rencontre unique réalisée dans l'Empire romain : l'union entre le droit masculin qui délivre de l'oppression et de la servitude, et ce caractère «maternel» qui inspire à Horace l'idée de donner à la ville impériale le nom de *Domina*, titre (45) emprunté à celui que portaient les grandes divinités maternelles de l'Orient ; plus tard Claudien, en des vers célèbres (46), chantera Rome comme la mère qui seule ne traite pas les peuples vaincus en maîtresse, mais les reçoit maternellement dans son sein et salue comme concitoyens ceux qu'elle a vaincus. Que de tensions domptées dans cette Rome qui se présente à l'Église catholique en devenir comme un miroir lui révélant les possibilités qu'elle recèle en elle-même ! Et plus tard encore, lorsque tout danger de confusion semblera surmonté de façon définitive, à l'époque qui commence avec Grégoire VII, quelle tentation, peut-être, de se considérer de plus en plus et de s'organiser selon le modèle romain et même de se savoir sa vraie continuatrice (47) !

Nous trouvons déjà la même tentation dans la théologie de l'Empire d'Eusèbe. Celui-ci ne reconnaît pas seulement,

---

(45) Hildebrecht HOMMEL. *Domina Roma,* in : *Die Antike* 18 (1942) 127-158 : adopté par Horace, 4, 14, 43 s., le titre s'est répandu rapidement ; il était d'usage en Orient depuis longtemps et se rattachait au culte des déesses mères connu aussi en Italie ; Virgile, *Æn.* 6, 781 ss., semble pour le moins supposer une « mater Roma ». Tite-Live appelle «mère» la patrie (5,54,2). La ville de Rome est représentée sur les monnaies comme une déesse selon différents types conformes au modèle alexandrin d'une tête de femme casquée. Nombreux textes s'adressant à Rome comme «domina» (rerum) chez Guilelmus GERNENTZ, *Laudes Romae* 125 s. ; les titres de Regina, Mater, Genitrix (hominum et deorum) : *ibid.* 126 ss.

(46) Hæc est gremium victos quæ sola recepit / Matris, non dominae ritu, civesque vocavit / quos domuit... (De consulatu Stilichonis III 150 ss.).

(47) Le sujet strictement schématisé est traité dans SAEGMUELLER, *Die Idee der Kirche als Imperium Romanum im kanosnischen Recht,* in : ThQ (1898) 50-80.

comme le pape Léon, dans l'unité de l'Empire un moyen qui favorise l'extension de l'Évangile ; mais – selon l'analyse minutieuse d'Endre v. Ivanka – sa spéculation sérieuse (48) croit y discerner une synthèse historique universelle de deux réalités. D'une part, une religion (païenne) qui existe depuis toujours (avis que partage aussi Clément d'Alexandrie), de sorte que les premiers parents avant Abraham étaient déjà chrétiens en fait quoique sans l'être de nom (49) ; religion qui a pris actuellement cette forme mondiale concrète et politique, l'Empire romain constantinien. D'autre part, la religion qui s'est développée dans le peuple particulier de Dieu, le peuple juif, et qui est apparue dans sa perfection dans le Christ. Pareille synthèse ne signifie donc pas une « mondanisation » du christianisme, mais elle veut rendre universelle en fait la religion catholique du Christ qui n'existait qu'en puissance en Palestine et qui dilate pratiquement et réellement le peuple particulier de Dieu à la dimension de l'univers romain en général. Cette nouvelle interprétation de la synthèse paulinienne et néo-testamentaire entre juifs et païens entreprise par Eusèbe est le pas décisif qui fonde la théologie de l'Église d'Empire de la Rome Orientale. Les dernières conséquences s'en feront sentir jusque dans l'idée de la « troisième Rome », Moscou, comme Hugo Rahner l'a montré dans un discours très éclairant (50). Mais la première Rome a-t-elle accueilli cette théologie « constantinienne » ? Si elle ne l'a pas reçue, quels ont été ses motifs ?

La rencontre entre l'Église pétrinienne et l'Empire romain présente trois lignes qui contrecarrent l'élégante synthèse d'Eusèbe.

---

(48) Non dans ses éloges à Constantin, mais au début de son *Histoire ecclésiastique*.

(49) *Hist. Eccl.* I, 4, 6.

(50) *De la première à la Troisième Rome*, Discours inaugural du Recteur de l'Université d'Innsbruck (1949) in : *Abendland, Reden und Aufsätze* (Herder 1966) 253-269.

1. Premièrement, il faut noter la résistance spirituelle opposée à Rome (51) par les peuples soumis, surtout par les Orientaux et en particulier par le peuple juif, dès avant l'apparition du christianisme ; celui-ci en a hérité et l'a continuée, surtout lorsqu'il se heurtait à une Rome persécutrice. Il y reconnaissait cette Babylone que l'Apocalypse de Jean dessine dans des dimensions démesurées, celle dont la première Épître de Pierre écrit : *La communauté des élus qui est à Babylone vous salue ainsi que Marc, mon fils* (1 Pi 5,13). Cela est d'autant plus remarquable que ni Jésus, ni ses disciples, ne sont ennemis de l'État, mais exhortent plutôt à être soumis aux autorités et à prier pour elles. En général, Rome était critiquée à cause de son despotisme et de son avarice (52). Augustin se servira de ces critiques païennes dans la CITÉ DE DIEU, non sans les examiner très soigneusement. Spontanément les chrétiens n'approuvent pas sans condition l'État.

---

(51) Harald Fuchs. *Der geistige Widerstand gegen Rom in der antiken Welt* (W. de Gruyter, Berlin 1938).

(52) Nombreux exemples chez Fuchs ; cf. surtout les deux discours de Carnéade à Rome (2-4), le récit d'Antistène (5s.), le livre de Daniel et les Livres sybillins (7s.) ; (les découvertes récentes de Qumrân, encore inconnues de Fuchs, mériteraient une place importante, textes dans Joh. Maier, 2 Bd (1960) et les notes sous la rubrique Romains) ; les pages amères de Salluste qui fourniront à Augustin un modèle et des sources pour sa critique ; les premières Epodes d'Horace qui suggèrent d'émigrer de Rome (9s.) ; les projets de César et d'Antoine de transférer ailleurs la capitale, projets que Constantin mettra à exécution (12 s.) ; les attaques de Denis d'Halicarnasse et d'autres Grecs qui «font directement la propagande pour les royaumes d'Orient» et révèlent avec énergie «jusqu'à quel degré inquiétant était montée l'amertume suscitée par le despotisme destructeur et sans intelligence de Rome» (15) ; dans l'Histoire du monde de Pompée Trogus, la suspicion des étrangers qui accusaient Rome d'avarice et de cruauté sanguinaire, et dans l'*Agricola* de Tacite (17) : «Conquérants pillards du monde dont la furie destructrice ne trouve plus de terre, les voilà qui fouillent l'océan, avares devant un ennemi riche, avides de gloire lorsqu'il est pauvre... Piller, assommer, voler s'appelle chez eux faussement dominer, puis «paix» quand ils ont créé un désert» (17). La comparaison de Lucien entre Rome et Athènes se termine en faveur d'Athènes (18) ; les Romains de la latinité argentée sont, dans l'ensemble, critiques à l'égard du régime existant – de Lucain à Tacite en passant par Sénèque (Ivanka *loc. cit.*16 ss.) ; finalement les chrétiens, dont Fuchs trace cependant une image en partie déformée (surtout d'Augustin : 23).

Pas plus que Jésus ne pouvait accepter la théocratie juive politisée, ils n'accepteront la royauté sacralisée et divinisée de Rome; mais ils ne la refuseront pas absolument. A Rome, Hippolyte, commentant le livre de Daniel, voit Rome dans la *quatrième bête* (53); le fait est significatif. Tertullien résiste quand on pare l'Empereur du titre de pontife ou même qu'on le divinise. Justin expose à l'empereur la parole du Seigneur : *Donnez à l'Empereur ce qui est à l'Empereur*. Origène entreprend une explication compliquée pour montrer que l'État persécuteur est bon en tant que pouvoir institué par Dieu, c'est son mauvais usage qui est répréhensible (54); il reconnaît dans les lois de l'État une loi naturelle que la loi divine présuppose. Tous les chrétiens prient pour l'État, à commencer par Clément de Rome, et nombreux sont ceux qui, tels Aristide d'Athènes et Justin, sont persuadés que «Dieu maintient dans l'existence et le monde et l'Empire à cause de cette prière». D'autres, comme Origène (55) et l'épître à Diognète, considèrent les chrétiens comme le sel de l'État, l'âme du monde. Somme toute, on fait preuve, au milieu des persécutions, d'une supériorité inouïe, exempte de tout fanatisme.

2. Il faut encore tenir compte d'un autre fait lorsqu'il est question de rapprocher la papauté de la Rome antique : C'est au IXe siècle seulement qu'est rédigée la fausse «Donation de Constantin», et non pas à Rome; Rome s'en servira comme argument dans la politique de l'Église à partir du XIe siècle seulement. Pour justifier sa préséance, la communauté romaine ne met jamais en avant le fait qu'elle habite la capitale de l'Empire, mais plutôt qu'elle détient la succession de Pierre et peut l'établir en montrant les tombeaux des deux princes des Apôtres. Ce dernier fait ne crée pas un droit, il ne fait que renvoyer au droit qui existe déjà. Le pape

---

(53) *Comm. in Dan.* Gr. Chr. Schriftst. Hippolyte I,I, 206/8, cf. *ibid.*162-169.

(54) *Comm. in Rom.* IX 26-30.

(55) *Contra Celsum* 8, 74. Sources chrét. 150 (éd. M. Borret), 348-350.

Léon Ier, qui peut déjà se reporter à la pensée augustinienne, donnera comme raison déterminante de ses droits à la succession une interprétation très spirituelle de la foi de Pierre : ce n'est pas l'homme, mais sa foi qui a la solidité du roc (56) «et de même que demeure ce que Pierre a cru dans le Christ, ainsi demeure ce que le Christ a établi en Pierre» (57). Et si l'un des successeurs «remplit plus pleinement et plus efficacement» *(plenius et potentius)* que Pierre tout ce qui ressortit à ses fonctions parce qu'il se trouve affronté à des tâches plus nombreuses, cet accroissement ne lui vient nullement d'une investiture du pouvoir impérial ou d'une tendance à rivaliser avec lui : il se développe uniquement à partir de la fonction apostolique elle-même (58). Léon rapporte à Pierre tous les pouvoirs dont il est investi : «Réjouissons-nous de la dignité de notre chef, rendons grâce au Christ d'avoir donné une telle puissance à celui qu'il a fait prince de toute l'Église» (59). Pierre et sa manière d'exercer le pouvoir reçu sera désormais la forme concrète, réelle et symbolique selon laquelle sera conçu tout exercice de la fonction épiscopale. Rejoignant ainsi une idée de Cyprien – celle de la prééminence dans le temps – Léon la dépasse déjà en direction de Vatican I : «La règle de Pierre est proposée à tous les chefs de l'Église. Le privilège de Pierre demeure donc partout où un jugement est rendu en vertu de son équité et il n'y a d'excès ni dans la sévérité ni dans l'indulgence là où rien ne se trouvera lié, rien délié, que ce que saint Pierre aura soit lié, soit délié» (60). Le pape lui-même se réjouit de ce que, sur le siège qu'il occupe, il peut «non pas tant présider que servir» (61).

Nous avons entendu Léon remercier la Providence d'avoir

---

(56) *Sermo* 4, 3. Sources chrét. 200, 272 ; 51,1 ; S.C. 74,15 ; 62,2 ; S.C. 74,75 ; 83,3 ; S.C. 200,60.

(57) *Sermo* 37, S.C. 200, 256.

(58) *Sermo* 3,3, S.C. 200, 259.

(59) *Sermo* 4,4 S.C. 200, 272.

(60) *Sermo* 4, 3 S.C. 200, 272 ; cf. unité de la collégialité et de la primauté in : *Sermo* 5,2 S.C. 200, 278.

(61) *Sermo* 5,5 S.C. 200, 284.

fondé la foi chrétienne «dans la citadelle de l'Empire romain»; à ses yeux la véritable citadelle n'est pas l'Empire, mais la papauté qui est *ipsa apostolicae petrae arx* (62). Les deux princes des Apôtres, ses saints pères et vrais pasteurs «ont bien mieux... fondé Rome que ceux par l'initiative desquels ont été posées les premières assises de tes murs, l'un d'eux, celui qui t'a donné ton nom, t'ayant même souillée du meurtre de son frère» (63). Et puisque Rome était à ce point enchaînée par le démon, il fallait que le Prince des Apôtres fût choisi «pour la citadelle de l'Empire romain. La lumière de la vérité du Christ devait rayonner de ce centre de toutes les erreurs» (64). Léon louera les empereurs de son temps et leur sera reconnaissant de leur assistance, «mais Rome ne leur doit (aux empereurs) présentement rien de son prestige. Dans la pensée de Léon le prestige de Rome est désormais purement chrétien» (65). Il est permis de parler d'une relève, mais elle se fait en remplaçant la première fondation de Rome par une seconde. Nous voilà loin de la synthèse d'Eusèbe. Dès que la maison chrétienne est élevée, on peut enlever les échafaudages : peut-être à une époque où l'Empire aura disparu et où les papes se verront obligés d'assumer des fonctions de l'administration temporelle, certains débris de ce qui aura été démoli pourront rendre quelque service.

3. La véritable crise de la *Roma antiqua*, sa démythisation et sa sécularisation définitives étaient accomplies trente ans avant le début du pontificat de Léon, dans la CITÉ DE DIEU d'Augustin (66), qui a renversé un chêne beaucoup plus puissant que celui qu'abattra Boniface. Là, le mythe de

---

(62) *Sermo* 3, 4. S.C. 200, 262.

(63) *Sermo* 82, I. S.C. 200, 48 ; cet argument revient plusieurs fois.

(64) *Sermo* 82,3, S.C. 200, 60.

(65) P. BATIFFOL, *Le Siège Apostolique* (359-451) (Paris 1924) 432.

(66) L'interprétation la plus juste concernant la question présente est celle de Georg MAIER, *Augustin und das antike Rom* in : *Tübinger Beiträge zur Altertumswissenschaft* 39 (Kohlhammer 1955) comprenant une bibliographie. L'appréciation finale qui suit les appréciations partielles très nuancées paraît trop tranchante si on la rapporte à tout le phénomène

Rome est détruit jusque dans ses racines, pulvérisé dans toutes ses phases : sa fondation (par un fratricide) (67), son ascension (grâce à une avidité insatiable de puissance et de gloire) (68), sa paix (achetée par des guerres inhumaines) (69). Aux yeux d'Augustin, toute l'histoire de cet empire semble n'avoir plus aucune importance d'ordre théologique : la CITÉ DE DIEU ne fait aucune allusion au célèbre synchronisme entre la paix d'Auguste et la naissance du Sauveur. Ce silence achève la « profanation délibérée » de Rome, au moyen de laquelle Augustin coupe le christianisme de tout lien politique avec un monde qui s'écroule (70).

Le déracinement dont se plaint Raffalt ne s'effectue donc pas de nos jours. Il est l'œuvre de l'évêque d'Hippone. Augustin a pu, dans ce travail, mettre à profit tous les avertissements et toute l'autocritique des écrivains les plus réflé-

---

Augustin, elle peut être exacte pour la dernière période (212). La « romanisation » d'Augustin tentée sous le fascisme est réfutée à bon droit (cf. la bibliographic indiquée p. 14 dans la Note 10) ; l'avis final est le suivant : « La "Romanitas" paraît être la forme la plus importante d'une religiosité politique qui est le rejet total de Dieu ; voilà pourquoi il (Augustin) rejette toute réflexion sur l'histoire qui chercherait à unir la romanitas à la christianitas » (208). Le *De Civitate Dei* répond à la foi en Rome aussi bien des philosophes païens que des chrétiens. Celui qui croit en Rome et identifie sa chute à la fin du monde s'oppose à Dieu (78).

(67) Le fratricide qui a marqué la fondation de la ville est déjà considéré par Horace (*Ep.* 7,17 ss.) comme funeste. Le thème est repris par Tertullien, Cyprien, Minucius Felix, Lactance (Maier 103, 172). Augustin lui confère toute sa force symbolique en le relevant comme « primum exemplum, et ut Græci appellant, archetypos » (15,5) de la Cité, ce qui prouve combien la « Civitas terrena » est divisée contre elle-même (*ibid.*). Dans ce qui suit Augustin démythise aussi brutalement toute l'antiquité héroïque.

(68) Sur les rapports entre « libido dominandi » et « cupido gloriae » : MAIER 107-108, 126.

(69) Le fait de la paix d'Auguste n'est pas contesté : « Verum est. Sed hoc, quam multis et quam grandibus bellis, quanta strage hominum, quanta effusione sanguinis comparatum est ! » (19,7).

(70) MAIER 181. Augustin ressemble ici à Jérémie qui détruit la confiance superstitieuse que les Juifs plaçaient dans leur temple : les chrétiens se cramponnaient aux tombeaux des apôtres à Rome qui sera « mise à feu malgré tout » (Sermo 296,6).

chis de Rome (en premier lieu de Salluste) (71). Mais son action décisive a été de remplacer l'opposition à un appétit de domination des peuples pour des motifs terrestres qu'il juge semblables à un immense brigandage (72), par un contraste sous-jacent beaucoup plus profond et de nature théologique : deux attitudes suprêmes, qu'il nomme .amour désintéressé *(caritas)* et avidité égoïste *(cupiditas)* déterminent les deux cités: la *Civitas Dei* qui a son origine dans le ciel et pérégrine à travers l'histoire du monde, et la *Civitas terrena*, issue de la négation de Dieu et de l'autosatisfaction terrestre. Augustin reçoit presque avec indifférence l'annonce du sac de la « Rome éternelle» par Alaric en 410 : comment s'étonner qu'une chose périssable, bien plus, coupable dès son origine, vienne à être détruite (73)? Augustin ne présente pas de théologie positive sur Rome, par conséquent ses réflexions sur le sens de l'Empire romain sont sans connexion avec ses considérations sur la papauté à laquelle il est fidèlement dévoué (74). Il lui importe seulement que la gloire humaine que Rome revendi-

---

(71) A côté de Salluste dont il renforce encore les sombres descriptions il utilise Tite Live, Cicéron, Varron et parfois Virgile.

(72) *Civ. Dei.* 4,5. La remarque est faite directement à propos de l'Assyrie mais Rome aussi est nettement visée.

(73) En 410/411 Augustin prononce quatre sermons sur la chute de Rome dans lesquels il calme les esprits de ses auditeurs : *De urbis excidio* (PL40,714-724) et *Sermones* 81,105,296. Il y prend aussi position au sujet de la prétendue «éternité» de Rome ; l'homme a été créé avec une nature périssable, ses œuvres sont elles aussi passagères. «Et même si l'État ne tombait pas maintenant, il finirait bien un jour» (S. 81,9). Augustin n'annonce pourtant pas une fin du monde imminente. L'éternité de Rome est la prétention blasphématoire de ne pas tomber sous la loi de toute créature. Des apologistes plus anciens avaient déjà combattu cette prétention. Cf. M. DIBELIUS, *Rom und die Christen im ersten Jahrhundert*, in : *Sitzungsberichte* (Heidelberg 1941/2,2).

(74) Sur sa position vis-à-vis de la papauté : P. BATIFFOL, *Le christianisme de S. Augustin*, 2 vol. (²1920). Bien qu'Augustin ne traite pas de la papauté dans le *De Civitate Dei*, il est évident que pour lui la partie de la Cité de Dieu qui pérégrine sur la terre est l'Église catholique, avec son paradoxe d'une «civitas permixta» (de bons et de méchants, de vrais et faux chrétiens) et avec sa structure visible ecclésiale et sacramentelle. Sur le Pape : *Ep.* 43,7 (P.L. 33, 163) 176, 5 (P.L. 33, 784).

quait soit déracinée à fond, pour que soient rendus à Dieu l'honneur et la gloire qui lui sont dus (75). Il trouve cependant l'occasion d'identifier, à l'intérieur de cette parenthèse du non-amour, l'existence de valeurs vraiment positives. C'est une erreur de croire qu'à ses yeux les vertus païennes *comme telles* ne sont que des vices resplendissants ; elles sont seulement incomplètes parce qu'elles s'attardent au-dessous du niveau de la charité ; bien plus, leur valeur inhérente peut parfaitement servir de stimulant et de modèle aux chrétiens (76). Mais rien n'est positif au sens chrétien, sauf ce qui est affecté du signe de la charité, et dorénavant, de la charité chrétienne. Or ceci peut très bien être le cas pour un souverain servant en chrétien la *Civitas Dei*, tel Théodose, comme le montre Augustin dans son miroir des princes (77). Mais le christianisme dans sa forme englobante universelle possède en lui-même assez de ressources pour fonder son propre humanisme (78). Une dernière fois éclate chez Augustin l'inimitié apocalyptique de la Rome persécutrice qui avait sans cesse opposé l'Empire romain,

---

(75) *Civ. Dei* 5,14, avec référence à Jean 5,44.

(76) Maints Romains de l'Antiquité méritent des éloges pour leurs vertus, par exemple Regulus et Scipion Nasica. Il y a des « nobilissima exempla ». Ils demeurent cependant compris dans l'ensemble affecté du signe de l'avidité de la gloire ou de la puissance, ils sont « non quidem jam sancti, sed minus turpes » : *ibid.* 5, 13. Ce qu'il y a de bien en eux reçoit de Dieu une récompense temporelle et doit servir de modèle aux chrétiens : 5,13-20. Cf. déjà la lettre (N° 138) à Marcellin où l'Empire dans son ensemble devient leçon de choses pour les chrétiens, leur apprenant que des buts purement immanents ne satisfont pas l'homme.

(77) Dans la lettre à Macédonius est esquissée l'image idéale d'un serviteur chrétien de l'État (*Ep.* 155, 7-9). Le miroir des princes, *Civ. Dei* 5,24, avec son énumération d'un catalogue des vertus chrétiennes d'un prince, « demeure conventionnel et pâle », comparé par exemple au « réalisme compact » d'Eusèbe (Maier *loc.cit.* 137).

(78) Cette idée est déjà exprimée dans l'esquisse d'une doctrine de la formation chrétienne (*De doctrina christiana*). La distance sans passion que prend Augustin à l'égard de la formation (surtout rhétorique) ancienne contraste avec les hésitations de Jérôme qui oscille entre l'abandon à ses charmes et l'ascèse qui s'en écarte.

Babylone la grande prostituée, à la cité des saints (79). A la paix d'Auguste il oppose une paix toute différente, la paix céleste dont le Christ gratifie les cœurs. Certes, celui qui veut établir un jugement d'ensemble sur Augustin doit se garder d'oublier qu'il pense en disciple de Platon, ce qui inclut invariablement deux choses : que les réalités terrestres ne sont qu'une ombre et une apparence des réalités supraterrestres, mais qu'elles en sont également une apparition sans doute nécessaire pour permettre la montée, par les degrés des apparences, jusqu'à la vérité et à la justice. Un dualisme trop prononcé peut toujours être tempéré par une sorte de monisme qui, même chez un chrétien platonisant, ne distingue pas très nettement entre la nature et le surnaturel (80). La théologie de l'Empire d'Orient est certainement à dominante moniste (avec l'empereur chrétien, apparition de Dieu, au sommet du monde), tandis que la théologie de la *Civitas Dei* professe un dualisme qui fera sentir son influence à travers tous les monismes platonisants du Moyen Age romano-germanique. Le *complexe antiromain* radical d'Augustin est à l'origine du Saint Empire Romain Germanique.

Nous avons donné comme titre principal à nos réflexions «l'épreuve cruciale». Elles nous ramènent en effet une dernière fois directement à la situation tragique et en soi insoluble de la papauté, depuis la fin de l'antiquité jusqu'au début des temps modernes, et elles jettent sur cette période une lumière éblouissante venant de tout ce qui a été dit sur l'*excentricité* de la charge papale. En considérant les conséquences pratiques extrêmes que Grégoire VII et tous ses successeurs jusqu'à Boniface VIII en ont tirées, concernant leur attitude à l'égard du pouvoir de l'État, on a pu parler, même si l'expression n'est

---

(79) Augustin ne croit pas que l'homme change – sauf par une vie de foi – ni par conséquent à un progrès de l'histoire dans le sens mondain : les principes qui sont à l'origine de l'histoire, les deux cités, continuent invariablement à s'opposer l'une à l'autre. «Nos sumus tempora; quales sumus, talia sunt tempora» (*Sermo* 80,8).

(80) Cf. surtout E. GILSON, *Introduction à l'étude de S. Augustin* (Paris 1929) 299 ss.

pas très juste dans tous les cas, d'un «augustinisme politique» (81). Admettons que le représentant de la *Civitas terrena* soit chrétien comme Théodose ou plus tard Charlemagne ou les Otton et les Staufen, il ne peut recevoir ce saint mandat que de celui qui a reçu du Christ la responsabilité de la *Civitas Dei* pérégrinant sur la terre. Grégoire VII ne met pas seulement au ban l'Empereur Henri IV rebelle, mais il le dépose (après que celui-ci eut essayé de le déposer lui-même) (82); c'est qu'il y voit le dernier moyen, longtemps différé, de délivrer l'Église de l'emprise de l'Empire et des maux qui s'ensuivaient, simonie et dérèglement des mœurs. Il a conscience d'agir dans le sens d'Augustin, uniquement pour la gloire de Dieu, mais aussi, ce qui est tout aussi important, de rester fidèle à la tradition de la papauté (83). N'est-ce pas Gélase qui distingue les deux puissances suprêmes qui régissent le monde, «l'autorité sacrée des papes et le pouvoir royal» en ajoutant aussitôt : «De ces deux, le fardeau des papes est d'autant plus pesant qu'eux-mêmes doivent rendre compte des rois humains devant le jugement de Dieu» (DSch 347). Grégoire le Grand sent la même responsabilité à l'égard des Mérovingiens (84) auxquels il mande «de faire exécuter en tous points nos avertissements, à cause de Dieu et du bienheureux Pierre» (85). Pour Isidore de Séville, le prince devient le bras séculier de l'Église et doit «obtenir par la crainte de la discipline ce que les prêtres n'obtiennent pas par la prédication... ; les princes de ce monde doivent savoir que Dieu leur demandera compte de l'Église qu'il a confiée à leur protection» (86). Le couronnement de l'Empereur doit consacrer le pouvoir séculier pour le mettre au service du Royaume de Dieu rendu visible dans l'Église. Dans sa lettre

---

(81) H-X. ARQUILLIÈRE, *L'augustinisme politique. Essai sur la formation des théories politiques au Moyen Age* (Vrin Paris ²1955).

(82) A Worms il a fait signer par vingt-quatre évêques la charte de déposition du «faux moine Hildebrand».

(83) Nil novi facientes, nil adinventione nostra statuentes...*Regist.* IV 22.

(84) *Regist.* VI, 5.

(85) *Regist.* V, 60.

(86) *Sententiae* III, 51.

à Hermann de Metz Grégoire VII mettra bien en évidence que le premier devoir des rois est d'ordre spirituel, «et si ce n'est déjà pas facile pour un simple chrétien de sauver une seule âme, la sienne, quel fardeau pèse alors sur les princes qui doivent répondre de milliers d'âmes!» (87). Les rois consacrés par l'Église devront par conséquent exercer leurs fonctions «non seulement pour une gloire passagère, mais pour le salut d'un grand nombre... Ils préféreront toujours l'honneur de Dieu à leur propre honneur» (88). Dans cette perspective qui se réclamait à la fois d'Augustin et de la tradition papale, on n'avait nul besoin d'une «donation constantinienne»; Innocent IV se contentera de rappeler la remise des «deux glaives» du Roi-Prêtre selon l'ordre de Melchisédech, Jésus-Christ, à Pierre qui prête au prince le glaive séculier (89).

Dès lors il était inévitable que le droit romain, conservé et complété dans le sens chrétien par la Rome de l'Orient, fût annexé pour appuyer ces prétentions issues de l'anti-romanisme d'Augustin; mais comme il s'agissait en réalité de *droit romain*, il était possible de s'en servir contre ces mêmes prétentions. La sécularisation de l'ancienne Rome opérée par Augustin mène à une sacralisation du droit profane par l'instance suprême d'un «État de Dieu» visible; et lorsque ce droit reprend conscience de son caractère profano-augustinien, il engendre des protestations antiromaines qui ne sont qu'un écho des protestations analogues d'Augustin – bien justifiées en son temps et en son lieu. Telle était l'épreuve cruciale de ce temps «moyen» qui n'est plus le nôtre. Dans le monde centralisé en Pierre comme dans un point absolu où, sur un espace pas plus grand qu'un sablier, le Royaume de Dieu se rend présent dans le domaine du monde inférieur, figurait aussi l'excentricité extrême, d'où sortirait la totalité du droit séculier issu de la «justification» et de la *dikaiosynè* de Paul, et

---

(87) *Regist.* VIII, 21.

(88) *Ibid.*

(89) Arquillière nomme la bulle *Aeger cui levia* de 1245 «l'expression la plus absolue de la théocratie pontificale au Moyen Age», *loc. cit.* 35, note.

finalement le pape devait être déclaré responsable de l'exercice de ce droit.

La décomposition du Saint-Empire en nations séculières et du droit sacré en droit séculier, ainsi que l'habitude de distinguer davantage à la suite de saint Thomas, sans toutefois les séparer, le domaine de la nature de celui de la grâce, ont de plus en plus transformé les prétentions directes de la papauté sur le domaine civil en prétentions indirectes (surtout dans la doctrine de l'Église de saint Bellarmin). Le successeur de Pierre se trouve replacé dans ce carré, où sans perdre quoi que ce soit de sa mission, il peut porter des responsabilités d'allure plus franchement chrétienne et porter aussi des humiliations plus chrétiennement motivées que dans l'extrapolation inouïe de sa fonction dans les temps postaugustiniens. « Toute société et toute civilisation dispose, pour interpréter, combattre ou dominer les événements, d'un nombre limité d'idées. On ne peut pas exiger des papes, qui touchent comme gardiens du dépôt à des valeurs éternelles, d'être en avance de plusieurs siècles sur leur temps en ce qui concerne la civilisation humaine » (90).

La lutte menée par Augustin contre la Rome antique aura certainement eu un résultat : la conscience que la Rome chrétienne n'est liée à cette Rome impériale par aucune nécessité intérieure. Pétrarque l'a déclaré au temps de l'exil de la papauté en Avignon : « Le pape peut se trouver n'importe où ; là où il se trouve c'est Rome. »

Dans la « première Rome » (chrétienne) il ne peut plus désormais être question d'une théocratie telle que la comprenait la « deuxième Rome » et telle que cette interprétation, en passant à la « troisième Rome », s'est sécularisée ou sacralisée une fois de plus de façon inédite. Ce qui était « droit sacré » dans la deuxième, est devenu, dans la troisième, l'économie « sacrée » qui doit transformer le monde. La deuxième est tombée en tant que puissance séculière. Mais de

---

(90) *Loc. cit.* 48.

nouvelles épreuves cruciales s'annoncent, des luttes entre une papauté ecclésiale qui connaît les mœurs et les limites de la *Civitas terrena*, et une nouvelle infaillibilité sécularisée qui prétend transformer les merveilles de la *Civitas Dei* en des miracles économiques qu'on peut manipuler et qui transformeront les hommes et le monde. Quelle tactique dépassée, inutile, que celle des chrétiens qui essayent aujourd'hui d'affaiblir la première Rome par des coups tirés dans son dos et qui passent toujours à côté, visant une forme de papauté passée depuis longtemps!

III – «OÙ TU NE VOUDRAIS PAS»

Lorsque le Seigneur ressuscité investit Pierre de sa fonction, il ne lui annonce rien sinon sa mort sur la croix : *Quand tu étais jeune tu nouais ta ceinture et tu allais où tu voulais; lorsque tu seras devenu vieux, tu étendras les mains et c'est un autre qui nouera ta ceinture et qui te conduira là où tu ne voudrais pas* (Jean *21*,18). Il n'importe guère que Pierre lui-même ait compris cette annonce de sa crucifixion; il lui suffisait de penser à l'ensemble de son ministère. Dans sa vie, celui-ci l'emportera de plus en plus sur son existence privée et sur ses décisions spontanées; il fera de lui «le prisonnier du Vatican» et lui imposera un fardeau au-delà des forces humaines : *sollicitudo omnium ecclesiarum* (2 Cor *11*,28). En acceptant cette perspective il aurait simplement assumé le destin humain de quiconque est chargé de fonctions publiques; mais il s'y ajoutait l'idée d'un surplus mystérieux. L'Évangéliste, fixant son regard sur les événements du passé, le signale expressément : *Il parla ainsi pour indiquer de quelle mort Pierre devait glorifier Dieu; et sur cette parole il ajouta : «Suis-moi»* (Jean *21*,18). La demande de le suivre vise nettement ces deux choses jointes : suivre, en exerçant la fonction de bon pasteur jusque dans sa conséquence ultime : l'offrande de sa vie pour ses brebis (Jean *10*,15). Et lorsque la marche à la suite du Maître est authentique et christologique, la deuxième exigence ne vient pas s'ajouter par hasard ou de surcroît, elle fait tout simplement partie de la forme intime de la première, peu importe que le pape meure sur la croix ou non. Si sa «fonction» est de remplir sa charge, la mort sur la croix, quelque forme qu'elle revête, fait toujours partie intégrante de cette fonction. Elle ne se dresse pas à côté, comme une oeuvre privée ou de surcroît qui pourrait indifféremment s'ajouter ou faire défaut.

L'anatomie que l'apôtre Paul fait de lui-même illustre parfaitement, comme c'est souvent le cas, ce que tout cela signifie. Voici Simon surpris, sans avoir été consulté ni prié, par l'attribution du titre de Pierre, le roc (Jean *1*,40); il doit apprendre peu à peu à mettre toute sa personne au service de son ministère. Saul lui aussi est surpris et subjugué à Damas en recevant sa charge. Avant de voir et de comprendre il est aveuglé par la souveraineté du Seigneur et on lui commande comme à un aveugle : *Lève-toi et entre dans la ville; là, on* (!) *te dira ce que tu dois faire.* Et à Ananie qui se trouve être cet «on», il est dit : *Je lui montrerai tout ce qu'il devra souffrir pour mon nom* (Actes *9*,5,16). Dès l'abord la mainmise pour le service et pour la souffrance ne font qu'un. Il n'est pas nécessaire d'exposer toute la théologie de Paul sur «les souffrances du Christ» (91), il suffit de constater que *les* apôtres sont comme d'office et par vocation *comme des criminels condamnés à mort,* à la dernière place, parce qu'ils devront être *un spectacle* et attirer les regards *du monde, des anges et des hommes* (1 Cor *4*,9). Paul reprend ici la parole de Jésus sur la *dernière place* qu'il faut prendre de plein gré, surtout lorsque dans l'Église on est *grand* et chargé d'une fonction insigne (Luc *14*,10; *22*,26; *9*,46 ss. par.); mais chez lui la parole devient plus tranchante lorsqu'il constate avec amertume que c'est la peur de la croix et l'oubli de la grâce dans la communauté qui imposent à l'apôtre cette dernière place : la communauté est déjà *rassasiée,* déjà *riche* sans avoir *reçu*; elle s'est

---

(91) Textes chez Erh. GUTTGEMANN. *Der leidende Apostel und sein Herr. Studien zur paulinischen Christologie* (Göttingen 1966), avec une présentation objective des discussions plus récentes qui mérite reconnaissance même si on ne peut pas toujours partager l'avis de l'auteur.

attribué à elle-même ce qu'elle aurait dû recevoir non une fois, mais toujours, par le ministère, qui dès lors lui paraît superflu : *Nous sommes fous à cause du Christ, mais vous êtes sages en Christ ; nous sommes faibles, vous êtes forts ; vous êtes à l'honneur, nous sommes méprisés* (1 Cor *4*,10). De même que Jésus se lamente sur son peuple et sur sa ville parce qu'elle a refusé de le recevoir, d'accepter ses services, et cela en pleurant (Luc *19*,41), de même que Jérusalem, la ville qui tue les prophètes, lui assigne la dernière place de son dernier et décisif service, la croix, Paul lui aussi est renvoyé avec de belles paroles, par la communauté rassasiée, à la place réservée au criminel, avec les *balayures : Nous sommes les ordures du monde, le déchet de l'univers (peripsèma*, littéralement : ce qui s'écoule au moment du nettoyage, l'eau sale). Et Paul enchaîne et poursuit immédiatement : *Je ne vous écris pas cela pour vous faire honte, mais pour vous avertir comme mes enfants bien-aimés. En effet, quand vous auriez dix mille pédagogues en Christ, vous n'avez pas plusieurs pères. C'est moi qui par l'Évangile vous ai engendrés en Jésus-Christ* (1 Cor *4*,13-15).

Les deux passages se touchent, ils forment comme deux faces de la même réalité : la place que l'Église attribue aux apôtres est la dernière, la honte – et d'autre part ils ont une paternité à son égard. On se demande naturellement si cela est juste, si cela est normal. Il faut chercher la réponse dans le changement d'accent (comme c'est le cas aussi pour 2 Cor *10-13* ; Paul fait passer la moitié de sa théologie dans le ton qu'il prend !) : d'un sarcasme amer, intentionnellement provocateur qui entre dans sa «paraclèse», il passe à la constatation très calme, mais non résignée, qu'il en est ainsi, que dans le plan du salut établi par Dieu qui a livré son Fils à la croix, c'est justice : DIEU *nous a assigné, à nous les apôtres, la dernière place...* La fonction de l'apôtre reçoit sa forme concrète moyennant un scandale révoltant ; mais si Paul est révolté, ce n'est pas en raison de lui-même, ni parce qu'on le traite comme la «pire ordure» ; sa révolte a sa cause uniquement dans la communauté dont le comportement révèle qu'elle n'a absolument rien compris. Il ne remplirait pas sa charge, s'il ne reprochait pas à la communauté sa façon d'agir, s'il s'exerçait personnellement à pratiquer la vertu en acceptant tout en silence; en effet son existence tout entière a passé dans son ministère. Le comportement à l'égard du ministère est exactement celui qu'on adopte à son propre égard, et il faut que les charismatiques de Corinthe se rendent compte de la manière dont ils traitent le ministère institué par le Christ. On leur prouvera, point par point, qu'il leur est impossible de séparer nettement le ministère et le ministre (quelque vexant que leur paraisse ce dernier), et de témoigner du respect au ministère tout en critiquant le ministre *(si humble quand je suis parmi vous, face à face, mais hardi envers vous quand je suis loin,* 2 Cor *10,*1).

Nulle part ailleurs on ne trouvera une description plus minutieuse de l'excentricité du ministère que dans les derniers chapitres de la deuxième Épître aux Corinthiens. L'attitude excentrique de la communauté provoque Paul : *Je crains en effet de* ne pas *vous trouver à mon arrivée tels que je veux, et que vous* ne *me trouviez* pas *tel que vous voulez... Faites vous-mêmes votre propre critique, voyez si vous êtes dans la foi, éprouvez-vous ; ou bien, ne reconnaissez-vous pas que Jésus-Christ est* en vous ? *A moins que l'épreuve ne tourne contre vous.* Paul prie pour que ce ne soit pas le cas, mais *nous ne désirons pas donner nos preuves, mais vous voir faire le bien et que l'épreuve paraisse tourner contre nous* (2 Cor *12,*30-*13,*7). Alors l'excentricité du ministère – obligé en justice de «trancher dans le vif» – serait provoquée par la communauté qui n'aurait pas soutenu l'épreuve. Toutefois Paul va plus loin : il est prêt à prendre la place excentrique, la dernière, celle de celui qui n'a pas soutenu l'épreuve, à accepter l'ignominie de la croix, s'il peut par là empêcher la communauté de succomber. Une fois de plus il souffrira les *douleurs de l'enfantement* pour la communauté, *jusqu'à ce que le Christ soit formé en vous* (Gal *4,*19).

Cette anatomie du ministère apostolique en général est aussi celle de la charge pétrinienne en particulier. Le complexe antipaulinien des Corinthiens, comme certainement aussi celui des Galates, travaillés par des émissaires de Jérusalem, ne diffère pas, dans sa structure, du complexe antipétrinien qui s'étend à toutes les communautés soumises à la juridiction de Pierre et de ses successeurs (DSch 3064); théologiquement il lui est semblable quant au lieu, à l'importance et à la qualité. Le complexe antipaulinien, de même que le complexe anti-johannique dont nous constatons également l'existence (3 Jean 9), s'en prend à la charge épiscopale et au ministère solidaire des prêtres; les apôtres entendront *des gens de hargne et de rogne, leur dire des énormités,* les *railleurs* introduiront *des divisions* dans leurs diocèses *parce qu'ils ne possèdent pas l'Esprit* (Jude 16-19) : toutes ces récriminations et ces raille-ries concentrées se déverseront nécessairement sur le succes-seur de Pierre. *En effet Pierre a une mission « impossible »*; il doit sans cesse faire prendre corps, sous des formes adaptées au monde, à ce qui a brisé toute forme sur la croix et est devenu au-delà une réalité inimitable. Il doit recueillir dans la poterie fragile des mots et des notions, et cela d'une manière valable et obligatoire, un contenu qui dépasse toute pensée et toute compréhension. Il doit lier et délier sur terre – et ce faisant établir un droit qui peut se comprendre et se défendre sur la terre – ce qui, au ciel, est lié et délié selon un droit connu de Dieu seul. Qui ne le voit? A cette croisée du temps et de l'éternité, il est exposé à se tromper sans cesse : à trahir l'éternel en faveur du temps en voulant l'y enfermer (la vérité infinie dans des «propositions infaillibles»!), ou le temporel en faveur de l'éternité, en se cramponnant à ses formules appa-remment éternelles et en laissant échapper le temporel qui fuit. On se moque de lui, on devrait plutôt rire de sa mission ou en pleurer.

Traduisons : *la forme du ministère que le Christ a institué dans son Église a en soi et indépendamment de la personne qui en est revêtue, la forme de la croix.* A la suite de Jésus, il est institué nécessairement pour les pécheurs et il sera pour eux une pierre d'achoppement; et comme la «pierre» à laquelle ils se heurtent est un être humain vivant, c'est lui qui ressent le coup. Il le reçoit pour ainsi dire sans être protégé, tandis que ceux qui *regimbent contre l'aiguillon* le trouvent *dur*, comme le Seigneur le dit à Paul (Actes 9,4), mais ils s'imaginent d'abord y prendre plaisir. Le ministère pastoral paraît excentrique sous deux rapports. Ancré dans le centre, il penche vers la périphérie de deux manières : parce qu'il doit paître les pécheurs et les faibles, ce qui ne se fait pas sans le bâton du pasteur ; et parce qu'un homme ordinaire, faillible, un pécheur, exerce un ministère qui doit se proclamer adéquat à sa fonction la plus haute (c'est-à-dire infaillible). Telle est la structure instituée, et il n'y a aucun espoir d'améliorer quoi que ce soit dans cette situation de l'Église par un «changement de structures». Le pape peut s'efforcer de remplir son ministère avec toute l'humilité et toute la compétence possibles ; Paul lui aussi était compétent et il a dû néanmoins prendre la dernière place. De même les diocèses et les communautés peuvent s'efforcer de «faire leurs preuves» et de ne pas provoquer le ministère à l'excentricité : il y aura toujours quelque chose à redresser et à remettre en place.

Le ministère lui-même prend la forme de la croix par son excentricité ; la succession chrétienne des ministres est donc, elle aussi, déterminée, et le dualisme irrévocable entre le ministère et celui qui en est chargé, entre la dignité de la fonction et l'indignité de celui qui la représente (*Éloigne-toi de moi... Je te ferai pêcheur d'hommes* Luc 5,8,10) est surmonté par le ministère lui-même. D'une part on constate que même une mauvaise administration prolongée n'a jamais pu altérer l'estime que le peuple chrétien porte au ministère ; que l'époque du conciliarisme était une période d'inquiétude au sujet du ministère ; que les polémiques contre l'administration n'ont que rarement voulu supprimer la fonction, mais prétendaient le plus souvent la réformer. D'autre part, et cet aspect est bien plus profond, les attaques personnelles contre un ministre, que les agresseurs le sachent ou non, qu'ils le veuillent ou non, font resplendir irréfutablement la forme de la croix qui marque le ministère : «fulget crucis mysterium». Voilà ce que Paul savait bien. Les attaques concertées contre le ministère dont nous

369

faisons l'expérience de nos jours où les complexes anti-romains de toujours sont de nouveau attisés, ont comme résultat d'isoler de force le ministère, surtout celui de Pierre, mais aussi le ministère épiscopal et presbytéral, de concentrer les regards sur lui, de le mettre «sur la scène» ou «au pilori» (*theatron* : 1 Cor *4,9* ; *theatrizesthai* : Heb *10*,33) et chacun est forcé de le voir. Les humiliations calculées, les injures, le silence dont on le couvre, tout cela le met en vedette, non le ministre, mais le ministère dont il est chargé, ce fardeau qu'il porte et qui le porte, le fardeau humainement insupportable, la croix. Dans le mépris dont «l'indignité» de celui qui l'exerce est l'objet, il est lui-même glorifié. Que ce ministre humilié s'humilie aussi lui-même devant le monde, qu'il renonce à la sedia et à la tiare ou à d'autres accessoires du même genre qui strictement ne lui reviennent pas, mais se rapportent à la charge qu'il incorpore (92), tout cela joue un certain rôle, mais n'importe guère, n'apaise pas la critique, dont la cible est le ministère lui-même. R. Raffalt a raison de distinguer nettement l'humilité personnelle d'un pape de l'humiliation que lui impose sa charge. Accepter celle-ci de toute la force de sa personne est tout différent de l'inclination à faire quelques gestes

---

(92) «La question de savoir si les marques d'honneur, les titres, les palais épiscopaux sont des richesses superflues ou nuisibles est très discutée... Ce sont des richesses qui n'appartiennent à personne en particulier, et on ne peut en disposer arbitrairement. La richesse de l'Église en chants d'église, en fêtes de Saints ne représente pas davantage un trésor dont on puisse disposer à son gré. Rejeter toutes ces richesses n'amènerait pas l'Église à la pauvreté évangélique, les iconoclastes des siècles passés l'ont bien montré, mais restreindrait seulement les honneurs rendus et le don de soi» W. SIEBEL, *loc. cit.* 70. L'auteur répond ainsi à une tendance moderne, sans prétendre «que tous les insignes du pouvoir doivent être maintenus toujours et dans tous les cas»; il entend que des changements doivent être admis seulement «en vue de renforcer la représentation». On peut abandonner les palais lorsque «dans les circonstances de l'époque, ils sont jugés n'être plus qu'une expression de la richesse et de l'appartenance à une classe économique». Renoncer à ces signes simplement pour faire acte de renoncement signifierait que la personne occupant les fonctions dirigeantes «n'est plus convaincue d'être revêtue de l'autorité (de la grandeur de sa vocation). Elle aura ainsi consenti à devenir l'organe d'un nouvel iconoclasme partiel» (*ibid.* 71-72).

d'humilité. Paul n'a pas eu besoin de ces gestes, il était trop passé tout entier dans son ministère humilié.

Sans aucun doute chaque humiliation renouvelée opère aussi une purification et une clarification du ministère. Redisons-le : Dieu met souvent les ministres à la dernière place ; ce n'est pas eux qui la prennent, et la communauté n'est aucunement chargée d'y pourvoir. L'existence même du ministère dans une communauté est certainement aussi pour celle-ci une présence de la croix : une autorité qui est plus qu'humaine, qui est même surnaturelle et peut par conséquent avoir des exigences pour Dieu, rappelle sans cesse à l'homme assoiffé d'autonomie qu'il est *crucifié pour le monde* (Gal *6*,14). Et le ministère invite même toute la communauté à sortir jusqu'au lieu de l'humiliation hors de la ville, là où Jésus a souffert, où sont brûlés les corps des animaux du sacrifice (Heb *13*,11-13). Toute la chrétienté n'est plus qu'«immondices». Voilà pourquoi on se sent poussé à crucifier à son tour le trouble-fête. C'est réciproque. Cela durera autant que le monde. L'Église peut fuir tête baissée devant la croix et se jeter dans l'activisme, dans le monde à transformer, ou ailleurs : elle finit toujours par être rattrapée par la croix ; heureusement pour elle, car elle se perdrait dans les alibis et les abstractions. Comment l'Église pourrait elle célébrer l'Eucharistie comme un «memoriale passionis Domini» sans le ministère qui rend la croix présente sous une forme visible et sensible, ce ministère sans lequel il ne resterait plus à l'Église qu'un souvenir sentimental ?

La figure de Pierre comme telle est impossible ; elle ne devient possible que par la volonté exprimée dans l'origine qui l'institue. Un pêcheur, dont la place est en Galilée, est planté au centre de l'Empire, il l'hérite en étant mis à mort par lui ;

mis à mort non comme son Maître qu'il a renié, mais dans l'attitude renversée, les pieds en haut, pour réparer sa trahison. C'est trop sublime pour ne pas être aussi grotesque. «Comme Sancho Pança et Don Quichotte, Simon Pierre et le Christ forment une constellation. Simon Pierre était attaché au Seigneur, cela signifie que toute complication psychologique est exclue. Avez-vous jamais eu l'occasion d'observer un bon chien à côté du berger? Voyez-le, il est tendu, guettant un geste du berger; il s'agite tant qu'il ne voit pas l'ordre que lui lance un regard. Tel était Pierre. Sans le Seigneur il est aussitôt hésitant, il se trompe, il reste indécis. Il y a la proximité de celui qui, selon l'expression, reposait sur le sein du Seigneur. Il y a aussi la proximité de l'homme spirituel qui le tient simultanément à distance. La proximité de Pierre diffère de celle de Jean, de celle de Paul. C'est la proximité de celui qui est le plus exposé aux ébranlements, la proximité de l'homme croyant; et comme telle, elle revêt une forme qui, tout au fond, conserve le calme, le calme de l'enfant. Simon Pierre était enfant dans un sens plus profond que Jean, un enfant tout au long de sa vie jusqu'à sa mort. De là vient sa promptitude. Pierre est prompt, trop prompt; prompt comme le sont les garçons. Prompt en face ou en présence de la mesure éternelle, du calme de celui qui était enclos dans l'éternel. Pierre ressemble à un écolier qui ne peut pas attendre que le maître l'interroge. Voilà pourquoi il n'est absolument pas ce qu'on appelle en classe un arriviste; il déborde, tout en lui déborde. Nul ne tombe jamais sous la servitude du péché que comme un isolé; Pierre n'est pas un isolé, il est peuple, cœur du peuple. Selon la légende, au ciel il est le premier – du moins le premier que nous rencontrons, le portier. Mais en bas, il manque d'assurance comme un enfant qui apprend à marcher. Ne ressemble-t-il pas à cet enfant lorsqu'il s'avance sur le miroir du lac, à la rencontre du Seigneur? Ou bien n'est-ce pas lui qui ne veut pas que le Seigneur lui lave les pieds? Non, non, qui suis-je pour que cela m'arrive! Et ensuite il demande que le Seigneur lui lave tout le corps, du haut en bas. Après l'arrestation de Jésus, les disciples restent en arrière... et Pierre suivait de loin. Et il entre dans le vestibule. Et alors c'est arrivé. Quel monde merveilleux et innocent que celui où le premier se montre d'abord trop empressé ! L'homme antique ne connaissait pas cette profondeur que Dieu creuse dans l'homme ; à la place de cette intervention du Dieu unique, il y a seulement les liens du destin qui retiennent et Dieu et l'homme ; la conséquence, la voici : il reste tout ce qui est de haute convention entre le divin et l'humain (et exclut l'incarnation divine), l'élévation, la grandeur, la gloire et le reste. » Il n'en va pas ainsi pour les hommes de la Bible, parce que le Dieu vivant, « lui qui veut des rois et n'en veut pas, intervient en eux pour les écarteler en profondeur, comme des victimes pour le sacrifice ; et cet écartèlement est en même temps leur péché, le péché du croyant. Il n'y a que ce péché, du croyant, comme il n'y a qu'une enfance, l'enfance du croyant : elle tient lieu de toute grandeur sur la terre et au ciel » (93).

---

(93) Rudolf KASSNER. *Simon Petrus,* in : *Neue Schweizer Rundschau* N.F. 15 (1947/8) 717-727. L'article a été omis dans la bibliographie de Kassner (Mémorial pour le 80ᵉ anniversaire, Rentsch s.d.) Nous n'avons pas signalé les omissions dans le texte. – Nous aurions aussi pu mettre en finale un texte de Reinhold Schneider qui a peut-être discerné plus profondément « l'impossible possibilité » de la charge pétrinienne : son Innocent III a une vie plus dure que François, son Célestin V déserte à la recherche de la sainteté et laisse la place à Boniface VIII, un monstre, (c'est ainsi que le dépeint Schneider). Seule son esquisse de Grégoire le Grand est apaisée, même si Grégoire doit représenter sur les ruines de Rome la plainte incarnée des hommes qui dans l'action regrettent la contemplation et dans la contemplation l'action. Reinhold Schneider creuse en profondeur, mais au point décisif il confond la croix avec le tragique. Chez lui le terme enfant est absent ; c'est ce terme que Kassner, né catholique puis devenu « gnostique », découvre dans une intuition. Au milieu de l'impossibilité de sa tâche, des déchirements que lui impose le devoir d'être une forme alors que toute forme devient impossible, Pierre, en tant qu'enfant, devient le reflet de l'Enfant éternel du Père.

INDEX
DES NOMS CITÉS

379

TABLE DES MATIÈRES

DEUXIÈME PARTIE
DU MYSTÈRE DE L'ÉGLISE